网络犯罪检察论
第2卷

谢鹏程 主 编
周洪波 但 伟 连 斌 副主编

学术秘书：季美君

中国检察出版社

图书在版编目（CIP）数据

网络犯罪检察论．第2卷／谢鹏程主编．—北京：中国检察出版社，2021.2
ISBN 978－7－5102－2556－7

Ⅰ.①网… Ⅱ.①谢… Ⅲ.①互联网络－计算机犯罪－研究－中国 Ⅳ.①D924.364

中国版本图书馆CIP数据核字（2021）第030306号

网络犯罪检察论（第2卷）

谢鹏程　主编

出版发行：	中国检察出版社
社　　址：	北京市石景山区香山南路109号（100144）
网　　址：	中国检察出版社（www.zgjccbs.com）
编辑电话：	（010）86423708
发行电话：	（010）86423726　86423727　86423728
	（010）86423730　86423732
经　　销：	新华书店
印　　刷：	北京玺诚印务有限公司
开　　本：	710 mm×960 mm　16开
印　　张：	25.75
字　　数：	470千字
版　　次：	2021年3月第一版　2021年3月第一次印刷
书　　号：	ISBN 978－7－5102－2556－7
定　　价：	96.00元

检察版图书，版权所有，侵权必究
如遇图书印装质量问题本社负责调换

卷首语

互联网迅速而广泛地改变着人们的日常生活、工作方式和思维模式，给社会发展带来前所未有的挑战与机遇，尤其是2020年春天全世界新冠肺炎疫情的暴发，网络生态更成了国民不可或缺的必备品，网络办公、在线教学、远程视频会议、网上论文答辩等，让人们进一步深深体会到网络的重要性。与此同时，互联网、大数据时代的到来，其与犯罪的结合也日趋紧密，并呈现出集团化、产业化、国际化、平民化的趋势。这些犯罪，不仅给公民的人身、财产造成损害，也给社会造成巨大的经济损失和难以预计的负面影响，使公共安全面临新的严重威胁。可以说，网络犯罪与安全问题已成为我国及世界其他国家所共同面临的突出问题，一些通过网络实施的犯罪行为甚至严重危及国家的政治和制度安全。

2020年4月初，最高人民检察院成立了惩治网络犯罪维护网络安全研究指导组，以便更有力地推进检察机关惩治网络犯罪、维护网络安全的工作。同时，由检察理论研究所和国家检察官学院联合成立网络犯罪研究中心，配合做好网络犯罪的检察理论研究工作。

2020年6月10日，最高人民检察院召开网络犯罪检察理论与实务专题研讨会，专家学者、互联网企业代表、检察官代表济济一堂，围绕打击网络犯罪、维护网络安全开展探讨。最高检党组书记、检察长张军在会上深刻地指出：互联网治理，要始终贯穿法治思维和法治治理方式。

近年来，为结合检察机关有关办案实际情况，深入研究互联网刑事法治方面的问题，最高检检察理论研究所与蚂蚁金融服务集团联合成立的互联网金融刑事法律研究中心（最高检网络犯罪研究中心的前身）曾多次组织专家学者、一线办案检察官、互联网大型公司技术骨干等专家们一起研讨，并确定最为前沿的课题选题。2020年6月，该中心已出版《网络犯罪检察论》（第1卷），分为基础理论、办案机制、证据证明和案例分析等四编。这次出版的第2卷收录的是互联网金融刑事法律研究中心在2019年度结题的课题研究成果，共16篇，分为网络行为规制、个人信息保护、类案研究和证据证明机制等四编。这些研究报告回应了互联网集资诈骗、洗钱犯罪等出现的新特点，个人信息保护的刑事法律规制的新趋势，未成年人个人信息保护中的突出问题，数据的分级分类规则和刑事证据推定规则的完善需要。

一、一个数据分类监管的难题

数据分级分类监管与企业拒不履行网络安全管理义务之间是相辅相成的关系，网络安全很重要的一环是数据分级分类，相关数据利用就包含了数据分类和监管义务两个问题。数据利用的复杂性需要围绕数据分级分类展开研究，尤其是面对调取司法数据的实践难题，《行政司法机关调取互联网企业数据分类分级制度研究》一文试图解决数据分级分类问题，通过借鉴美国根据数据的隐私性强弱和隐私权合理预期的标准，对数据采取分类调取的基本模式。该文提出，当前我国行政、司法机关因工作或办案等需要，在依法依规调取互联网企业数据的过程中，也会面临企业利益与社会责任之间、制度不健全与风险不确定之间的冲突。该文提出，可以按照数据调取情形的紧迫程度、危险程度以及调取行为侵犯个人权利程度等指标，建立互联网企业响应等级体系，根据不同响应等级制定分类处理规则的解决方案。在宏观层面，建议制定合理的数据调取规则，规范调取程序，限定调取范围，明确紧急情况下的数据调取问题。在处理执法机构与企业之间的关系时，要考虑数据调取给企业带来的负担，适当给予经济补偿或者使用其他激励手段，以实现数据调取过程中侦企双方的良性互动。

企业是互联网安全的守护者。数据安全在网络"共治"语境下，互联网企业的法律义务与触刑风险在同步抬升。企业承担的信息网络安全管理义务越多，其构成犯罪风险的可能性也越大。企业履行信息网络安全管理义务的实现性，既包括技术上的可实现性，也包括企业自身发展的现实性。然而，目前仍存在政府监管职责与互联网企业管理义务的边界模糊等诸多问题。鉴于互联网企业在网络空间中日渐凸显的"共治"地位，行政法律法规及至部门规章不断扩大企业对信息网络安全管理的义务范围，并且在企业不履行相关义务造成危害后果的情况下被追究刑事责任。对此,有必要明确互联网企业所承担的责任类型、归责条件、责任范围等具体问题,明确互联网企业构成犯罪的刑法评价路径与责任边界。2019年10月25日,最高人民法院、最高人民检察院联合发布《关于办理非法利用信息网络、帮助信息网络犯罪活动等刑事案件适用法律若干问题的解释》,对企业不履行信息网络安全管理义务,可能触犯的拒不履行信息网络安全管理义务罪等罪名的适用进行了细化和说明,一定程度上体现了对互联网企业相对宽容和友善的态度,有利于信息网络事业的长足发展。在具体司法和个案解释的过程中,也需要对刑事政策的要求予以体现,在各方权益平衡协调的最大公约数内实现网络犯罪的良性共治。

二、一种新型业态下的创新证据的运用及其采纳规则

在大数据时代,证明网络犯罪的大数据证据在提取收集、审查判断及采纳运用等方面都有别于传统证据。在司法实践中,大数据证据主要包括三种情形:用来证明涉案人员活动轨迹的大数据证据;用来证明有组织犯罪案件中涉案人员组织架构的大数据证据;用来证明涉案金额的大数据证据。大数据证据具有衍生性、科技性、间接性等特点。本书第四编主要是针对刑事推定规则在互联网金融犯罪领域中的运用问题的研究。《刑事推定规则在互联网金融犯罪领域的运用》一文针对互联网金融领域多发的犯罪具有犯罪手段隐蔽、复杂、集资参与人人数众多、资金往来密集等特点,对传统的证明方法带来了新的挑战。刑事推定规则是根据法律规定或者经验法则,从已知的基础事实推断出未知的案件事实,并允许犯罪嫌疑人、被告人提出无罪辩解的一种证明规则。在互联网金融犯罪案件的办理过程中,应当充分发挥刑事推定规则的作用,防止出现推定"泛化"或者"限缩"的情形,以准确认定案件事实,维护国家金融管理秩序和集资参与人的合法权益。由于互联网金融犯罪的新特征,其司法推定具有开放性,必须根据专业的经验法则,保持样本的真实性,尤其是要严格查明集资参与人的人数和数额,做到实质推定和形式推定相结合。

电子存证技术的发展需要讨论大数据证据问题。《互联网金融犯罪大数据证据的定位与运用》一文针对目前涉众型互联网金融犯罪案件数量激增、涉及人员众多、取证难度大的问题,提出了结合司法实践中对

大数据证据的探索运用实践，引入区块链技术、黑箱测试技术等专业化手段解决实践中面临的具体问题，并从证据种类、证据效力、证明能力、追赃挽损等多个维度构建大数据证据在互联网金融犯罪案件中的审查、运用规则。

但是，大数据证据在证明案件事实的过程中，无论是将原始载体或等量复制数据直接作为证据使用的直接运用模式，还是将筛出的"小"数据或分析结论作为证据使用的间接运用模式，都无法回避数据建模这个技术方法问题。大数据证明的实践价值取决于实体法规范，方法本质是从相关关系中"挖掘"出因果关系，技术关键是产生事实上因果性数据的"辨别"。因此，在运用大数据进行取证、质证时，尚有不少困难：比如，分析工具由谁来开发，科学性、准确性应由谁来印证？又如，应如何构建大数据取证规范体系？还如，是否应赋予质证方无条件申请大数据司法鉴定的权利？再如，大数据建模是否应进入司法鉴定领域？等等。这些问题无疑是未来应该进一步研究的重点。

三、进一步完善规制数据不法利用的刑事司法制度

最近以来，金融行业依靠互联网的软硬件优势，不断创新丰富投资理财渠道。与此同时，我们也见证了大量的风险事件，传统的集资内核嫁接上互联网金融的"翅膀"，衍生出一系列"爆雷"事件，从而引发法律风险。为完善非法募集资金的刑事司法制度，曲新久教授关注到了第三方服务提供者的责任认定问题，以实际数据和实证案例为基础，选取P2P网贷、众筹平台和网络私募基金为三类平台的典型代表进行论述。

首先，无论是公募基金还是私募基金，其中必须要有足够的准备金制度和保险理赔的支撑，否则，无论是公募转私募，还是私募转公募，私募转为P2P都会陷入假募集资金的名义，行使非法集资诈骗的实质。

其次，要完善数据被不法用于洗钱等犯罪的刑法规制。近年来，互联网金融领域成为违法犯罪分子清洗非法资金的高发领域，洗钱风险值得高度关注。上海市人民检察院龚培华副检察长组织的课题《互联网金融领域反洗钱的挑战与应对》聚焦互联网金融行业洗钱问题，予以概念厘清、理论剖析和个案讨论，并对洗钱犯罪的构成要件、刑罚设置等作

了深度分析。本课题基于对虚拟货币、网络赌博等重点领域的情况梳理和案例分析，在借鉴国外监管实践的基础上，提出我国当前监管存在互联网金融机构未完全纳入反洗钱义务主体、未形成对互联网金融机构的有效激励，洗钱义务履行不足、监管数据碎片化和割裂化等不足，对此领域的犯罪查处机制亦存在立法、执法、协作等不同层面的一些难点，应从创新法律理念、强化有效行政监管、深化刑法规制的理论、推进多部门协作等方面进行完善。

最后，要完善不法利用个人信息的刑法规制。个人信息的刑法保护问题不仅涉及个人人身、财产、隐私利益的保护，还关系到个人信息传播的社会收益。在个人信息的刑法保护边界问题上，犯罪构成理论是较为流行的一种，但在其生成逻辑方面有着内在缺陷。立法"搭框架"、司法"精装修"的思路，有助于防范个人信息保护的刑法漏洞，但容易导致司法保护的随意性和扩大化。《个人信息的刑法保护边界实证研究》一文认为，从刑法先行、刑民并进到先民后刑的观点对法律保护方式进行人为排序，不符合个人信息保护的司法规律。个人信息的刑法保护应当在充分比较各种保护措施的优劣，分析这些理论背后的国情、社情、成本收益的基础上，取长补短得出个人信息刑法保护边界的结论。另外，还需要厘清不法利用个人信息的情形与对象类型化，进一步对网络犯罪公约中的数据分类情形加以研究，采取用户信息+通讯+已经发生+实时监控+一般公开数据等个人信息的不法利用监管模式。未成年人的个人信息保护也引起了大家的高度关注，《未成年人个人信息保护的刑事法律边界》一文在个人信息保护刑法研究的基础上，重点阐述了未成年人个人信息保护的特殊性。未成年人作为社会的一个特殊群体，其生理和心理都与成年人存在差异。由于未成年人处于生长发育期，天性单纯、好奇，对外界缺乏防范意识，权利主体更易受侵害。与此同时，未成年人又是名副其实的"互联网原住民"，使用互联网是当今未成年人的重要权利和基本技能。在未成年人大量接触互联网的背景下，加强对未成年人个人信息的法律保护具有很强的针对性、紧迫性和现实意义。借鉴国外全面打击不良信息的相关规定，为带头履行国际公约有关未成年人个人信息保护的相关规定，《网络空间不良信息规制研究：以暴力游戏为例》关注了网络游戏、直播、视频等领域存在传播不良信息，特别是暴力游戏的乱象。受制于刑法谦抑性等理论，我国刑法只保护未成年人的身体健康，忽视了对其心理健康的保护。网络游戏传播的暴力主义，容易引发未成年人违法犯罪，应当受到刑法禁止。规制不良信息需要从法条解释与立法完善两个角度入手：司法机关应对未成年人采取特殊标准，扩张解释教唆犯、传授犯罪方法罪、淫秽物品等，打击传播不良信息的行为；立法机关应当增设传播不良信息罪，直接保护未成年人的健全人格。

在大数据时代，公民个人信息的保护与商业利用，是一个问题的两个侧面，如何在得到充分保护的同时，又能合理地加以开发利用，这是需要相当的智慧才能实现的平衡。世界各国也纷纷制定相关的规定，展示自己的立场。如2018年欧盟GDPR正式实施，建立了一个高标准的个人数据保护机制。GDPR的最新规定对我国个人信息保护的发展路径具有怎样的借鉴意义？2018年3月美国《云法案》（Cloud Act）的出台意味着美国执法机构可以在不经过外国政府同意或配合的前提下，通过其境内的服务提供者获取到存储在美国境外的电子数据，这对我国的公民个人信息保护又将提出怎样的挑战？面对出售公民个人信息的二道贩子是不是要用刑法进行保护，其入罪标准是什么？怎么确定身份可识别性+数量？手机号+身份证号码的入罪模式是不是过于简单？其社会危害性是什么？等等，这些问题无疑也亟须进一步研究。

不可忽视的是，网络爬虫在其被使用以来的二十余年时间里，已经由中立技术变成了"道德上可疑的并可被视为违法"的技术。结合侵犯公民个人信息的具体领域和行为，情境化地探讨网络爬虫行为的违法性及其刑事规制问题，具有重要意义。网络安全法与公民个人信息保护法等确立的公民个人信息保护合法性原则，以及网络爬虫领域规范爬虫行为的行业规则即爬虫协议（Robots协议），是判断爬虫行为形式上非法的重要标准。《企业利用爬虫技术侵犯数据知识产权的保护法益研究》一文认为：司法实践中排除知识产权保护法益，采用侵害社会管理秩序保护法益，已不能满足对爬虫技术不法利用的刑法规制。既有的司法判决向民事一般条款和刑事一般条款的民刑交叉地带逃逸，不能在技术上区分黑客行为与爬虫不法行为，不能在法律上区分知识产权保护法益和反不正当竞争保护法益，不能满足民众对刑法明确性的期待。应当通过司法解释明确企业数据的知识产权保护法益的概念、内容与认定标准。通过形式判断与实质判断、形式入罪与实质出罪双重机制，可以合理实现对网络爬虫行为的刑事规制。

综上所述，互联网大数据时代，网络在给人们的工作和生活带来便利的同时，其催生的相关犯罪也层出不穷，对这些犯罪进行研究的空间亦广袤无边。期许检察系统内外有志于网络犯罪研究的人们，能以蓬勃的姿态、满腔的热情投入相关问题的深度研究中，也期待最高检网络犯罪研究中心能凝聚越来越多的研究人才为网络检察贡献智慧！

目 录

卷首语 ·· (1)

第一编　网络行为规制

网络爬虫行为刑事法律规制研究 ·· (3)
 前言 ·· (3)
 报告核心观点 ··· (4)
 一、网络爬虫行为概述 ·· (5)
 二、网络爬虫行为的现实问题：技术中立与网络爬虫行为 ········ (13)
 三、技术中立的网络爬虫行为入罪可能性 ·························· (19)
 四、网络爬虫侵犯的保护法益 ·· (25)
 五、网络爬虫行为刑事法律规制路径："非法性"的形式判断 ···· (37)
 六、网络爬虫行为刑事法律规制路径："非法性"的实质判断 ···· (46)
 结语 ·· (53)
 附录　国内外网络爬虫行为相关案例 ······························· (54)

互联网金融领域反洗钱的挑战与应对 ····································· (57)
 一、互联网金融行业洗钱风险简述 ·································· (58)
 二、互联网金融行业反洗钱的监管实践 ···························· (68)
 三、互联网金融洗钱犯罪查处机制存在的问题 ···················· (72)
 四、有效应对互联网金融洗钱犯罪的建议 ························· (77)

互联网传销刑法规制研究 ·· (81)
 一、互联网传销运行模式及特征 ····································· (82)
 二、互联网传销基本构造 ··· (85)
 三、互联网传销参与人刑法规制立场 ······························· (88)
 四、互联网传销刑法规制机制 ·· (92)
 结语 ·· (96)

企业利用爬虫技术侵犯数据知识产权的保护法益研究 （97）
一、网络爬虫行为的刑事法律规制模式 （98）
二、司法适用为何向一般条款逃逸？ （101）
三、知识产权类保护法益的概念澄清及其原则确立 （108）
四、及时作出爬虫不法侵害知识产权保护法益的司法解释，以融贯民法与刑法的适用 （111）
结语 （114）

利用信息网络实施严重不正当竞争行为的刑事规制问题研究 （116）
一、利用信息网络不正当竞争行为概述 （117）
二、利用信息网络实施严重不正当竞争行为的刑事司法回溯 （119）
三、利用信息网络实施严重不正当竞争行为的刑事规制 （124）
结语 （131）

第二编　个人信息保护

个人信息的刑法保护边界 （135）
一、问题的提出 （135）
二、侵犯公民个人信息罪的构成要件理论 （138）
三、立法"搭框架"，司法"精装修" （140）
四、刑法先行、刑民并进与民先刑后 （145）
五、个人信息的刑法保护边界之确定 （148）

未成年人个人信息保护的刑事法律边界 （153）
一、未成年人个人信息保护的特殊性 （154）
二、未成年人个人信息保护的法律语境 （157）
三、未成年人个人信息刑事保护的思考和建议 （166）

网络空间不良信息规制研究：以暴力游戏为例 （175）
一、引言：谨防网络娱乐业成为"暴力帝国" （175）
二、暴力主义的原罪：刑法应干预暴力网络游戏 （176）
三、中西比较：刑法应规制未成年人不良信息 （181）
四、寻法路径：打击未成年人不良信息的罪名选择 （185）
五、修法建议：增设"传播不良信息罪" （190）
结语：未成年人保护是互联网产业的红线 （194）

个人信息的刑法保护边界实证研究 ……………………………… (196)
 一、江苏省苏州地区侵犯公民个人信息案件办理情况 ………… (197)
 二、侵犯公民个人信息犯罪案件办理中存在的争议问题及成因
   分析 …………………………………………………………… (199)
 三、侵犯公民个人信息罪的法益界定 …………………………… (203)
 四、争议问题的解决思路 ………………………………………… (207)
 五、立法展望 ……………………………………………………… (216)
 结语 …………………………………………………………………… (219)

第三编　类案研究

互联网金融领域单位犯罪研究 ……………………………………… (223)
 一、研究对象 ……………………………………………………… (224)
 二、研究思路 ……………………………………………………… (225)
 三、研究方法 ……………………………………………………… (226)
 四、研究内容 ……………………………………………………… (226)

企业信息网络安全管理义务刑事法律边界问题研究 ……………… (252)
 一、网络"共治"语境下互联网企业法律义务与触刑风险的
   同步抬升 ……………………………………………………… (253)
 二、企业网络安全管理义务判定的实践难题与症结 …………… (255)
 三、企业网络安全管理义务类型与刑事责任的要件明确 ……… (257)
 四、互联网企业网络安全管理义务的刑法边界厘清 …………… (261)
 五、结论 …………………………………………………………… (263)
 附件　企业网络安全管理义务类型与示例 ……………………… (264)

集资类犯罪第三方服务提供者的责任认定 ………………………… (274)
 一、问题的提出 …………………………………………………… (274)
 二、P2P网贷平台涉集资类犯罪的风险与防控 ………………… (275)
 三、众筹类平台的风险分析及防控应对 ………………………… (284)
 四、私募基金第三方服务平台刑事风险界定 …………………… (291)
 结语 …………………………………………………………………… (293)

网络借贷类非法集资追赃挽损机制研究 …………………………… (295)
 一、研究背景 ……………………………………………………… (295)

二、存在的主要问题和原因 ……………………………………… (296)
三、对策建议 ……………………………………………………… (298)

第四编　证据证明机制

刑事推定规则在互联网金融犯罪案件中的运用 ………………… (315)
　　引言 ………………………………………………………………… (315)
　　一、互联网金融犯罪案件的证明难点 …………………………… (316)
　　二、刑事推定规则的构造 ………………………………………… (319)
　　三、刑事推定规则的运用 ………………………………………… (324)
　　结语 ………………………………………………………………… (331)

互联网金融犯罪大数据证据的定位与运用 ……………………… (332)
　　一、大数据证据的概念 …………………………………………… (333)
　　二、大数据证据应用于互联网金融犯罪案件的应然性及其定位 … (334)
　　三、司法实践中大数据证据的运用现状及存在的问题 ………… (336)
　　四、大数据证据在指控和证明互联网金融犯罪中的运用 ……… (342)
　　五、大数据在互联网金融案件风险预警和追赃挽损中的运用 … (348)
　　六、大数据证据运用过程中的政策考量 ………………………… (350)
　　七、小结 …………………………………………………………… (352)

行政司法机关调取互联网企业数据分类分级制度研究 ………… (353)
　　一、实践和理论困境 ……………………………………………… (354)
　　二、基本原则 ……………………………………………………… (361)
　　三、调取行为的响应等级体系 …………………………………… (364)
　　四、分类处理机制的建构 ………………………………………… (372)
　　五、规范调取行为的配套机制 …………………………………… (377)
　　六、余论 …………………………………………………………… (381)
　　附件　美国数据分类调取制度之借鉴 …………………………… (382)

第一编 网络行为规制

网络爬虫行为刑事法律规制研究

刘艳红[*]

前　言

　　网络爬虫行为是一种按照一定的规则，自动地爬取万维网信息的程序或者脚本。网络爬虫技术的应用场景广泛，在搜索引擎、网络舆情、大数据挖掘等方面的应用快速发展。现阶段在国内从事"海量数据采集"的企业很多，它们大多是利用垂直搜索引擎技术来实现的。还有一些企业实现了多种技术的综合运用。国外有研究基于语义爬虫框架支持网络犯罪挖掘使用的案例，通过爬取欺诈、网络色情、非法贸易、侵犯隐私、教唆、煽动各种犯罪等信息，从而预测犯罪趋势和模式并找出可疑犯罪热点。此外，基于暗网不能通过常规搜索引擎和浏览器访问，国外有学者利用暗网网络爬虫程序，使执法当局能够搜索当前 TOR 数据库和以前版本数据库，以检测可疑和恶意网站。随着网络爬虫行为被广泛应用，其犯罪边界慢慢成为互联网争议的热点，尤其是在大数据时代，随着数据价值的日益凸显，这类案件也越来越多。然而，网络爬虫行为的刑事法律规制相关研究尚不够深入，同时，在网络爬虫案件中，随着当下时代从"技术就是生产力"到"知识就是生产力"再到"信息就是生产力"的转化，以及云计算、物联网和大数据的应用与发展，个人信息成为大数据时代的重要财富，使用网络爬虫等高科技手段获取公民个人信息的行为愈演愈烈。

　　本报告从网络爬虫行为的概念与技术原理入手，分析网络爬虫的分类和行为现状。第二部分主要结合技术中立与网络爬虫行为的关系，探讨网络爬虫行

---

[*] 课题负责人：刘艳红，东南大学法学院院长，教育部"长江学者奖励计划"特聘教授。课题组成员：杨玉琼，东南大学法学院讲师；阮晨欣，东南大学法学院博士研究生；高磊，东南大学法学院博士研究生；赵龙，东南大学法学院博士研究生；李勇，东南大学法学院博士研究生，南京市建邺区人民检察院副检察长；龚善要，东南大学法学院博士研究生；王禄生，东南大学法学院研究员，博士生导师，法学博士；谢芳，东南大学法学院博士研究生。

为的现实问题。在第三部分,从爬虫行为的技术中立具有相对性开始,结合具体司法裁判案例论述技术中立的网络爬虫行为的入罪可能性。在第四部分,将数据安全法益纳入数据犯罪的构成要件之中,并以数据安全法益的界分功能厘清数据犯罪的内部边界与外部边界。在第五和第六部分,沿着"非法性"的形式判断与实质判断立场,具体论证网络爬虫行为刑事法律规制路径。最后在附录部分,主要列举出国内外网络爬虫行为的相关案例。

报告核心观点

·传统观点认为,网络爬虫行为是技术中立的行为。相关法律法规等都没有具体规定其涉违法犯罪,缺乏法律根据。此外,违法犯罪违反爬虫行为使用的传统习俗,其一直被视为没有问题的中立技术。离开网络爬虫行为,当下很多商业和公益性平台所需的准确数据难以获得,掌握爬虫技术已经成为各大网站以及专业人士的必备技能。爬虫行为的技术中立具有相对性。

·从技术方面论述,过于野蛮的爬虫可能造成网站负荷过大(尤其多线程爬虫),从而导致网站瘫痪、不能访问等。技术中立有其适用边界。从内容方面论述,网络爬虫可能导致网站所有人丧失对自己网站数据的控制权。从结果方面论述,网络爬虫还可能造成他人数据被不正当地复制、使用。爬虫行为既可能涉及民事、行政违法,也可能构成犯罪;基于维护法秩序与互联网产业健康发展的需要,对爬虫行为的合理刑事规制极为必要。

·网络爬虫爬取数据应依照侵害的不同法益构成不同犯罪。数据表征的传统法益,依其特定内涵和识别标志可包括个人信息权、财产权、知识产权。网络爬虫侵犯数据表征的数据安全法益。相较于传统计算机信息系统安全法益而言,数据安全法益是基于数据自身内容、使用价值和侵害风险所进行的独立规范评价,能更合理地解释数据犯罪的构成要件。

·网络爬虫行为刑事法律规制首先是"非法性"的形式判断。对网络爬虫行为定性的关键是对运用爬虫技术的行为的性质如何认定,即爬虫行为是违法行为还是合法行为。因此,探讨对爬虫行为是否应当以及如何进行刑事规制,其核心是解决如何判断爬虫行为是否违法。具体可分两个层面进行:第一个层面是合法性原则,我国《刑法》第253条之一的"违反国家规定"也属于其中的内容;第二个层面是行业规则,即爬虫协议。如何准确区分刑法中可规制网络爬虫行为的罪名以精准定罪,也涉及形式入罪的问题。

·网络爬虫行为刑事法律规制其次是"非法性"的实质判断。实质判断路径之一是,行为人在权限许可范围内使用爬虫行为获取公民个人信息的,不属于"非法",不应认定为犯罪。如果行为人超出许可范围,采用爬虫行为爬取了不允许爬取的数据,则不能予以出罪。实质判断路径之二是,行为人采取爬虫行为非法收集的如果是无法识别特定自然人身份的公民个人信息,即便爬虫行为实质上非法,也不构成犯罪。

·通过形式判断与实质判断、形式入罪与实质出罪双重机制,合理地实现对网络爬虫行为的刑事规制。如何使对爬虫行为的刑事规制具有正当性,如何针对这些新型科技行为进行违法性方面的形式与实质的双重判断,如何进行合理的入罪与出罪,预防其所带来的社会危害风险,是刑事法律领域所面临的个性化问题。只有从法律共性和刑事法个性领域,双管齐下规制网络爬虫行为,才能营造健康的网络发展环境,保障网络信息尤其是公民个人信息的安全。

一、网络爬虫行为概述

(一) 网络爬虫的概念与技术原理

网络爬虫行为是一种按照一定的规则,自动地爬取万维网信息的程序或者脚本。随着大数据时代的到来,人们对数据资源的需求越来越多,爬虫是一种很好地自动采集数据的手段。随着网络爬虫行为被广泛应用,其犯罪边界慢慢成为互联网争议的热点,尤其是在大数据时代,随着数据价值的日益凸显这类案件也越来越多。网络爬虫行为,又被称为网络蜘蛛,网络机器人,在FOAF社区中间,[①] 更经常地称为网页追逐者,它是基于特定技术按照一定的规则,自动地爬取万维网信息的程序或者脚本。另外一些不常使用的名字还有蚂蚁、自动索引、模拟程序或者蠕虫/爬虫。网络爬虫就如同一只小蚂蚁,它的作用是收集网页上的信息或数据,然后把收集到的信息或数据搬运到小窝(数据库)里。所以爬虫不生产数据,它只是搬运数据。

互联网实际上就是一张大图,可以把每一个网页看成一个节点,把那些超链接 (Hyperlinks) 看成连接网页的弧。当用户点入网页超链接,浏览器是通过这些隐含的网址转到相应的网页中的。超链接可以从任何一个网页出发,用图的遍历算法自动地访问到每一个网页并把它们存起来。完成这个功能的程序就是网络爬虫,或者在一些文献中称为"机器人"(Robot)。世界上第一个网络爬虫是由麻省理工学院(MIT)的学生马休·格雷(Matthew Gray)在1993年写成的。他给他的程序起了个名字叫"互联网漫游者"("www wanderer")。以后的网络爬虫越写越复杂,但原理是一样的。假定从一家门户网站的首页出发,先下载这个网页,然后通过度析这个网页,可以找到藏在它里面的所有超

[①] FOAF,是指 Friend-of-a-Friend,是一种 XML/RDF 词汇表,它以计算机可读的形式描述通常可能放在主 Web 页面上的个人信息之类的信息。

链接，也就等于知道了这家门户网站首页所直接连接的全部网页。在这一过程中，网络爬虫使用一个称为"哈希表"（Hash Table）的列表而不是一个记事本记录网页是否下载过的信息。① 网络爬虫行为是指通过自动化算法程序，按照一定的规则检索网络空间内容，并从中收集、提取特定网页数据的过程和行为，其核心技术为网络爬虫（Web Crawler）。首先根据需求目的建立待爬取的URL队列，将精选的种子URL放入队列中，访问其对应的页面并备份数据，同时对页面进行解析并提取所有的其他未被列入队列的URL，将其存入待爬取队列后继续爬取，如此循环往复，直到URL队列中的所有URL爬取完毕或满足系统的一定停止条件为止，在本地或云端上形成的所需数据备份即为网络爬虫的最终结果。

（二）网络爬虫的分类

从技术逻辑分析，网络爬虫按照系统结构和实现技术，大致可以分为以下几种类型：通用网络爬虫（General Purpose Web Crawler）、聚焦网络爬虫（Focused Web Crawler）、增量式网络爬虫（Incremental Web Crawler）、深层网络爬虫（Deep Web Crawler）。② 实际的网络爬虫系统通常是几种爬虫技术相结合实现的。通用性网络爬虫是指通过特定的URL种子延展到整个Web网络上进行爬虫的逻辑设计，主要应用在门户站点搜索引擎和大型Web服务提供商采集数据中，爬取范围广，数据量大，但是爬取速度较慢，对存储空间要求高。根据页面爬取优先级，又可细分为深度优先策略、广度优先策略等。聚焦式网络爬虫是指按照预先定义好的标签规则，有选择性地优先爬取那些与规则相关页面的逻辑设计。其优势在于爬取页面较少，爬取速度和更新频率更快，算力和存储空间等成本消耗较低，需求导向的数据爬取使得结果更具针对性。聚焦爬虫爬行策略实现的关键是对页面内容和链接重要性进行评估，从而圈定特定的爬取优先级和范围，又可细分为基于内容、链接结构评价、增强学习和语境图评价的四种爬取策略。增量式网络爬虫是指只对新产生的或已经发生变化的网页进行数据爬取的逻辑设计。其优势在于能够在规则完善的情况下确保爬取的页面内容是新的（即增量），通常应用于已经爬取了足够数量的页面和数据后，进行数据周期性更新的运营中。它能够有效地减少爬取页面和获取数据的重复性，减少时间和资源的消耗。深层网络爬虫是指对无法通过静态链接进行直接访问的深层网页内容进行数据爬取的运辑设计，比如对需要用户注册或提

---

① 参见吴军：《数学之美》，人民邮电出版社2012年版，第92—93页。

② 参见上海数据治理与安全产业发展专业委员会、上海赛博网络安全产业创新研究院：《数据爬取治理报告》，2019年11月，第2—4页。

交关键词才能实现访问的数据进行爬取时，就要使用此类爬虫。其优势在于可爬取的网页数量更加庞大，获取数据质量高。

从法律风险行为进行分析，网络爬虫涉及违法犯罪行为可以分成强行突破某些特定被爬方的技术措施、超越授权行为、违反网站意愿、干扰被访问网站的正常运营、爬取受到法律保护的特定类型的数据或信息等行为。《刑法》第285条规定，违反国家规定，侵入国家事务、国防建设、尖端科学技术领域的计算机信息系统的，构成非法侵入计算机信息系统罪。《刑法》第286条规定，违反国家规定，对计算机信息系统功能进行删除、修改、增加、干扰，造成计算机信息系统不能正常运行，后果严重的，构成破坏计算机信息系统罪。而违反国家规定，对计算机信息系统中存储、处理或者传输的数据和应用程序进行删除、修改、增加的操作，后果严重的，依照前款的规定处罚。由于爬虫的批量访问会给网站带来巨大的压力和负担，因此许多网站经营者会采取技术手段，以阻止爬虫批量获取自己网站信息。

从授权情况分析，可分为善意爬虫和恶意爬虫。善意爬虫通常指搜索引擎中的爬虫。例如，百度搜索引擎的爬虫叫作百度蜘蛛（Baiduspider）。善意爬虫严格遵守Robots协议规范爬取网页数据（如URL），它的存在能够增加网站的曝光度，给网站带来流量。再如，谷歌搜索引擎爬虫，每隔几天对全网的网页扫一遍，供大家查阅，这种就被定义为"善意爬虫"。善意爬虫所遵循的Robots协议，也称为爬虫协议、机器人协议等，它的全称是"网络爬虫排除标准"（Robots Exclusion Protocol），网站通过Robots协议告诉搜索引擎哪些页面可以爬取，哪些页面不能爬取。Robots协议属于典型的"君子协议"，其目的是告知网络爬虫的编写者，哪些数据是可以被收集的，哪些数据不能被收集。如果网络爬虫程序的编写者不遵守Robots协议，想要强行爬去网站的数据时，Robots协议从技术上是无法阻止程序对越过协定爬取协议中不允许爬取的数据的。恶意爬虫是指无视Robots协议，对网站中某些深层次的、不愿意公开的数据肆意爬取，其中不乏个人隐私或者商业秘密等重要信息。并且恶意爬虫的使用方希望从网站多次、大量地获取信息，所以其通常会向目标网站投放大量的爬虫。恶意爬虫通过分析并自行构造参数对非公开接口进行数据爬取或提交，获取对方本不愿意被大量获取的数据，并有可能给对方服务器性能造成极大损耗。此处通常存在爬虫和反爬虫的激烈交锋。[①] 如果大量的爬虫在同

[①] 参见腾讯云鼎实验室2018上半年安全专题报告（三）：《互联网恶意爬虫分析：从全景视角看爬虫与反爬虫》，载 https://www.freebuf.com/articles/paper/178119.html，最后访问时间：2018年7月20日。

一时间对网站进行访问,很容易导致网站服务器过载或崩溃,造成网站经营者的损失。

(三) 网络爬虫行为的现状

1. 网络爬虫行为的典型应用

爬虫高度的自由性、自主性都使其成为数据挖掘的必备技能,当然精通 python 等语言是必要的前提。利用爬虫可以做很多有意思的事情,也可以获取一些从其他渠道获取不到的数据资源,更重要的是打开寻找和收集数据的思路。例如,利用爬虫爬取网络照片,可以快速地进行抓取,并可以根据标签、特征、颜色等信息进行分类储存。还包括利用爬虫爬取高质量资源、利用爬虫获取舆情数据用于个性化的分析研究等。开源的爬虫技术包括 Nutch 这样的分布式爬虫项目、Crawler4j、WebMagic、WebCollector 等 JAVA 单机爬虫和 scrapy 这样的非 JAVA 单机爬虫框架。利用这些开源技术市场上出现了很多爬虫工具,其中八爪鱼的规模和影响力最大,该公司也基于此工具推出了自己的大数据交易平台数多多。日志分析、用户行为分析、舆情监控、精准营销、可视化等大数据的通用技术在互联网企业中已有相当成熟的应用。

不同领域、不同背景的用户往往具有不同的检索目的和需求,通用搜索引擎所返回的结果包含大量用户不关心的网页。通用搜索引擎的目标是尽可能大的网络覆盖率,有限的搜索引擎服务器资源与无限的网络数据资源之间的矛盾将进一步加深。万维网数据形式的丰富和网络技术的不断发展,图片、数据库、音频、视频多媒体等不同数据大量出现,通用搜索引擎往往对这些信息含量密集且具有一定结构的数据无能为力,不能很好地发现和获取。通用搜索引擎大多提供基于关键字的检索,难以支持根据语义信息提出的查询。为了解决上述问题,定向抓取相关网页资源的聚焦爬虫应运而生。聚焦爬虫是一个自动下载网页的程序,它根据既定的抓取目标,有选择地访问万维网上的网页与相关的链接,获取所需要的信息。与通用爬虫不同,聚焦爬虫并不追求大的覆盖,而将目标定为爬取与某一特定主题内容相关的网页,为面向主题的用户查询准备数据资源。

2. 恶意爬虫的代表性案例

2018 年 10 月 20 日,《独家 | 估值 175 亿的旅游独角兽,是一座僵尸和水军构成的鬼城?》的文章一出世便走红网络。文中称百亿体量的马蜂窝,其中 2100 万条"真实点评"中有 1800 万条是通过机器人从大众点评和携程等竞争对手那里抄袭而来。马蜂窝回应称,点评内容在马蜂窝整体数据量中仅占比 2.91%,涉嫌虚假点评的账号数量更是微乎其微,并已经进行了清理。但恐怕

已无法洗脱自己存在爬虫行为的嫌疑。① 针对此次马蜂窝事件，很多开发者承认，从其他网站或 App 上爬取点评数据非常简单，在技术上没有任何难度，随便一个爬虫工程师就可以做到。有的开发者说，"不涉及数据库，直接爬页面就行了""可以批量处理，通常是机器＋人工编辑"。很多人好奇报道中称马蜂窝 2100 万条"真实点评"中，有 1800 万条都是通过机器人从竞品网站抄袭过来的，究竟是如何做到的。当前大部分的网络机器人是通过直接发起 http 请求的方式获取网页资源，无 js 引擎，会进行一定的伪装，并使用动态 IP 来躲避反爬虫措施。随着网站防护能力的不断提升，网络爬虫会逐渐向浏览器内核型进化，从而具备执行 js 的能力，并进一步地拟人化，增加被识别的难度。②

2019 年 10 月 21 日，"51 信用卡"位于杭州西溪谷的办公地点被警方调查。该公司于 2018 年香港主板上市，天眼查数据显示，51 信用卡的运营主体为杭州恩牛网络技术有限公司，业务涵盖个人信用管理服务、信用卡科技服务、线上信贷撮合及投资服务。随着市场对于数据服务的需求逐渐增大，数据就成为了某些公司的主要盈利工具。据中国互联网络信息中心（CNNIC）发布的第 44 次《中国互联网络发展状况统计报告》显示，截至 2019 年 6 月，我国网民规模达 8.54 亿，较 2019 年增长 2598 万，互联网普及率达 61.2%，较 2018 年底提升 1.6 个百分比。③ 这些人无时无刻都在"生产"数据，各个方面的数据不断在汇集。正是有了这些数据，让某些"大数据公司"看到了商机。

互联网平台上的数据有些是公开的，也有些是非公开的，但只要通过网络爬虫技术，获取这些数据并不难。而且，在这个竞争激烈的市场环境下，如果有人提供了所需要的数据，那么不用则是"损失"。所以，在供需方市场条件已经满足的情况下，这条产业链逐渐形成，其中不乏有许多正规持牌金融机构、咨询公司等也参与使用第三方数据公司通过各种渠道爬取的用户数据。网络爬虫技术成为第三方数据公司获取网络数据信息的基础工具，而伴随"爬虫业务"而来的便是数据窃取、泄露、滥用等问题。从这些被查大数据公司

---

① 杨东、吴之洲：《数据抓取行为的法律性质——"马蜂窝事件"案例分析》，载《中国社会科学报》2018 年 12 月 5 日，第 5 版。

② 参见 CSDN 大数据：《独家｜数据造假、爬虫与反爬虫战争暴露出哪些行业现状？》，载 https://blog.csdn.net/enohtzvqijxo00atz3y8/article/details/83592957，最后访问时间：2019 年 12 月 14 日。

③ 中国互联网络信息中心（CNNIC）：《第 44 次中国互联网络发展状况统计报告》，2019 年 8 月，第 15 页。

可以看出，大部分公司与爬虫业务及违规爬取、贩卖个人隐私数据、助力暴力催收等有关。

3. 网络爬虫行为相关数据统计

（1）恶意爬虫流量目标行业分布（如图1）

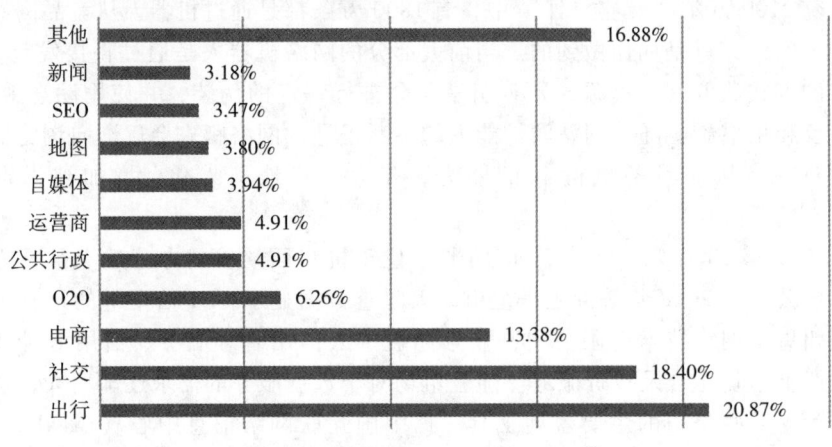

图1　恶意爬虫流量目标行业分布①

由统计可见，出行类恶意爬虫流量占比高于电商与社交行业，居首位，其次是点评、运营商、公共行政等。对火车购票平台的恶意爬虫访问占据了出行行业近90%的流量，浅析可知其实比较合理，几百个城市，几千趟列车构成国内铁路网，火车站与车次排列组合后是一个非常大的数据集，随着人工购票快速向互联网购票过渡，第三方代购和抢票服务商便越来越多，而任意一家要做到数据实时刷新，都需要不小的爬虫集群，因此导致火车票购买站点成为爬虫光顾最频繁的业务。机票类占据出行类8.77%的恶意爬虫流量，主要是爬取各大航空公司的实时票价。实时公交信息主要爬取市内公交GPS信息。实时共享单车信息主要爬取特定区域周边的实时共享单车信息。酒店空房信息酒店爬取占比较少，主要是刷酒店房价，与交通类比较可忽略不计。由于国内的社交平台多数以纯APP为主，部分社交平台并不支持网页功能，因此捕获到的社交类爬虫主要集中在微博类平台，以爬取用户信息和所发布的内容为主。电商行业爬虫主要是爬取商品信息和价格等数据，由于商业模式的差异，C2C类电商由于中小卖家众多，商品数量远多于B2C类电商，支撑了电商类恶意爬

---

① 数据来源参见腾讯云鼎实验室2018上半年安全专题报告（三）：《互联网恶意爬虫分析：从全景视角看爬虫与反爬虫》，载https://www.freebuf.com/articles/paper/178119.html，最后访问时间：2018年7月20日。

虫近90%的流量，B2C类电商加起来占一成左右。O2O行业恶意爬虫主要集中在点评类和团购类公司，其中以爬取商铺动态信息和星级评分信息的点评类数据为主，占总数的90%以上。公共行政类恶意爬虫主要集中在法院文书、知识产权、企业信息、信用信息等常规商业信息领域，而另一个受爬虫青睐的是挂号类平台，从数据来看应该是一些代挂号平台提供的抢号服务。运营商的恶意爬虫流量主要集中在运营商各种互联网套餐手机卡的查询。由于互联网套餐手机卡存在较高的性价比，因此网络上形成了相关的刷靓号、抢号、代购等产业链。新闻类恶意爬虫主要用于爬取聚合类新闻APP及各大门户的新闻信息。以搜索引擎的新闻平台和聚合类APP的数据为主，传统门户类爬虫较少光顾。其他主要被爬虫光顾的领域还有新闻、招聘、问答、百科、物流、分类信息、小说等。①

（2）爬取数据类型（见表1）

表1 爬虫技术爬取数据类型②

爬取数据类型	
汽车之家数据	利用论坛发言的爬取以及NLP，对各种车型的车主做画像
各大电商的评论及销量数据	对各种商品沿时间序列的销量以及用户的消费场景进行分析
房产买卖及租售信息	对房价问题进行分析
餐饮信息	了解
招商加盟数据	对定价分析
招聘网站数据	爬取各类职位信息，分析最热门的职位以及薪水
医疗信息	爬取医生信息并于宏观情况进行交叉对比
APP市场数据	能对各个APP的发展情况进行跟踪及预测
交通出行类信息	能从一个侧面反映经济是否正在走入下行通道
租车信息	长期跟踪租车价格及数量等信息
其他	信托平台等

---

① 腾讯云鼎实验室2018上半年安全专题报告（三）：《互联网恶意爬虫分析：从全景视角看爬虫与反爬虫》，载https：//www.freebuf.com/articles/paper/178119.html，最后访问时间：2018年7月20日。

② 数据来源参见CSDN大数据：《Web爬虫学习（四）——手机App爬取》，载https：//blog.csdn.net/livan1234/article/details/80850978，2018年6月29日，2019年11月28日访问，此处无百分比统计。

爬虫技术现在已经非常普遍，其用途也非常广泛，很多用户在各个领域做过相关的尝试。根据图2，爬取汽车之家数据主要是利用论坛发言的爬取以及NLP，对各种车型的车主做画像。爬取各大电商的评论及销量数据是对各种商品（颗粒度可到款式）沿时间序列的销量以及用户的消费场景进行分析。此外，可以根据用户评价做情感分析，实时监控产品在消费者心目中的形象，对新发布的产品及时监控，以便调整策略。爬取房产买卖及租售信息对房价问题进行分析。通过爬取大众点评、美团网等餐饮及消费类网站，了解各种店面的开业情况以及用户消费和评价，了解周边变化的口味，以及各种变化的口味。通过爬取58同城等分类信息网站，爬取招商加盟的数据，对定价进行分析，帮助网友解惑。通过拉勾网、中华英才网等招聘网站爬虫，爬取各类职位信息，分析最热门的职位以及薪水。挂号网等医疗信息网站能够爬取医生信息并于宏观情况进行交叉对比。应用宝等APP市场能对各个APP的发展情况进行跟踪及预测。通过对携程、去哪儿及12306等交通出行类网站的航班及高铁等信息进行爬取，能从一个侧面反映经济是否正在走入下行通道。以及从神州租车等租车类网站爬取它们列举出来的租车信息，长期跟踪租车价格及数量等信息，等等。

(3) 网络爬虫类黑灰产

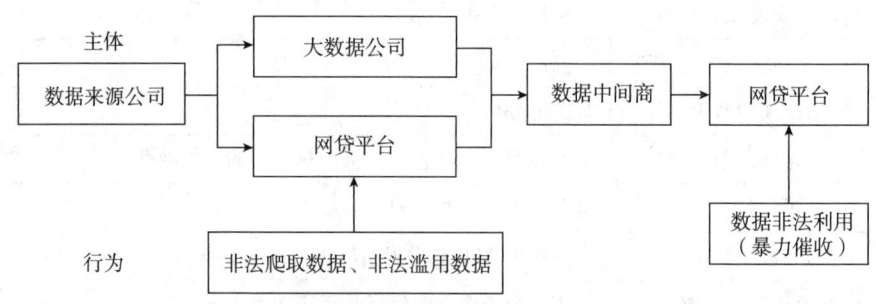

图2　网络爬虫类黑色产业链[①]

2018年以来，国家陆续出台了《互联网金融逾期债务催收自律公约》《综合整治骚扰电话专项行动方案》，央行和银保监会设立的互联网金融风险专项治理工作领导小组及P2P网贷风险专项整治工作领导小组先后发布多条通知，要求严禁通过暴力、恐吓、侮辱、诽谤、骚扰等方式催收贷款，不得以"大数据"为名，窃取滥用客户隐私信息等。根据公安部第三研究所网络安全法

---

① 数据来源：公安部第三研究所网络安全法律研究中心与百度联合发布：《2019年网络犯罪防范治理研究报告》，2019年12月。

律研究中心与百度联合发布的《2019年网络犯罪防范治理研究报告》，网络爬虫类黑色产业链的特征是大数据风控平台为不合规的网贷平台提供非法爬虫服务，违规收集用户信息。此外，大数据风控平台爬取的通讯录等信息，变相助长了网贷平台的暴力催收。由于P2P网贷、互联网小贷、甚至资金中介等互联网金融机构无法接入央行征信等系统，为从事线上放贷，这些机构转而通过与第三方大数据公司合作，由其通过爬虫技术采集个人或企业在互联网上的留痕数据信息。

二、网络爬虫行为的现实问题：技术中立与网络爬虫行为

网络中立问题是网络治理的核心问题之一。如果简单概括网络中立，就是要求网络运营商保持中立的姿态，不偏袒或歧视任何应用服务。自2003年网络中立这一说法在美国被正式提出，网络中立在全球范围内成为互联网极具争议性的议题之一。就这一问题展开的讨论在我国也并未停止过。因为网络中立技术所带来的法律问题在实践中已经不断出现，以2016年的快播案举例，快播公司开发的快播播放器一方面以技术手段便利了互联网用户的视频需求，另一方面又因其缓存技术而储存了大量的淫秽视频。检察机关依法对快播公司CEO王欣和另外三名高管以传播淫秽物品牟利罪提起公诉。在庭审中，王欣所提出的"技术无罪"论在网络上引发热议，也引出关于技术中立的法律意义的争论。再以现实案例为例，胡某某被裁员，因为其在某招聘平台更新了简历。虽然已经屏蔽了现公司，却不知为何还是被公司HR知道了。递交解除劳动合同通知书时，面对胡某某的追问，HR告诉他"既然你已经打算要走了，继续在这里工作很可能会影响团队合作，所以很抱歉"。被裁员后的胡某某有三点疑问，第一，上个项目刚刚完结，把它增加到简历中，这有什么不对吗？第二，求职意向一栏，明明还是不考虑新机会，怎么就说明打算要走了？第三，已经屏蔽了公司，为什么HR还能看到简历更新情况？又如，2019年3月，号称拥有全国最大建立库的某招聘类数据公司被曝公司所有人员被警方带走。该公司采用"简历时光机"的产品，它能够拼命发掘简历上所有的秘密，让HR看到简历上所有修改历史，无论是新增、修改，抑或是删除，统统都逃不掉——获取简历、数据变现。另一款产品"爱伙伴"则是一款可以监测员工离职动向的工具软件，它可以监测到员工更新、投递简历等动作，以及员工被HR、猎头查看次数等信息。"通过特定的计算机程序实时抓取和挖掘互联网中的用户数据，并进行准确分析，完成用户画像的建构，从而为行为决策提

供参考依据。"① 网络爬虫行为作为物联网时代普遍运用的网络信息收集技术，本身是技术中立的而且不涉及违规违法和犯罪的问题。较为常见的爬虫行为使用领域有"新闻平台的内容汇聚和生成、电子商务平台的价格对比功能、基于气象数据的天气预报应用，等等。"② 可以说，离开爬虫行为，当下很多商业和公益性平台所需的准确数据会难以获得，"网络爬虫作为数据抓取的实践工具，构成了互联网开放和信息资源共享理念的基石，如同互联网世界的一群工蜂，不断地推动网络空间的建设和发展。"③ 传统但仍在一定程度上有说服力的观点认为，网络爬虫行为是技术中立的行为。

（一）违法犯罪缺乏法律根据

《刑法》《网络安全法》以及《个人信息保护法（草案）》等都没有规定网络爬虫行为的违法犯罪。目前，我国尚未有规制数据爬取的专项法律或部门规章，数据安全相关法律法规依然在筹备和意见征求阶段。对于数据爬取的治理主要依靠国家网信部门和公安机关通过专项执法活动直接打击数据爬取的相关违法犯罪行为，司法机关通过《刑法》《网络安全法》《反不正当竞争法》《著作权法》等相关条款进行事后兜底治理。完善的数据法治体系尚未建立使得数据爬取存在巨大的"灰色地带"。市场主体数据爬取行为的法律边界不清晰，"运动式"执法监管模式难以形成真正持续、良性、有序的治理范式，使得数据爬取治理缺乏统筹性的制度建设。④ 国家并没有一项明确的法律条文规定爬虫刷屏是否违法。不过，由于搜索引擎的存在，所以爬取已经允许公开的数据应该是合法的。搜索引擎领域一直遵守的是 Robots 协议。搜索引擎的原理是通过一种爬虫 spider 程序，自动收集互联网上的网页并获取相关的信息。而鉴于网络安全与隐私的考虑，每个网站都会设置自己的 Robots 协议，来明示搜索引擎，哪些内容是愿意和允许被搜索引擎收录的，哪些是不被允许的。搜索引擎则会按照 Robots 协议给予的权限进行抓取。Robots 协议代表了一种契约精神，互联网企业只有遵守这一规则，才能保证网站及用户的隐私数据不

---

① 黄文彬、吴家辉、徐山川：《数据驱动的移动用户行为研究框架与方法分析》，载《情报科学》2016 年第 7 期，第 14—20 页。

② 宁立夫、王德夫：《"爬虫协议"的定性及其竞争法分析》，载《江西社会科学》2016 年第 1 期，第 161—168 页。

③ 崔聪聪、许智鑫：《网络爬虫的法律规制》，中国网信网 2019 年 6 月 16 日，载 http://www.cac.gov.cn/2019-06/16/c_1124630015.htm，最后访问时间：2019 年 8 月 4 日。

④ 上海数据治理与安全产业发展专业委员会、上海赛博网络安全产业创新研究院：《数据爬取治理报告》，2019 年 11 月，第 22 页。

被侵犯。Robots 协议是一个附加在网站上的协议,告诉爬虫程序哪些页面不应该被访问。这可以被比作是在现实世界中使用的"禁止非法侵入"或"禁止进入"的标志,但是 Robots 协议更具体。它包含禁令的文件(robots.txt),其中有两个名为"User-agent:"和"Disallow"的字段。后者指示哪些页面是禁止的。尽管这是对什么是可访问的和什么是不可访问的进行一些规范,但是如果页面属于不同的"所有者",那么这种指示方法可能很麻烦。研究表明,与"禁止"字段相关的 Robots 协议有大量不正确的使用。前一个字段(user-agent)指定禁止应用哪些机器人。Robots 协议没有正式的地位;它在法规或国际公约中没有被明确承认是对(管理)爬虫程序的约束指令。它也不是一个正式的标准,即一个正式的标准制定机构所制定的标准,也不在 RFC(请求评论)中处理。也就是说,协议是基于 1994 年 6 月 30 日大多数 Robots 作者和其他感兴趣的人就邮件列表达成的共识,其只是一个指定互联网协议应该是什么样子的文档。

(二)违法犯罪违反爬虫行为使用的传统习俗

2017 年 3 月 15 日发布的《民法总则》第 8 条规定,民事主体从事民事活动,不得违反法律,不得违背公序良俗。自 1993 年 12 月首个基于爬虫的网络搜索引擎——JumpStation[①]诞生之后,网络爬虫已被使用了 20 余年,一直被视为没有问题的中立技术。数据成为新的生产资料和无形资产,企业要想在大数据时代领先,需要多方合作获取更多的数据。而部分大数据公司,尤其是创业公司,因为没有原始数据的积累,也没有可产生数据的业务或产品支撑,选择通过购买或者运用相关技术窃取他人的隐私信息,忽略技术应用的边界问题,碰触法律红线,甚至在各种变现的压力下,不惜成为信息贩子。以数据为基础的精准营销是以技术的提升为前提的,目前常用的数据收集技术主要有消费者追踪的 Cookie 技术和网络爬虫技术。企业或第三方平台通过 Cookie 技术锁定用户 ID,例如,微博、微信、QQ 账号,也可以是 IP 地址,追踪网络足迹,用户浏览了何种网页,看了何种视频,页面和视频停留时间的长短都能获得可量化的数据。网络爬虫则会根据企业设定的标准和规则,自动爬取万维网信息的程序或脚本。1994 年广泛采用的 robots.txt 协议是针对两个基本问题而制定的。第一个是保护站点所有者免受爬虫程序对其服务器和网络资源的大量使用。第二个是阻止网络搜索引擎索引不需要的内容,比如测试或网站的半私

[①] Kimmel-Smith S. Robot-generated databases on the World Wide Web [J]. Database, 1996, 19 (1): N/A, p.40.

密区域。该协议允许网站所有者将一系列指令放入一个名为 robots.txt 的文件中，并将其保存在 Web 服务器上。这些指令采取禁止整个站点或特定区域（目录）被爬行的形式。① 例如，如果文本文件包含以下信息，那么爬虫（用户代理）将被指示不要访问测试目录中的任何页面或它的任何子目录。对于网络爬虫行为来说，隐私问题是显而易见的，因为网络上的一切都是在公共领域。如果以某些方式使用爬取信息，尤其是在许多网络页面上大规模地聚合信息时，信息就可能会侵犯隐私。例如，垃圾邮件列表可能来自网页中的电子邮件地址，也可能来自互联网的"白页"目录。一些研究者主张需要知情同意，但另一些人不同意并强调问题的极端复杂性。总之，网络爬虫行为使用的传统习俗，要衡量技术中立与违法犯罪之间的问题。

（三）数据权归属问题仍无定论

数据归属权不明确，数据共享和交易工作推进受阻。数据应用过程中，涉及其所有权、隐私权等，其中所有权问题最为模糊。数据到底归谁所有？是至今一直没有明确答案的命题，这让部分数据在使用过程中无法被界定是否构成侵权，容易出现数据滥用的情况。网络安全法规定了关于数据收集的相关规则，但其在实践中应如何把握，颇值探讨。《网络安全法》第 41 条规定，网络运营者收集、使用个人信息，应当遵循合法、正当、必要的原则，公开收集、使用规则、明示收集、使用信息的目的、方式和范围，并经被收集者同意。在网络交易实践中，在用户进入网络平台交易时，需要同意平台提供的服务协议，而平台服务协议通常会向用户公开关于个人信息和非个人信息的收集方式、范围和目的等信息，用户一旦勾选同意，便意味着接受了此种个人信息的让渡，在平台服务协议本身不存在无效事由的情形下，网络平台依照服务协议获取的用户个人信息应属合法。至于数据收集是否正当且必要，则需要考虑相应数据收集是否是对个人信息进行了匿名化脱敏处理，以及相应的用途是否正当。由于平台所获取的用户信息通常系平台用户进行浏览、搜索、收藏以及交易等行为形成的痕迹信息，其中部分痕迹信息必然包含了涉及用户个人偏好或商户经营秘密等个人信息，此时进行匿名化处理便显得尤为需要。匿名化脱敏处理后的数据无法通过信息识别特定个人，而仅是作为一种符号意义上的数据而非信息意义上的数据存在，这些符号意义上的数据可以被数据企业进一步用于制作数据产品。另外，只要数据产品本身的目的是为了对平台商家的经营

---

① Mike Thelwall, David Stuart. Web crawling ethics revisited: Cost, privacy, and denial of service. Journal of the American Society for Information Science and Technology, 2006, 57 (13): 1771-1779.

活动提供参考，以提高平台的吸引力和平台商家自身的竞争力，就应认定相应的信息收集处理属于正当且必要。①"数据"表征权利客体的多样化使得获取、删除、修改、增加数据行为在形式上符合多个罪名，检察机关、辩护人和法院基于不同司法立场在选择罪名时争议较大。这主要表现在两个方面。第一，数据犯罪与传统犯罪的适用争议。即数据犯罪和《刑法》第287条利用计算机实施的传统犯罪之间的争议，主要包括：其一，数据犯罪与财产犯罪的争议。如盗窃网络虚拟财产、修改付款软件中的价格数据、修改电信资费套餐等，都是通过获取、修改数据来侵犯财产权，引发了数据犯罪与财产犯罪的法律适用争议。其二，数据犯罪与侵犯公民的个人信息罪的适用的争议。如非法获取考生信息、学籍管理信息、车辆登记信息等，以及删除消除违法犯罪记录、修改驾驶证记分信息、修改购房个人户口信息等，都是通过干扰数据来侵犯公民的个人信息权，因而引发了数据犯罪相关罪名与侵犯公民个人信息罪的适用争议。其三，数据犯罪与侵犯知识产权犯罪的适用争议，如非法获取游戏源代码、商业秘密等，以及修改游戏源代码，究竟是认定为侵犯知识产权的专属罪名还是按照其犯罪手段认定为数据犯罪，也存在争议。第二，数据犯罪与《刑法》第285条、第286条规定的其他计算机犯罪之间适用的争议。主要包括：一是数据犯罪与非法控制计算机罪适用争议。如在"流量劫持案"中，由于对"破坏""控制"的规范评价不同，引发了破坏型数据犯罪与非法控制计算机信息系统罪之间的争议。二是数据犯罪与提供侵入、非法控制计算机信息系统程序、工具罪的争议。如在撞库打码案中，由于立法对数据犯罪帮助行为正犯化规定的不明晰，引发了获取型数据犯罪与提供侵入、非法控制计算机信息系统程序、工具罪之间的适用争议。②解决数据权的归属问题，才能对网络爬虫行为的刑事规制法益有更清晰的认识。

（四）违法犯罪影响互联网产业的发展和数据的共享使用

离开爬虫行为，当下很多商业和公益性平台所需的准确数据难以获得，掌握爬虫技术已经成为各大网站以及专业人士的必备技能。而爬虫行为的技术中立具有相对性。12306购票信息爬取、今日头条等聚合媒体、互联网金融数据抓取、天气预报信息爬取、招投标信息爬取、视频图书资讯爬取，等等。爬虫不仅仅是一门技术，更是在大数据环境下进行高质量科学研究的一把新钥匙，

---

① 阙梓冰：《数据财产权益的形成、归属与保护》，载《人民法院报》2019年3月28日，第7版。

② 杨志琼：《我国数据犯罪的司法困境与出路：以数据安全法益为中心》，载《环球法律评论》2019年第6期。

掌握爬虫技术，已成为当下（学术）研究工作者的必备技能。在现实不少案件中，经营者之所以采取爬虫技术爬取数据，往往是因为面临对数据的强烈需求与难以从正常商业渠道中获取数据的矛盾情形。比如在深圳"酷米客"诉"车来了"案件中，基于GPS定位设施提供商与公交公司之间签订的《GPS设备安装协议》，并且明确拒绝后进入者的数据交易请求，实际上导致其他经营者无法获取相应的数据。在行业内数据资源分布极不均衡，数据大量集聚在垄断性数据平台和公司已经成为事实的情况下，一方面"数据垄断"产生了在法律、渠道、技术上多层次的"数据壁垒"，尤其是部分行业特定的、具备稀缺性且不可替代的数据过度集中在互联网巨头中，使得数据垄断成为事实上的商业垄断，成为数据爬虫乱象加剧的深层经济根源。另一方面，不直接生成数据或者生成数据十分有限的企业有着较为强烈采取数据爬取手段挖掘数据的内因驱动。在市场规律作用下可能会产生一系列的负外部性，如不劳而获地"搭便车"行为，进一步恶化市场竞争秩序。对当下游走于合法与非法的灰色地带使用技术手段突破数据获取壁垒的企业而言，更为棘手的问题是，移动互联网的发展使得主要数据获取方式从相对开放的浏览器转向更为封闭的APP，导致数据爬取还面临各APP反爬加密技术的技术壁垒限制，从而导致"灰色"爬取越来越可能涉嫌非法获取计算机信息系统数据的违法犯罪。[1] Robots协议只涉及程序可以下载哪些页面，而不涉及其他问题，比如下载速度应该有多快（比如每秒多少页）。有一些被认可但完全非正式的指导方针，是由Robots协议的作者编写。这些准则的目的是既保护网络服务器不被爬虫程序超载，又使整个网络流量（即网络流量）最小化。在构建爬虫之前，鼓励用户考虑是否真的需要一个程序，以及其他人是否已经完成了爬虫并愿意共享他们的数据。鼓励数据共享，以尽量减少爬虫的需要。如果真的需要一个爬虫程序，那么它应该不要爬得太快、不要过于频繁地访问任何站点，并且被监控以避免陷入禁止。[2]

此外，我国良性、有序的数据流通体系总体处于起步阶段，政府部门的公开数据开放不足，合法交易平台和机制尚未大规模普及推广，合法公开渠道的数据供给在数量和质量上都无法满足数字经济快速发展的需求，导致部分企业

---

[1] 上海数据治理与安全产业发展专业委员会、上海赛博网络安全产业创新研究院：《数据爬取治理报告》，2019年11月，第22—23页。

[2] Mike Thelwall, David Stuart. Web crawling ethics revisited: Cost, privacy, and denial of service. Journal of the American Society for Information Science and Technology, 2006, 57 (13): 1771 – 1779.

被迫采用非法爬虫技术获取数据。其背后深层次的原因,仍在于数据权属未定和现实的数据壁垒。这使得可能存在法律风险的各类数据因其权属问题未定而暂时无法进入合法交易渠道中,而互联网企业事实上倾向于形成内部封闭的"数据孤岛",部分中小企业被迫采用非法爬虫技术获取数据。

三、技术中立的网络爬虫行为入罪可能性

从技术方面论述,过于野蛮的爬虫可能造成网站负荷过大(尤其多线程爬虫),从而导致网站瘫痪、不能访问等问题。技术中立有其适用边界。从内容方面论述,网络爬虫可能导致网站所有人丧失对自己网站数据的控制权,例如,有的数据是网站所有人不愿被他人获取的;或者如果网站数据的来源付出了较大代价,却可能因为网络爬虫轻易大量被他人获取。从结果方面论述,网络爬虫还可能造成他人数据被不正当地复制、使用。网站数据如果涉及他人的个人信息,还可能因网络爬虫导致数据大量被他人未经数据主体同意而获取,从而伤害其利益。

(一)网络爬虫行为的技术中立具有相对性

离开爬虫行为,当下很多商业和公益性平台所需的准确数据难以获得,掌握爬虫技术已经成为各大网站以及专业人士的必备技能。爬虫行为的技术中立具有相对性,随着科技与社会秩序的持续发展,今天被认为不合法的行为,明天就有可能被认定为合法,"而且也可能出现逆转的发展:长期以来被视为没有任何问题的做法和技术,现在可能会被认为是道德上可疑的并可被视为是违法的"。[①] 自 1993 年 12 月首个基于爬虫的网络搜索引擎——JumpStation 诞生之后,[②] 网络爬虫已被使用了 20 余年,之前一直被视为没有问题的中立技术,今天已被人们认为"道德上可疑的并可被视为违法"的技术,并从涉嫌民事违法的技术发展为涉嫌构成刑事犯罪的技术。恶意抓取侵害他人权益和经营自由通过网络爬虫访问和收集网站数据行为本身已经产生了相当规模的网络流量,但是,有分析表明其中 2/3 的数据抓取行为是恶意的,并且这一比例还在不断上升:恶意机器人可以掠夺资源、削弱竞争对手。恶意机器人往往被滥用于从一个站点抓取内容,然后将该内容发布至另一个站点,而不显示数据源或链接,这一不当手段将帮助非法组织建立虚假网站,产生欺诈风险,以及对知

---

① [德]埃里克·希尔根多夫:《德国刑法学 从传统到现代》,黄笑岩译,北京大学出版社 2015 年版,第 376 页。

② Kimmel-Smith S. Robot-generated databases on the World Wide Web. Database, 1996, 19(1): N/A.

识产权、商业秘密的窃取行为。此外，恶意爬虫危及网络安全从行为本身来讲，恶意爬虫会对目标网站产生 DDOS 攻击的效果，当有成百上千的爬虫机器人与同一网站进行交互，网站将会失去对真实目标的判断，其很难确定哪些流量来自真实用户，哪些流量来自机器人。若平台使用了掺杂虚假访问行为的缺陷数据，做出相关的营销决策，可能会导致大量时间和金钱的损失。尽管 Robots 协议作为国际通行的行业规范，能够帮助网站在 robot.txt 文件中明确列出限制抓取的信息范围，但并不能从根本上阻止机器人的恶意爬虫行为，其协议本身无法为网站提供任何技术层面的保护。目前恶意的网络爬虫行为已经给互联网平台带来了一定的商业和技术风险，影响了其正常的平台运营和业务开展。网络爬虫的不当访问、收集、干扰行为应当受到法律的规制。目前，我国已有法律对网络爬虫进行的规制主要集中在刑法有关计算机信息系统犯罪的相关条文上。从刑法所追求的法益来看，刑法规范的是对目标网站造成严重影响并具有社会危害性的数据的抓取行为。若行为人违反刑法的相关规定，通过网络爬虫访问收集一般网站所存储、处理或传输的数据，可能构成刑法中的非法获取计算机信息系统数据罪；如果在数据的抓取过程中实施了非法控制行为，可能构成非法控制计算机信息系统罪。此外，由于使用网络爬虫造成对目标网站的功能干扰，导致其访问流量增大、系统响应变缓，影响正常运营的，也可能构成破坏计算机信息系统罪。① 在此情形下，探讨网络爬虫行为的刑事违法性，以划清爬虫行为民事违法与刑事犯罪的界限，并恰当实现对网络爬虫行为的法律规制，无疑是一个亟须解决的理论和实践问题。

元光公司爬虫行为构成民事违法的案例充分说明了爬虫行为是如何从技术中立发展到民事违法的。2015 年 11 月至 2016 年 5 月，元光公司为提高本公司的 APP 软件"车来了"在市场上的用户量和信息查询的准确度，指使员工利用网络爬虫技术获取谷米公司"酷米客"APP 的实时公交信息数据，将之用于"车来了"并对外提供给公众查询。法院认为，"元光公司利用网络爬虫技术大量获取并无偿使用'酷米客'APP 实时公交信息数据的行为，是一种不劳而获的行为，破坏他人的市场竞争优势，具有主观过错，违反了诚实信用原则，扰乱了竞争秩序，构成不正当竞争"，并判处元光公司赔偿谷米公司经济损失及维权合理费用 50 万元。② 该判决的意义在于，"当大数据开发形成的智力成果具有独创性成为著作权法保护的作品时，持有者可以大数据形成的作品

---

① 中央网信办：《网络爬虫的法律规制》，中国网信网，http://www.cac.gov.cn/2019-06/16/c_1124630015.htm，2019 年 6 月 16 日，最后访问时间：2019 年 11 月 5 日。
② 参见广东省深圳市中级人民法院（2017）粤 03 民初 822 号民事判决书。

成为一项法定权利来对之加以保护","当大数据不构成作品时,持有者通常会选择不正当竞争来制止他人的未经许可使用行为。"① 换言之,它确认了未经允许的爬虫行为的民事违法性,从而开启了对大数据权益的法律保护之旅。在此案之后,全国陆续出现了很多不当使用爬虫软件而被判处不正当竞争的案件。诸如,北京淘友天下技术公司采用爬虫行为大量爬取、使用新浪微博用户职业信息、教育信息不正当竞争案,② 国家图书馆出版社与北京百度网讯科技有限公司侵害作品信息网络传播权纠纷案,③ 浙江泛亚电子商务有限公司诉北京雅虎网咨询服务有限公司等侵犯著作权纠纷案,④ 等等。这些案件对于规范爬虫行为起到了很好的作用。

网络爬虫行为的技术中立具有相对性,首先,涉及隐私的爬虫行为是非法的;网络爬虫程序规避网站经营者设置的反爬虫措施或者破解服务器防抓取措施,非法获取相关信息,情节严重的,有可能构成"非法获取计算机信息系统数据罪";爬虫程序干扰被访问的网站或系统正常运营,后果严重的,触犯刑法,构成"破坏计算机信息系统罪";爬虫采集的信息属于公民个人信息的,有可能构成非法获取公民个人信息的违法行为,情节严重的,有可能构成"侵犯公民个人信息罪"。除此之外,符合技术规范的爬虫行为则并不入罪,遵守 Robots 协议,它通常告诉网络搜索引擎的漫游器,此网站中的哪些内容是不应被搜索引擎的漫游器获取的,哪些是可以被漫游器获取的。Robots 协议就是告诉爬虫,哪些信息是可以爬取,哪些信息不能被爬取。用户应当严格按照 Robots 协议爬取网站相关信息。其次,不能大规模爬虫导致对方服务器瘫痪,这等于网络攻击。2019 年 5 月 28 日国家网信办发布的《数据安全管理办法(征求意见稿)》中,拟通过行政法规的形式,对爬虫的使用进行限制:网络运营者采取自动化手段访问收集网站数据,不得妨碍网站正常运行;此类行为严重影响网站运行,如自动化访问收集流量超过网站日均流量 1/3,网站要求停止自动化访问收集时,应当停止。最后,不能非法获利。恶意利用爬虫技术爬取数据,攫取不正当竞争的优势,甚至是牟取不法利益的,则可能触犯法律。实践中,非法使用爬虫技术爬取数据而产生纠纷的情况不在少数,大多是以不正当竞争为由提请诉讼。例如,如果用户把大众点评上的所有公开信息都

---

① 祝建军:《利用爬虫技术盗用他人数据构成不正当竞争》,载《人民法院报》2019 年 5 月 23 日,第 7 版。
② 参见北京市海淀区人民法院(2015)海民(知)初字第 12602 号民事判决书。
③ 参见北京市海淀区人民法院(2017)京 0108 民初 18684 号民事判决书。
④ 参见北京市海淀区人民法院(2017)京 0108 民初 18684 号民事判决书。

爬取了下来，自己复制了一个一模一样的网站，并且还通过这个网站获取了大量的利润，这样就是违法行为。或者是把别人网站上的付费课程爬取下来，私自售卖也是一种不合法行为。

（二）全国首例爬虫行为入罪案

全国首例爬虫行为入罪案（上海晟品公司爬虫行为入罪案）则清晰展示了爬虫行为从民事违法转化到刑事入罪的变化。上海晟品网络科技有限公司的主管人员，成功破解北京字节跳动公司的防范措施，采用爬虫技术爬取北京字节跳动公司服务器中存储的视频数据，造成北京字节跳动公司损失技术服务费人民币 2 万元。法院以非法获取计算机信息系统数据罪对被告人予以定罪判刑。[①] 法院判决指出，爬虫软件在数据爬取的过程中，"使用了伪造 device_id 绕过服务器的身份校验，伪造 UA 及 IP 绕过服务器的访问频率限制等规避或突破计算机系统保护措施的手段获取数据，构成非法获取计算机信息系统罪"。[②] 该案中的被告公司及主管人员未经许可，强行突破反爬技术，侵入"国家事务、国防建设、极端科学技术领域"之外的计算机信息系统，并采用爬虫技术获取该系统内的数据，其行为根据我国《刑法》第 285 条第 2 款的规定，构成非法获取计算机信息系统数据罪。值得注意的是，该案判决特别指出："在信息时代，'爬虫'技术是一种常见的数据爬取技术，最常用的领域是搜索引擎，该技术的有效使用有利于数据的共享和分析、造就了互联网生态的繁荣，但并不意味该技术的使用没有边界。法官在此提醒互联网行业的从业人员，必须在法律的框架之内合理使用该技术，违反法律规定利用该技术非法获取数据可能构成犯罪。"[③] 该案是确认爬虫行为刑事违法性的第一案，具有标志性意义。从爬虫行为构成反不正当竞争案到爬虫行为入罪案，体现了爬虫行为的法律规制从民法到刑法的递进。在前述元光公司使用爬虫行为损害谷米公司合法权益案中，法院判决将这种使用爬虫的行为认定为反不正当竞争的行为；根据我国《反不正当竞争法》第 2 条的规定，反不正当竞争的行为是不"遵守法律和商业道德"的行为。可以说，从内在实质违法性的角度，这一判决为首例爬虫行为入罪案奠定了基础。因为，刑法中违法性的评价是"以了

---

① 参见北京市海淀区人民法院（2017）京 0108 刑初 2384 号刑事判决书。
② 参见北京市海淀区人民法院（2017）京 0108 刑初 2384 号刑事判决书。
③ 游涛、计莉卉：《北京海淀法院审结全国首例"爬虫"技术侵入计算机系统犯罪案》，载《人民法院报》2019 年 1 月 1 日，第 3 版。

解作为价值标准和作为规章的适合人类行为的生活准则的道德准则为前提的",① 正是有了元光公司爬虫行为系违反民事行为生活准则和道德即构成不正当竞争的判决,才有了不久之后全国首例使用爬虫技术构成刑事犯罪的案件。从爬虫行为反不正当竞争案到全国首例爬虫行为入罪案,展现了爬虫行为从民事违法到刑事违法的司法认定过程,它充分体现了我国司法实践对爬虫行为的态度。这一过程充满司法理性,因为随着爬虫行为对各大网站数据的暴力爬取、强行爬取等行为的增多,已给网络信息安全以及营运环境造成了极大的破坏。司法的判决就是一个判断的过程,无论是民事判决还是刑事判决,都是对不当使用爬虫行为在法律上的否定,"通过有罪与无罪的判断、对义务与权利分配的判断,使人民在精神上相信自己生活在正义的环境里,从而获得对社会的信赖",② 没有对网络健康有序环境的基本信赖,用户的网络失范行为将日益增多。因此这两个判决奠定了司法对不当使用爬虫软件的态度和立场,并为后续类似案件提供了可借鉴的样本。与此同时,它们也表明,虽然爬虫行为在精准搜索、大数据分析与预测等领域作出了重要贡献,但是,如果"对数据抓取行为不加以限制约束,收集、处理、经营数据的相关平台以及提供优质内容的用户的权益便都无法得到保障,从长远来看必将对互联网内容产业产生负面影响"。③ 总之,爬虫行为既可能涉及民事、行政违法,也可能构成犯罪;基于维护法秩序与互联网产业健康发展的需要,对爬虫行为的合理刑事规制极为必要。

(三) 法秩序统一原理下法律责任的承担

网络爬虫的不当访问、收集、获取、干扰行为理应受到法律规制。如果在数据爬取过程中实施了非法控制行为,可能构成非法控制计算机信息系统罪。若行为人违反刑法的相关规定,通过网络爬虫访问收集一般网站所存储、处理或传输的数据,可能构成刑法中的非法获取计算机信息系统数据罪。如果使用网络爬虫频繁访问目标数据服务器,造成对目标网站的功能干扰,导致其访问流量增大、系统响应变缓,影响正常运营的,也可能构成破坏计算机信息系统罪。违反国家有关规定,向他人出售或者提供公民个人信息,情节严重的,可能构成侵犯公民个人信息罪,具体定罪和量刑可参考《最高人民法院、最高

---

① [德] 冯·李斯特:《论犯罪、刑罚与刑事政策》,徐久生译,北京大学出版社2016年版,第13页。
② 孙笑侠:《司法的特性》,法律出版社2016年版,第5页。
③ 杨东、吴之洲:《数据抓取行为的法律性质——"马蜂窝事件"案例分析》,载《中国社会科学报》2018年12月5日,第5版。

人民检察院关于办理侵犯公民个人信息刑事案件适用法律若干问题的解释》。从刑法所追求的法益来看，刑法规范的是利用技术手段突破权限许可获取本不应获得的数据，对目标网站造成严重影响并具有社会危害性的数据抓取行为，其刑事责任的承担更倾向于强制性、惩罚性，维护社会的稳定秩序。

未经授权，爬取信息的行为可能侵害权利人的合法权益，包括个人权益及企业权益，由此承担相应的侵权责任，包括但不限于停止侵害、消除影响、恢复名誉、赔偿损失。对个人而言，爬虫爬取的信息中包含姓名、肖像、隐私等内容，未经权利人同意擅自获取该部分信息，除上述刑事责任中的侵犯公民个人信息罪，也构成了对公民人格权的民事权利侵犯。对企业而言，数据信息是一个企业的核心竞争资源，未经同意被爬取并进行商业利用的行为，严重侵害了数据拥有者的合法权益，违反自愿、平等、公平、诚信的原则以及法律和商业道德，是一种不正当竞争的行为，该行为给他人造成损害的，应当依法承担民事责任。

未经授权爬取信息的行为，除上述刑事与民事责任，也可能构成行政责任。根据《网络安全法》第27条以及第63条的规定，从事危害网络安全的活动，或者提供专门用于从事危害网络安全活动的程序、工具，或者为他人从事危害网络安全的活动提供技术支持、广告推广、支付结算等帮助，尚不构成犯罪的，由公安机关没收违法所得，处5日以下拘留，可以并处5万元以上50万元以下罚款；情节较重的，处5日以上15日以下拘留，可以并处10万元以上100万元以下罚款。单位有前款行为的，由公安机关没收违法所得，处10万元以上100万元以下罚款，并对直接负责的主管人员和其他直接责任人员依照前款规定处罚。违反本法第27条规定，受到治安管理处罚的人员，5年内不得从事网络安全管理和网络运营关键岗位的工作；受到刑事处罚的人员，终身不得从事网络安全管理和网络运营关键岗位的工作。根据《网络安全法》第41条以及第64条的规定，侵害个人信息依法得到保护的权利的，由有关主管部门责令改正，可以根据情节单处或者并处警告、没收违法所得、处违法所得1倍以上10倍以下罚款，没有违法所得的，处100万元以下罚款，对直接负责的主管人员和其他直接责任人员处1万元以上10万元以下罚款；情节严重的，并可以责令暂停相关业务、停业整顿、关闭网站、吊销相关业务许可证或者吊销营业执照。违反本法第44条规定，窃取或者以其他非法方式获取、非法出售或者非法向他人提供个人信息，尚不构成犯罪的，由公安机关没收违法所得，并处违法所得1倍以上10倍以下罚款，没有违法所得的，处100万元以下罚款。

四、网络爬虫侵犯的保护法益

对网络爬虫的深层次界定,"与其说体现为技术层面,不如说体现在其与现实世界受保护法益的联系上"。① 因此,网络爬虫爬取数据行为应依照其侵害的不同法益构成不同犯罪。

(一) 网络爬虫侵犯数据表征的传统法益

美国著名数据犯罪专家奥林·科尔(Orin S. Kerr)认为,随着越来越多的权利客体被以数据形式予以储存、使用,数据表征的传统法益内涵日益丰富,但这只是传统法益的网络化、数据化,并没有对传统刑法提出新的挑战,因而仍可以适用传统刑法罪名来应对。② 数据表征的传统法益,依其特定内涵和识别标志可包括个人信息权、财产权、知识产权。

1. 可识别性个人信息表征了个人信息权

大数据技术对个人信息采取高效率、高密度、高连结加工方式并以数据库的形式呈现出来,使得"个人信息"与"数据"在真实的"个人数据"上发生重叠,如学籍管理系统中的用户名和密码。③ 表征个人信息权的数据与普通数据的最大区别就在于其能识别的特定个人身份。因为从宪法角度而言,个人信息保护所涉及的基本权利包括保护隐私权与信息自决权④:前者来自于美国的个人信息保护经验,即在宽泛的隐私权概念下"构筑起阻挡他人和国家窥视和介入的坚固屏障";⑤ 后者则来自于德国,是指个人有权决定在何种范围、于何时、向何人、以何种方式披露、处分自己的信息。二者合力形成了当前国际社会"个人信息"立法的主要框架——"保护与利用"并重的宗旨。各国有关公民个人信息的立法无不重在调和个人信息保障与合理使用之公共利益,因而只有那些能识别的特定个人的信息,才有侵犯其资讯隐私权与自决权之隐忧,应成为个人信息法的保护对象;对无法或者难以识别的特定个人的信息,

---

① 于志刚、李源粒:《大数据时代数据犯罪的制裁思路》,载《中国社会科学》2014年第10期,第105页。
② See Orin S. Kerr, Cybercrime's Scope: Interpreting "Access" and "Authorization" in Computer Misuse Statutes, 78 N.Y.U.L. REV. 1596 (2003).
③ 参见江苏省南京市鼓楼区人民法院(2011)鼓刑初字第123号刑事判决书。
④ 参见萧奕弘:《论个人资料保护法的法制性问题》,载《成大法学》2012年第23期。
⑤ 赵宏:《从信息公开到信息保护:公法上信息权保护研究的风向流转与核心问题》,载《比较法研究》2017年第1期。

并非个人信息立法的保护对象,应作为普通数据予以保护。① 因此,"可识别性"成为个人信息最重要的特征,是各国个人信息立法的关键词,也是"个人信息"与"数据"区分的关键。

可识别性是指信息与信息主体存在某种客观确定的关联性、专属性,包括直接识别性和间接识别性。

(1) 直接识别性,是指通过单个信息能够直接确认特定个人身份。其特点在于:①个人专属性。即为特定单一个人所有,不可能与其他社会个体重叠,既包括个人生物信息,如基因、指纹、声纹等,也包括个人社会信息,如出生证明、身份证号、户口簿、驾照等。②公共管理性。此类信息往往产生于国家为建构公共秩序、保障公共安全、提高公共福利而建立起的服务或者管理系统,其所反映的社会现实是政府开展公共管理事务的基本依据或对象,因而主要存在于公法领域。② 典型的如我国多年来一直开展的电子政务,涉及各类个人信息数据库,如人口信息管理系统、出入境/证件信息数据库、全国违法犯罪中心、DNA数据库、税务征收系统、计划生育系统等。③ ③单独使用性。此类个人信息既能单独使用识别特定个人身份,也有助于其他间接识别性信息参照、比对出特定个人身份。直接识别性个人信息在社会活动中具有重要性,直接关涉个人隐私权或自决权,是"个人信息"的核心。

(2) 间接识别性,是指单独使用时无法直接指向特定个人,但同其他信息相结合、比对后能识别特定个人,如职业、收入、联络方式、电子邮箱、家庭住址、教育经历、行踪轨迹等。早期对公民个人信息的利用多限于直接识别性信息,随着信息技术的发展,间接识别性信息的利用价值被大大提升,相关的法律问题也就更加突出,主要涉及"间接识别性信息"能否以及如何与其他信息比对以识别特定个人。对此存在不同观点:①以使用目的为标准,即个人信息的收集能否在特定目的下识别出个人。④ 如装在楼道里的监控录像,如果是为识别住在对面的邻居,则属于"个人信息",但对陌生路人而言,因无

---

① 参见黄翰义:《自直接识别性及公共利益之观点论个人资料保护法之缺失》,载《裁判时报》2015年第31期。

② 参见蒋坡:《公共管理事务中个人数据信息保护的法律问题研究》,载陈海帆、赵国强主编:《个人资料的法律保护:放眼中国内地、香港、澳门及台湾》,社会科学文献出版社2014年版,第139页。

③ 参见张新宝:《从隐私到个人信息:利益再衡量的理论与制度安排》,载《中国法学》2015年第3期。

④ 参见刘定基:《个人资料的定义、保护原则与个人资料保护法适用的例外——以监视录影为例(上)》,载《月旦法学教室》2012年第115期。

法识别而难属"个人信息"。但这会导致后续的信息收集、利用者受到最先信息收集者的"主观目的"拘束,不利于资讯社会的信息运作。① ②识别重要性标准,主张只有对于个人识别具有"关键"或"重要性"的个人信息才属于个人信息。这一标准来自于日本个人信息保护法则,所谓"关键",是指对识别特定个人具有指标性意义;所谓"重要性",是指通过对个人资料的比对后呈现出在社会活动上的重要性。但"关键"和"重要性"的判断标准本身就不明确,而且需要法官具有相当丰富的实务经验才能作出合理的判断,因而欠缺可操作性。③隐私的合理期待标准(reasonable expectation of privacy),即被害人主观上必须有不受他人窥视的主观期待,且该期待符合社会的通常观念。② 这一观点来自于美国隐私权保护经验,认为那些较易与其他资料对照、组合而识别特定个人的信息,对个人而言具有隐私的合理期待,应属于"个人信息"范畴;反之,若难以与其他资料连结而识别特定个人,则该资讯不会受到他人无端窥视,不属于"个人信息"。③ 但隐私的合理期待因人而异,对于社会一般人和熟悉个人信息的特定人群而言,合理期待的标准并不相同。显然,各国对"间接识别性"并无统一标准,"间接识别性"判断更多的是一种经验累积,因而难以对"间接"的程度、层次等作出准确的描述。

综上可见,"个人信息"不同于普通数据的特点在于其"可识别性"。识别性与信息消除认识不确定性的功能紧密相联,④ 因为"个人资料保护之重点在于资料与个人间的相连与识别性,而非单纯的资料本身。与个人脱钩之资料,并不会造成资讯隐私或自决权的损害,也称不上个人资料",对该部分资料的累积应称为统计数据。在未来大数据技术可能对"可识别性"判断标准产生冲击的情况下,本文建议对"个人信息"的判断补充公共管理性判断标准,如前述学籍管理系统具有行政管理性,系统中的身份信息要求实名显示,可识别特定个人,对其非法获取应构成侵犯公民个人信息罪。此类信息在我国当前主要涉及互联网管理、电信业务管理、医疗管理、包括征信及银行卡管控的金融管理、统计税收和档案信息管理、消费者管理、计算机管理、信息化管理、邮政及通信管理等领域。⑤

---

① 参见张永宏:《试评个人资料保护法适用上的几个问题》,载《裁判时报》2015年第31期。

② Stephen P. Jones, Reasonable Expectations of Privacy: Searches, Seizures, and the Concept of Fourth Amendment Standing, University of Memphis Law Review, Summer 1997.

③ 参见邱忠义:《谈个人资料保护法之间接识别》,载《裁判时报》2014年第30期。

④ 参见许文义:《个人资料保护法》,台北三民书局2001年版,第24页。

⑤ 参见郭瑜:《个人数据保护研究》,北京大学出版社2012年版,第39—43页。

这里要强调的是，个人信息权是一项新型权利而非传统隐私权。一方面，根据《个人信息保护法（草案）》《网络安全法》《民法总则》等有关国家规定以及侵犯公民个人信息罪的构成要件，该罪的保护法益不是作为传统个人权利的隐私权，而是作为新型权利的个人信息权。侵犯公民个人信息罪的对象为个人信息，网络时代个人信息不仅仅具有人格属性，更具有财产属性，隐私权说等传统权利涵盖不了信息财产价值的属性；个人信息权是一种新型的综合性权利，可以有效体现对公民人格利益以及信息的财产利益的综合保护。以个人信息权这一新型权利作为侵犯公民个人信息罪的保护法益可以更好地保护公民的个人信息。个人信息权作为一种综合性的新型权利，它不像隐私权仅仅是一种精神性权利。信息作为数据，本身具有保护公民隐私的价值，同时，基于数据的财产性，公民个人信息也具有一定的财产价值，因此，公民个人信息权是既含有精神权利的部分内容，又兼有财产利益的内容，还包含有公民自由权利的部分等，它是一种综合性权利。作为精神权利部分，个人信息涵盖了隐私权的内容，当侵犯公民个人信息时，无疑侵犯了公民基于自由权利免受外界干扰的独处的隐私权利；同时，也侵犯了公民合理使用自己信息获取经济利益或其他利益的权利，并侵犯了公民自由决定自己信息如何使用等权利。另一方面，根据《个人信息保护法（草案）》的规定，侵犯公民个人信息罪的保护法益是作为新型权利的信息权。虽然侵犯公民个人信息罪也可能同时会侵犯其他合法权益，但它们对本罪的认定不能发挥主要的构成要件解释性机能。总之，个人信息权是一项综合性权利。将其作为侵犯公民个人信息罪的保护法益，较之隐私权，更有利于全面保护公民与信息有关的个人权益。

2. 具有财产属性数据表征了财产权

对于具有财产属性的数据，典型的是网络虚拟财产。我国刑事立法及司法解释均未对网络虚拟财产有明确规定，刑法学界普遍认为网络虚拟财产兼具财产属性与数据属性，[①] 但何者为其本质属性仍存在激烈的争论。数据属性近年来在司法实务中开始处于优势地位，表现为将侵犯虚拟财产的行为定性为非法获取计算机信息系统数据罪的司法倾向。[②] 究其原因，现有对网络虚拟财产财产属性的论证，在追随传统大陆法系民法或刑法的历程中并未获得太多知识增

[①] 参见陈兴良：《虚拟财产的刑法属性及其保护路径》，载《中国法学》2017年第2期；孙道萃：《网络财产性利益的刑法保护：司法动向与理论协同》，载《政治与法律》2016年第6期。

[②] 参见徐凌波：《虚拟财产犯罪的教义学展开》，载《法学家》2017年第4期。

量：要么从民法观念出发，依据"物权论"认为虚拟财产属于无体物①或根据"债权论"认为虚拟财产属于财产性利益②；要么从刑法对"财产"的管理可能性、转移可能性、价值性判断出发，认为虚拟财产可以成为财产犯罪的对象。③ 上述论证都未能结合网络虚拟财产的网络性、虚拟性来深入展开，因而难以有效驳斥虚拟财产的数据属性，因为"网络因素'置换'了财产的存在形态，这是数据财产化和现实财产的最大区分"。④ 而英美法系学者从虚拟财产所处的虚拟经济系统、所运用的技术规则出发对虚拟财产的研究，为我们论证其财产属性提供了可借鉴的经验。

早先，由于网络虚拟财产具有不同于现实财产的显著特征，是否应作为财产加以保护备受争议。美国学者格里·拉斯托和丹·亨特于2004年发表了著名的《虚拟财产法律》（*The Law of the Property*），通过驳斥否定论来阐明虚拟财产的财产属性⑤：一是虚拟财产的无体性。否定者认为虚拟财产并非财产，因为它们只是一堆没有现实价值的数据代码，⑥虚拟财产只是存在电脑屏幕里的影像或者代码，一旦服务商关闭服务器或者对电脑数据进行清理，虚拟财产将不复存在。⑦ 但英美的普通法财产制度承认无形财产利益已经有几百年的历史，从保护知识产权伊始就意味着财产权并不必然限定于有形的物质载体上。随着各国包含无体客体和利益的财产体系日臻完善，虚拟财产的无体性特征将不再是难以解决的难题。⑧ 二是虚拟财产的期限性。否定者认为虚拟财产在真实世界的存续具有期限性，一旦游戏玩家不再进入虚拟世界或者由于某些原因

---

① 参见李齐广：《刑民对话视野下窃取虚拟财产刑事责任的认定》，载《武汉大学学报（哲学社会科学版）》2017年第2期；姚万琴：《盗窃网络虚拟财产行为定性的教义学分析——兼与刘明祥教授商榷》，载《当代法学》2017年第4期。

② 参见田宏杰、肖鹏、周时雨：《网络虚拟财产的界定及刑法保护》，载《人民检察》2015年第5期。

③ 参见张明楷：《非法获取虚拟财产的行为性质》，载《法学》2015年第3期。

④ 于志刚：《大数据时代计算机数据的财产化与刑法保护》，载《青海社会科学》2013年第3期。

⑤ F. Gregory Lastowka & Dan Hunter, The Law of the Virtual Property, California Law Review. January, 2004.

⑥ Jay Lyman, Gamer Wins Lawsuit in Chinese Court over Stolen Virtual Winnings, Technewsworld. com, Dec. 19, 2003, http://www.technewsworld.com/story/32441.html.

⑦ Bobby Glushko, Note, Tales of the (Virtual) City: Governing Property Disputes in Virtual Worlds, 22 Berkeley Tech. L. J. 507 509 – 10 (2007).

⑧ Molly Stephens, Note, Sales of In-Game Assets: An Illustration of the Continuing Failure of Intellectual Property Lawto Protect Digital-Content Creators, 80 Tex. L. Rev. 1513, 1515 (2002).

不被允许进入虚拟世界，则这些虚拟财产将瞬间消失，不应被看作是财产。但事实上，现实世界的很多财产权也都是非永续存在的，如租赁权、知识产权等都具有期限性，存续期限不应成为否定虚拟财产的理由。

此后，知名网络虚拟财产学者费尔菲德（Fairfield）在《虚拟财产》（Virtual Property）一文中将网络虚拟财产类比真实财产来阐明其财产属性[①]：独占使用性（rivalrousness）、存续性（persistence）和社交关联性（interconnectivity）。"独占使用性"意味着特定的网络虚拟财产只能由其所有者使用并排除其他人的控制。典型的如电子邮箱，只能由特定用户独占使用，世界上不存在两个人拥有同一个邮箱的情况；"存续性"是指网络虚拟财产可以连续累积持有，当用户离开网络时，网络虚拟财产并不会随之消失，而是仍然存在于其账户中；"社交关联性"是指特定的网络虚拟财产具有人际互动性，能为多个用户访问、浏览、体验和交流。显然，费尔菲德是将现实财产利用语境下的权利观念用于网络虚拟财产的认定，进而论证其应作为"财产"受现行法保护："独占使用性"排除了他人随意占有、使用的恐惧而促进了用户对网络虚拟财产的投资；"存续性"确保网络虚拟财产的持续存在而为投资提供了保障；"社交关联性"则通过网络聚集效应提升了网络虚拟财产的价值。[②] 据此，费尔菲德认为网络虚拟财产包括了网址URL、域名、电子邮件地址、网站、聊天室、银行账户、电子财产票据等在线资源。这一范围和我国当前广义的虚拟财产概念相当，即以数字化形式体现的信息类产品或数据资料。[③]

学者布拉兹（Blaze）认为上述三个特征只是勾勒出虚拟财产与现实财产的共同点，除此之外，网络虚拟财产还具有"交易流通市场"（Secondary Markets）和"用户自我增值"（Value-Added-by-Users）两个特征，这五个特征使得虚拟物品应作为"财产"加以保护。[④] 其中，"交易流通市场"是指网络虚拟财产具有可转让性，能在市场中进行交换、买卖。此特征旨在将虚拟世界与现实世界关于财产价值的认定串联起来，如学者米汉（Meehan）指出，记载虚拟财产的代码之所以不同于普通计算机代码，就在于其存在于虚拟的经济系统中且能够在真实世界的市场中进行交易并产生价值，此种"具有交易市场

---

① Joshua A. T. Fairfield, Virtual Property, Boston University Law Review October, 2005.

② 参见梅夏英、许可：《虚拟财产继承的理论与立法问题》，载《法学家》2013年第6期。

③ 参见林旭霞：《虚拟财产权性质论》，载《中国法学》2009年第1期；于志刚：《网络空间中虚拟财产的立法保护》，中国人民公安大学出版社2009年版，第23页；徐彰：《盗窃网络虚拟财产不构成盗窃罪的刑民思考》，载《法学论坛》2016年第3期。

④ Charles Blazer, The Five Indicia of Virtual Property, Pierce Law Review December 2006.

的虚拟财产"才具有讨论其财产权利的可能。① 而"用户自我增值"意味着玩家对虚拟世界的原始资源增加时间、精力上的投入而提升其价值,因而应该在某种程度上赋予其对网络虚拟财产的财产权。本来,对虚拟资源的努力和付出并不必然获得其财产权利,就像涂鸦者并不必然获得建筑物的财产权一样。存在于虚拟世界的虚拟资源的运转和流通主要源于网络运营商对网络硬件和软环境的供给,因而多数用户使用协议(EULA)都认定网络虚拟财产的所有权归属于网络运营商。② 但是,对虚拟资源提供法律保护的可能性主要在于用户在某种程度上增加了其价值。因为人们更乐意去创造那些可能归属于自己的财产,而财产法通过确认、鼓励用户增加原始虚拟资源的价值来提升网络整体的创造性和生命力,最终使所有人都受益。③ "交易流通市场"和"用户自我增值"两个特征有效协调了用户和网络运营商在虚拟经济系统中最关切的财产权问题:一方面,用户获得了对虚拟财产的安全感和价值确信;另一方面,网络运营商也可通过用户对虚拟财产的持续投资、创新而获得更多的利益。布拉兹所描述的虚拟财产五特征比较符合我国当前狭义的对于网络虚拟财产的定义,主要包括网络游戏装备和游戏货币,这两类虚拟物品本身具有交换价值或因投入劳动、时间等添附了财产权利而应评价为刑法意义上的财产。④

可见,将网络虚拟财产的本质界定为0/1二进制代码的数据属性观念,只认识到虚拟财产的表面,因为任何由计算机系统展示的权利客体在技术层面都可以表现为二进制代码。但记载虚拟财产的代码之所以不同于其他计算机内容的代码,本质就在于它存在一个内在的调整机制,即虚拟经济系统,⑤ 并推演出虚拟财产的交换价值和使用价值。当前各国网络虚拟财产纠纷涉及虚拟财产的买卖、继承、税收、虚拟货币投机、虚拟财产盗窃与诈骗等,⑥ 而这些纠纷是虚拟财产的数据属性所无法解决的。在我国民法学界通过"物权论""债权论"讨论虚拟财产的财产属性已有多年的背景下,只有将网络虚拟财产的本

---

① Meechan, M. Virtual Property: Protecting Bits in Context, Richmond Journal of Law and Technology, Fall, 2006.

② Nelson DaCunha, Virtual Property, Real Concerns, Akron Intellectual Property Journal 2010.

③ Cf. Mazer v. Stein, 347 U. S. 201, 219 (1954).

④ 参见浙江省慈溪市人民法院(2012)甬慈刑初字第1873号刑事判决书;山东省日照市东港区人民法院(2014)东刑初字第120号刑事判决书。

⑤ 江波:《虚拟财产司法保护研究》,北京大学出版社2015年版,第127页。

⑥ Jeff W. LeBlane, The Pursuit of Virtual Life, Liberty, and Happiness and its Economic and Legal Recognition in the Real World, Florida Coastal Law Review, Spring 2008.

质属性界定为财产,才能在法秩序统一性背景下有效解决上述纠纷。虽然传统"物理刑法"的行为要件难以适用于数据性对象之上,但如果能将有经济价值的"电脑数据"包括在"财产"概念之内,实现由"物理刑法"向"物理—数据刑法"的过渡,则侵犯网络虚拟财产的行为只是以电脑或网络的方式来实施的财产犯罪。①

3. 具有"创造性"的数据表征了知识产权

大数据时代,著作权、商业秘密等网络知识产权大多以数据的形式来储存、利用,而各部门法对网络知识产权的保护模式、保护密度不尽相同,由此产生了罪名认定难题。一方面我国相关知识产权法对知识产权的种类、侵权方式规定日益精细;另一方面,刑法有关知识产权犯罪仅限于著作权、商标权、专利权、商业秘密四类,无论犯罪对象还是犯罪手段都过于狭窄,使得大量侵害网络知识产权的行为无法评价为知识产权犯罪,只能借助其他补充罪名,典型的就是计算机犯罪。当前这种趋势体现为将侵害网络知识产权的行为定性为非法获取计算机信息系统数据罪。然而,网络知识产权具有不同于一般权利客体的典型特征——"创造性",②而非现有产品的简单重复,也并非是对现有事物的描述和记录,应依其知识产权特性采取特有的知识产权犯罪保护路径。下文就前述判决中不同类型的知识产权客体分别论述:

(1) 网络著作权。网络著作权是指著作权人对其创作的受著作权法保护的文学、艺术和科学作品在网络环境下所享有的著作权权利。其客体是以数字为形式、以网络为载体进行创作、传播的网络作品,包括已有作品的数字化形式和直接以数字化形式创作的作品。前者是将原来的文字、图像、声音等传统作品通过计算机转化成机器可识别的二进制代码加以传播、利用;后者是在创作之时就用二进制数字编码表达的计算机软件、多媒体作品等新型数字作品。③可见,网络作品的出现意味着作品与载体之间的联系日益淡化,不再依赖有形载体,用0/1的二进制代码来描述、传播反而更高效。这样,网络作品在技术层面体现为电脑数据,对其非法获取的行为可能被评价为非法获取计算机信息系统数据罪。但体现著作权的网络作品还必须具有"独创性"。"独创

---

① 参见郑逸哲:《吹口哨壮胆——评刑法第三十六章增订》,载《月旦法学杂志》2003年第102期。

② 这里的"创造性"是对不同类型知识产权客体的高度概括,因为不同知识产权客体的创造性要求并不完全相同:专利权要求发明具有"技术先进性";著作权要求作品具有"独创性"、商标权要求商标具有"易于区别性"。参见吴汉东主编:《知识产权法学》(第六版),北京大学出版社2014年版,第15页。

③ 参见杨小兰:《网络著作权研究》,知识产权出版社2012年版,第3—4页。

性"（Originality）是指受著作权法保护的作品必须是作者智力劳动创作出来的，而不是抄袭他人作品，或将公共领域的作品据为己有，也不是对事实的重复描述。① 前述判决样本中，电子课程视频属于著作权法中规定的口述作品；游戏源代码是著作权中的计算机程序，都属于权利人的智力成果。在我国刑法规定有侵犯著作权罪独立罪名的背景下，侵犯具有"独创性"网络作品的行为应认定为侵犯著作权罪；而那些不具有"独创性"的数据集合体，只能以利益主体的数据安全为保护策略，如医院用药统方数据。因为著作权法仅保护表达而不保护思想，要求数据库的"选择和编排体现独创性"。但用药统方数据的编排和检索方式有限，通常是按字母顺序、号码顺序等公众所熟知的方式进行，加之要考虑用户使用习惯，编辑者通常会选择大家普遍采用的编排方式，难言"独创性"。②

（2）域名。域名（Domain Name）是指权利人拥有的用于计算机定位和身份识别的网络地址，主要由罗马字母、数字和连字符构成。③ 通说认为域名具有技术功能和标识功能：技术功能是指通过技术参数识别网络主机的地址代码；标识功能是指域名本身具有的或在域名的使用过程中形成的区分营业主体或产品、服务来源之功效，包括商业识别功能、财产价值功能和形象代表功能。④ 显然，从技术功能而言，域名是以电脑数据呈现出的特定IP地址，因而实务中不少盗窃域名的行为被认定为非法获取计算机信息系统数据罪。⑤ 但从标识功能而言，域名绝非普通的电脑数据，而与商标、商号、商誉具有同样的区分功能和商业价值。或许正是因为域名蕴含了商业价值，2017年最高人民检察院公布的第九批指导性案例将盗卖域名行为认定为盗窃罪，因为网络域名"具备法律意义上的财产属性，盗窃网络域名可以认定为盗窃行为"。⑥ 但民法中的多数观点认为域名更接近于知识产权，而非普通财产，因为域名的构思、

---

① 参见吴伟光：《网络环境下的知识产权法》，高等教育出版社2011年版，第32页。
② 参见芮文彪、李国泉、杨馥宇：《数据信息的知识产权保护模式探析》，载《电子知识产权》2015年第4期。
③ 参见曹新明主编：《知识产权法》（第三版），中国人民大学出版社2016年版，第259页。刘宁：《域名法律地位研究》，载《河北大学学报（哲学社会科学版）》2006年第6期；杜小卫：《域名抢注及其法律规制》，载《河北法学》2008年第6期。
④ 参见丁春燕：《域名监管制度研究》，中国政法大学出版社2016年版，第8—11页。
⑤ 参见江苏省常熟市人民法院（2016）苏0581刑初829号刑事判决书；湖北省枣阳市人民法院（2016）鄂0683刑初43号刑事判决书。
⑥ 参见2017年10月10日最高人民检察院公布的第九批指导性案例中第37号案例，案情为被告人张某盗窃了辩被害人陈某拥有的域名后出售牟利，最后认定为盗窃罪。

创设反映出一种智力劳动成果，且域名符合知识产权的专有性、时间性和地域性等特征。① 在我国现有民事法律未明确规定域名权以及刑法也未规定侵犯域名的知识产权犯罪背景下，将盗窃域名行为认定为盗窃罪或者非法获取计算机信息系统数据罪都只是权宜之计。从域名在当前电子商务中的管理、使用需求以及域名权利冲突来看，未来宜在知识产权法和刑法中确立域名的权利客体地位并以侵犯知识产权犯罪论处。

（3）商业秘密。商业秘密是指不为公众所知悉、能为权利人带来经济利益、具有实用性并经权利人采取保密措施的技术信息和经营信息。其中，技术性商业秘密是指与产品生产、制造有关的技术诀窍、生产方案、工艺流程、设计图纸、化学配方、技术情报等专有知识；经营性商业秘密是指与生产经营销售有关的经营方法、管理方法、产销策略、货源情报、客户名单、标底及标书内容等专有知识。随着办公数字化日益普及，多数公司、企业习惯将商业秘密储存于计算机信息系统中，使得商业秘密在技术层面体现为电脑数据。此外，权利人通常会对商业秘密采取"合理保护措施"，如制定保密制度、与员工签订保密协议、对保密文件进行特殊设置等，行为人要获得未授权的商业秘密，必须非法侵入他人保密系统、破解保密系统等，似乎在行为要件上也符合了非法获取计算机信息系统数据罪中"侵入计算机信息系统"或"采用其他技术手段"的规定。但商业秘密属于一种智力创造成果，其独特的信息性、保密性、未公开性、实用性决定了其应与著作权、商标权等一样作为无形财产权加以特别保护，因而包括我国在内的多数国家都规定有保护商业秘密权的专门法律。因此，在我国刑法有专门的侵犯商业秘密罪的背景下，对非法获取商业秘密的行为，不应仅从技术层面评价为非法获取计算机信息系统数据罪，而应依据其知识产权特征认定为侵犯商业秘密罪。

综上，网络知识产权并非普通数据，而是具有"创造性"的智力成果，其价值保护主要在于维护所有权人的专有控制力以及排他性处分、使用收益权能，② 应属于知识产权客体，未经权利人许可、授权而非法复制、下载等，应构成侵犯知识产权犯罪。只有非法获取那些不能体现知识产权"创造性"的普通数据，才应评价为非法获取计算机信息系统数据罪。

---

① 参见赵宾、李林启：《知识产权法》，清华大学出版社2012年版，第350—352页；蒋剑鸣：《互联网域名与商标冲突研究》，中国人民公安大学出版社2011年版，第56页。

② 参见林孟皇：《妨害电脑使用罪的无故取得电磁记录——评最高法院100年度台上字第3375号刑事判决》，载《裁判时报》2011年第12期。

(二) 网络爬虫侵犯数据表征的数据安全法益

1975 年学者 Saltzer 和 Schroeder 在总结当时未经授权泄露、修改、使用数据等法律风险时提出了"数据安全"概念。① "数据安全"旨在保护数据利用的三个面向（CIA triad），即"数据安全"三要素，包括数据的保密性（confidentiality）、完整性（integrity）、可用性（availability）。侵犯上述法益的行为被称为 CIA 犯罪（Confidentiality、Integrity、Availability，CIA），主要针对当时网络黑客的犯罪行为。其中：（1）数据的"保密性"是指确保数据免受未授权人探知、获悉、使用。对"保密性"的侵害意味着对数据的非法访问、读取、获取，导致其陷入随时被扩散、公布的风险之中。通常的侵害方式包括数据包嗅听、密码破解、回收站搜寻、键盘测录、网络钓鱼等。（2）数据"完整性"是指确保数据不被修改或损害。对"完整性"的侵害意味着对数据进行删除、修改或者增加等破坏行为，导致其蕴含的信息内容无法被完整地读取和使用，进而侵害了数据的真实性、可靠性。通常的侵害方式包括：萨拉米攻击、数据欺骗攻击、会话劫持等。（3）数据"可用性"是指确保权利人能及时、有效地获取、使用数据。对"可用性"的侵害将导致授权用户无法访问数据或系统，如通过使网络堵塞而阻止合法用户进入等。典型的是分布式拒绝服务（DDos）攻击曾使全球众多网站瘫痪。② 此后，一连串以保护数据安全为主轴的立法趋势也在 20 世纪 80 年代末逐渐扩散到世界各国：一种是以美国为典型的集中式立法，以数据安全的社会信赖感为规范基础建构数据犯罪的各项规定，如美国联邦《电脑诈欺与滥用法》（*Computer Fraud and Abuse Act*，*CFAA*）规定了侵入、取得、删除、变更电脑数据等行为；另一种是以德国为典型的分布式立法，将数据犯罪分别置于欺诈罪章、妨害秘密罪章、伪造文书罪章与毁损罪章之中。③ 我国《网络安全法》第 10 条也明确规定保护"网络数据的完整性、保密性和可用性"。

大数据时代"数据"的量级、结构等已经复杂化、多样化，数据安全法

---

① See Yulia Cherdantseva, Jeremy Hilton, A Reference Model of Information Assurance & Security, IEEE proceedings of ARES 2013, SecOnt workshop. 2 (2 – 6 September, 2013, Regensburg, Germany).

② See Sagar Ajay Rahalkar, Certified Ethical Hacker (CEH) Foundation Guide, at 85 – 86 (Apress Media, LLC, 2016).

③ 参见许恒达：《资讯安全的社会信赖与刑法第 359 条的保护法益——评士林地方法院 99 年度诉字 122 号判决》，载《月旦法学杂志》2011 年第 11 期，第 243 页；林山田：《刑法各罪论》（上册），北京大学出版社 2012 年版，第 392 页。

益已非纯粹依附于"计算机信息系统安全"的技术性范畴，其自身包含了信息社会某些最重要的利益和价值观，即公众对数据储存状态及其内容的信赖感。因为对于公众利用电脑或网络所产生的值得信赖的数据状态，法律应确保其不被侵犯、修改，以保护数据利益主体对数据的"排他性使用权限"、数据的"排他性复制、用益与处分权限"以及数据的"正确性"，从而维护数据在社会往来中的安全性和可信赖性。① 因此，"数据安全"应作为独立保护价值来合理评价，从"技术性"回归"本体性"。

相较于传统计算机信息系统安全法益而言，数据安全法益是基于数据自身内容、使用价值和侵害风险所进行的独立规范评价，能更合理地解释数据犯罪的构成要件。（1）以数据安全的不同保护需求来界定"数据"本身。大数据时代，数据的异构性、规模性、实时性、复杂性等特点决定了对数据安全法益侵害的分析必须在不同层次进行，因而数据本身的内容、数据结构、数据周期、数据源等表征不同数据安全风险的要素，应成为我国数据犯罪中"数据"界定的主要依据，这关系到立法确认的数据权利的性质和保护范围。（2）依据数据安全的不同侵害侧面来解释数据犯罪的行为要件。数据犯罪方式是数据安全风险在不同侧面的类型化表达，如获取型数据犯罪侵害了数据的保密性需求，破坏型数据犯罪侵害了数据的完整性、可用性需求。但"数据客体本身的可无限复制性、使用的无消耗性、数据主体对数据的无控制性、数据控制主体应用数据行为的隐蔽性等特点"，② 增加了其行为要件的判断难度。实务中对数据犯罪行为要件的认定不能仅采取形式判断，而应深入考察其法益侵害实质，对于删除、修改、增加数据但未侵犯数据安全法益或者侵害程度甚微的行为，不应认定为数据犯罪，否则会导致对计算机信息系统实施的任何操作都可能被评价为对数据的删除、修改、增加，进而被认定为破坏型数据犯罪，最终导致数据犯罪的"口袋化"而使其他计算机犯罪没有存在的余地。（3）以数据安全法益侵害程度来评价数据犯罪的行为后果。数据安全法益受侵害的严重程度决定了"情节严重""后果严重"等入罪标准的解释适用。当前司法实务普遍采用的"违法所得""经济损失"等数额标准均弱化了行为后果与数据安全法益的关联性，而更能体现数据安全法益侵害程度的数据性质、数据种类等情节标准却被忽略。未来数据犯罪的入罪标准应从以"数额标准"为重心转向"数额标准"与"情节标准"并重的格局，以合理评价数据犯罪的法益侵害程度。

---

① 参见徐育安：《资讯风险与刑事立法》，载《台北大学法学论刊》2013年第91期，第141页。

② 李爱君、苏桂梅：《国际数据保护规则要览》，法律出版社2018年版，第4页。

五、网络爬虫行为刑事法律规制路径："非法性"的形式判断

对网络爬虫行为定性的关键是对运用爬虫技术的行为的性质如何认定，即爬虫行为是违法行为还是合法行为。因此，探讨对爬虫行为是否应当以及如何进行刑事规制，其核心是解决如何判断爬虫行为是否违法。然而，网络爬虫行为违法判断不能泛化，结合当下web3.0时代网络犯罪其实就是信息犯罪的特质，以侵犯公民个人信息罪为视角，场景化地讨论爬虫行为的违法性问题无疑更具有针对性。Web之父Tim Berners—Lee对web3.0进行了定义："web3.0是这样一种互联网：由数据定义内容，它能阅读和理解内容。"[1] 数据只是信息的代名词而已，因此，3.0时代的犯罪其实就是数据犯罪或信息犯罪。信息泛滥的时代使得如何防止爬虫行为对公民个人信息的侵犯成为一个急迫的问题。

我国《刑法》第253条之一第1款规定："违反国家有关规定，向他人出售或者提供公民个人信息，情节严重的，处三年以下有期徒刑或者拘役，并处或者单处罚金；情节特别严重的，处三年以上七年以下有期徒刑，并处罚金。"第253条之一第2款规定："违反国家有关规定，将在履行职责或者提供服务过程中获得的公民个人信息，出售或者提供给他人的，依照前款的规定从重处罚。"第253条之一第3款规定："窃取或者以其他方法非法获取公民个人信息的，依照第一款的规定处罚。"毫无疑问，网络爬虫行为是否构成侵犯公民个人信息罪，主要取决于爬虫行为是否为第253条之一第3款规定的"以其他方法非法获取公民个人信息"行为。"以其他方法非法获取公民个人信息"是该罪的违法构成要件。根据罪刑法定原则——"法无明文规定不为罪不为刑"基本的形式法治之要求，对这一要件的判断，重点不在于"其他方法"，因为这一要素的规定本身为兜底性表述，而且，爬虫行为可否认定为"其他方法"，其实依赖于是否"非法"获取公民个人信息。因此，"以其他方法非法获取公民个人信息"的判断，重点应针对其中的"非法"要素进行。其具体可分两个层面进行：第一个层面是合法性原则，我国《刑法》第253条之一的"违反国家规定"也属于其中的内容；第二个层面是行业规则，即爬虫协议。

（一）合法性原则

所谓合法性原则，是指爬虫行为应该符合国家法律、行政法规、部门规章

---

[1] 殷慧霞：《Web3.0及其教育应用探究》，载《信息技术与信息化》2018年第6期。

等有关收集、处理、利用数据信息的规定，否则就可能被认定为非法爬取而入罪。违反合法性原则的网络爬虫行为获取公民个人信息的，可以认定为"以其他方法非法获取公民个人信息"之"非法"。网络爬虫行为的合法性规范包括2016年11月7日全国人大常委会《中华人民共和国网络安全法》、2017年12月29日全国信息安全标准化技术委员会《信息安全技术个人信息安全规范》、2017年3月《中华人民共和国个人信息保护法（草案）》、2013年7月16日工业和信息化部《电信和互联网用户个人信息保护规定》、2012年12月28日全国人大常委会《关于加强网络信息保护的决定》等。这些法律法规基本都确立了个人信息数据的取得使用等要遵循合法性原则。比如，《电信和互联网用户个人信息保护规定》第5条规定："电信业务经营者、互联网信息服务提供者在提供服务的过程中收集、使用用户个人信息，应当遵循合法、正当、必要的原则。"《关于加强网络信息保护的决定》第1条规定："任何组织和个人不得窃取或者以其他非法方式获取公民个人电子信息，不得出售或者非法向他人提供公民个人电子信息。"这些规定表明，技术中立的网络爬虫行为只要不当使用，也有认定其违法性的法律根据。

不过，这些法律法规虽然都涉及公民个人信息保护，但毕竟不是专门而且全方位针对公民个人信息保护的立法。因此，它们属于侵犯公民个人信息罪的前置法，但不是其中最重要的前置法。最重要的前置法，当属个人信息保护法。2017年3月，在第十二届全国人民代表大会第五次会议上，45位全国人大代表提交了《关于制定〈中华人民共和国个人信息保护法〉的议案》，并将《中华人民共和国个人信息保护法（草案）》（以下简称《个人信息保护法（草案）》）提交讨论。《个人信息保护法（草案）》明确规定了个人信息收集处理和利用的合法性原则，其中第4条规定："个人信息的收集、处理和利用应当遵循合法、正当、必要的原则，不得违反法律、法规的规定和双方的约定收集、处理和利用个人信息。"其第5条规定了"知情同意原则"，即"不符合本法或其他法律、法规规定，或未经信息主体知情同意，不得收集个人信息。收集不需识别信息主体的个人信息，应当消除该信息的识别力，并不得恢复。"可见，该第4条和第5条之间是抽象和具体的关系，前者规范个人信息收集处理和利用的全过程，后者则重在规范个人信息的收集行为。"如果爬虫控制者在未经用户同意的情况下大量爬取用户的个人信息，则有可能构成非法收集个人信息的违法行为"，[1] 同时，这种行为自然也是不合法的。因此，如

---

[1] 刘鹏：《利用网络爬虫技术获取他人数据行为的法律性质分析》，载《信息安全研究》2019年第6期。

果行为人知情并同意他人收集自己的信息,则该种收集行为自然是合法的。换言之,知情同意原则作为一项独立的个人信息保护原则,其同时具有具体化说明何为合法性原则的作用。因此,爬虫行为如果违反合法性规则,就将不再是技术中立,而可能构成违法犯罪。与此同时,专门规制爬虫行为的法律则为我国《网络安全法》。《网络安全法》第27条规定,任何个人和组织不得从事非法侵入他人网络、干扰他人网络正常功能、窃取网络数据等危害网络安全的活动;不得提供专门用于从事侵入网络、干扰网络正常功能及防护措施、窃取网络数据等危害网络安全活动的程序、工具。可见,爬虫行为的违法性根据,可以从我国《网络安全法》第27条中找到,该条所规定的不得"非法"侵入或干扰或窃取等危害网络安全的规定,实际就是要求爬虫行为必须遵循合法性原则。总之,以上《网络安全法》《个人信息保护法(草案)》以及其他法律法规等相关内容,均确立了个人信息等数据的取得使用行为必须遵循合法性原则。这些内容概括起来,可以总称为爬虫行为必须遵循的合法性原则。违反这一原则爬取公民个人信息的爬虫行为,无疑是非法的,将会构成犯罪。

司法实务也采取了这样的立场。例如,2018年2月至4月间,被告人马某为牟利,使用自己编写的爬虫程序窃取 APP 及网站的用户信息,后使用微信(微信号 sky53789,昵称 mm)聊天的方式出售给苏某某(微信号 mr-su8124,昵称苏某)(另案处理)包括姓名、联系方式等内容的公民个人信息约20万条,非法获利共计2.4万元。法院判决认为:"被告人马某违反国家相关规定,窃取公民个人信息后向他人出售,情节特别严重,其行为已构成侵犯公民个人信息罪。"① 被告人魏某某通过网络爬虫程序下载含有公民姓名和电话号码的工商个体户和单位资料进行贩卖,非法获利55822元。法院判决认为:"被告人魏某某违反国家规定获取公民个人信息后向他人出售,情节特别严重,其行为已构成侵犯公民个人信息罪。"② 分析这两个案件,被告人均是采用自己编写的爬虫软件,未获他人许可,窃取他人 APP 或网站中的个人信息并出售,其行为符合侵犯公民个人信息罪的构成要件,从而成立该罪。

然而,由于这两个案件的案情过于简单,难以判断爬虫行为的实际过程和性质。以其判断爬虫行为是否为"其他方法"有些许意义,但若用来判断爬虫行为是否"非法",似有不足。被告人余某某违反与单位约定爬取员工信息数据一案,则充分说明了何为违反合法性原则构成犯罪的爬虫行为。2014年4月至6月,被告人余某某在某某(中国)软件有限公司北京朝阳分公司工作,

---

① 参见上海市金山区人民法院(2018)沪0116刑初924号刑事判决书。
② 参见河南省济源市人民法院(2018)豫9001刑初503号刑事判决书。

《某某集团数据安全规范（总纲）》规定，员工个人数据属于敏感数据，敏感数据的提取等使用行为必须经过授权；根据该公司与余某某订立的《劳动合同》约定，员工离职，需归还该公司的所有财产。在该公司工作期间，被告人余某某违反上述规定，为达个人目的，私自使用爬虫技术窃取某某集团员工的个人信息共计2万余条；2014年6月，被告人余某某离职时，将上述信息存储于电脑硬盘秘密带走。对于该案，法院一审判决认为："被告人余某某犯非法获取公民个人信息罪，判处拘役六个月，缓刑六个月，并处罚金人民币二千元（缓刑考验期限从判决确定之日起计算。罚金限判决生效后十日内缴纳）。"① 余某某上诉称，其对原判认定的基本事实无异议，但原判不能将违反公司内部规章制度等同于我国《刑法》第253条之一规定的违反国家规定，也不能将公司与员工之间的劳动争议纠纷认定成刑事案件；其收集的信息是在某某集团公共领域、正当公开的信息，其收集员工信息的行为是公开的合法行为并非窃取。

该案中，虽然余某某窃取的也是单位员工的个人信息，但这些信息在该集团内部属敏感数据，并且根据该集团内部的规定，敏感数据的提取等使用行为必须经过授权。行为人未经授权私自提取，违反了《某某集团数据安全规范（总纲）》的规定，同时，既然余某某和其他员工一样进入某某集团工作时即已知道，该集团的单位员工个人信息属敏感数据、不得随意提取等规定，那就意味着，余某某私自提取员工个人信息共计2万余条的行为，违反了集团员工与集团之间的"约定"，具体而言是违反了前述《个人信息保护法（草案）》第4条的合法性原则，即"个人信息的收集、处理和利用应当遵循合法、正当、必要的原则，不得违反法律、法规的规定和双方的约定收集、处理和利用个人信息"。

另外，根据我国《网络安全法》第21条的规定："国家实行网络安全等级保护制度。网络运营者应当按照网络安全等级保护制度的要求，履行下列安全保护义务，保障网络免受干扰、破坏或者未经授权的访问，防止网络数据泄露或者被窃取、篡改：（一）制定内部安全管理制度和操作规程，确定网络安全负责人，落实网络安全保护责任；……"据此，某某集团是负有义务维护本集团内部员工信息安全的，其制定的集团数据安全规范，是按照国家相关法律所制定的内部安全管理制度和操作规程。因此，余某某违反该规定窃取他人信息的行为，其实是违反我国《网络安全法》的行为，而不仅仅是违反集团内部规定而已。更何况，我国《网络安全法》第44条还规定："任何个人和

---

① 浙江省杭州市人民法院（2018）浙01刑终441号刑事裁定书。

组织不得窃取或者以其他非法方式获取个人信息，不得非法出售或者非法向他人提供个人信息。"可见，余某某的行为根据我国《网络安全法》的规定，也是违反信息收集提取应遵循的合法性原则的。

（二）合规性原则

违反行业规则即爬虫协议获取公民个人信息的行为，可以认定为"以其他方法非法获取公民个人信息"之"非法"。使用爬虫行为应遵守行业规则。规范网络爬虫行为的行业规则是爬虫协议，它又名 Robots 协议，"是网站所有者通过位于置于网站根目录下的文本文件 Robots.txt，提示网络机器人哪些网页不应被抓取，哪些网页可以抓取"，凡是没有被该协议排除的数据则属于网络上公开的可以爬取的数据，因此，"在遵循 Robots 协议的前提下，公开爬取数据的行为既不会侵犯信息提供者的权利，也不会构成不正当竞争。反之，如果违反 Robots 协议，强行爬取他人的数据，则可能被认定为违反诚实信用和商业道德，构成不正当竞争"。[①] 例如，在百度公司诉北京奇虎公司违反爬虫协议构成不正当竞争一案的诉讼中，百度公司诉称，百度网站依据 Robots 协议设置 robots.txt 文件，奇虎公司违反该规则，其推出的 360 搜索服务违规抓取百度公司多个栏目的内容，生成网页快照复制件存储于其自身服务器中，当用户点击相应搜索结果的链接时，直接向网民提供该"网页快照"以替代百度公司向网民提供相应服务。奇虎公司则表示，robots.txt 仅指导和提示搜索引擎蜘蛛程序提示性 TXT 文件，它既不是法规或标准也不是合约，不存在违反与不违反的问题，奇虎公司的搜索行为合法。[②] 该案中，奇虎公司之所以提出此番辩词，原因在于，Robots 协议属于典型的"君子协议"，它的目的是告知网络爬虫的编写者，哪些数据是可以被收集的，哪些数据是不能被收集的，但是如果网络爬虫程序的编写者不遵守 Robots 协议，想要强行爬取网站的数据时，Robots 协议从技术上是无法阻止的。正因如此，很多爬虫案件中被告人都是以 Robots 协议的法律地位和法律性质来抗辩的。然而，"Robots 协议由于简单高效，成为国内外互联网行业内普遍通行、普遍遵守的技术规范"。[③] 该协议为世界各国互联网参与者所遵守，它对于维护正常的网络开放性秩序和信

[①] 刘鹏：《利用网络爬虫技术获取他人数据行为的法律性质分析》，载《信息安全研究》2019 年第 6 期。

[②] 骆倩雯：《百度诉 360 案索赔亿元判赔 70 万元》，载《北京日报》2014 年 8 月 8 日，第 6 版。

[③] 李慧敏、孙佳亮：《论爬虫爬取数据行为的法律边界》，载《电子知识产权》2018 年第 12 期。

息提供者的权益，具有重要的伦理秩序与准行业规范作用。"在法律滞后或者缺失的情况下，如果不遵守这种商业伦理和行业习惯，必将破坏整个行业的平衡。"① 因此，对百度诉360案，法院判决表示，"Robots协议"被认定为搜索引擎行业内公认的、应当被遵守的商业道德，360在推出搜索引擎的伊始没有遵守百度网站的Robots协议，其行为明显不当，应当承担相应的不利后果，并最终判决奇虎公司赔偿百度公司70万元。该案判决对Robots协议出现纠纷如何处理进行了司法意义上的规范，因此，当使用爬虫技术违背Robots协议非法获取公民个人信息时，即可认定为"以其他方法非法获取公民个人信息"的行为。

由于Robots协议无法阻止爬虫行为，因此，判断爬虫行为是否违反Robots协议还有一个简单易行的办法，即行为人是否采取了突破反爬程序的行为，强行爬取或者暴力爬取相关数据。北京高院在二审判决书中认为，对于互联网产品或服务的竞争，应当确定以下基本竞争规则：互联网产品或服务应当和平共处，自由竞争，是否使用某种互联网产品或者服务，应当取决于网络用户的自愿选择。互联网产品或服务之间原则上不得相互干扰。确实出于保护网络用户等社会公众的利益的需要，网络服务经营者在特定情况下不经网络用户知情并主动选择，以及其他互联网产品或服务提供者同意，也可干扰他人互联网产品或服务的运行，但是，应当确保并证明干扰手段的必要性和合理性。否则，应当认定其违反了自愿、平等、公平、诚实信用原则，违反了互联网产品或服务竞争应当遵守的基本商业道德，应当承担相应的侵权责任或不正当竞争责任。前述规则可以简称为互联网产品或服务竞争的非公益必要不干扰原则。互联网经营者的不正当竞争纠纷频频发生，在对此类纠纷进行个案裁判的同时，如何通过裁判规则为互联网竞争确定基本规则、维持竞争秩序，是知识产权审判面临的重要任务。② 北京高院在判决百度诉360案的同时，有创新性地确立了互联网产品或服务在竞争过程中应当遵守非公益必要不干扰原则，有利于规范互联网经营者的经营行为，维持互联网产品或服务的正常竞争秩序，有利于为同类案件的裁判提供借鉴。此外，最小特权原则是系统安全中最基本的原则之一。所谓最小特权（Least Privilege），指的是"在完成某种操作时所赋予网络中每个主体（用户或进程）必不可少的特权"。最小特权原则，则是指"应限定网络中每个主体所必须的最小特权，确保可能的事故、错误、网络部件的篡

---

① 杨华权、曲三强：《论爬虫协议的法律性质》，载《法律适用》2013年第4期。
② 石必胜：《互联网竞争应遵循非公益必要不干扰原则——百度诉360不正当竞争纠纷案评析》，载《人民法院报》2014年6月11日，第5版。

改等原因造成的损失最小"。

遵守 Robots 协议的爬虫行为,"它的存在能够增加网站的曝光度,给网站带来流量",它们被称为善意爬虫。与之相对的是恶意爬虫。恶意爬虫无视 Robots 协议,"对网站中某些深层次的、不愿意公开的数据肆意爬取,其中不乏个人隐私或者商业秘密等重要信息。并且恶意爬虫的使用方希望从网站多次、大量的获取信息,所以其通常会向目标网站投放大量的爬虫。如果大量的爬虫在同一时间对网站进行访问,很容易导致网站服务器过载或崩溃,造成网站经营者的损失"。善意爬虫和恶意爬虫在爬取行为的表现上差异很大。善意爬虫遵守爬取规则,恶意爬虫往往采取措施突破规则,也就是突破反爬措施。这种行为即可以证明爬取行为是违反了被爬网站的意愿,即违反了 Robots 协议。这样的标准,也在实务中逐渐得到认可,比如在中国裁判文书网数据被违法爬取事例中,有观点即认为:"虽然我们不知道文书网是否通过'爬虫协议'宣示禁止爬虫,但该网采用了验证码方式限制爬虫,可以推断被爬取并非网站所愿。"① 可见,将是否采取了突破反爬程序而强行或暴力爬取公民个人信息等相关数据,作为认定是否违反 Robots 协议,进而是否属于"以其他方法非法获取公民个人信息"之"非法",是非常重要的判断标准。

例如,2014 年 5 月初,被告人翁某某利用淘宝网站存在的漏洞,在店铺源码中植入 url,执行该 url 指向的 javascript,以获取访问被植入 url 的淘宝店铺的所有淘宝用户的 cookie(淘宝用户登录时产生的一组认证信息,利用 cookie 可以执行对应账号权限内的所有操作,无须账号、密码),并利用其中的卖家 cookie 将 url 再次植入卖家淘宝店铺源码,实现自动循环,获取更多的淘宝用户 cookie。② 网络爬虫的工作原理是,"初始的 URL 地址可以由用户人为地指定,也可以由用户指定的某个或某几个初始爬取网页决定。以初始 URL 开始,即种子 URL,当爬虫访问整个网页时,它会自动识别网页中所有 URL,并将其添加到待爬取 URL,按照一定的搜索策略访问待爬取 URL,采集对应 URL 的网页后将网页存储到数据库中,根据新的 URL 爬取网页,同时从新网页中获取 URL"。③ 整个爬虫过程就是不断重复上述的爬取过程。该案中,被告人翁某某植入 url 正是其爬虫行为的常用技术手段,同时,翁某某通过植入 url 获取所有淘宝用户的 cookie,并利用 cookie 可以执行对应账号权限内的所

---

① 舒锐:《莫让裁判文书公开被违法爬虫搅局》,载《法制日报·法治周末》2019 年 8 月 6 日,第 6 版。

② 参见浙江省杭州市中级人民法院(2014)杭余刑初字第 1231 号刑事裁定书。

③ 潘晓英、陈柳等:《主题爬虫技术研究综述》,载《计算机应用研究》2019 年第 5 期。

有操作,从而无须用户的账号密码就可以登录获取用户信息了。这种行为,就是对网站通过账号密码等登录限制这一反爬措施的突破,因此,翁某某的行为违反了爬虫协议,具备违法性。有的时候,对爬虫协议的违反并不仅仅是采取了常见的反反爬虫措施,也可能是采取了类似于反爬虫措施的技术,使得其爬虫行为也具有了反反爬虫措施的性质,这同样可以判断爬虫行为违反了爬虫协议,具有违法性。

又如,被告人段某某于2013年在互联网上设立名为"窝窝电影网"的视频网站,利用视频"搜索爬虫"技术,针对乐视、土豆等各大知名视频网站的影视作品设置加框链接,为提高网站的知名度和被链接影视作品的点击量,在网页内设置目录、索引、内容简介、排行榜等方式推荐影视作品,吸引用户点击播放,并为提高用户黏度,利用技术措施屏蔽权利人设置在部分影视作品上的片头广告。① 该案判决中,虽然并未指出段某某使用的"搜索爬虫"是否违背了爬虫协议,但是,从其采取的爬虫技术针对乐视、土豆等网站的影视作品设置加框链接的做法即可得知,段某某的这种行为实际就是针对乐视等网站的类似反反爬虫措施的行为。因为,加框链接是深度链接的一种,它不链接到网页,而是直接链接目标文章、图片、网页,是一种超链接方式;设链者往往"将他人网站中自己需要的内容呈现在自己的网页中,而不需要的部分如他人网站名称、广告等则可以被自己网页的内容遮挡住,容易造成用户误以为作品内容系设链网站提供的",② 或者点击加框链接后,可在不脱离涉链网站的情况下,从被链的网站下载或在线打开文件的超链接方式,这种链接方式相当于替代了原网站的链接。采用这种加框链接技术的爬虫行为,其本身就带有鲜明的反反爬虫措施的特点。虽然加框链接行为是否构成侵犯著作权罪在刑法理论和司法实务中有不同观点,但是,加框链接行为本身即有恶意,它是在未经授权的情况下对他人网站信息的一种侵权行为,这是显而易见的。恶意爬虫行为的主观故意以意志自由为前提,当被告人段某某采用搜索爬虫技术并对他人网站采用加框链接等方式以获得有关信息或者其相关权利时,表明行为人已经充分认识到其爬虫行为是在突破其他网站权利人的权利基础之上进行的,但仍然基于自由意志选择继续爬取,这与主动采取的反反爬虫措施无异。因此,段某某使用"搜索爬虫"技术的行为无疑违反了爬虫协议。换言之,如果是合法爬虫,没有违反爬虫协议,则肯定不会使用与反反爬虫措施具有同样违法效果的加框链接技术。

---

① 参见上海市徐汇区人民法院(2017)沪0104刑初325号刑事判决书。
② (2013)上海市普陀区人民法院普刑(知)初字第11号刑事判决书。

再如，在前述全国首例爬虫行为入罪案中，被告人上海晟品公司及其有关人员，就是在用爬虫软件爬取数据的过程中，采用技术手段破解被害单位的反爬措施，使用"tt_spider"文件实施视频数据抓取行为，在数据爬取的过程中使用伪造 device_id 绕过服务器的身份校验，使用伪造 UA 及 IP 绕过服务器的访问频率限制，其行为造成被害单位损失技术服务费 2 万元，从而构成非法获取计算机信息系统数据罪。① 当破解了反爬措施，强行爬取相关数据时，爬虫行为则为显性的恶意爬取，并且，任何破解反爬措施的行为在技术上总是会留下痕迹证据，极易被识别，因此认为它是判断爬虫行为是否违反 Robots 协议的简单易行的办法。总之，"违反被爬取方的意愿，例如规避网站设置的反爬虫措施、强行突破其反爬措施"，② 或者刻意爬取受到法律保护的特定类型的信息，或者在极短的时间内不停歇地发起爬取等，都有可能是"非法"的爬取行为。

在爬虫行为非法获取公民个人信息的违法构成要件的形式判断层面，还涉及此罪与彼罪、一罪与数罪的区分。刑法中可规制网络爬虫行为的罪名有侵犯公民个人信息罪，非法侵入计算机信息系统罪，非法获取计算机信息系统数据、非法控制计算机信息系统罪，提供侵入、非法控制计算机信息系统程序、工具罪等几个罪名，如何准确区分这些罪名以精准定罪，也涉及侵犯公民个人信息罪形式入罪的问题。

例如，2016 年 3 月，被告人朱某某与 QQ"黑产交易群"内自称"二哥"（身份不明）的人取得联系，"二哥"称需要一些自考网的数据信息。被告人朱某某便同高某某等四人共同商议盗取自考网内个人数据信息，其他人表示同意。之后，该四人反复使用黑客软件扫描网站漏洞并窃取到新疆自学考试网的账号和密码，并登录该网站盗取公民信息 30621 组。③ 对该案被告人是认定为非法获取计算机信息系统数据罪，还是侵犯公民个人信息罪呢？我国《刑法》第 285 条第 2 款规定，将入侵国家事务、国防建设、极端科学技术领域以外的其他计算机信息系统或采取其他技术手段，获取该计算机信息系统中存储、处理或者传输的数据的，构成非法获取计算机信息系统数据罪。采用爬虫行为侵入他人计算机信息系统并窃取其中的数据的，比如该案中朱某某、高某某等人的行为，是否一律可以构成非法获取计算机信息系统数据罪，要看行为人所获

---

① 北京市海淀区人民法院（2017）京 0108 刑初 2384 号刑事判决书。
② 刘鹏：《利用网络爬虫技术获取他人数据行为的法律性质分析》，载《信息安全研究》2019 年第 6 期。
③ 参见陕西省汉中市中级人民法院（2017）陕 0702 刑初 100 号刑事裁定书。

得的信息的性质。《刑法》第253条之一的侵犯公民个人信息罪和第285条第2款的非法获取计算机信息系统数据罪是法条竞合的关系，公民个人信息也是数据的一种，只不过我国《刑法》第253条之一对个人信息数据予以特别保护。因此，侵犯公民个人信息罪是特别法，非法获取计算机信息系统数据罪是普通法，根据特别法优于普通法的法条竞合处理原则，非法获取的信息是公民个人信息的，应构成我国《刑法》第253条之一的侵犯公民个人信息罪；如果非法获取的信息是公民个人信息之外的其他信息的，则构成我国《刑法》第285条第2款的非法获取计算机信息系统数据罪。该案中，朱某某与高某某两人获得的数据，主要是姓名、身份证号、生日、班级、手机号、成绩、家庭住址、班位次、级位次等非法获取的公民个人信息，共计414768组，因此朱某某与高某某两人采用爬虫手段非法获取自考网站内公民个人信息的行为，构成侵犯公民个人信息罪，而不是非法获取计算机信息系统数据罪。

综上所述，网络爬虫行为作为物联网时代普遍运用的网络信息收集技术，本身是技术中立的而不涉及违规违法和犯罪的问题，但是，如果爬虫行为不合规、不正当，则可能涉嫌非法。判断非法与合法，重点是从形式层面进行的。对爬虫行为而言，既要遵循《网络安全法》《个人信息保护法（草案）》等有关信息保护的国家规定所确立的合法性原则，也要结合爬虫技术的Robots协议，将遵循该协议的爬虫行为定性为善意爬取，将违反此协议的诸如破解反爬措施的行为定性为恶意爬取，从而综合判断爬虫行为是否"以其他方法非法获取公民个人信息"。合法性原则与爬虫协议这一行业规则，即为判断爬虫行为是否非法的形式标准。

六、网络爬虫行为刑事法律规制路径："非法性"的实质判断

对网络爬虫行为是否为"以其他方法非法获取公民个人信息"，尤其是其中"非法性"的判断，不能仅从形式构成要件入手，还须从实质层面来进一步解释和判断。"在刑事立法中，不可能根据形式的违法性标准，判断刑法应当禁止哪些行为；只能以实质的违法性即犯罪的本质为标准，判断哪些行为值得科处刑罚。"[①]为此，以下将基于实质刑法基本立场，结合侵犯公民个人信息罪"以其他方法非法获取公民个人信息"这一违法构成要件，对爬虫行为如何进行刑事规制和判断作进一步实质化、场景化的分析。有的爬虫行为虽然表面上符合侵犯公民个人信息罪的构成要件，但是，对于形式上符合侵犯公民个人信息罪构成要件的爬虫行为，还要看其实质上是否达到了应受处罚的法益侵

---

① 张明楷：《刑法理论与刑事立法》，载《法学论坛》2017年第6期。

害性。

如前所述,司法实践中对不当爬虫行为法律规制的"先民后刑"做法值得赞许,尤其是在当下打击侵犯公民个人信息犯罪呈扩大化趋势的背景下更具价值。在立法方面,2015年11月1日施行的《中华人民共和国刑法修正案(九)》将"出售、非法提供公民个人信息罪"和"非法获取公民个人信息罪"整合为目前我国《刑法》第253条之一的侵犯公民个人信息罪,同时扩大了犯罪主体和侵犯个人信息行为的范围。很显然,立法对侵犯公民个人信息犯罪的打击体现的是扩大化、入罪化趋势。这一立法导向,也在一定程度上影响了司法实践。如前所述,我国专门的个人信息保护法尚未出台,草案也还在讨论之中。如果要充分发挥前置法的作用,发挥法定犯前置法对犯罪的过滤作用,就应该先制定个人信息保护法,再规定刑法侵犯个人信息罪的罪名。"在司法流水线上,违法行为率先与前置法照面,经过前置法的评价,行为可能会被评为合法或违法,如果前置法将行为评估为合法,则其没有必要再进入下一评判环节。如果行为违法,但其违法性程度尚可被前置法截获,则行为会被标记成违法,并将接受前置法的制裁。"[①] 在我国个人信息保护法还没有出台的背景下,充分发挥刑法实质解释的价值评判功能,以实现形式入罪、实质出罪这一实质刑法的基本主张,以弥补侵犯公民个人信息罪前置法违法性上拦截之不足,无疑具有重要意义。

形式上的违法构成要件体现为对刑法规范的违反,实质的违法构成要件体现为对"通过刑法的目的或是任务的理解而推导出来的","基于实质根据来展开"的行为"非法"性的分析和判断,[②] 仅仅根据前述合法性原则以及Robots协议,只能起到形式判断的作用;于此之外,还要对其进行实质的判断,看行为人"以其他方法非法获取公民个人信息"的行为对法益的侵害或威胁是否达到了实质可罚的程度。

(一)行为人在权限许可范围内进行网络爬虫行为

实质判断路径之一是,行为人在权限许可范围内使用爬虫行为获取公民个人信息的,不属于"非法",不应认定为犯罪。例如,犯罪嫌疑人某甲原系某互联网公司网络工程师,该公司内部使用一款企业即时聊天APP作为办公软件,员工通过其个人账号、密码使用手机登录后,如有工作需要,可点击查看公司员工备注的个人信息。某甲采用专门的爬虫程序,向该接口循环发送访问

---

① 杨兴培、田然:《刑法介入刑民交叉案件的条件》,载《人民检察》2015年第15期。
② [日]山口厚:《刑法总论》(第3版),付立庆译,中国人民大学出版社2018年版,第103页。

请求,爬取到员工的姓名、员工号、手机号码、职位职级以及公司组织架构等信息。① 在该案中,无论某甲通过爬虫软件获取多少条公民个人信息,都不能入罪。爬虫获取数据入罪只能是在没有得到用户知情同意的情况下才有可能。某甲作为单位的工程师,与该单位其他任何员工一样,只要登录即可看到本单位所有员工姓名、手机号等个人信息,此乃公司赋予员工的数据权利,利用爬虫软件批量下载这些数据和单个下载或查看这些数据在行为性质上没有差别,即都是遵循了单位与员工的协议规定的合法行为,同时,所有员工对于单位赋予员工的此项权利也是知情的,这也就意味着,在单位内部,员工获取其他人的信息是符合知情同意原则的。"如果爬虫控制者在未经用户同意的情况下大量爬取用户的个人信息,则有可能构成非法收集个人信息的违法行为。"因此某甲的爬虫行为虽然利用了反向编译的方法破解源代码等反爬虫的方法,但是,某甲实施的爬虫行为是在单位许可的权限内的,因而不构成侵犯公民个人信息罪。

然而,如果行为人超出许可范围,采用爬虫行为爬取了不允许爬取的数据,则不能予以出罪。例如,被告人龚某某因工作需要,拥有登录某网络公司内部管理开发系统的账号、密码、Token 令牌(计算机身份认证令牌),以及查看工作范围内相关数据信息的权限。龚某某、卫某某经事先合谋,由前者向后者提供自己所掌握登录信息,后者则使用这些信息违规在异地登录该公司内部管理开发系统,查询、下载该计算机信息系统中储存的电子数据。该案被告人最终被以非法获取计算机信息系统数据罪定罪处罚。虽然在该案中被告人并不是采取爬虫行为取得数据,但是该案表明,行为人超出授权范围使用账号、密码、Token 令牌登录系统获取无权下载的数据,同样构成犯罪。② 这样的判决对于爬虫行为具有重要的指引意义。该案意味着,虽然有授权可以合法获得网络数据,但是,如果超越授权范围而恶意取得网络数据的,则应构成犯罪。

以上论述表明,行为人在权限许可范围内获取数据,由于没有突破许可权限,即便采用网络爬虫的方式获取数据,也不构成非法获取计算机信息系统数据罪。因为在取得权限的情况下,网络爬虫模拟人工点击,不断向访问接口发出访问请求,批量获取数据,只是提高了人工获取数据的效率,并没有突破权限许可。被许可而为的行为可以阻却违法性,此种情形下,不应认定其爬虫行

---

① 《利用网络爬虫获取数据,就一定构成犯罪吗?》,载 http://www.ccw.com.cn/industry/2019-03-11/6679.Html,最后访问时间:2019 年 8 月 4 日。

② 《卫某某、龚某某、薛某某非法获取计算机信息系统数据案》(检例第 36 号),载《检察调研与指导》2017 年第 6 期。

为的"非法"而须出罪；反之，如果行为并未获许可，或者爬虫行为超出了许可范围，则属于违反国家规定而为的爬取行为，可以认定其"非法性"并构成犯罪。

在域外，《网络犯罪公约》（Cyber-crime Convention）是于2001年11月由欧洲委员会的26个欧盟成员国以及美国、加拿大、日本和南非等30个国家的政府官员在布达佩斯所共同签署的国际公约，自此《网络犯罪公约》成为全世界第一部针对网络犯罪行为所制定的国际公约。《网络犯罪公约》第2条规定非法进入（Illegal access）：指当针对整个计算机系统或其任何部分的访问是未经授权而故意进行时，每一签约方应采取本国法律下认定犯罪行为必要的立法的和其他手段。签约方可以规定此犯罪应当具有获得计算机数据的意图或其他不诚实意图，或涉及与另一个计算机系统相连接的计算机系统而侵害安全措施。访问是否没有权限在很大程度上取决于上下文。如果不能认为用户已经接受了申请，那么工具的访问就是没有权利的。在Register.com Inc.诉Verio Inc.①一案中，由于Register.com不同意Verio使用爬虫，且Verio已注意到这一事实，因此使用爬虫搜索被认为构成未授权访问。同样的道理，eBay Inc.诉投标人Edge Inc.②的判决也构成了著名案例。因此，根据美国法律，计算机系统的所有者可以合法地拒绝授权（管理）其他程序进入他们的系统，同时允许公众"手动访问"。然而，这并没有回答这样一个问题：robots.txt是不是授予用户声明的适当手段，它是否足够清楚和明显？为了清晰起见，robots.txt文件指定了权限所有者希望禁止的访问权限。然而robots.txt协议仅仅在词汇表上有一定的限制。txt协议是否足够"引人注目"显然是一个更困难的问题。要尊重robots.txt文件中的指令，确实需要对爬虫程序再进行编程，使其在进入网站之前查阅robots.txt文件，并按照其中规定的禁令行事。只有当用户预料到程序一旦投入使用，就会遇到robots.txt文件，并将适当的代码写入程序（即指示程序寻找可能的robots.txt文件的代码），程序才会看到该文件。问题是用户是否应该确保他使用的机器人使用robots.txt协议呢？由此当访问站点或服务器时，是否有责任检查其有访问条件，如果有，这些条件是什么？这里可以用物理世界中的"禁止入内"标志来做一个类比。③根据荷兰刑法，如果没有理由认为非法入侵是被禁止的，就没有义务确保没有"禁止非

---

① 126 F Supp 2d 238, 238-49 (SD NY 2000).
② 100 F Supp 2d 10581070 (ND Cal 2000).
③ Schellekens, M. H. M. Are internet robots adequately regulated?. Computer Law & Security Review, 2013, 29 (6): 668-669.

法入侵"的标志。因此,这温和地指向了程序不需要检查,除非有理由假设程序访问是被禁止的。决定是否有理由进行检查的一个因素是该活动的社会可接受性。由此页表明,行为人在权限许可范围内获取数据,由于没有突破许可权限,即便采用网络爬虫的方式获取数据,也不构成非法获取计算机信息系统数据罪。

(二)非法收集无法识别特定自然人身份的公民个人信息

实质判断路径之二是,行为人采取爬虫行为非法收集的如果是无法识别特定自然人身份的公民个人信息,即便爬虫行为性质上非法,也不构成犯罪。例如,2015年3月,被告人马某某利用其在北京恒安嘉新公司实习之机,未经网络运营者及用户同意许可,采用爬虫技术收集大量公民个人信息,包括手机号码、访问时间、用户网页浏览记录,内容涉及全国多省市有关金融、股票、房产、贷款、保险等方面的用户手机号码。后来被告人将信息通过与张某某、游某某等合办的公司出售牟利。被告人辩称,他提供给某公司和他人的手机号码,系用"号码生成某"生成的,与北京恒安嘉新公司的数据无关。该案缺少两者的数据进行一致性对比的证据,不能证明他利用了北京恒安嘉新公司的数据进行牟利。① 该案的关键在于马某某提供给某公司以及他人的手机号码,是否为公民个人信息。

何为公民个人信息,相关法律和司法解释已有规定,其要点在于,要具有可识别性。根据我国《网络安全法》第76条第五项的规定,公民个人信息,是指以电子或者其他方式记录的能够单独或者与其他信息结合识别自然人个人身份的各种信息,包括但不限于自然人的姓名、出生日期、身份证件号码、个人生物识别信息、住址、电话号码等。最高人民法院、最高人民检察院《关于办理侵犯公民个人信息刑事案件适用法律若干问题的解释》(以下简称《解释》)第1条规定,我国《刑法》第253条之一规定的"公民个人信息",是指以电子或者其他方式记录的能够单独或者与其他信息结合识别特定自然人身份或者反映特定自然人活动情况的各种信息,包括姓名、身份证件号码、通信通讯联系方式、住址、账号密码、财产状况、行踪轨迹等。《解释》第3条规定,"未经被收集者同意,将合法收集的公民个人信息向他人提供的",属于我国《刑法》第264条之一规定的"提供公民个人信息","但是经过处理无法识别特定个人且不能复原的除外"。在此,我国《网络安全法》规定的是只要能够"识别自然人"个人身份的各种信息,但是,《解释》规定的是"识别

---

① 参见湖北省宜昌市中级人民法院(2018)鄂05刑终365号刑事判决书。

特定自然人身份"的各种信息,如何理解或界定这里的"特定自然人"?事实上,这两个规定并不矛盾。能够识别自然人的信息,自然是针对特定自然人而言的;识别,意味着辨别真伪,使不同自然人之间相区别,它其实内含了识别特定自然人之意。在此意义上,《解释》只不过是对我国《网络安全法》中的"识别自然人"进行了细化表述,两者并无实质差别。因此,在法律适用上,直接判断相关信息是否可以识别特定自然人即可。

马某某等侵犯公民个人信息案的辩护人指出:"马某某卖给印某某的手机是其利用'号码生成某'的编码原理随机生成的,但是这些手机号码,若不与其他信息结合,则不能识别特定自然人的身份或者活动情况,故单纯的手机号码不属于公民个人信息。马某某提供印某某的手机号码,供客户用于电话销售和广告营销,虽打扰了接电话者,但不能识别特定的自然人,其社会危害性不大,不需要动用刑法处罚。"① 如果马某某卖给他人的手机号码确系利用科技手段编码原理随机生成,那就意味着仅有这些号码本身,并不能识别特定自然人。根据前述法律与司法解释的规定,不与特定自然人相关联的信息不能称之为公民个人信息,该案中马某某所出售的手机号码是随机生成的虚拟号码,不是真实的手机号码,因此难以识别特定自然人,因此这些手机号码不应被认定为个人信息,马某某的行为不应构成侵犯公民个人信息罪。法院的判决说理反而在一定程度上表明,法院并没有充分的证据证明马某某出售的是可以识别特定自然人的个人信息。法院判决指出:"公民使用的电话号码已实名登记,每个电话号码都对应特定的自然人,经查询也可以单独识别特定自然人身份。况且,上述司法解释所列举的公民个人信息包括了'通信通讯联系方式'即手机号码或电话号码。因此,手机号码是公民个人信息的内容之一,可以认定为公民个人信息。马某某和印某某共同贩卖他人的手机号码,应认定为侵犯公民个人信息罪。"② 手机号码固然是公民个人信息,但不等于该案中的手机号码也是公民个人信息。该案中的手机号码是"号码生成某"而生成的,"号码生成某"就是"号码生成器"的软件,比如"思华手机号码生成器 V1.0 免费版""特达手机号码生成器""海豚手机号码生成软件"等软件,其所生成的号码不会出现重复的现象,生成的号码可以有虚拟的号码,也可以生成现实存在的号码。这些号码与用户在电信或移动等营业厅入网时的手机号不同,后者手机号可以迅速识别特定自然人身份,但是前者通过"号码生成器"生成的手机号难以有这个作用。并且,该案中,司法机关也的确缺乏相应的证据证明

---

① 参见湖北省宜昌市中级人民法院(2018)鄂05刑终365号刑事判决书。
② 湖北省宜昌市中级人民法院(2018)鄂05刑终365号刑事判决书。

这些生成的号码可以识别特定自然人身份，刑事证据必须充分确实，否则，不能据以定罪。根据疑罪从无原则以及证据的证明标准，该案中的马某某不应构成侵犯公民个人信息罪，对其应作无罪处理。

又如，大型旅游网站"马蜂窝"使用爬虫软件技术，从携程、艺龙、美团等其他平台抓取或抄袭用户生成的点评数据，并直接发布在自己的网站上。合计抄袭572万条餐饮点评、1221万条酒店点评，占"马蜂窝"官网声称总点评数的85%。虽然"马蜂窝事件"涉及侵犯其他平台著作权等，但"马蜂窝"利用爬虫技术大量爬取并使用来自其他平台的用户点评信息的行为，是否构成侵犯公民个人信息罪呢？有观点认为："用户的点评数据包含了大量的个人信息，甚至可以说正是点评中充满真情实感的个人体验才让点评本身具有价值。因此，对具有可识别性的点评信息的收集、处理必须满足个人信息保护的相关要求。显然，马蜂窝在爬取其他平台用户的点评数据时并未做到知情同意，更未符合合法、正当、必要原则要求。毫无疑问，马蜂窝平台的行为侵犯了用户的个人信息权益。"这种看法值得商榷。对侵犯公民个人信息罪中的公民个人信息不得扩大解释为公民个人发布的任何信息。网络消费平台用户点评数据，虽然的确包含了用户的个人情感体验与价值判断，但这样的信息并不具有识别特定自然人身份的功能，它们和自然人的姓名、手机号、出生日期、身份证号码等具有本质的差别，因此，假设该案侵权行为情节严重，也不应认定为存在"以其他方法非法获取公民个人信息"而构成侵犯公民个人信息罪。

同样，虽然病人的住院床号等是与公民个人有关的信息，但也不属于《刑法》第253条之一的"公民个人信息"。比如，行为人系医药代表，其为了给医生准确发放用药回扣，从医院计算机主管处非法获取了有关病床使用其负责销售的药品情况。相关信息只涉及病床号（相应病床由特定医生负责）和使用特定药品情况，并无病人姓名、身份证号等其他个人信息。如果要对其按侵犯公民个人信息罪定罪量刑，关键也在于如何认定公民个人信息的可识别性。根据前述法律和司法解释的规定，该案中涉及的病床号、用药情况等信息无法直接识别特定自然人，且"与权利人的人身安全、财产安全关联不大，敏感性程度较低"。此外，"从行为人的主观目的来看，其就是想获取特定病床号的用药情况，至于该病床所关联的具体自然人并非其主观所追求的"，同时，病床号等信息具有时效性和偶发性，也不同于固定和长期伴随公民个人的信息，如居民身份证号码、脸部生物信息等，即便泄露，也不会侵害公民信息权的法益，因此，该行为不应认定为犯罪。

总之，爬虫行为即便违反了机器人协议，其性质系非法获取公民个人信息，但也不能据此认定成立侵犯公民个人信息罪。"法学家所面临的挑战不仅是对广泛存在的而且是计划中的技术进行法律评价,并且及早地说明可能存在的违法,以便于技术发展中进行修正。"① 基于实质可罚性的立场,如果行为人的入侵或窃取行为手段非法但对行为对象无害,比如窃取的是公开发布的或者经对方同意或授权的个人信息,或者窃取的信息无法识别特定自然人身份,则应该予以出罪。

综上所述,使用爬虫行为获取公民个人信息的,不仅要从形式上判断行为是否合法、是否正当,还要从实质上判断违法行为是否有正当化阻却事由,比如是否经授权或者许可而为的爬虫行为,对"以其他方法非法获取公民个人信息"中的"非法"进行实质价值的评判,同时,即便形式上是"非法",仍需要从实质可罚性角度对于不应处罚的爬虫行为进行出罪。通过形式判断与实质判断、形式入罪与实质出罪双重机制,合理地实现对网络爬虫行为的刑事规制。

结　　语

在 Web3.0 时代,"数据是网络的核心,而不是文档或者人,并且这些数据都是可以被机器识别处理的数据,因此,用户从网络上获取信息就像查询数据库一样容易,而不必掌握各网站的数据组织架构"。② 爬虫技术正是这样助推方便查询与获取数据的一项技术。网络爬虫作为常见的数据爬取技术,具有中立性。虽然对于网络数据的共享、分析和相关行业的预判有着巨大作用,并在一定程度上实现了互联网的塑造融合开放共享的理念,造就了网络的繁荣和发展,但是,其使用不可超越法律的界限,否则中立就会转化为非法,此类爬虫行为就会面临刑事入罪的风险。网络爬虫技术的使用要充分尊重信息权益保护的固有要求,要兼容考量网络爬虫技术的使用与法律权益保护,使两者协调。未来 20 年,网络世界将面临着无所不在的信息安全隐患,"任何以数字格式编写并存储的内容,只要直接或间接连接到互联网,迟早都会被窃取,或者销毁"。③ 立足于中国网络国情,如何针对网络数据爬虫行为进行特别立法,如何在已有法律框架内规制网络爬虫行为,是各个法律领域所面临的共性问题。"尊重人意味着对犯罪人的惩罚必须是他应得的惩罚,亦即,犯罪人基于

---

① [德]埃里克·希尔根多夫:《德国刑法学从传统到现代》,黄笑岩译,北京大学出版社 2015 年版,第 379 页。

② 刘琼、任树怀:《论 Web3.0 下的信息共享空间》,载《图书馆》2011 年第 2 期。

③ [美]皮埃罗·斯加鲁菲:《智能的本质》,任莉、张建宇译,人民邮电出版社 2019 年版,第 149 页。

自己的意志选择了犯罪行为，刑罚作为对其责任的清算具有正当性"，[①] 因此，如何使对爬虫行为的刑事规制具有正当性，如何针对这些新型科技行为进行违法性方面的形式与实质的双重判断，如何进行合理的入罪与出罪，预防其所带来的社会危害风险，是刑事法律领域所面临的个性化问题。只有从法律共性和刑事法个性领域，双管齐下规制网络爬虫行为，才能营造健康的网络发展环境，保障网络信息尤其是公民个人信息的安全。

附录　国内外网络爬虫行为相关案例

1. 头条前高管反噬被判刑

宋某某是当时头条视频的总经理，负责产品和运营；侯某某是技术团队负责人，从头条离职之后，两人均加入秀淘。2017 年，秀淘破解了今日头条服务器的防爬措施，使后者产生直接损失技术服务费 2 万元。最终法庭判决，涉事者因为构成非法获取计算机信息系统数据罪，被判 9 个月至 1 年不等的有期徒刑，并处罚金。这是国内首起"爬虫入刑"案。

2. 全国首例利用"爬虫"技术实施复制被害单位视频资源案件

2019 年初，北京市海淀区人民法院审结了一起利用"爬虫"技术侵入计算机信息系统爬取数据的刑事案件。该案系全国首例利用"爬虫"技术非法入侵其他公司服务器爬取数据，进而实施复制被害单位视频资源的案件。最终海淀区法院以非法获取计算机信息系统数据罪分别判处被告单位罚金 20 万元，判处被告人张某某等四人有期徒刑 9 个月至 1 年不等的刑罚及 3 万元至 5 万元不等的罚金。

3. 巧达科技信息泄露被查封

2018 年 10 月，北京市公安局海淀分局警务支援大队接到辖区某互联网公司报案称，发现有人在互联网上兜售疑似为该公司的用户信息。根据这条线索，警方迅速开展调查，巧达科技（北京）有限公司非法窃取信息的犯罪事实逐渐浮出水面。据悉，巧达科技非法获取的简历超过 2 亿条。基于这些数据，公司开发了"72 招浏览器"，将其简历数据库以 13800 元每年的价格卖给有需求的企业客户，客户就可以在浏览器上直接调取简历信息。2019 年 3 月，巧达科技被查封，涉案员工被警方依法刑事拘留。

4. "窝窝电影网"视频网站案

被告人段某某于 2013 年在互联网上设立名为"窝窝电影网"的视频网站，利用视频"搜索爬虫"技术，针对乐视、土豆等各大知名视频网站的影

[①] 张明楷：《责任论的基本问题》，载《比较法研究》2018 年第 3 期。

视作品设置加框链接,为提高网站的知名度和被链接影视作品的点击量,在网页内设置目录、索引、内容简介、排行榜等方式推荐影视作品,吸引用户点击播放,并为提高用户黏度,利用技术措施屏蔽权利人设置在部分影视作品上的片头广告。

该案判决未指出段某某使用的"搜索爬虫"是否违背了爬虫协议,但是,从其采取的爬虫技术针对乐视、土豆等网站的影视作品设置加框链接的做法即可得知,段某某的这种行为实际就是针对乐视等网站的类似反反爬虫措施的行为。

5. 余某某使用爬虫技术侵犯公民个人信息案

2014年4月至6月,被告人余某某在淘宝(中国)软件有限公司北京朝阳分公司工作,《某某集团数据安全规范(总纲)》规定,员工个人数据属于敏感数据,敏感数据的提取等使用行为必须经过授权;根据该公司与余某某订立的《劳动合同》约定,员工离职,需归还该公司的所有财产。在该公司工作期间,被告人余某某违反上述规定,为达个人目的,私自使用爬虫技术窃取某某集团员工的个人信息共计2万余条;2014年6月,被告人余某某离职时,将上述信息存储于电脑硬盘秘密带走。

对于该案,法院一审判决认为:被告人余某某犯非法获取公民个人信息罪,判处拘役6个月,缓刑6个月,并处罚金人民币2000元(缓刑考验期限从判决确定之日起计算。罚金限判决生效后10日内缴纳)。

余某某上诉称,其对原判认定的基本事实无异议,但原判不能将违反公司内部规章制度等同于我国《刑法》第253条之一规定的违反国家规定,也不能将公司与员工之间的劳动争议纠纷认定成刑事案件;其收集的信息是在某某集团公共领域、正当公开的信息,其收集员工信息的行为是公开的合法行为并非窃取。

6. 百度公司诉北京奇虎公司违反爬虫协议构成不正当竞争一案

2013年10月16日,"百度诉360"案在北京市第一中级人民法院开庭审理。百度公司当庭表示,奇虎公司在经营360搜索引擎的过程中存在对百度的不正当竞争行为,具体行为包括:(1)违反搜索引擎的机器人协议(Robots协议),擅自爬取、复制原告网站并生成快照向用户提供;(2)在原告明确函告被告后,仍擅自爬取、复制原告网站并生成快照向用户提供;(3)绕过原告网站,在用户点击搜索结果中原告的网站地址后,直接向用户提供快照服务。

法院判决:360卫士的插标行为和修改搜索框提示词的行为干扰了百度搜索的正常运行,且未证明上述行为确系保护网络用户的安全所必需,因此认定构成不正当竞争。

7. EFCultural Travel BV v. ZeferCorp., 318 F. 3d 58, 62 (1st Cir. 2003)

EF 是一家主打学生旅游市场的公司,几位 EF 员工签了保密协议后离职,另起炉灶,然后利用之前在公司工作期间知晓的价格代码(These codes were used to direct the scraper tool to the specific pages on EF's website that contained EF's pricing information),加之开发的爬虫软件,对 EF 公司的网站进行爬虫,找到公众访问者无法搜到的低价,然后依据该价格参与竞争。

最后 EF 就告到法院。法院认为 If EF wants to ban scrapers, let it say so on the webpage or a link clearly marked as containing restrictions。也就是说所谓的 CFAA 的"未经授权",可以通过网站发表"限制访问"的明确声明,予以确立。并且这几位离职员工的离职保密协议中也有相关规定,最后也被法院一并援引用来支撑判决。

8. SouthwestAirlines Co. v. Farechase, Inc., 318 F. Supp. 2d 435, 439 – 440 (N. D. Tex. Mar. 19, 2004)

Farechase 公司开发了一个爬虫软件,对西南航空公司的网站进行爬虫。西南航空在其网站的每一页都明确禁止了爬虫("repeated warnings and requests to stop scraping,")。那么该声明被法院确立为"未经授权"的行为,援引了 CFAA 予以处罚。

互联网金融领域反洗钱的挑战与应对

上海市人民检察院课题组[*]

内容摘要：相较于传统金融领域，互联网金融领域的洗钱监管机构客户识别困难、可疑交易监测困难、洗钱行为呈现低成本化和低风险化等困难，本课题基于对虚拟货币、网络赌博等重点领域的情况梳理和案例分析，在借鉴国外监管实践的基础上，提出我国当前监管存在互联网金融机构未完全纳入反洗钱义务主体、未形成对互联网金融机构的有效激励，反洗钱义务履行不足、监管数据碎片化和割裂化等不足，对此领域的犯罪查处机制亦存在立法、执法、协作等不同层面的一些难点，应从创新法律理念、强化有效行政监管、深化刑法规制的理论、推进多部门协作等方面进行完善。

关键词：互联网金融　反洗钱　挑战　应对

金融是现代经济的核心，是国家重要的核心竞争力，金融安全是国家安全的重要组成部分。洗钱行为不仅损害金融机构的声誉和正常经营，威胁金融体系的安全稳定，而且已经成为滋生腐败的温床，侵蚀着基本制度。近年来，互联网金融各行业发展迅速，其具有快捷性、非接触性、跨空间和时间等特点，加上前期法律性质模糊和行政监管缺位，互联网金融领域成为违法犯罪分子清洗非法资金的高发领域，洗钱风险值得高度关注。本课题聚焦互联网金融行业洗钱问题，进行概念厘清、理论剖析和个案讨论，并对洗钱犯罪的构成要件、刑罚设置进行分析。课题研究在经济社会发展的新形势下，对洗钱行为的行政监管、刑法规制的理论深化、多部门协作和有关法律理念的创新提供参考意见。

---

[*] 课题组组长：龚培华，上海市人民检察院副检察长。课题组成员：胡春健，上海市人民检察院第四检察部主任；陈晨，上海市人民检察院第四检察部检察官；陈晓虹，中国人民银行上海总部金融服务二部反洗钱处处长；方卉，中国人民银行上海总部金融服务二部干部。

一、互联网金融行业洗钱风险简述

近年来,伴随信息网络技术的迅速发展,互联网与传统行业进行深度融合,形成以互联网为基础平台和介质的经济发展新形态,不仅产生了在线理财、P2P、众筹等为代表的互联网平台从事金融行业的创新业务,传统金融机构主动拥抱互联网技术,开展轻质化转型的趋势也非常明显。目前由于银行等金融机构有较强的反洗钱报告义务以及大额报告义务,诸如通过金融机构转账交易等传统的洗钱方式处于有效的监管之下,而意图洗钱的违法犯罪者为了更好地规避风险,也将视线转移到互联网平台。互联网金融在满足客户支付便捷性和低费率需求的同时,也为洗钱提供了新的途径,成为新的风险区。

互联网金融的本质是金融,此领域的反洗钱工作应遵循借鉴金融领域反洗钱工作的主要原则和经验,同时应看到利用互联网金融行业洗钱行为具有自身的风险特征,值得特别关注。

(一)互联网金融行业洗钱风险概述

传统洗钱违法犯罪的主要过程分为处置、离析、归并三个步骤。网络技术的发展使洗钱的处置、离析、归并三个阶段所需的周期迅速缩短,而且通过开放的互联网可以便捷地在全球范围内进行洗钱,加之不同国家或地区间金融和法律制度存在差异,这些都给各国的反洗钱监管工作带来巨大挑战。

互联网金融[1]尽管没有改变金融的本质,但由于互联网金融所具备的"跨行业""跨业态""跨地域限制""技术密集"等特点,大大增强了金融产品的覆盖面和支付的快捷性与便利性,但同时也造成了交易行为的非面对面化、交易记录保存缺失化、交易行为难以识别等反洗钱核心问题。互联网金融创新和金融科技的迅猛发展,各类金融产品的创新和发展速度不可预知,创新性业务产品在满足客观需求的同时,大大增加了金融交易的复杂程度和资金的追溯难度,这恰恰给洗钱分子清洗犯罪所得提供了便利条件。

---

[1] 互联网金融的定义,根据中国人民银行、中国银行保险监督管理委员会、中国证券监督管理委员会2018年9月29日制定的《互联网金融从业机构反洗钱和反恐怖融资管理办法(试行)》第2条规定,互联网金融是利用互联网技术和信息通信技术实现资金融通、支付、投资及信息中介服务的新型金融业务模式。互联网金融业务反洗钱和反恐怖融资工作的具体范围由中国人民银行会同国务院有关金融监督管理机构按照法律规定和监管政策确定、调整并公布,包括但不限于网络支付、网络借贷、网络借贷信息中介、股权众筹融资、互联网基金销售、互联网保险、互联网信托和互联网消费金融等。

互联网经济和传统经济有着密切的联系,依据与互联网金融行业的手段联系以及相关洗钱风险类型,我们可以简单地将互联网金融行业的洗钱大致分成两大类:

一是借助信息网络技术和互联网金融工具的洗钱行为,但其本质仍是传统违法犯罪行为在网络空间中的弥散,典型如网络赌博、利用电子商务平台非法销售毒品等违禁品等。

二是直接由互联网金融新型业态引发的洗钱风险,洗钱手法与互联网业务特点紧密相关,更加凸显出信息网络时代的特点,主要表现为互联网支付、虚拟货币、P2P网贷平台等。

值得指出的是,上述两种分类方法并不是泾渭分明的,事实上,随着网络支付等互联网金融新兴业态的迅速发展,传统类型的违法犯罪之后的洗钱行为也多与网络金融工具手段紧密相联系。①

在考察互联网金融行业洗钱风险的过程中,我们也可以看到类似于网络犯罪从犯罪对象、犯罪工具向犯罪空间蔓延的趋势。在洗钱违法犯罪活动中,互联网金融平台呈现出从犯罪对象、犯罪手段向犯罪空间变化的态势。违法犯罪分子以互联网作为平台,第三方支付、网上交易、互联网保险、网上赌博、线上地下钱庄、网络借贷等各个行业都成为潜在的洗钱渠道,他们往往通过在线支付转账平台、P2P、电商平台等多种互联网新兴渠道和方式进行组合运用,多种方式掺杂其中,由于本身各个行业嫁接互联网平台后依然是合法经营,但互联网平台交易的相关规定和监管仍然处于起步阶段,且大量的虚拟平台和数据难以做到面面俱到,洗钱者巧妙地将自己资金与合法资金混杂在一起逃避监管和追查,大量的交易记录很难从中辨别和查证,增加了识别洗钱线索的复杂性。

---

① 例如在澳大利亚发生的一起互联网支付服务者和代理人被用于购买非法物品并用于清洗销售这些物品而获得收益的案例中,一些位于澳大利亚的生长荷尔蒙和其他促长非法药品的贩卖者向境外转移价值数十万美元的资金购买这些非法物品,而且,经查,他们每周通过销售这些非法物品获取数千美元的收入,这些买卖者利用虚假名字获取的非法身份,设立多个邮箱以收取这些药品,并利用互联网聊天室和论坛来进行联络和网上订购。私人利用澳大利亚的互联网支付服务提供者和货币汇付服务进行数额大多低于1000澳元的支付。境外供货者也意识到禁止向澳大利亚进口此类非法物品,故意对这些货物进行虚假申报以逃避监管。贩卖者委托其朋友和配偶代其支付,选择在不同的分支机构进行支付。在此行动中,澳大利亚执法机构对140余人实施了逮捕。

(二) 互联网洗钱监管的识别难点

1. 客户识别困难

依托互联网交易使得开户环节难以真正做到"了解你的客户"。"了解你的客户"是反洗钱监管工作的"第一道防线",但在互联网金融业务中却遭遇瓶颈。较之传统金融业务,互联网金融业务的虚拟性、便捷性特征,使得客户办理网上金融业务无须直接面对服务人员。

当前互联网金融机构对用户开户的审查主要依靠客户自行提交的注册信息和验证资料,部分机构采取绑定银行卡的方式,通过合作银行间接验证客户身份,相关流程均通过网络以非面对面的方式完成。审核过程系统审核多、人工判别少,缺少对客户的直观了解。开户之后的交易更是全程非"面对面"完成。尽管可以通过银行机构间接验证客户身份,但在当前银行卡出租出借、买卖猖獗的情况下,其真实性也难以得到保障。

2. 可疑交易监测困难

客户信息缺失或虚假导致可疑交易分析难度大,交易的真实性难以监测,网银支付、第三方支付的隐蔽性导致异常交易监测困难。客户可通过互联网在任何时间、任何地点自主地汇划资而无须注明交易目的,传统的签名、票据、影像等物理痕迹不复存在,加大了对交易主体和交易行为实施有效监管的难度。具体表现在:

一是网络数据碎片化:就单笔交易内部而言,由于整个一笔交易流程走下来需要发卡机构、网络转账平台、网络运营商、平台账户甚至外包服务机构都起作用,多主体参与将整个交易流程和资金流转分割成多个阶段从而导致了资金流通信息以及客户资料的碎片化。仅仅单独看其中一个环节就有无数的机构参与其中,比如发卡机构在国内就有商业银行、政策银行、信用合作社、村镇银行等庞大的银行体系,加之转接机构和收单机构的参与,信息分散在各个机构,而持卡人和用户的数量更是增加了信息的冗杂度。参与主体的多元化导致各类信息碎片化,从而导致反洗钱义务主体对用户的信息难以汇总分析,更别说全面的跟踪分析,而互联网的发展使客户能在机器上随时操作,更增加了信息的碎片化程度,致使完整识别客户身份、保存交易记录、提交可疑交易报告这些程序的意义被大大减弱,进而导致反洗钱工作开展无法按照既定的思路进行。加上洗钱者会选择分散资金的方式来逃避侦查,一般会将资金分成若干份,可以通过不同账户或不同平台进行限额内的洗钱活动,也可以将资金通过不同方向的交易分散开,在达到洗钱目的的同时也能降低被监察机构审查的概率。借助网络支付平台和实体银行间的流通通道将资金在二者之间频繁划转,增加资金流通的节点,节点越多信息碎片化程度越高,即使查到几个节点也很难摸清整个交易流程,更无法从排查可疑资金流转入手侦查洗钱活动。

二是资金流动电子化,流向模糊流动性高。利用互联网洗钱主要是利用网络进行资金的流转,与最初的实体银行转账操作相比,最主要的区别在于不用实地操作填写纸质的转账凭证,互联网支付平台等机构对转账的记录和存档主要通过数据库进行虚拟数字记录,正因为省去了复杂的票证填写、人工的经办和审查、客户签名等实体流程,资金在网络平台的流转更多的是电子化的过程。每天在互联网平台会发生无数次资金流转,而对于网络支付平台而言,不可能对每笔交易进行人工审查,而是设定基本程序,通过计算机程序判断资金额度是否超过客户本身的账户余额以及密码是否与数据库存储数据相匹配,只对个别异常交易进行审查,任何注册的客户都可以通过这样的网络支付系统随意自主地划转资金。目前我国在网络数据的规范和技术方面仍处于起步阶段,电子化的资金流转发展迅猛,面对海量的网络数据,单凭人力根本无法进行甄别,即使开发出计算机数据筛选系统也难以解决数据分散和模糊的基础性问题。此外,利用互联网洗钱不单单是仅在互联网平台上操作,通常是采取线下与线上结合操作交易,洗钱者为了逃避监管往往将实体银行、电话银行、网上银行、互联网支付平台、ATM等支付工具交替使用,而支付机构仅仅根据支付密码或手机验证码即可完成客户的转账需求,并不审查资金来源和交易者本人的身份信息,即一次注册即可一直享有服务。而为了有意避开网络资金流转的数据库记录,有效地切断资金流转链条,洗钱者通过现金——网络支付机构——现金的方式循环操作来模糊资金的流向,以此躲避监管和侦查。

3. 洗钱行为呈现低成本和低风险化

传统洗钱方式通常需要大量的人力物力,以地下钱庄为例,地下钱庄主要有三种方式,其中夹带现金,也是最原始的"换汇"方法,但一般对出入境夹带现金都有数额限制,不是通过人海战术多次往返就是通过特殊通道夹带偷运出去,需要耗费较多的人力和时间。而"账户对敲"是在境内收取人民币并计算汇率和佣金后,通知境外合作者按照汇率将相应数额的外币打入客户的境外账户,境内境外是分割的,资金各自循环,此种方式相比于夹带现金出入境更加隐蔽,但同时要求由自己承担短期的差额,对资金调集要求很高。相较于传统的洗钱方式较高的成本和风险,在电子时代利用互联网洗钱呈现低成本和低风险的特点,可以利用网上平台,不用支付任何费用即可以普通用户的身份在进行多账户洗钱的同时逃避严格的审查。具体而言,主要是通过网络支付平台、网上银行等载体操作,操作繁杂程度相比于传统洗钱手段大大降低,仅仅需要免费开通多个账户,通过已有的网站或支付平台在网络环境下即可打通多条资金转移通道，随时随地完成洗钱过程。与此同时带来的风险也大大降低。由于网上支付的迅速发展，每天在互联网上发生的金钱交易数量巨大，远远超过监管部门所能承载的范围，很难核实每笔交易的真实性和实际用途，对犯罪分子来说，其被查获的概率较传统环境中大大降低。

（三）互联网金融行业洗钱风险的案例分析

如前所述，利用互联网金融行业洗钱的手段主要可以分成两大类型，一是互联网金融行业，二是与互联网金融相关行业。其中，互联网金融行业主要包括：（1）虚拟货币；（2）第三方支付；（3）P2P网络借贷平台；（4）网络保险等。与互联网金融相关行业主要包括：（1）互联网赌博；（2）互联网商务（虚假交易）等。下面以虚拟货币和网络赌博两个具体领域进行分析。

1. 虚拟货币

（1）虚拟货币的定义及法律性质

准确清晰的定义是法律分析和监管政策制定的重要前提，关于何为虚拟货币，国内外监管组织有着不同的界定。2012年，欧洲中央银行将虚拟货币界定为"一类由发行者发行和控制，并被特定虚拟社区使用和接受的不受监管的数字货币"，并根据其与真实货币及实体经济的关系，将其分成封闭型虚拟货币、单向型虚拟货币以及双向型虚拟货币三大类[①]。随着虚拟货币的发展和特征的变化，欧洲中央银行对其定义进行了修订，将其界定为"一种并非由中央银行、信贷机构或电子货币机构发行的，在某些情况下可作为替代货币适用的数字形式的价值。"[②]

美国财政部金融犯罪执法网络（FinCEN）于2013年将虚拟货币定义为"一种在某些环境下像货币一样运行，但不具有真实货币的全部特征，在任何法域内不具有法定货币地位的交易媒介"，而且重点关注具有与真实货币相当的价值或充当真实货币替代品的"可转换虚拟货币"。[③]

金融行动特别工作组（FATF）将虚拟货币界定为"一种可以以数字形式交易，具有交易媒介和（或）计价单位及（或）价值存储功能，但在任何法域不具有法定货币地位的数字形式的价值。

---

① European Central Bank, Virtual Currency Schemes, October 2012, pp. 13 – 14.
② European Central Bank, Virtual Currency Schemes; A Further Analysis, February 2015, pp. 9, 25.
③ Financial Crime Enforcement Network, Department of the Treasury, Guidance on Application of the FinCEN's Regulation to Persons Administering, Exchanging, or Using Virtual Currency, FIN-2013-G001, March 18, 2013.

在 2013 年 12 月，中国人民银行等五部委联合发布了《关于防范比特币风险的通知》中，对比特币的法律属性进行了明确，强调比特币不是由货币当局发行，不具有法偿性与强制性等货币属性，并不是真正意义上的货币。将其性质定义为一种特定的虚拟商品，不具有与货币等同的法律地位，不能且不应作为货币在市场上流通使用。

2. 虚拟货币的风险特点

虚拟货币主要具有以下特性：一是交易的虚拟性。虚拟货币的交易发生在虚拟的网络世界中，虚拟货币以数字密码的形式存在，不用面对面接触，交易者也无须提供真实的个人信息，更不需要物理签名。二是交易的便捷性。通过网络虚拟交易平台实现不同账户间的任意支付转移，交易不受时间、地点、交易方式等限制，可以随时随地实现实时支付或购买服务，轻松完成虚拟货币与现金的互换。三是交易的可转换性。虚拟货币不仅可以在虚拟货币交易平台上进行商品和服务的买卖，而且还可以通过网络支付实现虚拟资产的转换，其持有者也可以便捷地实现法定货币和虚拟资产之间的转换，这些都给法定货币管理者带来挑战。四是交易的不可控性。虚拟货币往往在网上交易，并与空壳公司、金融衍生产品等发生关联。虚拟货币的持有人和发行方、交易上都是运用高端信息技术手段机型操作甚至规避监管，此外，虚拟货币可以在不同的虚拟平台、账号之间实现转换，造成可追溯性和监控难度大的问题。五是交易的跨地域、跨国性。虚拟货币发行和交易方遍及全球，因而交易多半发生在国与国之间，跨国交易成为普遍现象。由此造成监测跨国交易数据和交易路径变得十分艰难。尤其是去中心化的虚拟货币交易，完全脱离银行支付体系，其产生的交易数据均分布在不同的网络公司内部和第三方支付平台中，这些电子数据和交易平台可以出现在任何一个互联网终端上，不受国界的限制。①

3. 监管部门对虚拟货币的风险提示

针对虚拟货币的迅速发展，FATF 反洗钱金融行动特别工作组（FATF）于 2014 年发布了《虚拟货币：核心定义与潜在的洗钱和恐怖融资风险》报告，提示各国虚拟货币可能引发的洗钱风险和恐怖融资风险问题。②

国际货币基金组织 IMF 在一份工作报告中也进行了相关的提示，认为虚拟货币容易沦为洗钱、恐怖融资和逃避法律制裁的工具，给金融稳健运行带来

---

① 王若平：《虚拟货币洗钱问题的监管研究》，载《北方金融》2018 年第 7 期，第 22 页。
② The Financial Action Task Force（FATF），Virtual Currencies: Key Definition and Potential AML/CFT Risks, June 2014suowei.

危险。① 由于虚拟货币具有便捷、隐匿、可兑换、不可操控等特性，加之目前世界各国与虚拟货币交易有关的法律制度尚不够健全完善，因此，虚拟货币领域已成为一个潜在的洗钱高风险领域。

我国监管机关对虚拟货币的风险也予以高度的重视，前述2013年人民银行等五家部委联合发布的《关于防范比特币风险的通知》中强调，要防范比特币可能产生的洗钱风险，要求中国人民银行各分支机构应当将在辖区内依法设立并提供比特币登记、交易等服务的机构纳入反洗钱监管，督促其加强反洗钱监测。要求提供比特币登记、交易等服务的互联网站应切实履行反洗钱义务，对用户身份进行识别，要求用户使用实名注册，登记姓名、身份证号码等信息。各金融机构、支付机构以及提供比特币登记、交易等服务的互联网站如发现与比特币及其他虚拟商品相关的可疑交易，应当立即向中国反洗钱监测分析中心报告，并配合中国人民银行的反洗钱调查活动；对于发现使用比特币进行诈骗、赌博、洗钱等犯罪活动线索的，应及时向公安机关报案。

4. 利用虚拟货币洗钱的主要模式

根据以往的洗钱线索和案例可见，违法犯罪分子利用虚拟货币实施的洗钱和恐怖融资的手段主要有以下几大类：

一是利用虚拟货币洗钱，虚拟货币的快捷性、不可撤销性和匿名性使得虚拟货币成为犯罪分子所青睐的洗钱手段。

二是利用管理商和交易商洗钱。虚拟货币管理商和交易商在不同国家受到不同程度的监管。虚拟货币的跨地域、跨国界特点使得侦测和调查犯罪面临着巨大挑战，犯罪分子会利用不同国家在规制和监管虚拟货币管理商与交易商方面的差异或者空白之处洗钱。更有甚者，管理商和交易商或者雇员可能成为洗钱的共犯，故意直接参与洗钱活动。欧洲理事会网络犯罪全球项目和反洗钱与反恐怖融资措施评估专家委员会特别注意到，虚拟货币交易商特别是提供将一种虚拟货币转换为另一种虚拟货币的交易商的洗钱风险尤其大，认为所谓的"交易商"提供的将虚拟货币转换为各种虚拟货币，或者将虚拟货币转移至其他账号的服务，为犯罪分子隐瞒非法资金提供了有效机会。②

三是利用第三方注资洗钱。将点对点转账作为购买虚拟货币的资金来源，可能会允许第三方共犯为了清洗犯罪收益的目的而向虚拟货币注入资金，可能会使用钱骡为通过互联网清洗犯罪收益提供帮助。

---

① Dong He. ect, Virtual currencies and Beyond: Initial Consideration. January 10, 2016.

② Council of Europe Global Project on Cybercrime and MONEYVAL, Criminal Money Flows on the Internet: Methods, Trends and Multi-stakeholder Counteraction, March 2012.

四是利用虚拟货币的非面对面性质洗钱,主要包括两大类:(1)犯罪分子控制了合法用户的账户并用于从事交易。如犯罪分子会破解合法用户的非虚拟货币账户并窃取其中的资金,并用于向虚拟货币账户注入资金。再如犯罪分子会破解合法用户的身份,并用于开立虚拟货币账户,然后将其作为清洗犯罪收益的中转账户。(2)利用某些服务的匿名性进行洗钱。

五是与其他方式相结合洗钱。虚拟货币可与包括预付卡、第三方支付其他支付技术结合使用,从而将多种洗钱方法并入清洗犯罪收益的过程中。与利用银行系统的传统洗钱方式不同,网络洗钱依靠各种类型的操作和服务商,包括银行转账、现金存取、电子货币、钱骡、资金汇付服务等,从而大大增加了执法机构的侦查和追踪难度,尤其是钱骡实施的现金操作往往会打破追踪链条。①

5. 对虚拟货币洗钱的执法实践

虚拟货币所蕴藏的洗钱、恐怖融资等风险引起了多个国家和国际组织的关注,以美国为例,负责具体侦办洗钱案件的执法部门包括税务总署、海关总署、毒品管制局、联邦调查局等。而美国财政部所属的金融犯罪执法网络(Financial Crime Enforcement Network,FinCEN),作为美国金融情报中心,则被喻为编织美国反洗钱网络的"蜘蛛",除了承担情报的收集、分析和移送的基本职能外,其协调不同执法部门合力打击洗钱犯罪的枢纽作用处于世界领先水平。因此,此类模式被喻为"蛛网式"执法模式。下面以 FinCEN 对虚拟货币的监管和执法实践为例进行简要分析,以资借鉴。

2013 年 3 月,FinCEN 发布了《监管规定适用于管理交换和使用虚拟货币的说明》,明确包括比特币在内的虚拟货币一旦设计交易或转账,就应该被视为"货币服务业务"。即从事交易方必须向政府提交相关信息以及说明如何符合反洗钱法规。"将比特币在内的虚拟货币纳入了发现钱的监管范围内,为从事此类"货币服务业务"的交易商划定了相应的义务和行为界限。在此基础上,FinCEN 不断完善修正对虚拟货币的监管政策和工作指引,在 2019 年 5 月,FINCEN 重申了对虚拟货币持续性监管的态度,并发布了相关指引,提示虚拟货币可能用于洗钱、逃避犯罪惩罚以及其他不法活动的风险。②

---

① 兰立宏、师秀霞:《网络视域下网络洗钱犯罪防控策略研究》,中国人民公安大学出版社 2016 年版,第 62—65 页。

② New FinCEN Guidance Affirms Its Longstanding Regulatory Framework for Virtual Currencies and a New FinCEN Advisory Warns of Threats Posed by Virtual Currency Misuse,May 9,2019,https://www.fincen.gov/news/news-releases/new-fincen-guidance-affirms-its-longstanding-regulatory-framework-virtual.

除了出台相应的监管规则，美国监管机关、司法机关和金融监管机关保持密切的合作，对涉嫌利用虚拟货币进行洗钱、恐怖融资行为的交易商进行处罚，不仅限于民事、行政，还包括追究刑事责任，以此来保持对虚拟货币洗钱行为的打击力度。

如 2013 年 5 月 15 日，美国国土安全部获得法院许可，冻结了全球最大的比特币交易所 Mt. Gox 的两个账户。国务安全部当日发布通告称，金钱汇兑业务必须在诸如财政部下属的金融犯罪执法网络（FinCEN）登记，但本月无论是 Mt. Gox 或者其下属公司均未进行登记。"鉴于 Mt. Gox 首席执行官马克·卡尔佩勒斯未能如实上报其在富国银行开设的账户用作比特币与真实货币兑换这一用途，除关闭并彻查 Mt. Gox 在富国银行的交易记录外，美国国土安全部还关闭了其设在网络支付平台 Dwolla 上的账户。上述监管措施意味着美国乃至全球监管机构对比特币这种虚拟货币的监管迈出了实质性的一步。[①]

2017 年 7 月，FinCEN 宣布对全球知名虚拟货币交易商 BTC-e 处以 1.1 亿美元的巨额罚款，原因是其作为在美营运的货币服务商，蓄意违反美国反洗钱法律法规，并涉嫌为勒索以及暗网售卖毒品所得赃款的清洗提供便利。[②] 2019 年 7 月 25 日，在加州北部地区提交的一份法庭文件，BTC-e 及其高管亚历山大·文尼克（Alexander Vinnik）已被指控犯有阴谋罪、洗钱罪、非法货币交易罪，以及经营无照证券交易所罪。现已关闭的交易所和 Vinnik 分别面临 8860 万美元和 1200 万美元的民事罚款，外加利息和成本，而[③]这两笔罚款最初由金融犯罪执法网络（FinCEN）在 2017 年 7 月加以确定。

此外，加强监管机关和私营机构之间的信息沟通也是 FinCEN 工作的关注点之一，2017 年起，FinCEN 构建了一项涵盖私营机构和监管方的会议机制——FINCEN 会谈（FinCEN Exchange），根据 FAFT 官员的介绍，参与 FINCEN 会谈的私人机构完全自愿，这项机制也不会施加额外的监管要求，也不会替代或者影响已有的对金融行业的法律实施机制。此项会谈旨在更广泛的领域，鼓励、

---

① 2013 年 6 月 26 日，全球最大的比特币交易商 Mt. Gox 正式向美国财政部金融犯罪执法网络（FinCEN）提出注册申请，以竭力遵守政府的相关法规。于 28 日 Mt. Gox 已获得 FinCEN 颁发的货币服务事务（MSB）许可。自此，Mt. Gox 将不定期向 FinCEN 汇报比特币的兑换情况（这是作为 MSB 必须承担的义务）。

② FinCEN Fines BTC-e Virtual Currency Exchange ＄110 Million for Facilitating Ransomware, Dark Net Drug Sales, July27, 2017, https://www.fincen.gov/news/news-releases/fincen-fines-btc-e-virtual-currency-exchange-110-million-facilitating-ransomware.

③ 《检察官对臭名昭著的 BTC-e 加密交易所提出正式起诉》，载 http://www.sohu.com/a/330296668_120022541，最后访问日期：2019 年 12 月 16 日。

提示、实现更多的反洗钱义务机构关注具有高额价值和重要影响力的活动，以实现财政部加强反洗钱的工作目标。最近一期的会议于 2019 年 5 月 3 日在纽约召开，FinCEN 组织虚拟货币交易商和其他货币交易服务提供者、联邦机构分支、储蓄机构等召开会议交换相关信息，就虚拟货币带来的机遇与挑战进行主题会商。①

2. 网络赌博

与传统的赌博方式相比，网络赌博具有成本低、效率高、涉众广、隐蔽性强等特征，再加上网络的即时性和跨区域性，使网络赌博成为近年来不法分子洗钱的重要途径，发展势头猛。于志刚教授指出，开设赌场犯罪与网络因素紧密结合之后，迅速显示出了传统开设赌场犯罪不具备的优势特征，网络赌博的"规模效益""远程虚拟""低廉成本"特点明显，由此带来犯罪的扩张优势、隐蔽性优势和成本优势。②

网络赌博主要有以下几种洗钱方式：一是用非法所得在赌场购买筹码，在赌场几番进出之后，将非法所得兑换成支票，达到将黑钱洗白的目的；二是利用非法所得在网站上开立赌博账户，通过网络赌博，将黑钱与白钱混淆，逐渐将黑钱披上合法的外衣；三是通过在这些赌博网站开设一个账户，然后将各路资金汇入这个账户，由于此类账户的隐蔽性和管理上的松散性，洗钱者会通过赌博网站将账户上的钱以支票和汇票的方式转移，将黑钱"漂白"。③

值得关注的是，在网络赌博活动及其洗钱行为中，运用互联网支付等手段的现象日益凸显，传统违法犯罪行为与新型支付手段和洗钱行为的融合加大了侦查难度，也扩大了犯罪的辐射范围。如在 2019 年山东省德州市警方公布的一起特大网络赌博案，④ 涉及全国 27 个省份的参赌人员有 23 万多人，全部赌资流水竟达数百亿元人民币，25 名团伙主要成员被警方抓获。最近，武城县人民法院以开设赌场罪一审开庭审理了其中的 11 名被告。在此网络赌博案件

---

① FinCEN Exchange in New York City Focuses on Virtual Currency, May 3, 2019, https://www.fincen.gov/resources/financial-crime-enforcement-network-exchange.

② 于志刚：《网络开设赌场犯罪的规律分析与制裁思路——基于 100 个随机案例的分析和思索》，载《法学》2015 年第 3 期，第 138 页。

③ 刘梦婷：《互联网金融背景下反洗钱监管浅析》，载《现代金融》2018 年第 9 期，第 30—31 页。

④ 《山东公安破获特大网络赌博案：流水数百亿！23 万余人参赌，没一个赢钱的！》，载 http://www.sohu.com/a/295251675_120044982，最后访问日期：2019 年 12 月 16 日。

中,第三方乃至第四方平台称为犯罪分子资金流转、清洗的重要手段,①经过警方的侦查,厦门某网络科技公司就是一个为赌博网站服务的第四方支付平台,警方查明,该公司自2015年以来,经它收款转账的赌资流水就达100多亿元,从中获利1亿多元。

二、互联网金融行业反洗钱的监管实践

从世界范围看,由于互联网金融正处于发展阶段,各国对互联网金融的监管体系还处于发展完善之中,着眼于互联网金融迅速发展的趋势及其业务风险特征,欧美等发达经济体已经开始加强。从国际组织的角度来看,金融行动特别工作组(FATF)出台的反洗钱工作指引值得特别关注。

(一)FATF等国际组织对互联网金融的基本监管原则梳理

金融行动特别工作组(FATF)是国际反洗钱标准的制定者,从域外经验借鉴的角度,FATF对于互联网金融领域反洗钱的法律规范性文件值得关注。自2006年起,FATF连续出台了多部有关反洗钱的报告来引导各国的反洗钱实践。金融行动特别工作组要求所有的互联网金融行业的提供者都需要在其主管部门注册或经许可经营,并且要时刻保留完整的代理商名册,即使提供商跨境提供互联网金融服务时,也需要注册或经许可,一旦违反,便要受到严厉的处罚。金融行动特别工作组还要求金融机构秉持"风险为本"的原则,遵循尽职调查客户身份信息的原则,尤其是明确各个交易账户的实际拥有人,各个机构还要保持对异常交易的高度警惕,设立资金流动的警戒线,一旦资金的流入或流出金额等于或高于警戒线时,便会及时追踪该笔交易,以防止洗钱行为的发生。对交易资料保存时,不仅需要在交易行为发生的当年保存,在交易发生后的几年也要认真履行该义务。

1. 规范性文件梳理

从规范性文件建设方面,金融行动特别工作组(FATF)针对互联网金融洗钱风险的监管重点和规范文件主要包括:2006年发布的《新支付方式报告》、2008年《商业网站和互联网支付系统洗钱和恐怖融资脆弱性研究报告》、2010年《新支付方式洗钱报告》、2012年对包括互联网金融行业在内的"资金或价值转移服务行业"的工作建议、2013年《以风险为基础的方法指引:预付卡、移动支付与以互联网为基础的支付服务》等。

---

① 所谓第四方平台,就是指没有支付牌照非法从事支付业务的平台,在互联网黑灰产业领域内一般称为第四方平台,第四方一般都是把自己的业务使用第三方的通道进行经营。

2. 对互联网金融洗钱风险的类型化研究

作为国际反洗钱权威组织的 FATF,一直在致力于对洗钱行为进行类型化的研究工作,在 2010 年 FATF 发布的《全球洗钱及恐怖融资威胁评估体系》的序言部分,FAFT 对其成立之后的工作以及工作成绩做了三个方面的概括,一是制定打击洗钱和恐怖融资犯罪的全球标准;二是确保这些标准得到准确执行;三是确定洗钱及恐怖融资犯罪的方法和趋势。对于第三点,FAFT 所做的具体解释是:"通过洗钱犯罪类型研究,告知监管部门、执法部门、金融部门和社会公众详尽的洗钱和恐怖融资威胁,并为各国和全球如何以最佳方式应对这些威胁提供必要的决策基础。"①

如针对网络支付方式崛起所可能触发的洗钱风险,FATF 基于风险为本方法的视角,对其进行了类型化研究和相关风险提示,其中可以重点关注 FATF2006 年报告和 2013 年指引。②

在 2006 年《关于新支付方式的报告》中,FAFT 确立了五个衡量新支付方式洗钱或恐怖融资风险的因素,分别是客户身份识别、注资或交易价值限制、注资或转移价值的方式、发送或接受资金的地理限制以及支付工具的用途限制。FATF 对此建议从六个方面降低风险:一是要识别账户所有人的身份;二是要保存付款方和接收方的交易记录;三是对交易进行监控并上报可以活动;四是限制注资方式;五是实施账户封锁;六是限制获取支付服务的范围。

在 2013 年《关于以风险为基础的方法之指引:预付卡、移动支付与以互联网为基础的支付服务》中,FATF 列出了五个衡量新支付方式洗钱风险的因素:主要包括非面对面关系与匿名性、地理范围、注资方式、获取现金可能性以及服务分割性。

(二)我国现有互联网金融行业洗钱监管的现状梳理

互联网金融不仅具有传统金融所具有的一般洗钱风险,其从业机构在简化业务环节、追求客户体验方面的设计,必然加剧其被犯罪分子作为洗钱工具使用的概率和风险。当前,仅有第三方支付机构被纳入反洗钱监管,其他各类互联网金融从业机构的反洗钱监管仍然缺位。鉴于互联网金融面临的洗钱风险日益严峻,反洗钱监管部门有必要尽快制定针对互联网金融的反洗钱策略,与相关业务监管部门共同防范洗钱风险。

---

① The Financial Action Task Force (FATF), Global Money Laundering & Terrorist Financing Threat Assessment, 2010. p. 3.

② 兰立宏等:《网络视域下网络洗钱犯罪防控策略研究》,中国人民公安大学出版社 2016 年版,第 29 页。

我国的反洗钱立法起步于20世纪90年代初，经过多年的积极探索，目前已初步建立一套以《反洗钱法》为主干、《刑法》及相关部门规章为辅的法律制度框架体系，构建了以人民银行为总负责、总协调的反洗钱工作部际联席会议制度，以及金融监管部门反洗钱协调机构的跨部门反洗钱合作机制和专门的反洗钱执行机构。自2003年起，我国金融业反洗钱工作稳步开展，反洗钱组织制度不断健全，反洗钱技术手段不断丰富，破获了一批有影响的重大案件，有效打击了洗钱活动在金融业蔓延的态势。当前，我国反洗钱法律法规主要包括《中华人民共和国反洗钱法》、国务院办公厅《关于完善反洗钱、反恐怖融资、反逃税监管体制机制的意见》、中国人民银行办公厅《关于进一步加强反洗钱和反恐怖融资工作的通知》等。

随着互联网信息技术的广泛运用，业务法规及反洗钱管理相关规定已经不能适应电子商务和电子支付发展的需要，无法满足反洗钱工作的需求，对互联网金融反洗钱工作及内容未作出明确、可操作性的规定，对互联网支付缺少具体规定和规范指引。此外，当前我国互联网金融规模不断壮大，相应的法律法规尚不健全，现行的对于互联网金融业态使用性较强的法律多属于国务院制定的行政法规（如《征信业管理条例》），以及由人民银行等部门制定的部门规章（如《支付机构反洗钱和反恐怖融资管理办法》《非金融机构支付服务管理办法》等），另外还有一些中央规范性文件及北京、上海、杭州等地出台的地方政策性文件，法律层次较低，效力覆盖范围有限，不稳定的临时监管性质较强。在网络金融市场主体准入、变更和退出，以及交易者的身份认证、资金监测和大额、可疑交易报告等方面的反洗钱要求缺乏明确完备的法律规范，成为制约反洗钱工作开展的"瓶颈"。

应该肯定的是，2016年，互联网金融行业在政策、法规、自律和监管执行等方面取得较大进展，互联网金融监管层级日益完善，立体化监管体系逐步建立，全国性行业自律组织中国互联网金融协会宣告成立，为互联网金融健康发展提供了良好的政策环境和法律环境。相关规定及一系列"严监管"措施也陆续出台和完善，推动行业规范发展和优化调整，如《关于互联网金融健康发展的指导意见》（2015年7月）、《金融机构大额交易和可疑交易报告管理办法》（2017年7月1日实施）、《互联网金融从业机构反洗钱和反恐怖速效管理办法（试行）》（2019年1月1日实施），以及《关于规范支付创新业务的通知》（2017年12月）要求开展支付创新业务应事前报告、加强支付业务系统接口管理、强化监督管理等，总体来看，这些规定和政策从内控机制、客户身份识别、大额可疑交易报告及涉恐名单监控等方面对互联网金融从业机构进行了规范，对互联网支付等创新业务的规范和引导在逐步加强，在个人银行账户分类管理、无证经营支付业务整治和规范支付创新专项业务管理等方面加大了力度，更加针对互联网金融行业反洗钱工作，主要有 2018 年中国人民银行、中国银行保险监督管理委员会、中国证券监督管理委员会《互联网金融从业机构反洗钱和反恐怖融资管理办法（试行）》、2012 年中国人民银行《支付机构反洗钱和反恐怖融资管理办法》等规范性文件。

（三）我国对互联网金融反洗钱的监管不足

1. 互联网金融机构未完全纳入反洗钱义务主体

当前对互联网金融建立比较完善反洗钱监管措施的行业机构主要是第三方支付。2010 年中国人民银行颁布《非金融机构支付服务管理办法》，明确非金融机构提供支付服务，应当取得"支付业务许可证"。2012 年 3 月，中国人民银行印发《支付机构反洗钱和反恐怖融资管理办法》，规定了依据《非金融机构支付服务管理办法》已经取得"支付业务许可证"的支付机构应建立反洗钱内控制度，认真履行客户身份识别、客户身份资料和交易记录保存、可疑交易报告、配合反洗钱和反恐融资调查等反洗钱、反恐融资义务。

其他互联网企业和电子商务企业提供的互联网金融业务的洗钱义务不明确。对于金融机构和取得支付牌照的支付机构以外的企业提供的互联网金融业务，虽然监管机关在 2015 年 7 月中国人民银行等十部门所发布的《关于促进互联网金融健康发展的指导意见》（以下简称《意见》），对反洗钱和防范金融犯罪作出明确的规定，但由于《意见》出台时间尚短，互联网金融业务仍是洗钱风险和恐怖融资风险较高的领域。在 2018 年《互联网金融从业机构反洗钱和反恐怖融资管理办法（试行）》中，对互联网金融从业机构建立客户识别程序、从业机构应当执行大额交易和可疑交易报告制度以及中国互联网金融协会承担的行业自律义务予以规定，但具体实施细则缺乏，如大额交易和可疑交易报告的要素内容、报告格式和填写要求等需要由中国人民银行另行规定。此外，在不履行反洗钱义务的责任方面也规定的较为笼统。①

2. 未形成对互联网金融机构的有效激励，洗钱义务履行动力不足

互联网金融机构缺乏逐一核查信息真实性的内在动力和外在压力，客户

---

① 《互联网金融从业机构反洗钱和反恐怖融资管理办法（试行）》第 22 条规定，从业机构违反本办法的，由中国人民银行及其分支机构、国务院有关金融监督管理机构及其派出机构责令限期整改，依法予以处罚。从业机构违反相关法律、行政法规、规章以及本办法规定，涉嫌犯罪的，移送司法机关依法追究刑事责任。

身份真伪存在较大的不确定性。在互联网金融领域的创新过程中，风控力度与创新速度普遍存在"重发展、轻风险"的经营意识，其从业机构多次出现未经监管部门批准或未充分评估风险就上线创新产品的现象，说明其风险意识和风控能力存在不足。即便产品上线初期经过了风险评估，但在高速发展的技术引领之下，风控方面的能力和投入相对不足，依然有可能产生新的风险。在行业内激烈的竞争压力下，创新机构过于重视用户体验而削弱反洗钱力度。在与传统金融行业争夺客户资源时，对业务流程极度精简、交易环节极度重视用户的舒适度。要求互联网金融从业机构在各个环节落实客户身份识别和可疑交易监测等反洗钱措施，必然要以牺牲客户体验为代价，与其经营发展理念相矛盾。

3. 监管不足和监管缝隙情况存在，监管数据碎片化和割裂化

在2016年互联网金融逐渐纳入监管规范之后，不同的互联网金融业态分属于不同的监管机关监管，"监管缝隙"仍旧存在，不同监管机关对应该履行反洗钱的义务机构的监管方式存在差别，对客户识别、可疑交易和大额交易等关键问题相关执行具体标准不足，互联网金融反洗钱工作检测存在碎片化和割裂化的情况，难以形成监管合力，不利于整个行业的发展。

三、互联网金融洗钱犯罪查处机制存在的问题

与实际存在的洗钱风险和实际发生的洗钱案例、金额相比，我国多年来以洗钱罪判决的案件微乎其微，这是我国在反洗钱互评估中被国际反洗钱组织关注和质疑的一个重要问题。近年来，涉互联网金融非法集资等金融犯罪的高发态势与洗钱犯罪案件的低查处率之间存在明显的矛盾，下面对此进行具体分析。

（一）洗钱案件查处情况简析

与洗钱违法犯罪活动相比，我国以《刑法》第191条定罪处罚的洗钱犯罪刑事案件较少，根据网上公开资料，我国第一例洗钱罪判例是广州市海珠区人民法院"（2004）海刑初字第255号"刑事判决书于2004年3月5日判定的汪照洗钱罪案，此时距1997年设置洗钱罪已经过去了7年。

从表1可知，2013—2015年期间，主要三类洗钱罪法定上游犯罪的年均审结案件数量约在1.3万件，而洗钱罪的年均审结案件数量仅为7件。推论上述1.3万件上游犯罪不存在洗钱行为明显不符合常理，因此只能推论上述案件中的洗钱行为是基于某种情况才未被有效追诉。

表1

	审结案件数量（件）				洗钱罪（191条）①
	主要三类法定上游犯罪				
	金融诈骗	走私	黑社会性质的组织犯罪	合计	
2013年	11227	982	439	12648	8
2014年	11993	1089	315	13397	4
2015年	13484	1082	386	14952	9

导致该局面的具体原因是多方面的，实践中在刑事侦查和起诉、判决中存在不少难点问题，将在下文详细阐述。

（二）立法层面难点问题

1. 洗钱罪的主体——自洗钱相关问题

根据刑法规范，洗钱罪的犯罪主体为一般主体，自然人和单位均可构成本罪的主体，颇受质疑的是将上游犯罪的本犯排除在洗钱罪主体的范畴之外，即我国对于自洗钱犯罪行为不认可（self-laundering），而我国对自洗钱排斥的最根本原因还是事后不可罚的立法理论。课题初步的意见认为，不能将上游犯罪的本犯一律排斥在洗钱罪主体之外，某些情况下上游犯罪的行为人实施洗钱行为，由于洗钱行为具有自身的独立性，因而可以构成洗钱罪，解决现实中的一些司法难题。

---

① 我国与反洗钱犯罪直接相关的刑事立法，主要包括在"一法、三案、一释"中，即1997年10月《中华人民共和国刑法》、2001年12月《中华人民共和国刑法修正案（三）》、2006年6月《中华人民共和国刑法修正案（六）》、2009年2月《中华人民共和国刑法修正案（七）》、2009年11月最高人民法院《关于审理洗钱等刑事案件具体应用法律若干问题的解释》。根据我国反洗钱理论和反洗钱司法、监管权威部门的一般观点，属于洗钱刑事定罪内容的《刑法》条款主要有第191条"洗钱罪"、第312条"掩饰、隐瞒犯罪所得、犯罪所得收益罪"、第349条"窝藏、转移、隐瞒毒品、毒赃罪"三个条款，之所以将上述三个罪名统一纳入洗钱罪的刑事立法体系，根源在于三个罪名从本质上均具有"掩饰、隐瞒"犯罪所得及其收益的特质，三罪的主要区别在于其上游犯罪的不同，行为性质的区分并不明显。

关于我国洗钱罪名体系中第191条、第312条以及第349条之间的关系，学术界存在意见分歧，有的学者提出应该将刑法第191条纳入妨害司法罪的类罪之中，本文根据课题所讨论的重点对此问题不再展开讨论，采纳通说观点，将第312条认为是洗钱罪的普通条款，而第191条和第349条属于特别性规定。本课题主要讨论第191条洗钱罪的立法执法问题。

2. 对洗钱罪上游犯罪范围的讨论

从境外的立法例来看，对上游犯罪的规定主要有三种类型：（1）仅规定毒品犯罪的立法例。采取这种立法例的有日本、新加坡等国。（2）包括一切犯罪的立法例。采取这种立法例的国家有俄罗斯、瑞士等国。（3）限于特定犯罪的立法例。主要包括：将重罪规定为上游犯罪、将重罪和某些特定轻罪规定为上游犯罪；还有一种是将一些特定犯罪规定为上游犯罪等不同立法模式。本课题的初步意见是将其分为即期和远期两种模式，从当下而言，洗钱犯罪三个罪名设置基本可以满足对犯罪的打击，狭义洗钱罪之"上游犯罪"的范围短期内无须急于扩充；但若以发展的眼光来看待这一问题，在中长期的立法改革中，洗钱罪之"上游犯罪"的范围还有适当扩充的可能与必要，从司法实践中看，可逐步将偷逃税款、合同诈骗、诈骗、赌博、非法经营等严重犯罪纳入洗钱罪的范畴，并重新厘清洗钱罪体系中三个罪名之间的关系。从扩容的方式来看，本课题不赞成"无限扩容说"。如前所述，与多数英美国家不同，我国刑法采取以第191条洗钱罪为核心，以其他赃物类罪名为补充的多层次立法模式，《刑法修正案（六）》与《刑法修正案（七）》都分别对《刑法》第312条隐瞒犯罪所得、犯罪所得收益罪进行了系统的改造，使之成为《刑法》第191罪的兜底条款。这实际上反映了我国立法者在洗钱罪之立法模式的选择上做出的决断与取舍。应当说，虽然两种立法模式截然不同，但在功效上却殊途同归，难谓孰优孰劣。第191条与第312条还是存在区别，不能将第312条的上游犯罪全部扩展至第191条，否则就违背了设立第191条的初衷。① 如果对第191条进行无限扩容，则可能出现罪名易位，使赃物犯罪处于虚置状态的情况，在没有充足理由的情况下，对刑法作如此大动干戈的修改有损刑法的稳定。

值得关注的是，有学者建议将空白罪状引入洗钱罪的法条之中，以此扩充"上游犯罪"，主张取消《刑法》第191条洗钱罪对于"上游犯罪"的列举式立法，引入空白罪状之模式，从而将洗钱罪的成罪前提表述为"违反反洗钱法的规定"其扩充方法具有保持刑法的相对稳定，避免频繁地被动修法以及严密洗钱行为的刑事法网，避免不同法律间冲突等优点。还需要明确的一点是，2006年10月通过的《反洗钱法》第2条关于"上游犯罪"的范围界定并不比《刑法》第191条的规定更完备。实际上，两者的区别仅为《反洗钱法》在刑法典规定中的七类"上游犯罪"后又加了"等犯罪"的表述。这样看似

---

① 丛华：《刍议我国反洗钱刑事立法的完善》，载《中国人民公安大学学报（社会科学版）》2012年第6期，第109页。

"上游犯罪"所包含的犯罪比刑法中的相关规定更为广泛，但在实际操作中则不够明晰，难以对其准确把握，如果我国对于《刑法》第191条洗钱罪的上游犯罪范围采用源于行政法的立法技术，则需要通过进一步明确行政法或者司法解释来加以阐释，避免造成司法中的混乱。

3. 对于犯罪嫌疑人的主观要件

主要关注洗钱罪是否为目的犯，间接故意和过失能否构成洗钱罪？行为人"明知"的认定和举证困难，导致多数洗钱犯罪行为无法以洗钱罪立案起诉的问题如何破解等问题。本课题认为，首先，洗钱罪"为掩饰、隐瞒犯罪所得及其产生的收益的来源和性质"的规定，属于洗钱罪犯罪构成的重要内容，是对洗钱罪五种具体行为方式上的限制，不同于刑法理论中的目的犯。其次，间接故意可以构成洗钱罪，对于过失犯罪是否可以构成洗钱罪，建议参考德国的立法例，我们可以参见德国的立法例，在《德国刑法典》第261条中，不仅规定了（故意）洗钱罪，也区分规定了轻率洗钱罪。最后，是对洗钱犯罪主观故意的证明问题。笔者认为，此处"明知"应为知道和应当知道，"明知不意味着确实知道，确定性认识和可能性认识均应纳入明知范畴"，需要重视构建洗钱罪中适用的刑事推定规则细化和完善。

（三）执法层面难点问题

1. 公安侦查环节取证难和认定难，入罪难度加大

首先，洗钱罪作为一种高智商犯罪，犯罪分子本身的反侦查意识和能力强，公安机关侦破难。与传统犯罪相比，洗钱行为具有很强的隐蔽性，与通常情况下正常的资金划拨、结算别无二致，没有严格意义上的犯罪现场，留下的犯罪痕迹少，取证存在难度。特别是随着电子信息技术的快速发展，洗钱活动充分利用了电子信息、网络等科技手段以及现代化的资金划拨方式和通道，大大增加了侦查难度。而《刑法》第191条犯罪主观明知要件证明标准较高，公诉机关就必须证明被告人明确地知道其所清洗的财产是来自七种特定类型的犯罪所得及其产生的收益，否则，就不构成"明知"条件。而要证明被告人的这种明知是相当困难的，不仅表现为取得证据难，而且犯罪嫌疑人即使承认清洗的是犯罪所得，也可以其不知为何种犯罪所得为由，避免承担洗钱的罪责。加上洗钱犯罪没有直接受害人、取证多跨区域，且最终调查能否取得效果也无法确定，因此侦查机关立案侦查的意愿也相对较低。

2. 司法机关缺少主动追究洗钱罪的动力

长期以来，司法机关相对受到不可罚的事后行为的刑法理论影响，在案件审查、审理中往往更关注上游犯罪的事实证据，再加上洗钱犯罪的取证难度大，证据标准高，因此在司法实践中，司法机关往往采用重罪吸收轻罪或者直

接采用证据标准相对较低的刑法第 312 条对洗钱行为进行打击。即使近年来司法机关越来越关注洗钱犯罪的适用对于查清案件中资金走向、追赃挽损的作用，但司法相对于侦查机关毕竟属于后道环节，当案件移送司法机关时，往往可能错过收集固定证据的最佳时机，洗钱犯罪事实和证据的查证难度更大。

3. 缺少充足的司法实践和案例积累

由于洗钱罪名适用率较低，典型案例积累较少，在部分地区司法机关对于洗钱罪缺乏深入的认识，在案件的侦查、审判等方面还处于探索的阶段。对洗钱罪认识不充分，又缺少司法实践和案例的积累，反过来也造成法官往往会避免使用《刑法》第 191 条对案件进行审理。并且法院判决易受惯性思维的影响，法官倾向于选择使用较为熟悉的法律条文判决案件，这也是洗钱入罪判决少的原因之一。

（四）协作层面的难点问题

1. 跨部门协作运行不畅，缺少顶层设计及长效机制

我国经历了从无到有、从粗放到集约的反洗钱发展历程，反洗钱工作从最初的打击金融犯罪上升到了预防金融系统风险、遏制经济犯罪、打击恐怖活动以及维护国家安全的战略高度，我国反洗钱法律法规体系也已经基本形成，并在不断完善之中。但面对越来越多元的手段和越来越复杂的洗钱情况，我国当前的洗钱犯罪查处机制显现出跨部门协作机制不顺畅的缺陷，打击洗钱犯罪效率不够高效，还需要进一步完善顶层设计及其长效机制，畅通跨部门协作运行。例如，现行法律法规对反洗钱主管部门的职责授权不清晰。对主管部门的执法权限、执法程序和社会各有关主体在反洗钱方面承担的义务等都没有在法律层面予以明确说明。此外，缺乏常设部际协调机构。在互联网金融发展的背景下，互联网金融的监管部门不一，执法标准和协调机制不够通畅，互联网金融反洗钱工作需要金融监管部门以及财政、税务、工商等部门的有效合作，更需要与公安机关、检察院、法院做好恰当的衔接。

2. 数据信息共享程度不高

当前我国互联网金融领域的反洗钱数据共享存在的问题有：一是信息来源不完整，有效整合和数据分析不足。目前我国反洗钱系统里的数据均采自金融机构和支付机构，不少互联网金融主体未列入反洗钱义务主体，缺乏反洗钱检测数据。而金融机构和支付机构的数据没有司法、税务、工商等其他数据来源进行交叉佐证。二是信息共享程度低，未能充分发挥作用。目前收集到的反洗钱相关信息，被严格控制使用范围，且获取信息的渠道并不便利，大大降低了数据的利用率。三是缺乏反馈机制。侦查机关对于情报的使用情况缺乏反馈，导致反洗钱检测中心无法了解情报使用的实效。

3. 侦查机关的内部协作机制有待完善

一是洗钱犯罪和其上游犯罪侦办权的分散影响了对洗钱罪刑事调查的效果。如一起贪污贿赂犯罪通过互联网金融手段洗钱,当前,我国贪污贿赂犯罪的侦查权由之前的反贪污贿赂局转隶为各级纪委监察委员会,而洗钱犯罪的侦查机关由以中国人民银行等单位为代表的金融监管机关,配合当地公安机关进行。即使上游犯罪和洗钱罪同时归属公安机关,毒品犯罪分子通过互联网金融方式洗钱,毒品犯罪和洗钱罪分属不同的具体部门侦办,部门之间的信息共享和案件交流存在障碍,一定程度影响了洗钱犯罪线索的查处效率。

二是上游犯罪调查权的分立使得执法力度和专业性有待提升。当前,洗钱罪的七种上游犯罪由监察委、经侦、刑侦、缉毒、缉私等部门分别负责,各大类罪名具有比较强的专业性和独立性,各个部门在侦办的过程中只关注与本部门有关的部分罪名,即使发现洗钱行为也缺少查明案情的积极性和专业的反洗钱侦查手段。

四、有效应对互联网金融洗钱犯罪的建议

1. 建议针对互联网金融特点构建完善的法律规范和监管政策

经过多年的反洗钱法律和监管制度建议,我国当前的反洗钱的法律法规已经逐步完善,但是真正适用于互联网金融的却是乏善可陈。为有效应对因互联网金融快速发展而可能诱发的洗钱风险,需要制定完善适用于互联网金融交易的法律法规,可以重点关注以下方面:一是在建立针对互联网金融业态特点的反洗钱法律体系时,首先要明确互联网金融主要业态的法律性质和牌照管理制度;二是将更多的互联网金融服务提供者纳入反洗钱的义务主体中,按照普遍而有差别的原则确定互联网金融所涉及机构的反洗钱义务。

2. 加强互联网金融反洗钱的有效监管

一是贯彻风险为本的监管思路,实施分类监管。面对业务模式众多的互联网金融机构,监管部门应根据其发展动态、影响程度和风险水平,定期评估不同互联网金融产品和模式的洗钱风险水平和对社会的影响程度,确定监管范围、方式和强度,实施分类监管。对于影响小、洗钱风险小的机构,可以采取行业自律、备案等监管方式;对于影响大、洗钱风险高的机构,应纳入反洗钱监管范围,构建宽严相济、富有针对性和有效性的互联网金融反洗钱监管体系。同时,根据不同时期洗钱风险评估的结果不同,动态调整监管方式。

二是确保互联网金融和传统金融监管的一致性。互联网金融的本质依然是金融,功能相似的金融服务或金融产品无论线上线下都应执行相同的反洗钱监管标准,避免监管套利和不公平竞争,损害反洗钱整体工作的有效性。在反洗

钱工作中落实功能监管的理念，对互联网金融应实行"穿透式"监管，系统梳理各类互联网金融业务，按照"实质大于形式"的原则甄别业务性质，按业务功能和法律属性确定监管要求和处罚措施，实现反洗钱监管全覆盖。对跨界、复合型互联网金融产品和业务的资金募集、交易运作和资金投向要全程监测，切实掌握资金来源、中间环节和最终投向。在现阶段，应通过现有的反洗钱部际联席会议制度，加强跨部门的互联网金融运营、风险信息等方面的共享，加强互联网金融反洗钱监管的顶层设计，有效协调监管立场。

3. 完善互联网金融洗钱行为的技术识别和监测

建议充分利用互联网金融从业机构良好的技术能力，为洗钱风险的监测和控制提供手段。推动网络鉴权身份认证技术，积极开展对生物识别技术的应用研究，通过在业务办理、支付转账等环节采取多重身份验证手段，将传统的用户名、密码与生物识别技术配合以加强身份验证的可信度，提高非面对面业务身份识别的准确性。发挥信息技术力量真正达到"认识你的客户"，引导互联网企业依托自身优势，采取搜索引擎、大数据技术将客户在整个互联网的行为痕迹、社会征信体系的信用信息、公安机关的户籍信息等大量信息综合分析之后，用于支持客户身份及交易背景调查，可大大提高互联网企业客户尽职调查的有效性。

利用大数据技术推动互联网金融从业机构制定和完善可疑交易模型，提高对可疑交易的识别和监测水平等。建立高效的反洗钱监测信息。反洗钱系统当前的大额和可疑交易报告依靠机构主动报送，大额和可疑交易监测的准确性、及时性在很大程度上取决于金融机构信息系统的功能和效率，通过修改完善针对互联网金融业务的大额和可疑交易报送标准，提高报送的时效性和准确性；引导互联网企业构建高效的反洗钱交易和资金监测分析信息系统。

4. 加强互联网金融行业自律对反洗钱工作的推动

加强行业自律对反洗钱和反恐怖融资工作的推动作用，充分发挥中国互联网金融协会等互联网金融行业自律组织的功能，在按业务类型，制定经营管理规则和行业标准的基础上，推动机构之间的业务交流和信息共享；明确自律惩戒机制，提高行业规则和标准的约束力；强化守法、诚信、自律意识，引导从业机构积极主动地遵守反洗钱法律法规，培育从业机构防范风险、依法合规的经营理念，强化整个行业对洗钱风险的管控能力。

5. 进一步完善互联网洗钱犯罪查处机制

（1）在立法层面移除洗钱入罪的法律障碍

有计划地逐步扩大洗钱罪的上游犯罪。建议借鉴国外立法经验，结合我国国情，逐步、合理地扩大洗钱罪的上游犯罪，将我国洗钱犯罪的上游犯罪扩大为那些能够产生巨额犯罪收益的特定严重犯罪,且针对这些特定犯罪收益的洗钱行为,具有侵害金融管理秩序和妨害司法机关打击犯罪活动的双重法益侵害。有条件地将上游犯罪的本犯纳入洗钱罪犯罪主体。为了实现对日益泛滥的洗钱犯罪的有效打击,进而实现对上游犯罪的有效预防惩治,建议将上游犯罪的本犯作为洗钱罪的打击对象,这也是完全符合洗钱罪的立法宗旨的。进一步明确洗钱罪的主观要件,明确直接故意和间接故意均属于洗钱的故意犯罪,在此基础上进一步扩充了洗钱犯罪的主观心态,将过失洗钱纳入洗钱罪的罪过形式。犯罪在行为人"怀疑"或者"应当知道"财产是犯罪收益之情形时,将洗钱行为确定为刑事犯罪[①]。可考虑将洗钱罪分解为故意洗钱罪与轻率洗钱罪,并且在法定刑的设置上,区别对待故意犯与过失犯之间不同的主观恶性和人身危险性,对故意洗钱罪规定更重的法定刑,严密我国反洗钱的刑事法网,完善洗钱罪的处罚规定[②]。一是明晰刑法第191条洗钱罪"情节严重"的适用标准,在充分调研的前提下考虑增设"情节特别严重或数额特别巨大"的量刑档次。二是加大罚金比例,建议将罚金比例修改为洗钱数额的1倍以上5倍以下,从而有效削弱甚至切断犯罪分子再次犯罪的能力。

(2)在执法层面构建更加有效的洗钱犯罪侦查追诉体系

在更高法律法规层面明确反洗钱的执法权限、执法程序和社会各有关主体在反洗钱方面承担的义务。建议在《反洗钱法》中明确相关部门的职责,可将国务院反洗钱部际联席会议成员单位已经明确的反洗钱职责上升到法律法规层面,从而达到依法治国和依法行政的目的。完善反洗钱主管部门的行政处罚权,增设对涉嫌反洗钱单位和个人的行政处罚权。按照"风险为本"的原则,探索创新执法手段,助力执法能力提升。主要可以考虑:为人民银行增设对涉嫌洗钱资产进行查冻扣的行政授权;对于涉及洗钱资产,引入特殊没收规则等。进一步强化上游犯罪和洗钱犯罪侦查机关的线索移送和侦查配合,在此基础上考虑进一步统合对洗钱犯罪的侦查权,完善侦查机关的内部协作机制、统合侦查权、建立与反洗钱主管部门、金融情报中心更为紧密的合作机制等。

(3)强化协作机制,形成打击合力,提高工作有效性

当前,我国建立了反洗钱部际联席会议的协调机制,建议借鉴矩阵式管理模式,初步考虑在保持部际联席会议机制的前提下,在联席会议下设立若干常

[①] 参见《欧洲理事会关于清洗、搜查、扣押和没收犯罪收益以及恐怖融资的公约》第9条第3款。

[②] 汪恭政:《洗钱罪的案例考察与治理路径》,载《重庆社会科学》2018年第6期。

设的专业委员会，负责主要政策横向信息共享、统筹决策和协调落实。搭建更加完善的信息共享平台，推进三大共享机制，一是"跨机构信息"共享机制，实现同业间的客户、交易异常信息共享，通过跨机构的可疑交易研判，大幅提升洗钱线索发现挖掘能力；二是"跨部门信息"共享平台，有效整合金融、工商、海关、司法、税务、公安、国家安全等部门反洗钱相关行政资源和信息，实现信息采集、使用、交换的高效处理；三是"国际合作"信息共享机制，稳步推进加入埃格蒙特集团工作，拓展国际反洗钱情报交流渠道。

互联网传销刑法规制研究

吴飞飞[*]

内容摘要：近年来高发的互联网传销作为传统庞氏骗局新变种，不论在宣传手法、运作模式抑或法益侵害属性上均发生本质改变。剖析互联网传销基本构造，对传销与直销、非法集资等关联行为作出准确区分，为司法认定提供判断标准。基于我国刑法主要惩治诈骗型传销，传销参与人在其中既存在受欺骗的被害人属性，同时其参与行为又在不断推动金字塔骗局发展壮大，成为传销犯罪实施者，刑法应当对此类主体进行规范评价并采取相应规制措施。从刑法正向规制与被害人、参与人反向规制两方面进一步完善互联网传销犯罪刑法规制机制，实现对当前高发的互联网传销有效打击与预防。

关键词：互联网传销　运行模式　传销参与人　刑法规制

传销活动作为庞氏骗局的表现类型之一，是通过拉人头、发展下线、骗取入门费并用后加入者的资金弥补前期参与人回报的模式维持运作，传销组织结构呈现金字塔状，因此也称为金字塔骗局。[①] 基于传销活动并不具有可持续性盈利的项目收益，当后加入者所投入资金不足以满足先前加入者支付的本金及收益时，不可避免将出现资金链断裂并最终导致骗局泡沫破裂。当前传销运作呈现与互联网金融等新兴技术相结合的新型互联网传销模式，隐蔽性更强，法益侵害属性更加严重，对社会经济平稳运行、国家经济安全产生直接威胁。如

---

[*] 课题负责人：吴飞飞，最高人民检察院第五检察厅三级高级检察官。课题组成员：时方，中国政法大学刑事司法学院副教授；郭研，西北政法大学刑事法学院讲师。

[①] 根据刑法第224条之一组织、领导传销活动罪的条文规定，对于传销组织"拉人头"发展人数要求"并按照一定顺序组成层级"，凸显了传销组织立体发展的金字塔结构，以区别于其他单纯对参与人数有要求的涉众型经济犯罪类型。如2010年12月13日最高人民法院《关于审理非法集资刑事案件具体应用法律若干问题的解释》第3条对于非法吸收公众存款罪刑事责任追究标准，"个人非法吸收或者变相吸收公众存款对象30人以上的，单位非法吸收或者变相吸收公众存款对象150人以上的"，并未对发展人数结构规定要求。

何准确识别互联网传销运作模式，区分罪与非罪、此罪与彼罪关系，确立传销参与人地位与作用，是当前刑法规制、打击互联网传销面临的重要难题。

一、互联网传销运行模式及特征

（一）互联网传销运行模式

1. 虚拟货币传销

虚拟货币成为金融科技新宠，有不法分子以发行虚拟货币为名，行诈骗之实，谎称投资虚拟货币只涨不跌，主要包括"山寨币""空气币""传销币"等表现形式。① 例如，近年来具有广泛影响的五行币、亚欧币、维卡币等网络传销案件，不法分子以虚拟货币、区块链为幌子，在实质上没有区块链作为底层技术的情况下进行概念炒作，以高额利益回报为诱饵进行非法集资、传销等违法犯罪活动，成为新型庞氏骗局的主要形式。全国首起虚拟货币网络传销"维卡币"案，国内涉及资金150亿元人民币，传销人员账号200多万个，蔓延全国20多个省市。② 该案组织者以加密货币和区块链为噱头、以高额回报利诱，要求参加者支付相应等级的入会费，通过老会员推荐新会员入会并购买激活码获得加入会员资格，按照投资的金额及先后发展的顺序组成层级，呈现出新型网络传销组织特征。③

---

① "山寨币""空气币""传销币"等冠以虚拟货币幌子的发行销售行为，实质上是对具有区块链底层技术的数字货币进行的概念炒作，并未实际应用区块链技术；而相比Q币等传统平台代币的狭义虚拟货币而言，缺乏发行主体的信用支撑与应用场景，各类山寨虚拟货币本身没有实际价值，属于典型的庞氏骗局。

② 参见《独家发布！侦破公安部督办涉案150亿"维卡币"特大网络传销案》，载http：//www.sohu.com/a/231591890_99960011，最后访问日期：2019年3月18日。

③ 2018年5月17日，国家互联网金融安全技术专家委员会发布《高风险平台系列报告（二）警惕假虚拟货币平台诈骗陷阱》，报告指出当前假虚拟货币平台具有如下特点：1. 具有金字塔式发展会员的经营模式。假虚拟货币平台，宣称其虚拟货币或积分币可产生高额回报。此类平台多以"拉人头""高额返利"等模式吸引投资者，涉嫌进行传销。2. 涉嫌资金盘，人为拆分代币。假虚拟货币多没有真实代码，无法产生区块或在区块上运行，因此多采用人为拆分的方式进行代币奖励，通过在短期内不断地拆分，产生大量积分或代币，造成财富暴涨的错觉。3. 受到机构或个人控盘，无法自由交易。此类平台发行的假虚拟货币多无法在虚拟货币交易所交易，因此多采用场外交易或自有交易所交易。同时价格还存在受到机构或个人高度控制的现象，容易造成价格快速上涨的错觉，但用户往往无法进行交易或提现。基于此，假虚拟货币主要风险在于：涉嫌非法集资等违规行为。（转下页）

2. 互联网平台传销

在互联网传销运作模式中，夹杂着消费返利等具有迷惑性的市场营销手段。以互联网购物平台传销为例，网络购物平台通过发展会员并许诺给予不同等级会员购物返利，鼓励会员在平台消费并推荐发展新会员，此种运营模式实则是通过后加入会员的入会费以及支付商品金额提成实现对先前会员的返利，平台本身不以商品交易为主要目的，也无资金来源进行会员返利，平台组织者以收取会费和商品价款提成取得收益。如果后期加入的会员较少将导致平台资金无法满足先期会员返利的要求，庞氏骗局终将崩塌。2018年5月广州警方摧毁的"云联惠"特大网络传销犯罪团伙，即是以"消费全返"等为幌子，采取拉人头、缴纳会费、积分返利等方式引诱人员加入，骗取财物，严重扰乱经济社会秩序，涉嫌组织、领导传销活动犯罪。①

3. 资本运作传销

除了利用虚拟货币、网购平台实施的互联网传销模式外，其他以诸如股权投资、金融互助、微信手游等名义实施的资本运作传销形式各异、眼花缭乱。互联网传销组织以高额回报作为诱饵，借助各类网络媒介开展所谓的资本运作，变相收取入门费，通过拉人头、发展下线等手段给予提成、返利。如微信手游传销，传销组织以参与网络游戏为幌子，诱使加入者办理游戏充值卡业务变相缴纳会费，再利用高额奖励鼓励加入者吸收新会员，参与者并非被游戏软件吸引，充值的目的在于获得高额收益，此类借助网络游戏进行投资获益的传销模式隐蔽性更强，基于参与人挣快钱的投机心理，高额返利加速传销骗局崩塌，造成短期内大量参与人遭受重大财产损失。

（二）互联网传销运行特征

互联网传销借助金融科技、资本运作等名义扩大宣传，更具迷惑性与传染性；资本运作模式代际更新，罪名认定更加复杂困难；相比传统传销人身控

（接上页）假虚拟货币无任何价值，以拉人头、高额返利的模式进行经营，本质为非法集资和传销活动；存在高度跑路风险。此类平台无研发能力和技术，跑路概率极高；受害者维权困难。此类平台多无经营场所和工商信息，且服务器多部署在境外，受害者很难进行维权。参见《互金专委会：警惕假虚拟平台诈骗陷阱，累计发现假虚拟币421种》，载http://baijiahao.baidu.com/s? id = 1600703498855584778&wfr = spider&for = pc，最后访问日期：2019年3月20日。

① 据报道，至2018年5月8日"云联惠"总部遭到广州警方查处时，云联惠累计交易金额为3300亿元。参见《超千亿特大传销团伙"云联惠"被广东公安摧毁》，载 https://www.sohu.com/a/231097088_100144429，最后访问日期：2019年3月20日。

制、线下商品销售模式，互联网传销法益侵害属性的本质发生改变，危害性更加严重。

1. 宣传手法更具迷惑性与传染性

区别于传统传销假借销售"空壳"商品的欺骗伎俩，抑或通过人身监禁等物理手段强迫民众参与，互联网传销往往披上金融创新、普惠金融等高科技外衣，以"纯资本运作""金融互助""虚拟货币""股权投资"等宣传手法进行洗脑诱骗；加之我国民众普遍缺乏基本的金融投资常识，一味追求高收益、忽视风险的投机心理极易被互联网传销组织蛊惑加入，传销组织对参与人人身控制减弱、精神控制加强，互联网传销更具迷惑性与传染性。

2. 运作模式代际更新

互联网传销将传统传销组织具有的物理性控制模式转向网络空间发展团队，传销组织更加隐蔽，呈现出"形散而神不散"的特征；为规避司法机关对组织、领导传销活动罪追诉标准的认定，互联网传销不再简单地复制传统传销活动"拉人头"获取返利升级的运作模式，着重在组织层级、成员数量、门槛费收取等不同方面进行创新"升级"；通过诱骗参与人不断发展下线来获得收益的运作模式造成互联网传销与非法集资两者出现交织混同，导致相关行为在刑法罪名认定上更加复杂困难。

3. 法益侵害属性发生改变

互联网传销组织以金融资本运作模式呈现，法益侵害属性由对被害人个体法益侵害转向对国家经济安全超个人法益侵害，具有金融犯罪属性。[1] 典型如涉案金额超千亿元的广州"云联惠""太平洋直购案"等，借助消费全返、层级计酬、股权代理等隐蔽性运营模式，致使资金聚集迅猛、辐射面不断蔓延，不仅侵害公共秩序稳定与社会民众个体人身、财产安全，对于国家经济安全产生直接侵害。互联网传销作为一种虚拟经济活动，不存在真实商品或者服务的等价交换，无法使社会财富增值，相反数额巨大的传销资金流转并掌握于少数传销人员之手，巨量民间资金脱离金融监管，隐藏着很大的金融风险。[2]

---

[1] 当前互联网传销运作手法从曾经的化妆品销售、资源开发、种植养殖等"实体经营行为"向众筹理财、期货交易、虚拟货币等"资本运作"手段进化，有统计数据显示，金融投资理财类传销在传销组织中的占比达到30%，已发展成为新型网络传销的主流模式。参见《2018年重大传销案盘点：发展势头如洪水猛兽，花样百出影响更加恶劣》，载http://dsdod.com/a/20181228/70630/，最后访问日期：2019年3月21日。

[2] 参见黄太云：《刑法修正案（七）解读》，载《人民检察》2009年第6期。

二、互联网传销基本构造

(一) 互联网传销与直销区分

传统依靠商品销售的直销与传销在1998年4月18日国务院《关于禁止传销经营活动的通知》之前并没有被监管部门有效区分,导致大大小小的非法传销组织如雨后春笋般涌现,1997年底到1998年初非法传销大肆猖獗,国家对直销企业的管理几乎失控。随着运作模式的更新,互联网传销组织往往以合法直销经营自居,掩饰其违法犯罪本质。

对于直销与传销两者的合法性与违法性认定的关键在于:从形式上看,可以通过运作模式的单层次与多层次性进行判断,我国《直销管理条例》所允许的直销运作模式仅限于单层次直销行为,直销人员之间没有连带关系,依赖个人业绩计酬;① 而多层次直销基于参与人员上下线之间的连带关系,上线依据发展下线的数量及销售业绩为计酬依据,不论多层次模式是否以销售实际商品为目的,其拉人头、发展下线建立层级营销模式在我国属于《禁止传销条例》明令禁止的经营行为。因此,只要形式上存在拉人头建立层级的运营模式在我国一律为法律所禁止,将其排除在正规直销经营活动之外,认为其属于违法行为。从实质上看,单层次直销业务员直接面对的是最终消费者,通过商品销售提高个人业绩,属于合法经营活动;传销活动主要是依靠发展下线、建立层级形式收取入门费,缺乏实质经营活动,行为人主观上具有非法获利目的,属于刑法规定的诈骗型传销类型之一。此外,以销售商品为目的的多层次传销行为虽然为我国《禁止传销条例》所规制,但《刑法修正案(七)》未将此类团队计酬型传销模式作为犯罪认定,相关行为只能作为传销违法行为进

---

① 2005年我国规制传销与直销活动的两部核心法律《禁止传销条例》与《直销管理条例》几乎同时出台,其中《直销管理条例》第24条规定"直销企业支付给直销员的报酬只能按照直销员本人直接向消费者销售产品的收入计算报酬总额(包括佣金、奖金、各种形式的奖励以及其他经济利益等)不得超过直销员本人直接向消费者销售产品收入30%"以及第14条规定"直销企业及其分支机构不得发布宣传直销员销售报酬的广告,不得以缴纳费用或者购买商品作为成为直销员的条件"。

行行政处罚。① 即通过实质经营内容有无的判断，对形式上具备金字塔结构的传销活动进行处罚性质与严厉程度不同的行政与刑法双层次规制，由此构成合法直销与传销违法犯罪区分的形式与实质认定标准。

当前互联网传销除借助金融创新等虚伪外衣包装，为掩饰其传销本质往往对运行模式进行改造，典型如互联网传销单层计酬制，即传销成员仅对自己发展成员的第一级下线计酬，下线再次发展成员所获收益则与自身无关，意图在层级模式上混淆与直销活动构造的差异，规避刑法对于传销犯罪认定标准。② 同时，基于传销与直销在运作模式上具有相似性基因，当前加大对互联网传销打击时不能放松对直销企业的监管，防止获得直销牌照的企业由于经营不规范涉嫌违法传销甚至犯罪；对建立层级的多层次直销经营活动依照现有法律作为违法传销认定，不因具有直销牌照而直接承认其行为合法性；对于涉嫌传销犯罪的企业建立直销牌照退出机制，防止借助合法直销牌照实施传销犯罪。③

（二）互联网传销与非法集资区分

非法集资与传销活动本质上都会对参与者的个体财产法益造成侵害，涉及参与群体数量广泛使得法益侵害发生质变，由对个体财产法益侵害转变为对市场经济秩序的超个人法益侵害，易引发群体性事件影响社会治安稳定，甚至对

---

① 2013年11月4日"两高一部"颁布《关于办理组织、领导传销活动刑事案件适用法律若干问题的意见》，对于团队计酬传销行为定性作出规定："以销售商品为目的、以销售业绩为计酬依据的单纯的'团队计酬'式传销活动，不作为犯罪处理。形式上采取'团队计酬'方式，但实质上属于'以发展人员的数量作为计酬或者返利依据'的传销活动，应当依照刑法第二百二十四条之一的规定，以组织、领导传销活动罪定罪处罚。"即具有经营销售实质的多层次团队计酬传销模式不作为刑法规制的对象，假借团队计酬实质上拉人头、发展下线的运作模式仍属于诈骗型传销，属于刑法规制对象。

② 如江西太平洋网络直购案，其运作模式是上下级渠道商之间有层级进行团队计酬，即上级渠道商对其发展的下一级进行业绩提成，但上级对下级业绩的提成是一次性的不具有持续性，下级渠道商再发展的下级与其上级无关，各团队只能形成上下两级计酬，无法形成传统传销组织认定的三级层级。参见朱庆：《传销抑或创新：太平洋直购案的法律解析》，载《法商研究》2015年第1期。

③ 2019年初引发社会广泛关注的天津权健集团、河北华林酸碱平生物技术公司等为代表的我国直销领域巨头，在已取得商务部颁发的直销牌照前提下通过虚假宣传、高额回报诱骗民众参与，依靠拉人头、发展层级收取入会费，形成庞大的金字塔结构，因涉嫌组织、领导传销活动罪被刑事立案。参见《权健华林被查，直销牌照退出机制该启动了》，载 https://baijiahao.baidu.com/s?id=1622645067008211855&wfr=spider&for=pc，最后访问日期：2019年3月17日。

国家经济安全产生威胁与侵害，这也使得传销与非法集资成为侵犯社会主义市场经济秩序超个人法益犯罪的典型代表。随着互联网传销种类日益繁杂，在实际运行过程中，互联网传销与非法集资存在竞合情形，引发认定分歧与困难，进而影响司法裁判与财产处置过程中一系列社会稳定因素。

具体而言，刑法对于非法集资与传销不论在刑罚设定抑或财产处置上都具有较大差异：就刑罚的严厉程度而言，非法集资相关罪名虽然在2015年《刑法修正案（九）》时废除死刑规定，但其最高刑期无期徒刑仍具有极大的惩治与威慑力；与此相对，组织、领导传销活动罪情节严重时仅在5年以上有期徒刑范围内进行裁判，刑罚严厉程度较非法集资轻微很多。甚至相比较单纯侵犯个体财产法益的诈骗罪，诈骗型传销在法益侵害上虽然扩展到对超个人法益的经济秩序侵害，法益侵害更具多元性与严重性，但刑罚惩治力度相较作为基础性罪名的诈骗罪轻很多，呈现出法益侵害属性与刑罚制裁不成比例的局面，这也使得不同罪名的认定对于犯罪分子施加的刑罚的严厉程度存在巨大差异。就参与人法律保护态度而言，当前刑法虽然没有完全承认集资参与人的被害人地位，但仍会对集资参与人的损失进行最大限度的追赃挽损，减轻集资参与人的损失；相较而言，尽管存在被欺骗缴纳入门费的情形，刑法对于传销参与人完全否定其被害人地位，对于传销组织吸纳的成员财产表现更为严苛，一律作为传销活动违法所得没收，不予返还参与人。因此同样作为聚众型经济犯罪，非法集资与传销不同类型属性界定与罪名认定对于案件产生的社会效果具有极大影响。

通常情况下，非法集资与传销具有较为明显的构造差异：就组织运行结构而言，非法集资以吸收公众存款为目标，参与人数量众多成为客观事实，但集资参与人之间不以建立层级为目标，也无上下级之间的收益提成。传销运作模式依靠拉人头、建立层级实现组织规模不断扩大，是其维持运行的核心要求。① 就参与人获取收益基础而言，非法集资参与人以投入资金数额为基础，通过还本付息形式获取静态固定收益；传销参与人则通过拉人头、建立层级的动态运作获得佣金，实行按劳分配。可以认为，非法集资是静态平面式获取收益的线型结构，传销活动是动态立体式获取收益的金字塔结构。但随着互联网传销模式的复杂变化，两者出现交叉竞合情形：典型如互联网传销组织一方面规定参与成员缴纳各种名义的入门费，承诺按缴纳资金比例给予业绩返还，呈现类似非法集资静态还本付息样态；另一方面为维持传销组织日常运行、扩大

---

① 虽然非法集资过程中存在通过介绍投资人参与出资从而获取佣金回报的资金掮客，但这一个体化获取返利行为与传销组织中依靠建立层级获得下线提成的运作模式并不相同。

组织规模，要求参与成员不断发展下线，可以从发展下线缴纳的入门费中获取一定比例的提成，激发成员发展下线的动力，最终形成传销参与人获取动态收益的金字塔结构。当互联网传销同时呈现非法集资特征时，形成组织、领导传销活动罪与非法集资相关罪名的想象竞合情形。因此，有观点指出，互联网传销也是一种非法集资，只不过是集资形式不同。①

根据 2013 年 11 月 22 日"两高一部"《关于办理组织领导传销活动刑事案件适用法律若干问题的意见》第 6 条罪名适用问题，明确了"以非法占有为目的，组织、领导传销活动，同时构成组织、领导传销活动罪和集资诈骗罪的，依照处罚较重的规定定罪处罚"。即当传销与非法集资出现交织难以区分时根据想象竞合犯原理从一重罪处罚。从加大犯罪刑事打击力度、遏制犯罪发生的角度考虑，上述司法解释既体现了维护社会经济安全稳定的刑事政策要求，也符合相关犯罪的认定原理。但更为现实的问题是，当出现行为样态认定模糊时，不能简单通过从一重罪处罚的竞合原理进行处理，不同罪名认定对于犯罪违法所得处置方式产生直接影响，关涉到参与人尤其是被欺骗加入违法犯罪活动的民众受损财产能否得到法律保护的问题，对社会稳定产生重大影响，考验案件办理社会效果，此时需要对参与人在传销活动中的具体地位与作用作进一步刑法规范评价。

三、互联网传销参与人刑法规制立场

（一）传销参与人地位分析

传销参与人地位是由其在传销活动中扮演的实质作用所决定的，也决定了刑法对此类群体的保护抑或规制态度。传销参与人被欺骗加入传销活动时普遍具有被害人属性，缴纳相应入门费即出现了实际财产损失的结果，此时有权利要求法律救济并对财产损失进行追缴返还。但当金字塔骗局最底层的传销参与人被洗脑后为获得层级晋升与财产收益，积极发展下线时其身份则由被害人转变为从事违法犯罪活动的实施者，具备了可罚的违法性。尤其是加入传销组织之后明知从事传销违法活动的参与人，其主观上具备有责性，只要实施发展下线、建立层级即具备行政处罚的违法性与可罚性，当发展人数与层级达到刑法规定的组织、领导传销活动罪的认定标准时则构成相应的刑事犯罪，应当受到刑罚惩罚。因此，理论上而言，传销组织中参与人的被害人地位认定空间较小，只可能是刚被骗加入传销组织缴纳相应入门费还没

---

① 参见明航：《根治虚拟货币传销骗局需用重典》，载《经济参考报》2017 年 12 月 14 日。

有来得及继续发展下线的金字塔底层人员，甚至当其已经着手实施发展下线人员但并未成功时已经不具备认定传销活动的被害人地位，其遭受的财产损失也无法获得法律救济。

从法律层面进行逻辑推演可以较为明确地分析出传销参与人的被害人属性与地位，但根据现行的法律规定与司法解释，对于传销参与人的法律规制与权益保障存在理论上的冲突与悖论。作为刑法第 254 条合同诈骗罪之一的组织、领导传销活动罪，刑法规制的对象主要是具有欺诈属性与构造的诈骗型传销，被诈骗的对象即为被欺骗参与到传销组织中的人员。但在司法实践中，并未将被欺骗进入传销组织的成员作为被害人认定，被欺骗的财产也是作为违法所得的赃款予以没收，没有根据诈骗罪逻辑构造对被欺骗的被害人进行法律保护并将受损财产返还给被害人。基于立法将组织、领导传销活动罪作为诈骗类型犯罪惩治，将传销组织成员实施的拉人头、发展下线行为作为诈骗行为认定，同时又不认可被欺骗进入传销组织成员的被害人地位，与诈骗罪认定逻辑存在内在的矛盾，不符合诈骗犯罪犯罪构成的认定逻辑。与此相应是司法实践中对于非法集资参与人的地位认定与救济态度，同样作为涉众型经济犯罪类型，集资诈骗罪的被害人具有要求返还被诈骗财产的法定权利，符合诈骗罪中对于被害人财产法益保护的内在逻辑与立法要求；即使是法律没有明确认定为被害人的非法吸收公众罪中的参与人，虽然不具有受欺骗交付财物的诈骗罪构造，但在司法实践中对此类群体遭受的财产损失同样进行积极追缴返还。[①] 由此，对于当前刑法明确规制的诈骗型传销犯罪，立法与司法机关对于具有诈骗对象属性的传销参与人，对其权利保护与受损财产处置显得并不公平合理，与法律面前人人平等的原则存在冲突。

从惩治犯罪效果与参与人在不同犯罪类型中的地位考量，刑法对传销参与人的严苛具有一定的实践合理性，这也是基于遏制快速蔓延的新型传销犯罪刑事政策所决定。对于传销参与人的严厉打击，体现出立法者与司法者基于社会维稳目标的实现，对不同特性的聚众型经济犯罪在规制策略上的差别：在非法集资类犯罪中参与人虽然基于一定程度的贪利遭受财产损失，但其只是静态获益，自身并没有实施非法集资犯罪行为，其参与行为不具有法律规范意义上的违法性。国家为了尽可能地减少社会民众财产损失，通过法律手段为此类群体追赃挽损，体现了对民众财产法益的保护与救济；而传销组织结构及其运作模式决定了参与其中的人员并非静态坐等收益，而是通过自身不断"努力"将

---

① 参见时方：《非法集资犯罪中的被害人认定——兼论刑法对金融投机者的保护界限》，载《政治与法律》2017 年第 11 期。

传销骗局蔓延扩大，诱使更多无辜群众陷入传销组织，传销参与人对于传销违法犯罪活动的推动作用更为明显。加之传销参与人经过洗脑之后具有了实施违法犯罪的主观恶性，客观上实施传销活动，法律为严惩传销犯罪将参与人一并严惩。此外，从犯罪预防的角度考量，传销参与人就像感染了病毒的传播者，即使传销组织遭受打击被解散，其成员在社会中仍具有继续开展、实施传销违法活动的可能性，使得传销活动屡禁不止，如若一律将受欺骗加入传销组织的参与人作为被害人进行保护，对其财产权益进行追缴返还无疑是为其继续传播蔓延传销活动提供资金支持。

（二）互联网传销参与人刑法规制立场

我国《刑法修正案（七）》虽然将传销活动独立成罪，但从相关罪名以及条文表述可知，刑法只是将传销活动组织者、领导者作为犯罪认定，对于其他参与人并不能以组织、领导传销活动罪认定。[①] 如有些传销人员通过搭建网络宣传平台、建立微信群等方式大肆宣传传销运作模式，以培训导师身份对社会民众进行洗脑、诱骗其参与投资，上述个人可能发展下线人数与层级达不到"三十人以上且层级在三级以上"的立案标准，[②] 但从实际危害性而言该类传销参与人对传销组织的发展与扩大起到重要作用。虽然《禁止传销条例》对于参与传销组织的成员规定了行政处罚措施，[③] 但惩罚力度过于轻微，加之客观原因导致行政制裁不到位，无法实现对传销组织中积极参与人的打击与惩治效果。

根据2001年最高人民法院批复，对于从事传销活动构成犯罪的应当以非法经营罪定罪，对于传销组织中存在的骨干分子虽然不起组织、领导作用，但其行为属于扰乱市场秩序的非法经营行为，应当作为非法经营罪定罪量刑。有

[①] 在《刑法修正案（七）》之前，2001年最高人民法院发布的《关于情节严重的传销或者变相传销行为如何定性问题的批复》规定："对于1998年4月18日国务院《关于禁止传销经营活动的通知》发布以后，仍然从事传销或者变相传销活动，扰乱市场秩序，情节严重的，应当依照刑法第225条第（四）项的规定，以非法经营罪定罪处罚。"根据最高人民法院2001年批复，对于传销活动以非法经营罪认定并未区分传销的组织者或经营者，只要参加传销活动的成员即具备入罪的主体条件，打击范围相比当前更为宽泛。

[②] 根据2010年5月7日最高人民检察院、公安部《关于公安机关管辖的刑事案件立案追诉标准的规定（二）》第78条规定，组织、领导传销活动罪的立案标准要求"传销活动人员在三十人以上且层级在三级以上的"才达到立案追诉标准。

[③] 《禁止传销条例》第24条第3款规定："参加传销的，由工商行政管理部门责令停止违法行为，可以处2000元以下罚款。"由此看出，行政处罚对于传销参与人的法律惩治力度微弱。

观点据此指出,《刑法修正案(七)》在刑法第255条之一增设组织、领导传销活动罪,只是规定具有骗取财物为目的的诈骗型传销犯罪,因此本质上与合同诈骗罪具有同质属性,都属于特殊诈骗犯罪类型;但2001年最高人民法院批复是针对外延辐射更为广泛的所有传销活动进行的刑法规制,除对骗取财物为目的的诈骗型传销犯罪进行规定,其他不具有骗取财物要素的传销活动仍应作为非法经营罪认定,即新罪名的制定不影响到原司法解释的效力,最高人民法院2001年批复仍有效力,因此对于原本就可以进行处罚的传销积极参与人,仍应当依照以往的司法解释以非法经营罪进行认定。①

对上述观点存在如下难以解释的困境:首先,从法律体系解释的角度而言,刑法针对某一违法行为专门设立罪名进行规制,当该罪名只规定处罚组织、领导者这一在犯罪活动中起主要作用的人员,而没有规定处罚参与人的情况下,在法律适用过程中基于严密法网、加大打击面对其中起较轻作用的成员进行其他罪名的定罪,有违罪刑法定原则之嫌。其次,从罪名适用规范而言,综观我国刑法对于有组织犯罪对象的处罚范围,既包括组织、领导者,也包括积极参加者与一般参加者,典型罪名如组织、领导、参加恐怖组织罪,组织、领导、参加黑社会性质组织罪等,立法者如果意图处罚组织、领导者之外的其他参与者往往会在犯罪条款与罪名中直接予以体现,只需要根据行为人的参与程度与责任大小分别规定不同严厉程度的法定刑即可,在组织、领导传销活动罪中立法者没有对其他参与人进行规定并非立法疏忽。根据《关于〈刑法修正案(七)〉草案的说明》可知,立法者单独规定组织、领导传销活动罪的意图在于改变司法实践中长期出现的罪名适用不统一问题,希望通过专门罪名对此类犯罪进行统一适用,②而上述通过刑法解释将传销活动中组织、领导者之外的参与人进行补漏式规制,有违立法者专门设立罪名惩治传销活动犯罪的立法初衷。此外,虽然组织、领导者的行为与积极参与人、一般参与人的行为有所不同,但实质上都是传销性质活动,一旦认定为性质不同的罪名,将存在不协调、不一致的问题。③

也有观点指出,刑法单独制定组织、领导传销活动犯罪,表明立法者并

---

① 参见黄芳:《惩治传销犯罪的法律适用:概念、思路和机制》,载《法律适用》2017年第21期。

② 《关于〈中华人民共和国刑法修正案(七)(草案)〉的说明》指出:"目前在司法实践中,对这类案件主要是根据实施传销行为的不同情况,分别按照非法经营罪、诈骗罪、集资诈骗罪等犯罪追究刑事责任的。为更有利于打击组织传销的犯罪,应当在刑法中对组织、领导传销组织的犯罪作出专门规定。"

③ 参见姜德鑫:《传销行为的犯罪化问题探析》,载《政治与法律》2009年第8期。

不处罚传销活动中组织、领导者之外的其他参与人，其他人员只能作为传销违法活动的行政处罚对象。对于一般的传销参与人既是违法者同时也是受害者，对其可以进行行政处罚和教育，这样不会使打击范围过大。① 从传销组织犯罪聚众型犯罪的实际特点考虑，限缩打击面有利于减少司法办案机关的工作压力，加大对重点犯罪分子的集中惩治，一定程度上也体现了刑法谦抑理念。但从保护国家的经济安全的刑事政策角度考量，对传销组织中起着巨大推动、贡献作用的参与人不进行相应的刑罚处罚，存在打击互联网传销刑法规制不力的弊端，放纵对违法犯罪分子的刑事处罚，不利于保障国家的经济安全。未受到法律严厉制裁的传销参与人由于具有丰富的参与、运作传销活动的经验，在社会上很容易加入或者自行组织研发其他传销骗局，这也是当前各类互联网传销骗局频发、传销活动组织屡禁不止、无法根除的重要原因之一。因此，不能因为案件数量的繁重与办案中面临的困难就对犯罪分子进行选择性打击，对于组织、领导者之外的其他有积极贡献的传销参与人同样应当进行刑法规制。

四、互联网传销刑法规制机制

虽然国家监管部门近年来多次开展打击传销违法犯罪专项行动，为维护人民群众的合法权益、保障市场经济秩序稳定及国家经济安全起到积极作用，但互联网传销案件数量始终处于高发态势，遏制效果并不明显，② 可从刑法正向规制与被害人、参与人反向规制两方面进一步完善互联网传销犯罪刑法规制机制：

（一）刑法正向规制机制

1. 制定灵活的刑事认定标准

针对互联网传销骗局规避刑法认定标准作出的模式翻新，如混淆与合法直销运营模式差别进行单层级模式改造，或者针对传销犯罪认定标准的 3 级 30 人立案标准，在下线发展人数上设定限制，如团队成员只发展到 28 或 29 人即

---

① 参见黄太云：《刑法修正案（七）解读》，载《人民检察》2009 年第 6 期。
② 从 2009 年《刑法修正案（七）》专门规定组织、领导传销罪以来，检索中国裁判文书网，可查询到 2010—2018 年全国法院审理组织、领导传销活动刑事案件数量分别为 5 件、9 件、23 件、254 件、1222 件、998 件、2083 件、2136 件、2887 件，总体上呈现不断上涨的趋势，既体现司法机关打击力度加强，同时也表现出传销活动越发猖獗的发展态势。

可完成升级等。① 对于互联网传销组织刻意规避法律制裁，通过在团队人数以及发展层级上进行模式变换与创新，以往的司法解释认定标准在面对新型传销模式时存在一定的滞后与僵化。

在实践中认定互联网新型传销应该紧抓其庞氏骗局的本质特征，即拉人头、发展下线、骗取入门费，前两者是以人员数量为获利依据建立金字塔层级结构，骗取入门费即体现传销骗取财物的主观目的，两者结合成为传销活动运行的核心要素。因此，对于互联网传销的法益侵害应对其整体组织规模、涉案金额进行总体评价，遵循罪刑法定原则前提下实现对新型涉众型经济犯罪严厉打击的政策要求：一方面，根据新型传销模式的变化制定更具适应性的司法解释，对传销组织发展人数、层级认定进行一定的灵活调整，规定对于故意规避传销组织3级30人立案追诉标准的行为，可以根据团队运行实际情况灵活把握，如对于不具有实际经营行为的互联网传销组织，即使没有形成团队计酬的三级层级，对于整体运作组织应作为传销活动认定。另一方面，在确立互联网传销犯罪刑事认定标准的前提下严密打击法网。传销活动之所以久禁不绝，除了其自身的隐秘性、迷惑性，很大程度上与刑法规制的不及时、不到位密切相关，存在较大的犯罪黑数。基于刑罚的威慑力并不在于其残酷性，更主要体现在其确定性与不可避免性，这就要求对于互联网传销活动的刑法打击应严密法网，准确识别互联网传销活动庞氏骗局的运作内核，对于形式上规避司法立案认定标准的运作模式应当坚决打击。

2. 提高刑罚惩治力度

就刑罚惩治力度而言，当前刑法规定组织、领导传销活动罪情节严重时仅判处5年以上有期徒刑，在涉众型经济犯罪中属于量刑较轻微的罪名，刑罚威慑力与法益侵害性不成正比。虽然当前对于经济犯罪处罚具有轻缓化趋势，但互联网传销在法益侵害属性与严重程度上远远超过传统传销活动的危害性，刑法针对一般传销活动的法定刑无法有效规制具有法益侵害多元性的互联网新型传销，应加大对组织、领导传销活动罪的刑事惩治力度。（1）基于互联网传销的法益侵害性与非法集资犯罪相当，加之传销活动所具有的诈骗属性，互联网传销的刑罚惩罚力度应当与集资诈骗罪相等同，而当前两种法益侵害属性相似的涉众型经济犯罪法定刑相差较大，未能很好地贯彻罪刑相适应原则。

---

① 如广西北海"1040阳光工程"，行为人参与时先交纳69800元，次月"组织"会退还19000元，实际出资额即为50800元。随后每个成员至多可以发展3个下线，3个下线再分别发展3个下线，当发展到29人的时候，即可晋升为老总，这一过程叫"上总（老总级别）"，即可开始每月拿"工资"，直至拿满1040万元，就从"组织"里出局，最终完成"资本运作"。

（2）公安侦查工作量与司法裁判结果失衡，造成侦查资源浪费，办案积极性受挫。互联网传销的专业性、复杂性、隐蔽性及传销组织跨区域性等特征，对侦查机关业务素质提出了严峻挑战，此类新型案件在侦办过程中占用公安大量人力、物力和财力，工作量繁杂，与案件最终判决结果的轻微形成鲜明反差，打击侦查机关办案积极性。①（3）从传销犯罪再犯预防的角度考量，正是基于组织、领导传销犯罪法定刑处罚力度过轻，没有对传销犯罪分子产生应有的刑罚威慑，导致传销组织成员释放后重操旧业的比例非常高。②

因此，随着互联网传销的肆虐，为有效打击并遏制新型传销蔓延泛滥，应加大对相关传销组织人员的刑罚处罚力度：在立法上针对涉及经济安全的互联网传销提高刑期时限，规定情节严重、数额巨大时判处无期徒刑，与集资型庞氏骗局刑期相对应；在司法裁判上，对于传销活动的主要成员应当避免自由刑判处过短甚至判处缓刑情形；传销活动作为精神邪教，通过对行为人自由的剥夺实现思想改造很有必要，当前对于传销活动的组织、领导者自由刑隔离时限过短，无法发挥刑罚教育改造功能，再次回归社会使得传销活动继续蔓延扩散，甚至越发猖獗；同时加大对传销人员的罚金处罚力度，限制其再次实施传销犯罪的物质基础，发挥罚金刑对于经济犯罪的惩罚性与预防性功能。

（二）刑法反向规制机制

1. 构建被害人防范机制

面对纷繁复杂的互联网传销，参与人的不断涌入是传销骗局无法根除的重要原因，除发挥刑法正向规制机制，还应努力构建传销骗局被害人防范机制：一方面，通过新闻媒体、互联网平台、手机短信、社区宣传等途径立体式通报互联网传销案件，及时公布互联网传销犯罪运作模式、欺骗手法、规律特点等，对互联网传销造成的损失与危害后果进行揭示，提升民众防范新型传销骗局的意识与敏锐性；另一方面，互联网金融领域创新及相关违法犯罪发展迅猛，很多互联网传销基于其隐蔽性、欺骗性以及发展规模，政府监管及侦查部门无法第一时间发现并进行打击，民众不能单纯因为政府没有及时打击就认为

---

① 检索中国裁判文书网，以刑事案由对组织、领导传销活动罪进行关键词检索，截止2019年3月23日共检索出刑事案件10417件，随机查阅案件判决结果，多数传销活动案件组织、领导者被判处5年以下有期徒刑，很多案件犯罪嫌疑人被判处3年以下有期徒刑并宣告缓刑，并未执行实际刑期。具有全国影响的江西精彩生活"太平洋直购案"涉案金额66亿元，发展渠道商与会员689万人，本案主犯被判处10年有期徒刑，是当前可查到组织、领导传销罪刑期最高的案件。参见（2013）赣刑二终字第63号刑事判决书。

② 参见王烨：《新型传销犯罪的侦办难点及对策》，载《人民公安报》2012年10月28日。

参与行为具有合法性，应加强民众自身合格投资人的培养，在参与前根据金融常识进行甄别，如在投资过程中注重审查投资平台的资质与合法性，参与活动的收益可行性及与回报是否成正比等。参与人对于以缴纳会费、拉人头等为名号实施的投资模式更应增强警惕，克服投机贪利心理，在不了解投资内容及项目运行状况的情况下切勿盲目参与，防止从犯罪活动的被害人进一步演变为犯罪实施者，成为刑法打击规制的对象。

2. 传销参与人刑事惩治机制

针对传销参与人的刑法规制，有观点指出，就组织、领导传销活动罪的规制范围而言，仅处罚领导者与组织者，其他参与人不承担刑事责任。但这并不意味着其他参与人不构成任何犯罪，应当根据其参与实施传销活动的属性进行区分讨论：就原始型传销活动，参与人仍可以认定为非法经营罪；[①] 就诈骗型传销活动，参与人可能构成集资诈骗罪等罪名。[②]

就立法规定而言，当前刑法只是对传销活动中的组织者、领导者进行刑事处罚，虽然通过解释论的方法可以对其他参与人进行集资诈骗罪、合同诈骗罪甚至非法经营罪等罪名的认定，但这在一定程度上与罪刑法定原则相冲突。基于经济犯罪尤其是互联网金融犯罪迭代更新速度之快与刑法固有的立法滞后性之间的冲突，在当前新型网络传销模式更新频繁、法益侵害愈加严重，传统组织、领导传销活动罪不能有效规制犯罪、保护法益的情况下，为有效保障国家的经济安全、加大对互联网传销犯罪的惩治，对于立法不足之处应当进行相关立法完善与补正，不能碍于立法滞后之情面而一味扩大刑法解释范畴，过度发挥刑法解释的补正功能只会跨越罪刑法定原则防线，侵犯犯罪人人权。因此，虽然有些传销人员在传销组织中所处层级不高，但对整个传销活动的推广起着

---

① 就刑法惩治传销活动在《刑法修正案（七）》之后是否完全遵循单轨制处罚模式，仅依靠组织、领导传销活动罪一罪认定而不再以非法经营罪处罚，最高人民法院针对相关司法裁判作出批复，即根据最高人民法院〔2012〕刑他字第56号"对组织、领导传销活动的行为，如未达到组织、领导传销活动罪的追诉标准，行为人不构成组织、领导传销活动罪，亦不宜再以非法经营罪追究刑事责任"。参见《曾国坚等非法经营案（第865号）》，载《刑事审判参考》（总第92集），法律出版社2014年版，第63—68页。

② 参见张明楷：《传销犯罪的基本问题》，载《政治与法律》2009年第9期。此处所说的原始传销实际上是指诈骗型传销之外具有经营行为的团队计酬型传销，但正如前文所指出，在2013年11月4日"两高一部"颁布的《关于办理组织、领导传销活动刑事案件适用法律若干问题的意见》实质上不将团队计酬型传销活动作为犯罪处理，张明楷教授文章观点是在该司法解释出台之前提出，当前在司法实践中将原始型传销的参与人作为非法经营罪认定已经不具有法律依据。

重要作用，应当将组织、领导者之外的积极参与人纳入犯罪主体之中，可以参考借鉴日本对于传销犯罪的规定，既惩治组织、领导者，对于参与人员也规定相应刑期。①

结合我国当前互联网传销案件呈现出的特点以及司法办案的客观状况，对于传销组织中的其他参与人可以单独设立罪名，承担轻于组织、领导者的刑事责任，但需要根据参与程度以及对传销活动的作用力大小，区分为积极参与人与一般参与人，对于前者可以比照日本《无限连锁会防止法》规定的职业性劝诱罪进行刑事责任认定，而对于一般参与人尽管对于发展下线也起到一定的作用，但情节并不严重，同时结合司法机关的实际办案压力，可以只作为行政处罚认定，既有效打击情节恶劣的传销活动犯罪分子，对于传销犯罪实现有力的刑事打击；同时对于情节轻微的传销组织人员做到区别对待，体现了刑法谦抑原则，有效贯彻宽严相济刑事政策。②

结　语

尽管形式不断变化，互联网传销通过拉人头、发展下线、骗取入门费并用后来者的资金弥补前期参与人回报的庞氏骗局运作的本质没有改变。当前以虚拟货币、网购平台、资本运作等为名实施的互联网传销无法依靠商品交易本身获得实质性收益，没有实际盈利能力，偿还投资者的利益回报只能通过新投资者的加入进行维持，属于典型的拆东墙补西墙的庞氏骗局运作模式。规制互联网传销过程中不能忽视传销参与人在其中的地位与作用，即使在事实层面承认其具有受欺骗并遭受财产损失的被害人属性，基于其在传销活动中的积极行为，此类主体不具备刑法保护的正当性。为遏制高发的互联网传销犯罪，对于刻意规避司法认定标准的互联网新型传销，应严密法网，确立较为灵活的刑事认定标准，提高刑罚惩治力度，构建被害人防范机制与传销参与人刑事惩治机制，实现对互联网传销犯罪的打击与预防。

---

① 日本对于传销活动的刑事处罚主要规定在附属刑法《无限连锁会防止法》，在第5条规定无限连锁会开设、运营罪，与我国组织、领导传销活动罪中的组织者、领导者作用相似。此外，日本在传销活动组织中对劝诱他人入会行为单独规定入罪，在第6条、第7条中分别规定职业劝诱罪与一般劝诱罪，即对传销组织活动中对参与人按照劝诱的频率、数量、职业性与否作出严厉程度不同的刑事处罚。但不论如何，即使刑事责任不重，但对于一般性劝诱他人入会也会作为犯罪处理，给予20万日元以下罚金处理。参见郑泽善：《日本对非法传销行为的刑事处罚》，载《中国刑事法杂志》2007年第6期。

② 参见张智聪、董锆锆：《日本对非法传销处罚的司法实践即启示》，载《中国检察官》2013年第5期。

企业利用爬虫技术侵犯数据
知识产权的保护法益研究
——以"车来了"程序员入罪为例证的司法解释

许 娟*

内容摘要：随着大数据时代下的利用爬虫技术不法爬取数据逐年增长，数据权属不明带来刑事司法适用负担逐渐加重。按照"7+7+2+N"刑事立法规制模式已经不足以满足司法实践的需要，司法实践中排除知识产权保护法益，采用侵害社会管理秩序保护法益，不能满足对爬虫技术不法利用的刑法规制。既有的司法判决向民事一般条款和刑事一般条款的民刑交叉地带逃逸，不能在技术上区分黑客行为与爬虫不法行为，不能在法律上区分知识产权保护法益和反不正当竞争保护法益，不能满足民众对刑法明确性的期待。应当通过司法解释明确企业数据的知识产权保护法益的概念、内容与认定标准。

关键词：爬虫 不法行使 企业数据 知识产权类法益

伴随着企业商业化利用爬虫技术获得商业利益的同时，也产生了大量的不法利用行为致使其他企业遭受经济损失，早在《刑法修正案（七）》和《刑法修正案（九）》之时，就已经敏感且积极地应对互联网时代的这些技术变化带来的法律变革。回顾企业商业化利用的进程，2015年起，武汉元光公司为提升自家"车来了"App软件的数据精度和使用人数，恶意爬取深圳谷米公司

---

* 课题负责人：许娟，南京信息工程大学法政学院大数据法治研究院院长，教授，博导。课题组成员：徐汉明，湖北省人民检察院、前常务副检察长、一级高级检察官、中南财经政法大学法治发展与司法改革研究中心主任；吴云，上海铁路运输检察院、检察长、三级高级检察官；程关松，华南理工大学法学院研究员、硕士生导师、正处；徐立，教育部教育部教育装备研究与发展中心科技成果转化协调中心办公室负责人、教育部教育装备研究与发展中心对外交流与合作处处长、重庆教工委委员、中南财经政法大学兼职博导。本文为课题《网络爬虫行为的刑事法律规制》的结项成果，课题编号：GJ2019HX02。

的"酷米客"App软件所收集保管的公交数据,用于自家软件运营,由于元光公司占有的市场份额没有达到深圳谷米公司难以承受的限度,一直没有起诉其商业化利用的不法行为,直到2018年,元米公司程序员邵某某等5人被深圳市南山区人民法院判决认定构成非法获取计算机信息系统数据罪。① 该案成为企业商业化利用爬虫爬取数据刑法适用的第一案,"车来了"程序员恶意使用网络爬虫技术入罪,引发刑法对网络爬虫行为规制的热烈讨论②。网络爬虫技术,又称网络机器人、网页蜘蛛等,是一种按照既定规则,自动地爬取万维网信息的程序或者脚本。其本质就是浏览器 HTTP 请求,功能在于通过指定 URL,直接返回给用户所需要的数据,而不需要一步步人工去操纵浏览器获取,从而实现网络浏览器功能。网络爬虫技术作为互联网基础性技术,被互联网企业、金融企业、零售企业等广泛运用于互联网场景下爬取网页数据,实现数据商业价值。③ 网络爬虫技术是一种中立技术,网络爬虫行为是能够产生法律意义的行为,按照法律标准,网络爬虫行为的后果分为两类,一类为获得同意、符合必要性限度和具有公共利益的合法行为,另一类是违反同意设定、超过必要性限度和破坏网络秩序的非法行为。合法爬虫行为需要法律加以保护,非法爬虫行为则因为其侵犯刑法所保护的社会管理秩序、市场经济秩序等法益,需要刑法适用的具体化。

一、网络爬虫行为的刑事法律规制模式

目前国内学者包括法官仍然致力于通过民事侵权责任保护网络爬虫不法爬取企业数据行为,但是单单通过民事手段等已经无法遏制网络爬虫侵权违法行为的愈演愈烈,刑法作为保障保护大数据行业发展的最根本的最后一道防线,也并未对网络爬虫行为做出明确单独的规范,直到《刑法修正案(九)》,其中的许多新增罪名规制网络爬虫不法行使的犯罪行为,才形成了以《刑法修正案(九)》为轴心的保护体系。在新增妨害社会管理秩序罪中扰乱公共秩序罪的网络类犯罪的基础上,形成了破坏社会主义市场经济秩序罪中的知识产权类犯罪、侵犯公民人身权利、财产权利罪中个人信息类犯罪以及《刑法》第

---

① 邵凌霜、陈昂、刘江洪、刘坤鹏、张翔犯非法获取计算机信息系统数据罪[案号(2017)0305 刑初 153 号]。

② 参见刘艳红:《网络爬虫行为的刑事规制研究——以侵犯公民个人信息犯罪为视角》,载《政治与法律》2019 年第 11 期。

③ 参见孙立伟、何国辉、吴礼发:《网络爬虫技术的研究》,载《电脑知识与技术》2010 年第 15 期。

287 条的提示性条款，的"7+7+2+N"全方面规制网络爬虫不法行为的刑法模式。

（一）扰乱社会秩序罪的七种网络犯罪的规定

互联网从"联"到"互"的转变提出了现实性与紧迫性的网络犯罪立法的完善要求。通过《刑法修正案（七）》和《刑法修正案（九）》的立法完善，计算机网络犯罪立法规制从技术性犯罪和传统犯罪网络化格局，向对象型网络犯罪、工具型网络犯罪和其他所有形式的利用计算机、网络实施的犯罪按照传统犯罪来处理的"两点一面"[①]格局，再向对象型、工具型、空间型网络犯罪多方面规制格局完善，防范与适应网络犯罪侵害从最初的技术性侵害，发展到后来的利益性侵害，直至目前的利益性侵害与秩序性侵害相混合的现实关系侵害[②]。网络爬虫行为受到互联网犯罪刑法规定的约束，七种网络爬虫行为破坏社会管理秩序类的罪名包括：（1）非法入侵计算机信息系统罪（第285条第1款）；（2）非法获取计算机系统数据（第285条第2款）；（3）提供侵入、非法控制计算机信息系统的程序、工具罪（第285条第3款）；（4）破坏计算机信息系统罪（第286条）；（5）拒不履行信息网络安全管理义务罪（第286条之一）；（6）非法利用信息网络罪（第287条之一）；（7）帮助信息网络犯罪活动罪（第287条之二）。"车来了"程序员恶意使用网络爬虫技术入罪案，法官判决适用《刑法》第285条2款，即认定其行为属于侵入计算机信息系统采用其他技术手段，获取该计算机信息系统中存储、处理或者传输的数据，构成非法获取计算机系统数据罪。

（二）侵犯知识产权罪的七种网络犯罪的规定

现代社会经济模式从传统经济向知识经济过渡，对知识产权的保护越发重要，我国对知识产权的保护呈现出起步晚发展快的特征，已制定有《民法总则》《商标法》《专利法》《著作权法》等一系列法律，我国《刑法》在1997年修订后，也已初步建立了知识产权的刑事保护体系。在互联网发展背景下，网络知识产权侵权行为和犯罪行为更为猖獗，在刑事立法上，侵犯知识产权犯罪的刑事责任的承担以短期自由刑为核心，同时罚金刑的优势极为明显[③]。七

---

① 参见皮勇：《我国网络犯罪刑法立法研究——兼论我国刑法修正案（七）中的网络犯罪立法》，载《河北法学》2009年第6期。

② 参见李怀胜：《三代网络环境下网络犯罪的时代演变及其立法展望》，载《法学论坛》2015年第4期。

③ 参见孙万怀：《知识产权犯罪刑事责任基础构造比较》，载《华东政法大学学报》1999年第3期。

种网络爬虫行为知识产权类的罪名包括：（1）假冒注册商标罪（第213条）；（2）销售假冒注册商标的商品罪（第214条）；（3）非法制造、销售非法制造的注册商标标识罪（第215条）；（4）假冒专利罪（第216条）；（5）侵犯著作权罪（第217条）；（6）销售侵权复制品罪（第218条）；（7）侵犯商业秘密罪（第219条）：有下列侵犯商业秘密行为之一，给商业秘密的权利人造成重大损失的，处3年以下有期徒刑或者拘役，并处或者单处罚金；造成特别严重后果的，处3年以上7年以下有期徒刑，并处罚金：（一）以盗窃、利诱、胁迫或者其他不正当手段获取权利人的商业秘密的；（二）披露、使用或者允许他人使用以前项手段获取的权利人的商业秘密的；（三）违反约定或者违反权利人有关保守商业秘密的要求，披露、使用或者允许他人使用其所掌握的商业秘密的。明知或者应知前款所列行为，获取、使用或者披露他人的商业秘密的，以侵犯商业秘密论（本条所称商业秘密，是指不为公众所知悉，能为权利人带来经济利益，具有实用性并经权利人采取保密措施的技术信息和经营信息。本条所称权利人，是指商业秘密的所有人和经商业秘密所有人许可的商业秘密使用人）。"车来了"程序员恶意使用网络爬虫技术入罪案，不当网络爬虫行为同样触犯《刑法》第219条，即程序员利用网络爬虫技术破解"酷米客"加密系统后获取的商业数据属于商业秘密，其不正当获取受害人的商业秘密并使用，构成触犯侵犯商业秘密罪。但因出于刑事政策与单位犯罪的考量，法官最终选择以破坏公共秩序犯罪和不正当竞争的民事判决相结合来认定行为。

（三）侵犯公民个人信息罪的二种网络犯罪的规定

进入互联网信息时代以来，公民个的人信息被侵犯的情况时有发生，这种行为对公民的人身、财产安全和个人隐私构成了严重威胁，既严重侵犯了公民的个人信息安全，又往往与电信诈骗等其他犯罪存在密切关联，具有较为严重的社会危害性。对此情况，立法机关于2015年出台《刑法修正案（九）》将这种行为规定为犯罪，追究行为人的刑事责任。最高人民法院也于2017年出台相关的司法解释以预防和遏制此类型犯罪行为的发生。

两种网络爬虫行为侵犯人身权利类的罪名包括：侵犯公民个人信息罪（第253条之一）；非法获取公民个人信息罪（第253条之三）。在"车来了"案件中刑事判决最终是以非法获取计算机信息系统数据罪进行定罪量刑，在民事判决中也是以不正当竞争行为进行民事损害赔偿，虽然数据本身与个人信息有交叉之处，但是企业数据与个人信息又是不尽相同的。首先，就概念内涵而言，企业数据是信息资源用以表达其性状或功能并可以复制传递给市场的增值数据信息，而个人资料或个人信息是载有个人人格生命信息表现为生物体或其组成成分（身份、隐私）的人格体，二者是人格性状表达方式与知识载体的关系。其次，就使用目的而言，对企业数据或者说个人资料信息的使用，是为了满足公共数据库和数据新产品开发的需要，而对个人资料的使用，在于一般的生产和消费需要，如对数据加工、数据复制来获取数据信息等。最后，就价值而言，不是所有的个人资料加工都是企业数据，只有具有增值收益功能价值的个人资料可识别可利用才是企业数据。企业数据具有稀缺性，其蕴含着巨大的商业价值和管理价值，使得转让企业数据的价格远远高于转让个人资料、个人数据的价格。因为司法实践之中法官和理论界都往往并不会通过侵犯个人信息类的罪名来对于网络爬虫行为进行定罪量刑，因而并不会适用此种模式来对诸如"车来了"案件进行规制。

（四）提示性条款关于网络犯罪的规定

针对明知他人利用信息网络实施犯罪，为其犯罪提供互联网接入、服务器托管、网络存储、通讯传输等技术支持，或者提供广告推广、支付结算等帮助的行为，立法机关于2015年推出《刑法修正案（九）》，其中第28条和第29条分别在《刑法》条文第286条和第287条中新增了拒不履行网络安全管理义务罪和帮助信息网络犯罪活动罪，明确将这种网络帮助行为以立法的形式正犯化。N类提示性条款（第287条）明确规定：利用计算机实施金融诈骗、盗窃、贪污、挪用公款、窃取国家秘密或者其他犯罪的，依本法有关规定定罪处罚。提示性条款制定的目的是为了规制将网络当作是实施其他犯罪的工具，网络行为并不是主要行为，只是如枪、刀等一类的工具而已，其犯罪的核心行为还是诈骗、盗窃、贪污等，因而在网络犯罪中以网络爬虫行为本身作为犯罪行为核心的而不是只发挥其工具性价值的，那么规制此种犯罪就不能使用提示性条款。正如"车来了"案以非法获取计算机信息系统数据罪来认定程序员的侵害行为，尽管本文并不赞同该罪名适用的正确性，但是在规制模式的排除取向上是与法官相一致的，没必要适用N模式下的提示性条款。

二、司法适用为何向一般条款逃逸？

在"车来了"案件之中，法官不对网络爬虫行为获取数据进行概念性界定，而是选择向一般性条款逃逸即选择适用不正当竞争以及非法侵入计算机系统罪来定罪量刑，一方面是出于法官本身可能更偏向于实践事务对于理论性总结归纳界定可能有点困难；另一方面对于司法制度以及实践判决的社会性与效率性要求考虑，也迫使法官不得不向一般性条款逃逸，但是我们不能就此就不予以纠正这样的错误，反而要认真研究并得出解决方案，以供法院判决此类案件的参照。

（一）侵害法益的概念不明确：爬虫爬取的企业数据究竟侵害的是财产性利益还是财产

1. 数据是否具有财产性这一问题不明确

数据的财产性和客体性正如民法中的财产和客体关系一样，既相互联系又相互区别。大体来讲，客体问题较为清晰，因为客体本身是一个严格的民法建构性概念，而财产问题则模糊得多，它在法律表述中具有三种不同的含义：第一种含义，是将财产等同于物权法上的物，即"物即财产"；第二种含义是，财产在民法中成为财产权的代名词，它涵盖人身权以外的所有财产权，自《德国民法典》确立权利体系并始终坚持用权利来表达利益之后，财产的内涵便随之权利化了，即无权利即无财产（当然法益除外）；财产的第三种含义最为抽象，它将与经济利益相关或带来经济后果（尤其是金钱）的法律关系也评价为财产，这种含义时常脱离了"物"或"财产权"这些法律概念的语境，理论上难以把握。[①] 杨立新教授在评注《民法总则》第111条的时候，认为个人信息是个法益[②]；进一步评注《民法总则》第127条的时候，认为衍生数据是个财产性利益[③]，杨立新教授的观点是能够与刑法的财产性保护法益形成一束一致的概念群的，对于企业数据保护是有效的。所以数据的财产定性主要是在第三种意义上进行使用，即因数据最终与经济价值相关而具有财产性。在数据是否具有"客体性"这一问题解决之前，"虚拟财产"的概念早已经被广泛使用了。将数据归为虚拟财产有一定的积极意义，即在数据立法规律还未被系统探知之前，涉及经济利益的数据纠纷可顺理成章地通过财产法来解决，尽管是适用物权法、债法还是侵权法以及能否达到完美的目的，仍是未知数，程啸教授倾向于认为运用物权法绝对权保护效益最大化[④]，冯晓青、李扬等教授认为运用行为法益进行规制更符合知识产权法定主义特征[⑤]，郑成思、刘春田、吴汉东、易继明等教授倾向于认为运用知识产权保护更能够满足企业数据保护

[①] 参见梅夏英：《数据的法律属性及其民法定位》，载《中国社会科学》2016年第9期。
[②] 参见杨立新：《个人信息：法益抑或民事权利——对〈民法总则〉第111条规定的"个人信息"之解读》，载《法学论坛》2018年第1期。
[③] 参见杨立新、王中合：《论网络虚拟财产的物权属性及其基本规则》，载《国家检察官学院学报》2004年第6期。
[④] 参见程啸：《民法典编纂视野下的个人信息保护》，载《中国法学》2019年第4期。
[⑤] 参见冯晓青：《〈民法总则〉"知识产权条款"的评析与展望》，载《法学评论》2017年第4期；参见李扬、李晓宇：《大数据时代企业数据权益的性质界定及其保护模式建构》，载《学海》2019年第4期。

特征①，周林彬教授较折中的观点认为采取物权与知识产权结合保护②。在比较法意义上，欧盟并不将数据作为财产进行保护③，美国正在立法将数据当做财产对待。鉴此，数据正在成为现代社会重要的商业资源，通过互联网商业模式的创新即能产生很大经济利益的情形下，将数据作为一种重要的财产或资源看待有一定的合理性。

日本刑法将财产犯的行为对象区分为两类：财物和财产性利益。其中以财产性利益为行为对象的财产犯往往被规定在相应条文的第2款，其第1款则规定以财物为行为对象的情形。④ 我国刑法中并没有财产性利益的明文规定，张明楷教授主张将"财物"扩大解释为包括财产性利益，但财产性利益的内容限于财产权本身⑤。陈烨博士则认为，将财产性利益解释为财物违反罪刑法定原则，属于刑法禁止的类推解释。⑥ 王骏教授认为从提法上来说，认为还是将财物与财产性利益作为财产的下位概念为好，避免使用"广义的财物"这种概念。即，将财产罪立法中的"财物"与"财产"在相同意义上使用。基于财产性权益和财产在刑法上具有差异，因此，应当爬虫爬取企业数据的所属客体性质进行判定。⑦ 鉴此，企业数据应当被规定为财产性利益而非财产，在概念上，2016年出台的《关于办理贪污贿赂刑事案件适用法律若干问题的解释》中，将财产性利益解释为，可以折算为货币的物质利益以及需要支付货币的其他利益。财产性利益在特征上表现为：首先，财产性权益具有无形性，无论财产性利益的具体内容为何，财产性利益作为一种无体物而存在是确定无疑的。其次，财产性利益应当具有经济价值。经济价值性也是财产的特点之一。经济价值是一种客观评价，即可以用金钱衡量交换的价值。并且财产性利益应当具

---

① 参见郑成思：《反不正当竞争与知识产权》，载《法学》1997年第6期；刘春田：《知识财产权解析》，载《中国社会科学》2003年第7期；吴汉东：《知识产权的私权与人权属性——以〈知识产权协议〉与〈世界人权公约〉为对象》，载《法学研究》2003年第3期；易继明：《知识产权法定主义及其缓和——兼对〈民法总则〉第123条条文的分析》，载《知识产权》2017年第5期。

② 参见周林彬：《〈民法总则〉制定后完善我国商事立法的必要性与可行性》，载《地方立法研究》2018年第2期。

③ 参见曹建峰：《欧洲数据产权初探》，载《信息安全与通信保密》2018年第7期。

④ 参见李强：《财产犯中财产性利益的界定》，载《法学》2017年第12期。

⑤ 参见张明楷：《财产性利益是诈骗罪的对象》，载《法律科学》2005年第3期。

⑥ 参见陈烨：《财产性利益与罪刑法定问题》，载《上海交通大学学报（哲学社会科学版）》2013年第5期。

⑦ 参见王骏：《刑法中的"财物价值"与"财产性利益"》，载《清华法学》2016年第3期。

有能够被控制和转移的管理可能性，概言之企业数据财产性利益表现为：（1）在表现形式上属于承载于数据上的无形物，（2）具有经济利益，（3）可以被控制转移。

2. 企业数据侵害法益类型暂时无法完全具体化

企业数据侵害法益具有不同的类型，权利（人身权利和财产权利）、安全（国家安全和公共安全）和秩序（经济秩序和社会秩序）是其中最为重要的三种法益形态①。财产权利中的知识产权法益侵害相对于秩序和安全法益更为具体化，其认定标准是财产性利益。对于犯罪来说，侵犯权利的人身犯罪和财产犯罪是最为常见的犯罪，刑法所保护的对于数据犯罪中的财产性利益就是数据刑事财产性法益。民事法律所保护的财产性利益，就是民事财产性法益。而数据民事财产法益是以数据模型作为媒介来实现自我呈现的属于民法规制的财产性利益。企业数据财产性法益作为保护法益的一种新类型，其所能被保护的范围与保护的目的任务都是不确定的，在我国各部门法中并没有予以明确的规定。

我们从具体案例入手，分析其所涉及的法律问题，进而掌握数据财产性法益。凌某某，陈某某为了提高元光公司开发的智能公交 App"车来了"在中国市场的用户量及信息查询的准确度，保证公司更好的经营，授意陈某某，指示公司员工刘某甲、刘某乙、张某某等人利用网络爬虫软件获取包括谷米公司在内的竞争对手公司服务器的公交车行驶信息、到站时间等实时数据。法院最后判决邵某某、陈某某、刘某甲等人违反法律，采取技术手段，获取计算机信息系统中储存的数据，情节特别严重，其行为已经构成非法获取计算机信息系统数据罪。从该案例中我们不难看出现行法官对于爬虫行为侵权及数据保护基本上还是以刑法的7类社会秩序犯罪模式来保护，但是本案中虽然该公司貌似是旨在用爬虫行为去侵入对方计算机软件，但实际上其目的并非在于侵入行为本身，而在于最后"索财"的行为，即是为了通过侵入系统来获取数据进而来实现对方数据利益的损失与我方数据利益的增加，而数据财产性利益，也不仅仅体现在刑事方面，更多的是体现在民事方面。法律对于数据刑事财产性利益的保护主要是通过定罪入刑来予以间接的保护，是通过国家的公权力强权对该种非法的网络爬虫行为进行规制进而达到保护数据利益的目的。对于民事财产性利益的保护，基于私权平权性保护的特征，对于数据民事权益主要通过损害赔偿与恢复原状等方式来进行直接性保护，数据利益被侵害后最直接的后果就是经济损失，而公司侵入计算机爬取数据的目的也是为了获得数据背后的利

---

① 参见陈兴良：《虚拟财产的刑法属性及其保护路径》，载《中国法学》2017 年第 2 期。

益,因而直接通过民事损害赔偿方式予以保护是现行司法中最可行的方式。但是数据民事财产性利益与数据刑事财产性利益在一个案件中又是交叉结合的,而其交叉性也是网络爬虫行为法律规制所需要解决的难点,现行司法中法官只能通过刑事附带民事来予以解决,但是对于一个基本问题网络爬虫行为所侵犯的法益到底是刑事法益还是民事法益并没有予以界定,并且究竟是刑事财产性利益还是民事财产性利益也没有做出区分。

理论上难以明确企业数据的法律属性。既然难以正面定义企业数据权属,那么通过侵害法益反向定义数据权属,就成为一种退而求其次的选择。就企业数据确实是以数据的形式存在的,但它只是具有财产价值的数据。除此以外,还存在不具有财产价值的数据。为了维护网络秩序,当然需要将数据纳入刑法调整的范围。但法律又首先需要对数据的财产性法益予以保护,在此基础上才谈得上对网络秩序的保护。因而对于数据的民事财产性法益与刑事财产性法益在区分的基础上还是要进行阶级性的优先选择与结合,难以做出明确性的界定。

3. 互联网法律规制中的法益论取代客体论的必要性

经过多年的努力,中国刑法学界已经用法益概念替换了犯罪客体概念。法益概念分为自由主义的法益概念(实质的法益概念、批判立法的法益概念)与实定的法益概念(形式的法益概念、方法论的法益概念)。前者是指基于国家的任务在所有犯罪中作为核心要素所要求的法益概念,这一概念是实质的犯罪概念的前提,是基于保障国民自由的观念的前实定的概念,它前置于刑事立法或者说直接指向刑事立法者。[①] 企业数据知识产权所保护法益有明确公共管理秩序内容、排除他人适用的私法只能和影响产权变动的功能,此即它们的"知识产权法意义"。企业数据知识产权保护法益,而不是企业数据客体保护,是企业数据产权在知识产权领域中运用的明证,尽管并没有完全知识产权类型化,但是可以运用知识产权上的设权行为,知识产权上的专属设定行政管理措施,有利于企业数据的商业利用的法律监管,类似于知识产权上之技术转让合同,其侵害法益包括侵害了企业数据知识产权人的支配权,处分权等,构成了侵害企业数据知识产权保护法益。

(二)法官基于刑事政策机能与司法体制的双重考量

现实情况下对于通过爬虫行为恶意来获取侵害别人权益以及自由经营权利的,通过爬虫来访问和收集数据已经带来了大量的网络流量。并且有一些研究

---

① 参见张明楷:《保护法益与比例原则》,载《中国社会科学》2017年第7期。

表明这些数据中有一半以上的爬取行为都是恶意行为,这种含量还在不断的增加。恶意人工智能数据可以借此来侵吞资源削弱对手公司的实力。恶意网络爬虫行为往往也被滥用于从一个站点来取得数据内容,然后将该数据内容发给其他站点,而不显示数据源或者备注链接,这样的不正当的手段将会帮助一些虚假网站的非法建立并有可能带来欺诈的风险,进而也有可能会被认定为对于知识产权与商业秘密的窃取行为。基于以上种种不良的网络爬取行为及其已经侵犯的数据权利而言,现行法官的实践理性选择,如新浪诉脉脉案件中法官是以民事不正当竞争来规制,而网络爬虫规制的目标是在数据资源开放共享与互联网平台经营自由、网站安全之间取得平衡,遵循技术中立性原则,对网络爬虫进行规制应当基于客观结果,即是否妨碍网站的正常运行或者对他人合法权益造成了严重危害。总的来说就是法官理性选择还是基于刑事政策与司法制度结合的双重目标要求之下。"车来了"元米公司 5 名程序员利用网络爬虫技术非法爬取"酷米客"谷米公司的公交数据,经南山区人民法院一审判决 5 人构成非法获取计算机信息系统数据罪。而同时谷米公司诉武汉元光公司不正当竞争纠纷一案,法院最终支持"车来了"元米不正当竞争行为成立,可以看出,此刑事案件中,法官选择了扰乱公共秩序犯罪的网络类罪名,是法官基于社会管理的刑事政策的立场,是法官考虑刑事政策后尤其是错案司法责任制度下作出的裁判。

爬虫行为犯罪的认定受国家对网络犯罪的刑事政策影响,刑事政策在当今话语中以功利主义为基础,即通过功利主义的利益衡量和算计推理,追求以最小的代价换取效果最大化利益,通过政策的推行,达致防卫社会,预防再犯,减少犯罪的效果。这与刑法的目的不用,相较而言,近代刑法的价值目标应当在于保护公平正义。但罗克辛教授所持有的观点认为刑法与刑事政策应当相互融合,这被称为罗克辛贯通[①]。爬虫侵害刑事立法所保护的法益,"车来了"案件中 5 名程序员非法获取企业系统数据,理应受到刑法惩处。但网络爬虫技术的中立属性以及网络爬虫行为作为互联网交流的基础行为,理当符合促进互联网产业发展的刑法轻刑化政策。5 名程序员根据共犯分工的不同,在量刑上考量不同,但都在 3 年以下有期徒刑范围内并处以缓刑,如选择侵犯商业秘密犯罪,则属于加重条款,在 3 年以上 7 年以下有期徒刑幅度内量刑,法官出于对爬虫行为犯罪的惩戒的罪刑相当原则出发,选择非法获取计算机信息系统数据罪,但忽视异化的网络爬虫行为所侵犯的法益客体。

[①] 参见陈兴良:《刑法教义学与刑事政策的关系:从李斯特鸿沟到罗克辛贯通——中国语境下的展开》,载《中外法学》2013 年 5 期。

作出判决的法官受到错案责任潜在后果的羁束，法官错案责任首先应是一种角色责任，这是法官的天职，实际上是社会成员进行社会分工的结果。法官错案责任应当是法官因出现错案而应当承担的不利后果或强制性义务。错案追究在主观构成上要求法官在裁判时的心理状态具有故意或过失，客观构成法官做出违法或违纪行为，后果上要求责任主体承担纪律处分、行政、刑事、国家赔偿等责任。网络爬虫行为作为互联网迅猛发展下新兴形式的犯罪，尤其是在面对网络爬虫第一案的情形下，审理法官没有指导案例或类似案例的指引，法官在作出刑事判决时必然会考虑到错案的可能性风险和责任后果，从而竭力作出更符合司法体制和人民意志的判决。

（三）犯罪目的：求财而不是扰乱社会秩序

在"车来了"一案中，广东省深圳市中级人民法院首先认定深圳谷米公司与武汉元光公司在提供实时公交信息查询服务领域存在竞争关系，继而认定武汉元光公司利用网络爬虫技术大量获取并无偿使用"酷米客"App 实时公交信息数据的行为，是对他人劳动成果的窃取，破坏他人的市场竞争优势，违反了《反不正当竞争法》第 2 条规定的诚实信用原则，扰乱了市场竞争秩序，应当认定为不正当竞争行为，但法院忽略了元光公司侵权行为的主要犯罪目的且过分夸大了该侵权行为对社会秩序的影响。

1. 区分网络爬虫行为和黑客行为

网络爬虫行为是指利用计算机技术从事互联网活动，包括数据收集、存储、处理、共享、利用以及销毁等行为。黑客行为包括破坏性行为和非破坏性行为，黑客行为中非破坏性攻击一般是为了扰乱系统的运行，并不盗窃系统资料，通常采用拒绝服务攻击或信息炸弹；破坏性攻击是以侵入他人电脑系统、盗窃系统保密信息、破坏目标系统的数据为目的。黑客是扰乱秩序，爬虫是求财的工具，爬虫工具本身不是犯罪手段，爬虫只是一个犯罪工具。计算机技术滥用行为最初一是窥探，二是开玩笑，三是炫耀"力量"，这类黑客行为构成犯罪被归类为破坏社会管理秩序罪；但是随着云计算、大数据技术的发展，从谋取政治利益或破坏社会管理秩序行为发展到追逐数据利益行为，网络爬虫行为与黑客行为的区别在于保护客体的转向。国家管理需要网络服务协议必须符合国家信息化管理规定，国家赋予监管机构越来越多的监管权力和监管手段对信息进行监控，国家试图通过给信息利用者增加更多义务的方式实现法益平衡。

网络爬虫行为对法律的反制是指信息利用者通过技术控制优势和算法变化，不但使法律制度失效，而且利用技术算法与法律算法的不对称事实，反客为主地把义务转化成了权利或者特权。网络虚拟财产是指以计算机为基础的、在多人可同时参与并交付活动和可持续的环境中，具有"竞争性、持久性、流通性、价值增加性并业已形成二级市场"的虚拟物品、账号、游戏币或域名等。网络虚拟财产因其财产属性，受到刑法保护。

2. 区分社会法与财产法的关系

用反不正当竞争法＋扰乱社会秩序中的计算机犯罪（7类之一类）是将数据看成社会职务数据，而不是商业数据，将不法侵害行为认定为扰乱社会秩序，而不是侵犯商业秘密，其背后的理念源于对社会法与财产法的区分。知识产权法是将特定种类的信息拟制为"物"，通过赋予类似所有权性质的绝对排他性权利保护。商业秘密的概念，商业秘密是指未经同意进入他人的数据系统中窃取他人数据，获取财产利益的不法行为，一旦占领市场份额和一定财产性法益损害的时候，就构成了侵犯知识产权类罪。爬虫行为不法侵害的是财产性法益，侵犯了创造性知识（智慧）产权，进而破坏市场占有份额，构成了侵犯知识产权财产性法益，进而侵犯了破坏市场占有份额的社会秩序法益。

知识产权作为与物权、债权并列的一种独立的财产权利，是一种法定的民事权利，受到民法的保护，建立知识产权制度是为了保护激励创新、维护公平竞争。在刑法的视野下，知识产权有异于传统财产的特点，首先在于它是无形财产，是智力成果在一定时间和地域范围内赋予权利人的排除他人干涉的专有权利，是通过创造性劳动产生的社会资源。在一般财产权案件中，犯罪对象是竞争性的有体财产，侵犯他人财产意味着直接剥夺了权利人对财产的支配和利用。但是，著作权客体是具有公共产品属性的非竞争性无体信息，未经授权使用他人作品并没有影响到权利人对该作品的支配和利用。后者主要侵犯著作权利人应当获得的利益；前者则表现为对特定财产权的完全非法剥夺，二者在罪质上，亦即在社会危害性质及其程度上显然不同。网络知识产权侵害法益与一般知识产权侵害法益的差异，无疑给司法选择带来了难题。

三、知识产权类保护法益的概念澄清及其原则确立

（一）知识产权法与反不正当竞争法的财产性法益的区别

学界对于知识产权法与反不正当竞争法相互补充保护说有两种不同的观点，一种补充保护说是有限保护说，该学说认为反不正当竞争法应当在不抵触知识产权法立法政策的前提下进行扩展保护，这种延长线理论来自于日本的侵权行为法延长线学说。另一种补充保护说是兜底保护说，该学说认为知识产权

法与反不正当竞争法是冰川与海水的关系①。知识产权法定主义认为知识产权类行为是一组权利，但泾渭分明②，但知识产权放松主义认为知识产权类行为是一组法益，可以随着产权的权利化得到类型化。③ 孔祥俊认为反不正当竞争法属于民法大类，应当限缩反法兜底条款的适用。④ 综合以上学说，在大数据时代的爬虫行为的刑法规制上必须更新传统知识产权保护的封闭性和僵硬化，用商业秘密+加重处罚情形，保护侵犯知识产权商业秘密的行为。反不正当竞争法采取额外因素法是指当一项成果不受或不再受知识产权法保护的时候，能够获得反不正当竞争法的扩展保护应在个案中考量。

(二) 侵犯知识产权保护法益

从法的社会规范作用来看，保护知识产权法益有利于保护智力劳动成果，鼓励创新，维护竞争秩序，维护无形财富公正合理分配。尽管"知识产权"的名号越来越名不副实，但知识产权制度一直沿着这条轨迹在不断发展。⑤ 进入21世纪，知识产权的客体越来越具有多样性，复杂性，知识产权保护所承担的任务越来越重，保护客体的外延越来越宽。现在的知识产权制度，首先应考虑的是鼓励创新的问题，其次是如何分配利益的问题。因此我们在考虑保护知识产权法益时，应遵循下列原则：

1. 穷尽知识产权法保护法益原则

对于无形智力成果的保护，应当首先考虑知识产权保护，正确适用不正当竞争法的兜底作用。知识产权法和反不正当竞争法都具有鼓励和维护公平竞争秩序的作用，在各自的法条中均有关于保护知识产权的规定，因此在立法和实践的许多场合中，竞争法与知识产权法之间出现了不正当竞争行为与知识产权侵权行为的法规竞合。对于法规竞合的处理，世界上的通行做法是：知识产权法作为对专利权、商标权及著作权等智力成果权专门保护的法律，属于特别法，而竞争法对知识产权相应权利保护的规定，属于普通法。根据特别法优于普通法、特别条款优于一般条款的法律适用原则，穷尽知识产权法而后考虑不

---

① 参见郑成思：《反不正当竞争与知识产权》，载《法学》1997年第6期。
② 参见李扬：《知识产权法定主义的缺陷及其克服——以侵权构成的限定性和非限定性为中心》，载《环球法律评论》2009年第2期。
③ 参见易继明：《知识产权法定主义及其缓和——兼对〈民法总则〉第123条条文的分析》，载《知识产权》2017年第5期。
④ 参见孔祥俊：《论反不正当竞争法的现代化》，载《比较法研究》2017年第3期。
⑤ 参见李海昕：《知识产权法益论——包容与超越》，载《电子知识产权》2009年第2期。

正当竞争法。[①] 我国现行《反不正当竞争法》也只是对商业性标记、商业秘密上的不正当竞争行为作出了明确规范，应当明确它们的交叉点准确适用。

2. 数据市场份额因素原则

知识产权本身作为一种合法的垄断，是近现代社会为推动科技进步、经济繁荣和社会发展而作出的一项重要的制度设计，它一般是作为反不正当竞争法的适用除外而存在的。但是，承认知识产权不等于说可以不对知识产权的行使加以约束。[②] 以各大网络公司及垄断行业龙头公司为首的服务提供商手握大量最有价值的服务数据资源，他们有范围最广的用户群和最全面的行业用户行为记录，他们在整个数据流通产业链中占有绝对的优势地位，数据是他们的核心资产和竞争力来源。正是因为这种垄断性和绝对的优势地位，导致他们对于参与数据流通非常谨慎，很容易产生数据孤岛。除了大型公司以外，众多小型数据拥有者却没有合适的数据价值外化的路径，大量数据源仍未被激活，造成数据资源浪费。数据的价值被大众认可后，数据需求者日益增多，从高校研究机构到各类公司，都对数据有极大的渴求。然而数据主体和数据拥有者的自我保护行为会严重妨碍数据的产生和流通。同时市场中还有众多的数据交易公司或平台，这些机构为数据交易提供服务，平台或公司通过合作商或者爬虫数据拥有一些自有数据，正是因为平台间的竞争关系，各大公司和平台往往对自有数据的保护十分严格，形成数据垄断，所以应当警惕数据占有者的数据市场份额因素，将数据市场份额因素纳入司法考量标准。

3. 刑事立法政策性原则

在知识产权刑事立法活动中，既要贯彻谦抑性原则，也要考虑加强知识产权刑法保护力度。由于知识产权的客体涉及经济活动本身牵涉较多，涉及的多个主体间社会关系又纷繁复杂，所以其合法与非法、正当与不当的界限时常难以划清，对这些"模糊"行为，从科学、理性的原则出发，理应优先使用非刑事性质的经济、民事、行政、道义规范的调整手段去加以干预[③]。但进入了"知识付费"的时代，高附加值的智力成果所牵涉的经济利益更大，因此也需要对扩大知识产权的保护范围，提高知识产权的入罪门槛、量刑门槛，并设置一些资格刑来增加犯罪成本，等等。

---

① 参见蒋慧：《论竞争法对知识产权的兜底保护》，载《学术论坛》2007年第2期。

② 参见张春玲：《试析知识产权滥用的反竞争行为规制》，载《商业研究》2005年第10期。

③ 参见刘科、高雪梅：《刑法谦抑视野下的侵犯知识产权犯罪》，载《法学杂志》2011年第1期。

四、及时作出爬虫不法侵害知识产权保护法益的司法解释,以融贯民法与刑法的适用

2019年11月25日中共中央办公厅、国务院办公厅印发《关于强化知识产权保护的意见》指出:加强刑事司法保护,推进刑事法律和司法解释的修订完善。加大刑事打击力度,研究降低侵犯知识产权犯罪入罪标准,提高量刑处罚力度,修改罪状表述,推动解决涉案侵权物品处置等问题。① 在"两办"规定指引下,对于爬虫不法侵害企业数据知识产权法益所适用的法律制度应当根据受侵害的数据类型进行区分,在此基础上,综合归纳侵犯企业数据知识产权的入罪标准。首先,个人数据法律保护问题起始于对传统个人隐私权、人格权的研究,大数据时代下,个人数据中蕴含着潜藏量惊人的财产性价值,人们也越来越重视对个人数据财产性价值的挖掘与利用。其次,企业数据的权属问题是目前司法领域一直争议未决的热点,探讨企业数据保护旨在寻求个人数据保护与企业数据利用二者之间的平衡。最后,划出具有公共属性的公共数据,推动社会整体数据资源整合和共享开放,提升面向民生、面向经济、面向社会治理的公共数据应用水平。

(一)各种爬虫爬取数据类型的界别

第一种数据类型是个人数据。根据GDPR定义②,个人数据是指已识别到的或可被识别的自然人("数据主体")的所有信息。可被识别的自然人是指其能够被直接或间接通过识别要素得以识别的自然人,尤其是通过姓名、身份证号码、定位数据、在线身份等识别数据,或者通过该自然人的物理、生理、遗传、心理、经济、文化或社会身份的一项或多项要素予以识别。"车来了"案件中的数据概念显然不属于个人数据。

第二种数据类型是企业数据。企业数据泛指所有与企业经营相关的信息、资料,包括公司概况、产品信息、经营数据、研究成果等,其中不乏涉及商业机密③,也包括企业经过用户的授权采集到与个人相关的数据。对于前一种与企业基本信息相关的数据,其产权并不存在争议,数据权利的使用、受益与处分权利也都归企业所有。对于后一类企业经过与用户的协议授权,所得到的与

---

① 中共中央办公厅、国务院办公厅:《关于强化知识产权保护的意见》,载《人民法院报》2019年11月24日。
② 参见《通用数据保护条例》(General Data Protection Regulation,GDPR),载百度百科。
③ 参见百度百科词条"企业数据"。

用户个人信息相关的数据,其产权是否归属于企业法人是司法领域悬而未决的争议点。这些与用户个人信息相关的数据有利于企业向用户提供更加优质、个性化的服务,但企业无所顾虑自由地适用这些数据,极易导致个人隐私数据的泄露,给用户带来极大的安全隐患,导致相关侵权事件的发生。"车来了"案件中并不构成对个人数据的隐私侵权,而是企业数据商业化利用中的数据产权之争,由于深圳元光公司享有数据事实上的在先权利,其创造性劳动可以被确认为受保护的法益,应当受到商业秘密的保护。

第三种数据类型是公共数据。公共数据是指各级行政机关以及履行公共管理和服务职能的事业单位在依法履行政府职能的过程中,采集和产生的各类数据资源。其中包括与民生息息相关的医疗数据、交通数据及电力数据等,与经济相关的交易数据,也包括用于科研的气象数据、地震数据等,还包括国家机关执法过程中所采集的行政许可数据、公检法执法数据、犯罪记录,等等。公共数据可以通过共享来提升数据的价值,推动政务的公开,并能提升政府服务水平。公共数据中会有一部分涉及公民的隐私、企业的商业机密和涉及国家安全的机密,数据被共享前需严格的脱敏处理,且相对人应当拥有对这部分数据的知情权与简单授权。学者梅夏英认为公共数据就是一种公共物,公共物是可以交易的也可以免费共享[1],王利明提出这个数据是要共享的,可以用按照公法的模式来规制的[2],欧盟数据管理条例(GDPR)则认为公共数据是政府数据的一种,同时也是企业数据的一种。[3] "车来了"案件中的数据并不共享为公共数据,相反是具有独占专有保护的商业秘密属性,应当受到商业秘密的保护。

(二)爬虫究竟爬取何种种类的数据,就决定着使用何种类型的法律

1. 爬取个人数据:按照保护个人隐私相关法律约束

个人数据是具有一定的识别性,能够独立的或者借助其他数据识别到特定的个人,可能直接影响着个人的人身和财产安全。[4] 如果法律规定个人数据产权归属于企业,那么企业为了获取更高的商业利润,可能会毫无商业道德,随意地泄露个人的隐私,如果将个人数据的产权归属于个人,在个人隐私数据权利遭受侵犯之后,能够有效地根据个人信息隐私保护方面的法律对爬虫侵权行

---

① 参见梅夏英:《数据的法律属性及其民法定位》,载《中国社会科学》2016年第9期。
② 参见王利明:《数据共享与个人信息保护》,载《现代法学》2019年第1期。
③ 参见《通用数据保护条例》(General Data Protection Regulation,GDPR),载百度百科。
④ 参见史卫民:《大数据时代个人信息保护的现实困境与路径选择》,载《情报杂志》2013年第12期。

为进行规制。此外，作为数据主体的个人可以选择将自己对数据产权的部分权利让渡给企业，使企业能够利用这些被让渡的数据权利为数据主体提供更加个性化、优质化的产品和服务，提高企业的服务质量。例如，用户可以自由地选择让企业运用导航软件收集和使用自己的位置数据，从而为个人提供实时定位服务等。本文讨论的"车来了"案件并不涉及这一类个人数据保护权属界定问题，而是聚焦在企业数据权属之争的焦点问题之上。

2. 爬取企业数据：根据技术合同约束

企业数据的价值在于企业自身对于数据的利用和数据的交易，前者为企业利用数据的惯常方式，包括企业对于数据的算法统计和精准化营销等，还包括企业在此基础上通过数据分析和挖掘生产出数据产品；后者则包括企业就所控制的数据与他人进行交易。[1] 爬取这些数据应当与数据占有者通过签订合同等方式达成一致。大数据时代，用户在注册或者登录网站、App 时就通过接受企业的格式条款而将有关个人信息的数据进行了授权。此时，用户在将个人数据的部分权利让渡给企业时，也享受到了更加个性化、更加优质的体验或者服务，给日常生活带来了极大的便利。当然，企业利用互联网技术，将经授权采集的个人数据进行脱敏处理，并进行创新性编排或者其他处理方式而得到的数据产品的产权应当归属于企业。所以这些数据成果也可以作为企业的商品，在不侵害用户个人权利的基础上与爬取数据方拟定技术合同进行交易。当然，企业对这部分数据拥有的产权也受到一定程度上的限制，产权交易的前提不能侵害个人的隐私或者其他权利。

3. 爬取公共数据：按照公共利益理论

公交公司需要将数据提供给交管部门以便于实时公交监控公共数据的建构，本案所涉之诉并不涉及公共数据，但是有必要解释公共数据作为一种公共财产的属性，公共数据应当属于全民所有或者说是国家所有，并由政府代替全民的意志进行管理和使用，"车来了"判决所涉罪名对侵害法益是公共数据的破坏，这种司法认知对象错误。公共数据的共享开放的属性，公共数据能够通过政府的汇聚处理、资源整合、共享开放、有效应用等方式来提高政府的行政效率，提升政府信息化治理能力和公共服务水平，增强政府公信力和透明度，从而使社会公众和企业享受到更加优质的公共服务，"车来了"交通监管部门就享有了这种公共数据管理职权。另外，公共数据同其他财产一样具有非排他性以及非竞争性的特点，这也就决定了这部分数据的获取和管理的费用不能由

---

[1] 参见梅夏英：《在分享和控制之间数据保护的私法局限和公共秩序构建》，载《中外法学》2019 年第 4 期。

个人或者企业来承担，交由市场进行自我配置和管理的成本也过高。所以，由政府作为管理者的角色，通过税收来保证公共数据的免费共享和使用，从而更好地提升数据资源的最优配置。① 但"车来了"判决并不认为供应公共数据的数据公司之间可以开放共享，数据提供者之间仍然要遵循竞争准则。

（三）增加损害赔偿的司法解释条款

企业数据的侵权大多采取爬取数据库的形式，再利用数据库内容获取经济收益，数据信息很难估值，所以此时很难判定受害企业的损失。对此，司法解释可以参考《著作权法》的规定，在使用他人数据信息时应当支付合理的使用费用，具体数额可以依据数据的用途、使用者的预期收益、数据的重要性等因素由双方协商确定②，而当出现数据信息侵权问题时，可以依据同类数据信息合同约定的使用费用来确定受害者的损失。对于公共数据，每个公民享有使用政府公共数据并从中获益的权利，但个体的政府公共数据使用权不具有排他性，不能排斥他人对同一数据行使相同的权利。自由使用以不违反社会公共利益、不对他人的合法利益和正常使用构成妨碍为前提。③ 对公开数据恶意频繁爬取的行为因不当侵占和消耗了平台共有资源而减损了他人获取的效率和机会，应当受到限制。重要数据因涉及数据主权和国家安全而在跨境转移时需要满足安全评估的要求，否则可以构成非法获取国家秘密罪。公交公司实时监控数据的平台服务提供者除了对企业数据、公共数据承担损害赔偿以外，还要对个人数据权利受到的侵害给予精神损害赔偿。对于爬取个人数据引起的侵权，大多数侵犯个人数据信息案件都会因隐私被公众知悉，而使受害人受到精神损害，所以应当给予精神损害赔偿。对于精神损害赔偿的标准，除了司法解释规定的考虑因素外，还应当考虑网站的影响力、相关内容的点击率、转发量和网页的评论内容，从而判定精神损害的严重程度。④

结　语

推演案例所涉跨部门法的法律概念，导致审判部门对法律概念的看法不

---

① 参见李晓宇：《权利与利益区分视点下数据权益的类型化保护》，载《知识产权》2019 年第 3 期。

② 参见龙卫球：《再论企业数据保护的财产权化路径》，载《东方法学》2018 年第 3 期。

③ 参见田新玲、黄芝晓：《"公共数据开放"与"个人隐私保护"的悖论》，载《新闻大学》2014 年第 6 期。

④ 参见吕凯、张宇：《网络服务提供者的数据信息侵权问题研究》，载《天津大学学报（社会科学版）》2019 年第 4 期。

同，但司法者适用的法律概念必须是统一的。从整体上来说，我们能够总结出来的"7+7+2+N"模式已经足够处理网络违法犯罪行为，但是具体到案件推演的过程中，法官从违反社会秩序模式认定反不正当竞争行为或者非法侵入计算机信息系统罪，是由于对于爬取的企业数据的性质难以做出一般性的界定。为了澄清企业数据的性质，本文重点论证了爬虫爬取企业数据应属于财产性法益，并具体化为知识产权保护法益。按照知识产权保护法益适用爬虫爬取企业数据的不法侵害行为较一般条款，更具有说服力。鉴于法官选择了反不正当竞争行为法益的一般性保护，本文认为"7+7+2+N"模式具体化的最好的解决方式就是进行司法解释。

我们应首先设定对一个区分商业数据、商业秘密以及网络爬取行为的概念解释性条款。首先，要解释一下什么是企业商业数据？商业数据就是在大数据信息的基础上通过网络爬取等收集行为获取各种数据并对其进行再编辑及转让的占有使用等使其具有财产价值的可用于交易转让占有的财产，而知识产权中的商业秘密是指不为公众所知悉、能为权利人带来经济利益、具有实用性并经权利人采取保密措施的技术信息和经营信息。这是两个完全不同的概念，但是在其所产生的背景及遭到侵犯时所侵害的权利又是相似的，都是侵犯了企业的财产性利益，而在法律对于这种新型的数据性权利没有做出新规定时，就现有的法律即知识产权法律来进行救济，辅以司法解释进行前期的概念区分，是现实司法实践中最有效也是最适当的方式。其次，通过制定明确的损害赔偿条款，来解决网络爬虫行为犯罪中对于商业数据的非法获取所造成的公司企业经济上的损失，在刑法定罪的基础上解决民事侵权损害赔偿救济问题。

面对大数据时代爬虫爬取企业数据不法侵害的危害性，我们主张在司法解释中明确确立缓和的结果加重犯的法定量刑情节。张明楷教授提出："缓和的结果归属具有两个特点：一是结果归属的条件缓和，即尽管不符合通常的结果归属条件，但仍然将结果归属于行为人的行为；二是结果归属后的刑事责任追究比较缓和。"[①] 缓和结果加重犯有利于风险刑法中的罪刑法定、罪刑相适应的具体场景化应用。以"车来了"为例证解释为本罪的缓和的结果加重犯，而不是跳到另外一类犯罪之中去张冠李戴，严格区分此罪彼罪，宁可在正确的罪名中间确定一个结果缓和的结果加重犯，也不要跳到另外一种不同的类罪中去。明确恰当的罪名认定是实现法律的公正性与权威性的最重要方式。

---

① 参见张明楷：《论缓和的结果归属》，载《中国法学》2019年第3期。

利用信息网络实施严重不正当竞争行为的刑事规制问题研究

陈 磊[*]

内容摘要：随着信息网络的发展，利用信息网络实施的严重不正当竞争行为已经突破了反不正当竞争法保护的公平竞争秩序法益范畴，其危害性触及公民个人权利、社会公共秩序乃至网络安全，需用刑法手段来规制。在讨论利用信息网络实施的严重不正当竞争行为入刑问题时，首先应对新型的技术手段特征进行场景化、具体化分析，从形式和实质两个方面对其进行认定，根据不同行为和主体类型考虑具体罪名的适用。由此方能对利用此类"技术越界"以非法牟利的行为形成震慑，形成完备的利用信息网络实施严重不正当竞争犯罪行为的罪状体系。

关键词：网络不正当竞争　刑事规制　深度链接　流量劫持　数据爬虫

利用信息网络实施的不正当竞争行为，手段多样、方式隐蔽、破坏力强，具有明显的危害性：从行业竞争的角度来看，不正当竞争扼杀了不少创新型的中小型互联网企业，削弱了相关企业的核心竞争力，恶化了互联网行业的经营环境。从网络环境和消费者的角度来讲，不正当竞争导致信息网络领域提供的产品质量和服务水平下降，甚至破坏了网络安全，侵犯了用户隐私。基于当前的司法实践，本课题选取深度链接、流量劫持和爬虫软件三大类型的新型不正当竞争行为，并辅以相关的司法案例，对其行为特点和刑事定罪的争议问题进行深入分析并提出刑事规制建议。

---

[*] 课题负责人：陈磊，最高人民检察院检察理论研究所科研管理部主任，副研究员。课题组成员：最高人民检察院检察理论研究所但伟、蔡巍、陈文兴等；上海市人民检察院陈晨；北京市朝阳区人民检察院宋迎新。

一、利用信息网络不正当竞争行为概述

（一）利用信息网络不正当竞争行为的界定

所谓不正当竞争行为，根据 2017 年修订的《反不正当竞争法》第 2 条的规定，是指经营者在生产经营活动中，违反本法规定，扰乱市场竞争秩序，损害其他经营者或者消费者的合法权益的行为。

根据《反不正当竞争法》的规定，不正当竞争行为的行为要素除了行为主体为经营者外，主要可以分为三个方面：（1）在生产经营中发生的行为；（2）违反《反不正当竞争法》的规定，在认定法律未列举的不正当竞争行为时，主要是指违反该法第 1 条竞争原则的规定；（3）损害三种利益，即扰乱市场竞争秩序（公共利益），损害其他经营者或者消费者的合法权益。其中第（2）(3) 项元素可能涉及复杂的利益衡量，属于实质性判断标准。[①]

需要特别指出的是，由于网络不正当竞争行为的愈演愈烈，反不正当竞争法在修订过程中给予了回应，2017 年修订时增设了第 12 条[②]，以总括＋列举＋兜底条款的方式对网络不正当竞争行为进行了规定。

综合反不正当竞争法规定和实践，本课题将利用信息网络不正当竞争行为初步界定为：市场主体以信息网络为媒介和平台或在信息网络空间中实施的，违反法律规定和诚实信用原则，破坏市场公平竞争秩序，侵犯其他经营者和消费者合法权益的行为。

（二）利用信息网络不正当竞争行为的分类

网络经济和传统经济有着密切的联系，许多网络经济形式是传统经济在互联网中的延伸。但网络不正当竞争行为除了具有传统不正当竞争的本质外，还有网络特有的因素。实践中，与信息网络相关的不正当竞争行为从大的方面可以分为两大类：

[①] 孔祥俊：《论新修订〈反不正当竞争法〉的时代精神》，载《东方法学》2018 年第 1 期，第 68 页。

[②] 《反不正当竞争法》第 12 条：经营者利用网络从事生产经营活动，应当遵守本法的各项规定。经营者不得利用技术手段，通过影响用户选择或者其他方式，实施下列妨碍、破坏其他经营者合法提供的网络产品或者服务正常运行的行为：（一）未经其他经营者同意，在其合法提供的网络产品或者服务中，插入链接、强制进行目标跳转；（二）误导、欺骗、强迫用户修改、关闭、卸载其他经营者合法提供的网络产品或者服务；（三）恶意对其他经营者合法提供的网络产品或者服务实施不兼容；（四）其他妨碍、破坏其他经营者合法提供的网络产品或者服务正常运行的行为。

一是传统不正当竞争行为在信息网络空间中的蔓延。此类不正当竞争行为还是保持着传统的行为特质，只是借助了信息网络的载体和空间，影响了网络市场的竞争秩序。典型的如在互联网电商平台制售含有商标标识仿冒混淆行为的商品、利用信息网络实施虚假宣传、诋毁竞争对手的产品和声誉、在网络上发布他人商业秘密的行为等。此类行为与传统的不正当竞争行为没有"质差"。

二是与信息网络技术的发展和互联网环境的特性密切相关的不正当竞争行为，更加凸显出信息网络时代的特点，可以将其概称为新型信息网络不正当竞争行为。

近年来，此类不正当竞争行为也呈现出不同的手法和样态，有的学者将其总结为三大类，包括：一是与域名相关的不正当竞争行为，具体表现为域名抢注、域名仿冒以及域名与其他商业标记的恶意竞合；二是与网络链接有关的不正当竞争行为，表现为通过网络链接和搜索引擎实施的违反商业道德和公序良俗的行为；三是与网络数据库有关的不正当竞争行为，主要是滥用互联网的海量信息而形成的数据库信息的行为。"[1]

本课题研究的重点是上述行为中的第二类，即利用信息网络的新型不正当竞争行为，特别是其中较为严重的行为。

（三）新型利用信息网络不正当竞争行为的特点

从已有司法判决和典型案例来看，利用信息网络实施的不正当竞争行为呈现出以下特点：

一是不正当竞争行为蔓延趋势明显。从法院现有的生效判决来看，侵权主体和被侵权主体均不断扩大。目前的不正当竞争案件已涉及搜索引擎、浏览器、安全产品、网络游戏、移动端 APP 分发业务等众多互联网产品领域。

二是重复侵权现象严重。最为典型的是即使某类行为经生效的司法判决认定为侵权并被判承担民事责任之后，同样或类似的侵权行为仍反复发生。实施这些反复侵权行为的主体既有其他企业对在先的侵权行为进行效仿，也有同一侵权主体不断重复实施相同或类似的侵权行为。[2]

三是以"技术中立"原则进行抗辩的情形频现。"技术中立"原则是1984 年美国最高法院在"环球电影制片公司诉索尼公司案"中确立的标准，也被称为"实质非侵权用途"规则。根据这一原则，如果某类物品既可以被

---

[1] 赵军：《网络市场不正当竞争行为的法律规制》，载《特区经济》2010 年第 6 期，第 230 页。

[2] 张冬梅：《互联网领域不正当竞争行为及法律监督问题研究》，载《电子知识产权》2014 年第 12 期，第 37 页。

用于合法的用途，也可被用于侵权用途，那么，不能仅仅因为该类物品有可能被他人用于侵权用途而推定提供者"应当知道"他人侵权，更不能以此为由被要求承担帮助责任或替代责任。这其实是一项责任抗辩事由。在信息网络社会中，这一原则成为不少技术越界乃至技术滥用者的护身法宝，最广为人知的便是"快播案"中的"菜刀"之比喻。

四是平台作用放大的现象亟须关注。此处的平台应做较为宽泛的理解，本课题将其定义为"以某种类型的网络外部性为特征的现实或虚拟组织"。根据平台经济的观点，在平台经济的诸多特点之中，正外部性和多归属是典型。前者意味着当越多的主体进入平台之中，平台对于各方实现共赢的价值越大；后者则表明竞争性平台能给消费者带来效用最大的多重选择。① 近年来，平台在互联网领域的经营竞争中也有其身影。不仅是具有正外部性的平台带给消费者更多的选择，也有颇多平台负外部性明显，成为连接不正当竞争甚至违法犯罪行为的节点。对此，在行政监管和刑事处罚中应予以充分的重视，需要根据平台的地位作用对其进行责任评价，在后文关于区分犯罪主体进行罪名适用部分中将作专门探讨。

二、利用信息网络实施严重不正当竞争行为的刑事司法回溯

本课题所研究的严重不正当竞争行为，主要是指已经超越了反不正当竞争法的边界，可能承担刑事责任，或者已有刑事案例对其定罪处罚的行为。基于当前的司法实践，本课题主要选取深度链接、流量劫持和爬虫软件三大类型的新型不正当竞争行为进行分析。

（一）深度链接

链接技术是互联网形塑的坚实基础。网络链接一般分为浅度链接与深度链接，区分二者主要是根据链接行为中被链接网站能否清晰地显示被链接网站的标志。② 深度链接是对第三方网站存储文件的链接。用户点击链接之后，可以在不脱离设链网站的情况下从第三方网站下载该文件，或在线打开来自于第三方网站的文件，欣赏其中的作品。此时用户浏览器中显示的网络地址仍然为设链网站的地址而不是被链接的文件在第三方网站的地址。反之，如果能够显示被链接网站的标志则是浅度链接，也就是一般链接。由于深度链接将被链接网站中存储的内容作为自己网站的内容提供给网络用户，而且在某些情况下可能

---

① 姚余栋、杨涛：《共享金融：大变革时代金融理论有了突破点》，载和讯网，http://opinion.hexun.com/2015-09-08/178912780.html，最后访问日期：2019年11月12日。

② 许旭涛：《网络深度链接之侵权界定》，载《人民司法》2010年第20期。

为侵权产品的传播提供便利,随着我国知识产权保护意识的增强,市场竞争秩序保护深化,其合法性不断受到质疑。各方对深度链接行为的评价不一,特别是在行为是否构成犯罪等问题上存在诸多争议。

2014 年,上海普陀区法院对被告人张某某侵犯著作权一案作出构罪判决,使其成为使用深度链接技术获刑的第一人,该案受到广泛关注。

【案例一:张某某侵犯著作权案】2009 年底,被告人张某某申请注册网站域名后设立视频分享网站 www.1000ys.cc(网站名称为"1000 影视"),并在浙江绍兴租用服务器,通过安装相关软件,完成网站和服务器的连接。嗣后,被告人张某某未经著作权人许可,通过管理后台将网站定向链接至第三方网站哈酷资源网获取影视作品的种子文件索引地址,以强制使用 QVOD 播放软件的方式,为用户提供浏览观看影视作品服务。为提高网站的知名度和点击量,被告人同时在网站上以设置目录、索引、内容简介、排行榜等方式向用户推荐影视作品。2010 年 2 月,被告人加入"百度广告联盟",通过网站上发布各类广告获取收益。经鉴定,在被告人网站所链接的影视作品中,有 941 部与中国、美国、韩国、日本等相关版权机构认证的影视作品内容相同。

上海市普陀区人民法院于 2014 年 5 月 23 日作出(2013)普刑(知)初字第 11 号刑事判决书:被告人张某某犯侵犯著作权罪,判处有期徒刑 1 年 3 个月,缓刑 1 年 3 个月,并处罚金人民币 3 万元;违法所得依法予以追缴;扣押在案的作案工具,依法予以没收。

本案的裁判理由主要有以下四点:(1)从行为目的的角度分析。被告人张某某在获取可通过建立网站采集盗版影片资源牟利的信息后,建立网站并立即加入"百度广告联盟",通过非法刊登收费广告获取利益,主观上具备营利之目的。(2)从行为性质的角度分析。被告人张某某通过网站管理后台,主动链接至第三方网站获取影片种子文件索引地址,并强制用户使用具备点对点传播功能的播放软件浏览观看影视作品,从而实现网络传播。虽然《著作权法》等对信息网络传播权的规定主要针对直接上传等行为,但网络传播行为范围大于信息网络传播权控制的行为范围,既包括直接作品提供行为,也包括网络服务提供行为。被告人张某某的行为可使公众在其个人选定的时间和地点通过浏览涉案网站获得作品,满足信息网络传播行为的实质性要件,因此符合侵犯著作权罪中"发行"(通过信息网络向公众传播)的行为性质。(3)从主观状态角度分析。首先,基于 P2P 技术的特点和影视作品的经营模式,权利人不可能许可将其作品以"种子"形式免费传播。故可以认定作品的直接提供者,即本案中指向的被链方"未经著作权人许可"将影视作品制成"种子"并置于互联网传播的事实成立。其次,本案被告人张某某设立的涉案网站未获相关行政许可,系非法网站,且在经营中有主动采集盗版影片资源,并以设置目录、索引等方式向用户推荐影视作品行为。被告人张某某明知其链向的第三方网站是通过 P2P 技术"未经著作权人许可"提供作品的事实,其对涉案影视作品具有侵权性是明知的,存在"未经著作权人许可"进行网络传播作品的主观故意。(4)从犯罪情节角度分析。虽然法院对公诉机关指控的 10 万余元的犯罪所得未予认可,但经侦查机关抽检、相关权利人目视检测作品内容比对、鉴定机构有效链接测试,可以认定被告人张某某未经著作权人许可,通过信息网络向公众传播的影视作品达 941 部,已符合构成侵犯著作权罪的要件。综合以上四点,一审法院根据我国刑法及相关规定,以营利为目的,未经著作权人许可,发行(通过信息网络向公众传播)他人作品合计数量达 500 部以上的,构成侵犯著作权罪,判决被告人张某某实施的网络服务提供行为构成侵犯著作权罪。① 该案还被评为 2014 年中国法院十大创新性知识产权案件②。

(二)流量劫持

流量劫持是指利用各种恶意软件修改浏览器、锁定主页或不停地弹出新窗口等方式,强制网络用户访问某些网站或网页,从而造成用户流量被迫流向特定网站或网页的行为。③

"流量劫持"作为新型的网络不正当竞争行为,长期处于刑事制裁的边缘。当前"流量劫持"的刑事案件有两起。2015 年 5 月 20 日,上海市浦东新区法院付某某、黄某某破坏计算机信息系统罪一案定罪宣判。

【案例二:付某某、黄某某破坏计算机信息系统罪案】2013 年底至 2014 年 10 月,被告人付某某、黄某某等人租赁多台服务器,使用恶意代码修改互联网用户路由器的 DNS 设置,进而使用户登录"2345.com"等导航网站时跳转至其设置的"5w.com"导航网站,被告人付某某、黄某某等人再将获取的互联网用户流量出售给杭州久尚科技有限公司(系"5w.com"导航网站所有者),违法所得合计人民币 75 万余元。上海市浦东新区人民法院于 2015 年 5

---

① 《上海市静安区人民检察院诉张俊雄侵犯著作权案》,载上海法院网,http://shfy.chinacourt.gov.cn/article/detail/2017/08/id/2940758.shtml,最后访问日期:2019 年 11 月 16 日。

② 《2014 年中国法院十大创新性知识产权案件》,人民法院报 2015 年 4 月 21 日,载 http://rmfyb.chinacourt.org/paper/html/2015-04/21/content_96931.htm?div=-1,最后访问日期:2019 年 11 月 16 日。

③ 叶良芳:《刑法教义学视角下流量劫持行为的性质探究》,载《中州学刊》2016 年第 8 期,第 46 页。

月 20 日作出（2015）浦刑初字第 1460 号刑事判决：一、被告人付某某犯破坏计算机信息系统罪，判处有期徒刑 3 年，缓刑 3 年。二、被告人黄某某犯破坏计算机信息系统罪，判处有期徒刑 3 年，缓刑 3 年。三、扣押在案的作案工具以及退缴在案的违法所得予以没收，上缴国库。一审宣判后，二被告人均未上诉，公诉机关未抗诉，判决已发生法律效力。

此案为全国第一起流量劫持入刑的案件。2018 年 12 月，最高人民法院将此案作为指导性案例，并向社会进行了发布。

根据《刑法》第 286 条的规定，对计算机信息系统功能进行破坏，造成计算机信息系统不能正常运行，后果严重的，构成破坏计算机信息系统罪。本案中，被告人付某某、黄某某实施的是流量劫持中的"DNS 劫持"。DNS 是域名系统的英文首字母缩写，作用是提供域名解析服务。"DNS 劫持"通过修改域名解析，使对特定域名的访问由原 IP 地址转入篡改后的指定 IP 地址，导致用户无法访问原 IP 地址对应的网站或者访问虚假网站，从而实现窃取资料或者破坏网站原有正常服务的目的。二被告人使用恶意代码修改互联网用户路由器的 DNS 设置，将用户访问"2345.com"等导航网站的流量劫持到其设置的"5w.com"导航网站，并将获取的互联网用户流量出售，显然是对网络用户的计算机信息系统功能进行破坏，造成计算机信息系统不能正常运行，符合破坏计算机信息系统罪的客观行为要件。根据最高人民法院、最高人民检察院《关于办理危害计算机信息系统安全刑事案件应用法律若干问题的解释》的规定，破坏计算机信息系统，违法所得人民币 25000 元以上或者造成经济损失人民币 5 万元以上的，应当认定为"后果特别严重"。本案中，二被告人的违法所得达人民币 75 万余元，属于"后果特别严重"。

归纳起来，本案的裁判要旨主要有两点：一是通过修改路由器、浏览器设置、锁定主页或者弹出新窗口等技术手段，强制网络用户访问指定网站的"DNS 劫持"行为，属于破坏计算机信息系统，后果严重的构成破坏计算机信息系统罪。二是对于"DNS 劫持"，应当根据造成不能正常运行的计算机信息系统数量、相关计算机信息系统不能正常运行的时间以及所造成的损失或者影响等，认定其是"后果严重"还是"后果特别严重"。[①]

2015 年 11 月 11 日，全国第二例流量劫持案在重庆市渝北区人民法院宣判。四名被告人被认定实施了非法控制计算机信息系统罪。

前述两个案件是庞大的"流量劫持"现象中的两个特例，也是当前仅有

---

① 《指导案例 102 号：付宣豪、黄子超破坏计算机信息系统案》，载最高人民法院网，http://courtapp.chinacourt.org/zixun-xiangqing-137071.html，最后访问日期：2019 年 12 月 2 日。

的两个有罪判决。有罪判决具有鲜明的先例效应，成为今后追究"流量劫持"行为刑事责任的司法标杆。但实际上通过对两个案例深入分析可见，同为以DNS攻击实施的"流量劫持"危害行为，两个有罪判决的定性存在较大差异。不仅如此，重庆市渝北区判决的案例中，被告人实施的四节行为模式存在差别，全部纳入刑事规制犯罪有待商榷，这将在后文作详细讨论。由此可见，将流量劫持作为犯罪论处，尚有诸多新问题需要厘清和解决。

（三）爬虫软件

2017年11月24日，北京市海淀区人民法院审结一起被控非法获取计算机信息系统数据的刑事诉讼案件。该案系全国首例使用"爬虫"技术侵入计算机系统的刑事案件。

【案例三：上海晟品网络科技有限公司，张某某等人非法获取计算机信息系统数据案】 被告单位上海晟品网络科技有限公司系有限责任公司，经营计算机网络科技领域内相关业务。被告人张某某、宋某某、侯某某经共谋，于2016年至2017年间采用技术手段爬取被害单位北京字节跳动网络技术有限公司服务器中存储的视频数据，并由侯某某指使被告人郭某某破解北京字节跳动网络技术有限公司的防爬取措施，使用"tt_spider"文件实施视频数据爬取行为，造成被害单位北京字节跳动网络技术有限公司损失技术服务费人民币2万元。

最终海淀区法院以非法获取计算机信息系统数据罪分别判处被告单位罚金20万元，判处被告人张某某等4人有期徒刑9个月至1年不等的刑罚及3万元至5万元不等的罚金。

该案系全国首例利用"爬虫"技术非法入侵其他公司服务器爬取数据，进而实施复制被害单位视频资源的案件。① 本案在判决中，法官特别指出，在信息时代，"爬虫"技术是一种常见的数据爬取技术，最常用的领域是搜索引擎，该技术的有效使用有利于数据的共享和分析、造就了互联网生态的繁荣，但并不意味该技术的使用没有边界。② 本案中，被告单位及被告人在数据爬取的过程中，采取了规避或突破被害单位反"爬虫"安防措施的技术手段，未经许可进入了被害单位的计算机系统，属于非法获取计算机信息系统数据罪中的"侵入"行为，从而构成了非法获取计算机信息系统数据罪。数据爬虫的违法边界一直是互联网争议的热点，尤其是在大数据时代，随着内容数据价值

---

① 参见北京市海淀区人民法院刑事判决书（2017）京0108刑初2384号。
② 游涛等：《北京海淀法院审结全国首例"爬虫"技术侵入计算机系统犯罪案》，载《人民法院报》2019年1月1日，第3版。

的日益凸显，爬虫侵权案也越来越多。互联网业内普遍认为数据爬虫是否构成犯罪，一直是难以界定的灰色地带。

从上述案例及案例带来的争议问题来看，应当说，针对新型利用信息网络实施的严重不正当竞争行为，当前的司法实践还面临着比较多的难题和挑战，包括对新型行为方式和性质的确定，对民法、竞争法亦或刑法等法律规制模式的选择，在考虑刑事入罪的案件中，具体罪名的适用也面临着颇多争议。

三、利用信息网络实施严重不正当竞争行为的刑事规制

前文对不正当竞争行为的三种主要表现形态进行了分析。与层出不穷的违法行为和民事、行政案件相比，刑事判例可谓少之又少。笔者认为，对于新型信息网络不正当行为规制的民事、行政先行的司法实践，充分体现了司法理性，值得充分肯定和提倡。但是，这并不否认对于该领域行为进行刑事规制的必要性和有效性。虽然一些学者以刑罚的谦抑性和适度性为由主张竞争领域的非刑事化。但是要看到，不正当竞争行为会破坏市场经济竞争机制的形成和运行，扭曲社会资源配置，阻碍社会经济健康发展，损害社会利益。对竞争领域的违法行为进行刑事处罚，也是大多数市场经济国家的通行做法。

（一）利用信息网络实施严重不正当竞争行为入刑的必要性

1. 利用信息网络实施严重不正当竞争行为的社会危害性严重

如前所述，利用信息网络实施严重不正当竞争行为的社会危害绝不仅止于对经营竞争环境的破坏。以"流量劫持"为例，在2013年《中国互联网法律与政策研究报告》中就指出，流量劫持作为新兴的网络不正当竞争行为，亟待立法规制。在较长时间内，对于流量劫持行为主要依靠民事起诉索赔和民事诉前禁止令的民事救济方式。在未采取技术手段侵入计算机信息系统，行为人主要采取核心关键词的替换等手段的情况下，流量劫持尚在不正当竞争行为的框架内。但是如果采取破坏计算机信息系统正常运营的方式劫持流量，即采用DNS劫持、用户端植入插件或代码等手段，就可能构成犯罪。在这种情况下，反不正当竞争法所着力保护的市场竞争秩序已无法完全涵盖此类行为所损害的法益，社会公众也往往感受到此类行为所具有的严重危害性，而且这种危害性也是社会公众所不能忍受的。

2. 单纯的民事和行政手段难以有效地规制和预防此类不正当竞争行为

在利用信息网络实施严重不正当竞争行为已经触及社会公共秩序乃至公民个人合法权利的情况下，仅仅用民法和行政手段加以规制往往显得软弱无力。在前述采用DNS劫持、用户端植入插件或代码等手段实施流量劫持的案件中，民事救济手段已无法有力保护正常或完整的网络数据运行活动，更不用谈及保

护网络空间安全。只有对此类行为进行刑法规制才能够有效地预防此类行为，才不会影响互联网的蓬勃、健康发展。

3. 对不正当竞争行为科以刑罚，有利于保障竞争行为公平、自由地进行，激发市场的竞争活力

对利用信息网络实施严重不正当竞争行为用刑法规制契合了维护网络安全和公民权利的需要，为类似的"技术越界"行为的刑法规制提供治理经验。流量劫持、爬虫软件等技术的发展路径已充分说明，在互联网蕴含的巨大经济利益的驱使下，即使是单纯的"技术越界"也会逐渐演化为对整个互联网安全的挑战，相关的刑事案例充分提示了技术失范行为的风险和应负的法律责任。刑法强制力可以对滥用爬虫软件、流量劫持之类的"技术越界"行为形成有效威慑。

（二）刑事规制的具体路径

1. 事实基础：对不正当竞争行为进行具体化、场景化分析

利用信息网络实施的不正当竞争行为方式多样。即使归为一大类的行为也呈现出多样态势，需要进行细分研究，方能为确定其法律性质和法律责任提供基础。

以流量劫持为例，有学者将流量劫持行为分为硬性流量劫持行为和软性流量劫持行为[①]，类似的分类还有黑色流量劫持和灰色流量劫持，以及域名流量劫持和链路流量劫持等。上述分类方法有其相似之处，主要可以归结为：软性流量劫持行为倾向于用关键词替换、诱导提示、客户端代码篡改等方式诱使用户登录别的网络界面。这种行为尤以客户端劫持为甚，几个主流的互联网公司早期都为此诉诸公堂。比较典型的判例有：百度诉360科技案、搜狗诉百度案、万维网诉百度案等。对于软性的流量劫持行为，考虑到其破坏性较小，主要是利用诱导的方式，对计算机信息系统的安全破坏几乎为零，所以应认定为一般不正当竞争行为并用民法的手段加以规制。

与之相反，硬性流量劫持的手段较为暴力，多采用破坏计算机信息系统正常运行的手段来劫持用户的流量。DNS劫持、CDN劫持、网关劫持等是其主要类型。虽然它们在具体的细节方式或者攻击程度上有所区别，但核心之处都在于采用攻击计算机信息系统安全的方式达成目的，并使破坏后的计算机信息系统暴露在互联网环境之下，无异于是让用户的计算机信息系统"裸奔"。

[①] 袁博：《论"流量劫持"的民刑法律责任》，载《上海法治报》2015年11月25日，第B05版。

在前述重庆市渝北区法院所判决的流量劫持案件中，对被告人认定了四节事实。① 其中前三节主要是域名劫持，而最后一节事实是链路劫持。② 法院对链路劫持行为认定为刑事犯罪。笔者认为这有待进一步的研究和商榷。在该节事实中，行为人通过修改域名解析配置文件，诱导用户通过其指定的网站域名访问目标网站。在这种情形下，虽然存在实际障碍，但用户的上网目的仍能实现，只是被强制"借道"。换言之，这种流量劫持行为并不妨碍用户的上网自主权，并不符合破坏计算机信息系统罪和非法控制计算机信息系统罪等罪名的行为构成要件。值得关注的是，实践中，更常见的链路劫持行为（如通过误导性广告、下拉提示词、吸附悬浮窗等方式诱导用户进入特定网站，从而达到分流客户的目的），破坏了公平竞争秩序，损害了他人的商业利益，构成了不正当竞争，应予以必要监管。但上述行为一般达不到这种轻度破坏性，因而危害性更低，不应纳入刑事规制的视野。

2. 路径选择：刑事判断与实质判断双管齐下

罪刑法定是刑法的基本原则，即使新型利用信息网络犯罪的严重程度突破

---

① 本案基本案情：2008 年 10 月起，被告人施某某在中国××××有限公司重庆网络监控维护中心核心平台部工作，负责业务平台数据配置。2013 年 2 月至 2014 年 12 月，被告人施某某、唐某某、李某甲、高某甲为谋取非法利益，违反规定，先后对×××重庆分公司互联网域名解析系统进行非法控制。具体事实如下：一、2013 年 3 月前后，被告人高某甲邀约被告人李某甲做传奇私服游戏的域名劫持，以从开设该私服游戏的人中获取经济利益。李某甲找到在×××重庆分公司工作的被告人施某某。施某某利用其负责公司网络域名解析的便利，按照指定需要劫持的网站和网络 IP 地址，修改×××重庆分公司的互联网域名解析系统的配置文件，致使在用户访问被劫持的网站时，强行跳转到另外的页面，用户实际访问的页面与用户输入的网址不同。被告人高某甲、李某甲、施某某分别获利 7 万元。二、2014 年初，被告人高某甲邀约被告人施某某通过上述相同方式做传奇私服游戏的域名劫持。高某甲获利 11.3451 万元，施某某获利 39.5 万元。三、2013 年 10 月至 2014 年 10 月，被告人李某甲邀约被告人施某某通过上述相同方式做传奇私服游戏的域名劫持。李某甲获利 7 万元，施某某获利 35.91 万元。四、2014 年 6 月前后，被告人唐某某认识负责网站推广的赵某某，约定唐某某给"××××""××××""×××导航""××××"收集 IP 访问流量，赵某某获取上述网站的推广费后支付给唐某某。被告人唐某某邀约被告人施某某以流量劫持的方式获取访问流量。施某某利用其负责公司网络域名解析的便利，修改×××重庆分公司的互联网域名解析系统的配置文件，致使在用户访问该四个网站时，自动加入推广商的代码。赵某某获取推广费后支付给被告人唐某某，唐某某通过银行转账共向施某某给付 74.69 万元，唐某某获利 50 万元。

② 参见《施硕等非法控制计算机信息系统一审判决书》，载中国裁判文书网，http://wenshu.court.gov.cn/website/wenshu/181107ANFZ0BXSK4/index.html?docId=13d9d7ce3f3147189af24395948a7cc5，最后访问日期：2019 年 12 月 16 日。

了竞争法规制的范畴，但其如果不符合刑事违法性和有责性的要求，进行刑事规制仍存在障碍。具体而言，可以从两个方面对其进行刑事法律责任认定：

一是行为人的行为要符合刑事法律对犯罪构成要件的规定，也就是符合形式违法性。以使用爬虫软件获取公民个人信息行为的刑事处罚为例，首先对行为人的行为进行形式判断。网络安全法与公民个人信息保护法等确立的公民个人信息保护合法性原则，以及网络爬虫领域规范爬虫行为的行业规则即爬虫协议（Robots 协议），是判断爬虫行为形式上违法的重要标准，是判断是否符合侵犯公民个人信息罪的形式要件。

二是要对行为人的行为作实质判断。如对爬虫软件是否构成侵犯公民个人信息"非法性"的判决，不能仅从形式构成要件考察，仍需进行实质性判断，行为人在权限许可范围内使用爬虫行为获取公民个人信息的，或者行为人使用爬虫行为非法收集的如果是无法识别特定自然人身份的公民个人信息，即便爬虫行为性质上非法，也不构成犯罪。[①]

3. 刑罚配置：罪责刑相适应和规制优化双重考量

现代法治国家为了提高刑罚打击预防的效率和效果，均会依据刑罚与犯罪的适应性、刑罚的适度性、刑罚的协调性等原则来配置刑罚。在我国《反不正当竞争法》的责任体系中，行政责任处于主体地位，同时对民事和刑事责任进行了规定。笔者认为，在对严重不正当竞争行为科以刑罚的案件中，需要注意区分违法和犯罪的不同层次，既要防止以罚代刑，又要对刑事处罚保持审慎态度。在此基础上，处理好自由刑、财产刑和资格刑之间的关系。对于不正当竞争行为，虽然其不同行为触犯的具体刑事法益不同，但其行为的出发点多是贪利性的目的，应更多关注罚金刑和资格刑的适用。罚金刑作为惩罚贪利性犯罪的一种财产刑，不仅能弥补短期自由刑的不足对轻微犯罪具有很好的威慑效果，更为重要的是，财产刑能剥夺行为人的犯罪所得，甚至以个人自身财产承担罚金，以这种高额的犯罪成本有效阻遏不法者的犯罪意念。而资格刑对经营者所从事的经营活动范围和个人从事职业在一段时间内加以限制，也就实现了刑罚的惩罚与预防的功能。

（三）具体罪名适用的类型化分析

1. 纯正网络犯罪和不纯正网络犯罪的区别

利用信息网络实施的严重不正当竞争行为可能涉及的罪名群主要包括侵犯

---

① 参见刘艳红：《网络爬虫行为的刑事规制研究——以侵犯公民个人信息犯罪为视角》，载《政治与法律》2019 年第 11 期，第 25—26 页。

计算机信息系统的罪名、公民个人信息、知识产权犯罪等。对于相关罪名的选择和适用，笔者认为，纯正网络犯罪和不纯正网络犯罪在罪名适用中可以有不同的关注方向。①

对行为进行类型化分析是为了抽象提炼其罪质和罪量，以准确地适用法律。基于此，本课题将网络犯罪归为两大类，第一类是纯粹的网络犯罪，即侵害计算机信息系统安全的网络犯罪；第二类是不纯粹的网络犯罪，即利用信息网络工具或在网络空间侵害传统法益的犯罪。②

对于纯粹的网络犯罪，即以信息网络对犯罪对象的犯罪，触及的主要罪名主要是现阶段刑法中有关侵犯计算机信息系统的罪名，包括非法侵入计算机信息系统罪，非法获取计算机信息系统数据罪，非法控制计算机信息系统罪、提供入侵，非法控制计算机信息系统程序、工具罪，破坏计算机信息系统罪等，对其进行罪名适用时主要根据行为和结果选择相应罪名，并解决竞合问题。

在司法实践中，关于侵犯计算机系统的数个罪名一直有"非法控制"和"非法破坏"的逻辑之争，意见分歧在前述流量劫持的两个刑法判例中表现得非常明显。

笔者认为，非法控制和非法破坏在实际案例中会有一定的重合，但也有区分的空间。总体而言，破坏行为强调的是行为方式，而非法控制则是强调结果状态，刑法对两者评价的重点不同，因此设置了不同的罪名。在实践中，如果行为人不通过破坏计算机信息系统而实现非法控制的，应归属于非法控制计算机信息系统的行为；仅破坏计算机信息系统但未实现对其非法控制的，应归属

---

① 以侵害的法益为标准，各国学者对网络犯罪的分类提出了不同的意见，如我国学者于志刚教授将网络犯罪划分为以计算机网络为对象、计算机网络为工具、计算机网络为空间的三大类犯罪模式。意大利学者将意大利学者把网络犯罪分为三类：即以新的行为方式侵害传统法益的犯罪，也基于新的行为方式或行为对象而侵害与传统法益相类似法益的犯罪，以及侵害因信息与通信技术而产生的全新法益的犯罪。美国司法部把网络犯罪分为以计算机为客体的犯罪，以计算机为主体的犯罪以及计算机为工具的犯罪。上述分类方法各有侧重，也各有优势，本课题主要是基于分析罪名适用的需要，将网络犯罪划分为纯粹网络犯罪和不纯粹网络犯罪。参见于志刚：《网络思维的演变与网络犯罪的制裁思路》，载《中外法学》2014年第4期；[意] 劳伦佐·彼高狄：《信息刑法语境下的法益与犯罪构成要件的建构》，吴沈括译，载《刑法论丛》2010年第3期；See Caroline Fehr, Christine Li Calzi, Thomas Oates, Thirty-First Annual Survey of White Collar Crime, American Criminal Law Review, 980 - 986, Fall (2016).

② Susan W. Brenner, Cybercrime Metrics: Old Wine, New Bottles? Virginia Journal of Law & Technology, 2, Fall (2004). 转引自欧阳本祺：《论网络时代刑法解释的限度》，载《中国法学》2017年第3期，第171页。

于破坏计算机信息系统的行为。上述两种情况应无太大争议，只有当两者发生了竞合，即非法控制计算机系统的状态是通过破坏计算机信息系统进而实现的，应根据想象竞合犯的处断原则，择一重罪处断，即以破坏计算机信息系统罪论处。①

值得特别指出的是，对上述行为和状态的讨论厘清了非法控制和非法破坏的边界，这种典型的侵犯刑法法益的行为只有通过刑法手段加以规制，才能够凸显设立破坏计算机信息系统罪的价值，这也是将严重不正当竞争行为纳入刑法规制视野的考量。

二是不纯粹网络犯罪。不纯粹网络犯罪虽然以信息网络为工具或利用信息网络空间，但其指向的仍是传统法益（或者理解为非信息网络安全法益），在罪名适用时需要特别关注传统犯罪和网络犯罪在罪质和罪量方面的联结和分离，考虑利用信息网络实施犯罪行为的实施特征能否被涵摄进传统罪名的构成要件要素之中。具体而言可分为两点：其一，要重视民法、行政法等前置法对于相关行为的法律规定，在刑法适用时作为重要的依据和参考；其二，研究分析利用信息网络犯罪在刑法解释时与传统犯罪的同质性和等价性。

下面以两个例子加以说明，第一个例子是备受社会关注的2015年南京法院判决的淘宝"反向炒信"案。

【案例四：董某某和谢某某破坏生产经营案】北京智齿数汇科技有限公司于2013年11月在淘宝网注册成立名称为"PaperPass i论文通行证"的网上店铺，主要经营论文相似度检测业务，由该公司的南京分公司即智齿科技南京公司具体负责运营。2014年4月，在淘宝网经营论文相似度检测业务的被告人董某某出于报复和自己从中获利的目的，雇用并指使上诉人谢某某，多次以同一账号恶意大量购买智齿科技南京公司淘宝网店铺的商品，意图使浙江淘宝网络有限公司以涉嫌虚假交易对智齿科技南京公司的商品作出搜索降权等市场管控措施。2014年4月23日，浙江淘宝网络有限公司认定智齿科技南京公司淘宝网店铺从事虚假交易，并对该店铺商品作出商品搜索降权的市场管控措施，后经智齿科技南京公司线下申诉，于同年4月28日恢复该店铺商品的搜索排名。搜索降权期间，消费者在数日内无法通过淘宝网搜索栏搜索到智齿科技南京公司淘宝网店铺的商品，该公司淘宝网店铺的正常生产经营遭到破坏。经分析、统计2014年4月至5月智齿科技南京公司每日成交金额及行业成交趋势，智齿科技南京公司因其商品被搜索降权而产生的损失为人民币10万余元。

---

① 叶良芳：《刑法教义学视角下流量劫持行为的性质探究》，载《中州学刊》2016年第8期，第47页。

本案经过南京市中级人民法院二审,维持了上诉人的罪名,认定(原审被告人)董某某、谢某某由于报复和其他目的,以其他方法破坏生产经营其行为均构成破坏生产经营罪,且系共同犯罪。基于二审期间出现新的证据,原审判决认定二上诉人造成的损失数额不当,予以纠正。鉴于损失数额变化依法调整二上诉人的量刑。

本案在审理时主要的罪名争议点在破坏生产经营罪和损害商业信誉罪。生效判决认为被告人董某某的行为性质具有竞合性,既属于损害商业信誉的行为,又属于以其他方法破坏生产经营,择一重罪以破坏生产经营罪论处。[1] 该案引起了理论界和司法界的关注和讨论,有不少学者对此提出了质疑,认为妨害网店经营的行为与"毁坏机器设备、残害耕畜"等破坏生产经营罪所列举的行为方式不具有等价性。[2] 对此该案主审法官作出了以下阐释,认为互联网经济作为经济发展中的重要经济形态,淘宝商户经营当属生产经营的一种。搜索排名系互联网经济中第三方商务平台的重要经营模式,其作用较之一般生产工具对生产经营更具有重要意义,是淘宝经营中的重要指标,与商户的经营收入密切挂钩。而行为人利用了淘宝的搜索排名的规则和惩罚机制,利用恶意反向炒信的手法使得被害单位智齿科技南京公司被淘宝平台根据其规则认定为虚假交易采取相应措施,其生产经营遭受破坏,非法行为和损害之间存在因果关系。在信息网络时代,如何解释"其他破坏生产经营手段",既能保持刑法的安定性和统一性,避免类推解释,又能使破坏生产经营罪这一传统罪名有效应对新形势下不断发展演变的不正当竞争行为方式,是需要司法界进一步研究的问题。[3]

另外,严重不正当竞争行为入刑时需要关注前置法律规定,并参考相关法学观点,保持不同法律体系之间的统一性和协调性。深度链接便是一个典型案例。深度链接行为引发的著作权侵权认定标准之争分歧颇大,在知识产权法领域,除了截然对立的"服务器标准"和"用户感知标准",近年来,我国理论界和实务界还提出"实质呈现标准""法律标准"和"提供标准"等多种标准。对深度链接能否构成直接侵权在著作权法领域尚难以形成统一观点。在这

---

[1] 参见江苏省南京市雨花台区人民法院(2015)雨刑二初字第29号(2015年12月18日);南京市中级人民法院(2016)苏01刑终33号(2016年12月19日)。

[2] 如欧阳本祺:《论网络时代刑法解释的限度》,载《中国法学》2017年第3期,第167页。

[3] 王瑞琼:《"反向炒信"造成被害单位损失构成破坏生产经营罪》,载《人民法院报》2017年4月19日,第6版。

种情况下，对深度链接入刑更应保持审慎和克制的态度。笔者认为，不宜对信息网络传播行为作过分扩大化解释，从而在现有法律框架下，将深度链接定性为"提供作品内容"的信息网络传播行为，适用"实质呈现标准"认定其构成著作权直接侵权行为。

2. 犯罪主体的不同对罪名的影响

犯罪主体对罪名适用的影响，最典型的例子就是《刑法修正案（九）》增设的三个罪名，即第286条之一拒不履行信息网络安全管理义务罪，第287条之一非法利用信息网络罪、第287条之二帮助信息网络犯罪活动罪，这三个罪名的主体主要是网络服务提供者，由此可能引起准备犯正犯化和帮助犯正犯化的问题。

以流量劫持为例，前述两个上海和重庆判决的"流量劫持"的案例主要是针对使用"流量劫持"技术实施不正当竞争的行为人，事实上提供"流量劫持"技术或帮助实施"流量劫持"的严重行为同样应予以刑事处罚，主要可以考虑两个罪名。一是刑法第285条第3款规定的提供侵入、非法控制计算信息系统程序、工具罪，当行为人明知他人实施侵入和非法控制计算机信息系统的，提供DNS等硬性的"流量劫持"程序或工具的，在达到情节严重时，可能构成此罪名。二是刑法第287条之二规定的帮助信息网络犯罪活动罪，当明知他人利用"流量劫持"等手段实施犯罪的，提供互联网接入、服务器托管、网络存储等技术支持或其他技术帮助的，此罪名有适用的空间。

结　　语

随着信息网络的发展，利用信息网络实施的严重不正当竞争行为已经突破了反不正当竞争法保护的公平竞争秩序法益范畴，其危害性触及公民个人权利、社会公共秩序乃至网络安全。对此需用刑法手段作为调整社会关系、处理犯罪行为、维护社会公平正义的最后一道屏障，发挥其功能和作用。在讨论利用信息网络实施的严重不正当竞争行为入刑问题时，首先应对新型的技术手段特征进行场景化、具体化的分析，在此基础上，从形式和实质两个方面对其认定，并根据不同行为和主体类型考虑具体罪名的适用。由此方能对可以对于利用此类"技术越界"以非法牟利的行为形成震慑，形成完善的利用信息网络实施严重不正当竞争犯罪行为的罪状体系，在保障刑法谦抑性的同时，利用刑法的强制力保障竞争秩序、维护公民个人权利的安全与稳定。

第二编　个人信息保护

个人信息的刑法保护边界

王凤涛[*]

内容摘要：个人信息的刑法保护问题不仅关系到个人人身、财产、隐私利益的保护，还关系到个人信息传播的社会收益。在个人信息的刑法保护边界问题上，犯罪构成理论是较为流行的一种思路，但其生成逻辑有着内在缺陷。立法"搭框架"、司法"精装修"的进路，有助于防范个人信息保护的刑法漏洞，但容易导致司法保护的随意性和扩大化。由"刑法先行""刑民并进"到"民先刑后"的法律救济排序方式，不符合个人信息保护的司法规律。个人信息的刑法保护应当在分析信息技术发展背景的基础上，比较各种方案的成本收益，进而计算出个人信息刑法保护最优边界。

关键词：个人信息　侵犯公民个人信息罪　信息费用　预算约束　社会成本

一、问题的提出

大数据时代信息技术的进步，促进了互联网电信、互联网金融的日益发达。随着移动互联网的高速发展，个人信息与财产安全、人身安全等诸多切身利益联系的更加紧密。从纯生物学的观点看，技术破坏性一面的发展远远要比创造性一面的发展更加迅猛。[①] 因此，与个人信息重要性日益增加相对应的是，个人信息被泄露、非法获取和非法利用的事件越来越频发也越来越隐

---

[*] 王凤涛，最高人民检察院办公厅检察改革研究人员，法学博士，研究方向：检察制度、检察改革、法律经济学。基金项目：2019年度最高人民检察院检察理论研究所互联网刑事法律研究中心课题《个人信息的刑法保护边界》（立项编号：GJ2019HX06）的阶段性研究成果。

① 参见［英］伯特兰·罗素：《权威与个人》，储智勇译，商务印书馆2012年版，第22页。

蔽,① 对个人信息的保护也面临着前所未有的挑战。"犯罪分子获取个人信息,主要是进行电信诈骗、网络诈骗等新型、非接触式犯罪,抢劫、敲诈勒索等严重暴力犯罪,非法商业竞争以及婚姻调查、非法讨债等违法活动。"② 个人信息安全由此越来越受到关注。

作为社会控制的组成部分,法律是一种社会控制,但并非唯一的社会控制,礼仪、习惯、伦理、官僚制也是社会控制。社会控制是个变量,一种场合中的社会控制多于另一种场合,但没有任何一种社会控制在所有场合都是无出其右的。③ 但当一种有害行为出现时,人们自然会想到让受害人"拿起法律武器来保护自己的合法权益",要求对这种有害行为进行法律控制。这似乎已成为人们应对有害行为的常态反应。④ 在所有的法律控制方式中,刑法无疑是最为严厉的,也往往是最受欢迎的。这种情形反映在个人信息保护方面,即要求通过刑法加大侵犯个人信息犯罪行为惩罚力度的呼吁此起彼伏。这种立法期待在立法上的回应是,自1997年刑法颁布实施以来,我国刑法对于个人信息的保护一直处于扩张的态势。

1997年刑法没有规定个人信息保护的直接罪名,主要是通过保护社会信息(如泄露内幕信息罪、侵犯商业秘密罪等)间接保护个人信息。2005年《刑法修正案(五)》增设了窃取、收买、非法提供信用卡信息罪,对于他人的"信用卡信息资料"这一特定的个人信息给予刑法保护。⑤ 2009年2月28日,《刑法修正案(七)》增设了"出售、非法提供公民个人信息罪"和"非法获取公民个人信息罪。犯罪主体限于国家机关或金融、电信、交通、教育、医疗和其他单位的工作人员,法定刑配置了"处三年以下有期徒刑或者拘役,

---

① 参见黄祖帅:《中国个人信息的刑法保护研究》,载《首都师范大学学报(社会科学版)》2015年第5期,第72页。
② 参见翁孙哲:《个人信息的刑法保护探析》,载《犯罪研究》2014年第1期。
③ [美]唐纳德·J.布莱克:《法律的运作行为》,唐越、苏力译,中国政法大学出版社2002年版,第123页。
④ 参见[意]卡洛·罗韦利:《七堂极简物理课》,文铮、陶慧慧译,湖南科学技术出版社2016年版,第90页。
⑤ 参见李怀胜:《公民个人信息的刑法保护思路》,载《中国信息安全》2017年第1期,第102页。

并处或者单处罚金"一档。① 2013 年 4 月 23 日，最高人民法院、最高人民检察院、公安部发布的《关于依法惩处侵害公民个人信息犯罪活动的通知》进一步明确了两个罪名的犯罪主体，规定出售、非法提供公民个人信息罪的犯罪主体，除国家机关或金融、电信、交通、教育、医疗单位的工作人员之外，还包括在履行职责或者提供服务过程中获得公民个人信息的商业、房地产业等服务业中其他企事业单位的工作人员。2015 年 8 月 29 日，《刑法修正案（九）》改变了《刑法修正案（七）》将侵犯个人信息犯罪规定为"非法提供、出售公民个人信息罪"和"非法获取公民个人信息罪"两个罪名的做法，将上述两个罪名合并为"侵犯公民个人信息犯罪"一个罪名，② 加大了对个人信息安全的保护力度。犯罪主体由从事特定职业的身份犯扩大为一般主体，法定刑增加了"情节特别严重的，处三年以上七年以下有期徒刑，并处罚金"一档。③ 2017 年 6 月 1 日颁布实施的"两高"《关于办理侵犯公民个人信息刑事案件适用法律若干问题的解释》，对"公民个人信息"的范围、"违反国家有关规定"的认定、"非法获取公民个人信息"的认定、侵犯公民个人信息罪的定罪量刑标准、侵犯公民个人信息关联犯罪的处理、侵犯公民个人信息罪的认罪认罚从宽处理规则、涉案公民个人信息的数量计算规则、侵犯公民个人信息犯罪的罚金刑适用规则、司法解释的时间效力等十个方面的内容作出明确，对侵犯个人

---

① 《刑法修正案（七）》第 7 条规定，在《刑法》第 253 条后增加一条作为第 253 条之一："国家机关或者金融、电信、交通、教育、医疗等单位的工作人员，违反国家规定，将本单位在履行职责或者提供服务过程中获得的公民个人信息，出售或者非法提供给他人，情节严重的，处三年以下有期徒刑或者拘役，并处或者单处罚金。窃取或者以其他方法非法获取上述信息，情节严重的，依照前款的规定处罚。单位犯前两款罪的，对单位判处罚金，并对其直接负责的主管人员和其他直接责任人员，依照各该款的规定处罚。"

② 《刑法修正案（九）》第 17 条规定，将刑法第 253 条之一修改为："违反国家有关规定，向他人出售或者提供公民个人信息，情节严重的，处三年以下有期徒刑或者拘役，并处或者单处罚金；情节特别严重的，处三年以上七年以下有期徒刑，并处罚金。违反国家有关规定，将在履行职责或者提供服务过程中获得的公民个人信息，出售或者提供给他人的，依照前款的规定从重处罚。窃取或者以其他方法非法获取公民个人信息的，依照第一款的规定处罚。单位犯前三款罪的，对单位判处罚金，并对其直接负责的主管人员和其他直接责任人员，依照各该款的规定处罚。"

③ 参见李明鲁：《数据交易中个人信息的刑法保护》，载《石河子大学学报（哲学社会科学版）》2018 年第 2 期，第 53 页。

信息犯罪的惩罚力度进一步加大。① 个人信息的刑法保护格局初步形成。

考察大数据时代的个人信息保护发现,目前个人信息的刑法保护还存在一些待解的问题,特别是个人信息刑法保护的边界不清引发的司法风险和权利保障风险尚未得到有效化解。我们将在第二、第三和第四部分,在分析信息化时代个人信息保护的风险以及这些风险对个人人身、财产、隐私保护等带来的后果,对个人信息的法律保护方案进行归纳总结的基础上,分别剖析犯罪构成理论在个人信息保护过程中的角色,审视法律适用过程中对现有刑法规定的理解和适用,反思"立法'搭框架'、司法'精装修'"的制度后果,比较"刑法先行""刑民并进"到"民先刑后"三种法律保护顺位各自的优势与不足,权衡各种保护措施的优劣之处。结合个人信息保护的现状,探寻个人信息保护的刑法需求量,审视司法实践对现有法律规定的理解和适用,综合考虑不同刑法保护边界的社会成本和社会收益,进而得出实现社会福利最大化的刑法保护边界。

二、侵犯公民个人信息罪的构成要件理论

刑法教义学的核心任务是为不同类型的犯罪寻找和确定"构成要件",即从某种犯罪的多样化行为中辨识和归纳出来的相同或相似的一般性特征。如果某个违法行为完全符合为某种犯罪预设的"构成要件",该违法行为就被归入其中。这就是刑法教义学理论的基本逻辑。因此,"构成要件"是刑法教义学区分犯罪的边界主要依据。② 在对个人信息的刑法保护问题上,刑法教义学就是根据侵犯个人信息犯罪的犯罪构成确定边界的。③ 但犯罪构成要件理论本身没有回答的问题是,哪些因素应该被归纳为要件,哪些因素又应该排除在要件

---

① 《关于办理侵犯公民个人信息刑事案件适用法律若干问题的解释》明确了侵犯公民个人信息罪"情节特别严重"的具体情形,规定非法获取、出售或者提供非敏感公民个人信息达到5万条以上的,即应当升档量刑。而从实践来看,该类案件往往涉案的公民个人信息数量较大,不少超过了5万条。例如,2017年,侵犯公民个人信息罪的生效判决人数为2920人,其中判处3年以上有期徒刑的人数为917人。参见喻海松编:《侵犯公民个人信息罪司法解释理解与适用》,中国法制出版社2018年版,第12、15页。

② 用"犯罪构成要件理论"对某种犯罪特征进行一般性描述,通常是没有问题的,因为绝大多数同类犯罪符合要件描述的特征,"要件"具有统计学意义上的合理性。参见桑本谦:《传统刑法学理论的尴尬(Ⅰ)——面对许霆案》,载《广东商学院学报》2009年第5期,第69、76页。

③ 参见陈璐:《个人信息刑法保护之界限研究》,载《河南大学学报(社会科学版)》2018年第3期,第72—78页。

之外。因为犯罪构成要件是根据经验和归纳得出的判断，无疑会面临归纳的不完全性这一"休谟难题"。但归纳法对已知事物有描述性功能，对未知事物有预测性功能。从经济学角度思考"休谟问题"，根据有限经验归纳出一个全称判断，无论对于已知事物的描述，还是对于未知事物的预测，都难以保证精准度，① 都可能会有遗漏。

既然将某种犯罪的一般性特征确定为犯罪的"构成要件"，就意味着"要件理论"肯定要发挥规范性功能，即将"构成要件"作为确定罪与非罪的法律依据，这种理论逻辑在大部分时候行得通。"常规案件是能够通过教义学方法予以解决的，对此，法学界很少有异议。在常规案件中，法官被设想成为一个纯粹的法律适用者，这是由于教义学体系中包含了对这些案件的确定性答案。"② 与此同时，"要件理论"必然面临着风险，因为例外总有可能发生。③ 疑难案件之所以棘手，就在于这类案件产生于"形式合理性"和"实质合理性"的十字路口，且在两者不能兼得时，法官根据犯罪构成要件理论对于判决应当如何取舍拿不定主意，毕竟疑难案件的判决涉及负责的实践理性，需要综合权衡法律内外的各种负责因素，而不仅是一种纯粹的智识性追求，④ 这就加大了疑难案件的裁判难度。疑难案件无法通过法律推理直接得出一个兼顾形式合理性与实质合理性的结果，因此，侵犯公民个人信息犯罪的难判案件会让刑法教义学力不从心。

基于犯罪构成理论以逻辑范畴建构的实在法体系还存在缺少灵活性的问题，较难迅速回应社会生活的变化，因为这些法学知识与社会实际生活本身并没有直接联系，⑤ 特别是对于"个人信息"这种内涵和外延变化较快的新事物更是如此。这就导致在刑法适用的过程中，对个人信息保护的犯罪构成要件理

---

① 参见桑本谦：《法理学主题的经济学重述》，载《法商研究》2011 年第 2 期，第 26 页。如果归纳带来的信息表述成本的降低和预测收益的增加，足以弥补归纳的误差损失，这种归纳就是值得的。

② 参见陈坤：《法律教义学：要旨、作用与发展》，载《甘肃政法学院学报》2012 年第 2 期，第 109 页。

③ 疑难案件是统计学上的例外，作为简单归纳产物的"要件理论"对于刑事疑难案件没有发言权。参见桑本谦：《传统刑法学理论的尴尬（Ⅰ）——面对许霆案》，载《广东商学院学报》2009 年第 5 期，第 69 页。

④ 参见桑本谦：《理论法学的迷雾——以轰动案例为素材》，法律出版社 2008 年版，第 56 页。

⑤ 参见侯猛：《中国最高人民法院研究——以司法的影响力切入》，法律出版社 2007 年版，第 95 页。

解并不总是一致的,经常出现多种法律教义分析同时存在的情况,而且往往都能"自圆其说"。①尽管 2009 年《刑法修正案(七)》、2015 年《刑法修正案(九)》、2016 年《网络安全法》和 2017 年《关于办理侵犯公民个人信息刑事案件适用法律若干问题的解释》等均对个人信息的刑法保护作出了规定,为司法实践提供了法律支撑,但司法实践中对于"个人信息"的法律内涵和外延都莫衷一是。"个人信息"范围过大容易导致信息公开和信息披露不足,范围过小又会造成对个人信息保护乏力。刑法教义学主要采用"信息的可识别性"和"匿名信息"未来的可识别性等有关要素标准作出界定,从而限定"个人信息"的范围。②但"信息的可识别性"会伴随着技术进步发生较大变化,也会因个人的知识结构、观察能力、社会资源的不同而存在较大的不同;"匿名信息"未来的可识别性与个体偏好、规则要求或者技术处理等因素有很大关联,并不必然具有社会意义。或许有论者提出,对于侵犯公民个人信息罪的构成要求的理解以"通说"为准。但"通说"只是一种单纯的由相关文献中汲取而来的事实,"通说是对的"这样一个定则是一件令人毛骨悚然的事,"通说"这个词不经意地暴露了实务上法学方法的性质:这些是意见,只是意见,不是知识。③"通说"并没有在争论不休的情况下,为法官该如何行事提供可行的策略。

个人信息刑法保护的犯罪构成理论,虽然可以节省分析成本,为这一问题提供一些基本的观察视角,但受制于理论资源和研究方法的局限性,并未触及个人信息刑法保护问题背后的深层逻辑,以至于有关研究无法深入,难以对个人信息的刑法保护边界(特别是侵犯公民个人信息犯罪的疑难案件)提出有深度的解决方案。

三、立法"搭框架",司法"精装修"

软件算法和统计分析学的发展使得大量数据更易被关联和聚合,大大增强了人们将非具象的个人信息转化为个人信息的能力。借助大数据分析和挖掘技

---

① 虽然有高下之分,但也表明教义分析本身甚至不能保证一个公认的教义分析,不能导致一个确定的结果,更不保证这个结果为社会普遍接受。参见苏力:《法条主义、民意与难办案件》,载《中外法学》2009 年第 1 期,第 99 页。

② 参见齐爱民、张哲:《识别与再识别:个人信息的概念界定与立法选择》,载《重庆大学学报(社会科学版)》2018 年第 2 期,第 119—131 页;井慧宝、常秀娇:《个人信息概念的厘定》,载《法律适用》2011 年第 3 期,第 92—93 页。

③ 参见[德]阿图尔·考夫曼:《法律哲学》(第二版),刘幸义等译,法律出版社 2011 年版,第 67 页。

术,多重来源的、碎片化的个人信息也可以拼出完整的个体形象,实现身份的精准定位和识别。① 在个人信息的刑法保护方面表现为,自 1997 年刑法颁布施行至今,刑法中先后出现了"信用卡信息—个人信息—身份信息—身份认证信息—推定身份信息"等概念,个人信息的刑法保护链条不断拉长。但国家追诉和惩罚犯罪是有成本的,② 这意味着刑法保护链条的延伸幅度不可能是无穷尽的。

由于技术的进步使"公民个人信息"的概念不断模糊化,有观点认为,期待通过立法对"公民个人信息"做出明确的界定,以此来限制侵犯公民个人信息罪处罚范围的做法不适应保护公民个人信息的现实需求。③ 有观点提出,因为"公民个人信息"的概念一直处于变动之中,但规定犯罪与刑罚的刑法需要保持相当程度的稳定性,进而主张在立法层面"明确"而又"笼统"地规定保障公民的个人信息:明确对"公民个人信息"的保护,且对行为类型、犯罪主体这些没有太多争议、变化不会过快的要素进行规定;对一直处于变动之中的"公民个人信息"概念则笼而统之,不做界定。在司法层面,不断探索"公民个人信息"的保护范围,确定哪些个人信息值得被纳入法律的保护之中,并通过司法解释的途径逐步扩张"公民个人信息"的概念,从而强化对于"公民个人信息"的保护。在此基础上,最终形成了一种"双层格局":立法"搭框架""明确""笼统"地规定保护公民个人信息;司法做"内部装修",在法律框架之内不断调整打击范围,逐渐增加需要保护的信息类型。④ 这种观点,寄希望于通过"粗"立法和"细"司法的方式,实现对个人信息的刑法保护。

这首先涉及立法的明确性与模糊性问题。表述法律既可以用标准也可以用规则,标准与规则相比降低了理解法律的成本,更容易为民众所理解。那些抓

---

① 参见李怀胜:《公民个人信息的刑法保护思路》,载《中国信息安全》2017 年第 1 期,第 103 页。

② [美] 大卫·D. 弗里德曼:《经济学语境下的法律规则》,杨欣欣译,龙华编校,法律出版社 2004 年版,第 357 页。

③ 参见李怀胜:《公民个人信息的刑法保护思路》,载《中国信息安全》2017 年第 1 期,第 103 页。

④ 在这种观点看来,如果在法律之中规定"公民个人信息"的具体范围,刑法的稳定性势必会受到较大冲击,最终的结果必定是二者的冲突:为追求法律的稳定性而牺牲对公民个人信息的保护,或者为保障公民的个人信息而放弃对法律稳定性的坚持。在这种情况下,单靠立法的途径是难以解决的。参见于志刚:《"公民个人信息"的权利属性与刑法保护思路》,载《浙江社会科学》2017 年第 10 期,第 13 页。

住了普通人的直觉并因此而很容易了解的、有关正当行为的标准，同涵盖同一领域的精确但技术化的、非直觉可把握的规则相比起来，前者也许会产生更大程度的法律确定性，① 而非不确定性。法律应该以令人易懂的方式表达出来，并以合适的方式予以公布，但这可能会牺牲法律的准确性。如果只注重准确性，会影响普通民众对法律的理解，进而会影响民众遵守法律的自觉性。② 法无规定的争议的存在是语言和意图不明确的必然结果。然而，并不是所有现存的法无规定的争议都是不可避免的，法律中常出现的"合理注意""良好行为""正当理由""实质变化""无礼或谩骂行为""污秽语言""可能妨害公共秩序的行为""情节严重"等表达方式，都是这种有意不确定规则的例子。立法者在制定法律时，也许会在阐述中使用不明确的表达，他们希望将法无规定的案件的命运交给法官来判定。③ 如果法律的规定不明确，预期的违法者就将以两种概率来折算其与处罚的成本：他们的违法行为被发现的概率和他们认为规则适用于他们所从事行为的附加概率（这种概率远小于1）。④ 就对个人信息的保护而言，对个人信息泄露经历的调查数据显示，在泄露信息种类（多选）的调查中，选择"姓名、年龄等个人情况"的被调查者占被调查总人数的63.7%，选择"教育背景、职业、工作单位及家庭住址等"的占被调查总人数的37%，同时选择"身份证号码等证件信息"的也超过30%。⑤ 2012年12月28日，全国人大常委会《关于加强网络信息保护的决定》（以下简称《决定》）第1条规定："国家保护能够识别公民个人身份和涉及公民个人隐私的电子信息"。2013年4月23日，根据最高人民法院、最高人民检察院、公安部《关于依法惩处侵害公民个人信息犯罪活动的通知》（以下简称《通

---

① 参见［美］理查德·A. 波斯纳：《法理学问题》，苏力译，中国政法大学出版社2002年版，第61页。

② 参见［德］托马斯·莱赛尔：《法社会学导论》，高旭军等译，上海人民出版社2008年版，第234—235页。

③ ［英］约瑟夫·拉兹：《法律的权威：法律与道德论文集》，朱峰译，法律出版社2005年版，第169页。

④ See Richard A. Posner. *Economic Analysis of Law*, Little, Brown and Company, 1992, p.543.

⑤ 2013年4月17日，调研小组在中山公园地区开展了以"公民个人信息安全"为主题，面向社会公众的问卷调查活动。2013年4月18日，调研小组在华东政法大学长宁校区以相同主题开展了面向法学院学生的问卷调查活动。72%的被调查者认为个人信息偶遭泄露，18%的被调查者认为个人信息被泄露情况频繁发生。参见李晋等：《公民个人信息刑法保护情况的调研报告》，载《上海法治报》2014年1月13日，第A07版。

知》）的规定，① 公民个人信息包括公民个人身份信息和公民个人隐私信息两类。两个文件的基本精神是相一致的，即都将"可识别性"与"隐私性"作为"公民个人信息"的核心要素：前一类信息能够精准定位到信息所属的公民个人，使得公民被完全暴露在违法者的掌控之下，没有丝毫的秘密可言；后一类信息则触及了公民的个人隐私，而这往往对于公民个人而言具有重要的意义。通过将狭义的可识别信息与隐私信息相结合，就是要为公民提供较为全面的个人信息保护法网。2016年11月7日通过的《网络安全法》相较于《决定》和《通知》中对于"公民个人信息"的定义，最显著的标志有两个：一是删除了隐私信息，"隐私性"不再是公民个人信息的要素；二是由"能够单独识别"扩大到"能够单独或者与其他信息结合识别"，②"可识别性"从狭义变为广义，除了能够单独识别的"直接型可识别信息"，还包括能够与其他信息结合后可识别的"间接型可识别信息"。③ 个人信息的保护范围进一步扩大了。法律规定的进一步明确，就是要防止因法律规定不明确而降低法律的威慑力，这显然是"立法'搭框架'"的思路所难以实现的。

  法律标准的另一个问题是产生了代理成本。法律标准导致很难判断执法者和法官是否偏离了起诉和审判权力的界限。④ 各地法院针对法官对法律不熟悉的情况以及法律中的大量模糊的标准，都会在充分考虑地区具体情况的前提下，在法院内部制定和发布具有司法解释性质的规范性文件。这些文件与司法解释相比其优势在于，只需要考虑本地区的实际，因此制定和出台的时间快，也正由于其充分考虑本地的经济社会发展情况，是一种地方性的司法知识。在一定程度上降低了本地区法院适用法律的交易费用，法官不需要在每个案件中面对陌生的新法律，而是可以直接按本地规范性文件的规定适用法律，这对于法院及时将法律与司法实务相对接，统一法律适用的标准，都是有实用价值的。但是当地方法院具有司法解释行政的规范性文件与新的法律或者司法解释发生冲突的时候，这些"地方粮票"也就面临"再版"的选择，这往往需要

---

① 《关于依法惩处侵害公民个人信息犯罪活动的通知》明确："公民个人信息包括公民的姓名、年龄、有效证件号码、婚姻状况、工作单位、学历、履历、家庭住址、电话号码等能够识别公民个人身份或者涉及公民个人隐私的信息、数据资料。"

② 《网络安全法》第76条第五项规定："个人信息，是指以电子或者其他方式记录的能够单独或者与其他信息结合识别自然人个人身份的各种信息，包括但不限于自然人的姓名、出生日期、身份证件号码、个人生物识别信息、住址、电话号码等。"

③ 参见于志刚：《"公民个人信息"的权利属性与刑法保护思路》，载《浙江社会科学》2017年第10期，第5页。

④ See Richard A. Posner. *Economic Analysis of Law*, Little, Brown and Company, 1992, p.544.

一个过程。① 而现在地方法院失去了"地方粮票"的发行权。也就是说，如果法院内部具有司法解释性质的规范性文件，曾经是法院应对法律适用中的疑难问题的一种廉价的方法的话，现在已经不再是。随着"两高"联合下发通知，地方人民法院、人民检察院一律不得制定在本辖区普遍适用的、涉及具体应用法律问题的"指导意见""规定"等司法解释性质文件，制定的其他规范性文件不得在法律文书中援引，② 各地法院通过制定具有司法解释性质的规范性文件细化法律规定这条路已经被堵上。法官要获得于法律标准的适用相关的知识必须另谋出路。

法官在司法实践中逐渐摸索出了一条解决法律适用疑问的顺序。首先是法律教义学的解读，在理论上意见不一时（而这是经常发生的），会搜寻最高人民法院以及法官对特定问题的看法，在理论权威与最高人民法院意见仍无法达成一致时，会搜索其他法院有无相关判例，在无法获取时，会根据高层级法院的要求或主动进行请示，而司法解释似乎扮演着解决法律适用争论的裁判者的角色。当然，在整个过程中，各部分并非完全不会调整顺位，任何理论都不可能网罗起所有事实。当这些疑问聚集到最高人民法院，由于整个路线夹杂的问题无法再便捷地顺延下去，最高人民法院作为制度企业家的一面呈现出来，而这又重新回到了制定一般规则的轨道上来。在这个法律标准探寻的过程中，由于理解的不一致，对法律条文的含义难免在适用上存在差异，在一个法院的某个案件中不作为犯罪处理的行为，在另一个法院的另一个案件中完全可能构成犯罪。如此一来，社会公众就很有可能意外触犯刑网。如果存在一种意外触犯刑法或法律错误的风险，而且错误的后果足够重大，那么即使意外或错误的风险是轻微的，非常严厉的刑罚将会诱导人们处在犯罪活动的边缘时剔除社会所需要的行为，进而产生社会成本可能很高的避免错误措施，③ 这就可能限制个人信息的合理利用。因此，司法"精装修"更多是一种理论设想。

另外，立法程序和司法程序形成了鲜明的对照。没有任何一种规则不允许人们考虑与受立法影响的人们的应得收益有关的因素。司法程序对肯定相对成本问题的具体冲突行为比较，往往停留在争议的表面。在这个意义上，用立法

---

① 参见逄政：《法律的膨大与司法的踌躇》，载《方圆法治》2011年第11期，第52页。
② 最高人民法院、最高人民检察院《关于地方人民法院、人民检察院不得制定司法解释性质文件的通知》（法发〔2012〕2号）。
③ 参见〔美〕理查德·A. 波斯纳：《法律的经济分析》，蒋兆康译，法律出版社2012年版，第315页。

工具重新分配社会资源要比用司法工具分配更为灵活和有力。① 立法应当使法律制度运行所需的所有成本即管制成本（包括失误成本）的总量最小化，以及使一种负面激励产生的反社会行为的成本最小化。② 如果立法机关不能尽可能地确定"个人信息"的内涵与外延，而是由司法不断地扩张"公民个人信息"的概念，③ 结果未必能符合立法者的期待。因此，从立法的角度，在合理的区间明确刑法保护的个人信息的范围而非刻意留有过大的余地，让司法去做后续的漏洞补充，对于社会福利的增进而言将是更为有利的选择。

四、刑法先行、刑民并进与民先刑后

古代法律制度和成熟法律制度的一个显著不同是刑法和民法所占的比重不同，在古代法中民事法律比刑事法律的范围要小的多。在法律初次用文字写成的年代，立法者通常按照野蛮生活中某一类事件的发生次数分配其工作的比重，当时社会环境中更经常发生的是暴力行为。再者，文明社会所施行的民事法律，很大程度上是由"人法""财产和继承"以及"契约法"所组成的，在越接近社会的萌芽时代，这些法律领域的范围就越狭小。这是由古代民法缺少"契约"造成的，有些古代法典完全不提"契约"，还有些古代法典用精细的"宣誓"法律代替"契约"。古代刑法则不存在使它贫乏的同样理由。④ 在现代社会，刑法和民法则承载着各自的使命。对于个人信息的刑法保护范围不断扩大的问题，有学者提出，此前的"刑先民后"是由于立法的缺失和滞后在客观上造成的。由于民法迟迟未能明确对于"公民个人信息"的保护，使得公民在寻求救济时只有刑法一条路可以走。随着我国民法和刑法均对公民个人信息保护作出了相应的规定，以后需要采取"刑民并进""刑民并重"的方式，最好是采取"民先刑后""民紧刑松"的方式形成法律合力，全面保护公

---

① See Richard A. Posner. *Economic Analysis of Law*, *Little*, Brown and Company, 1992, p. 523.
② 参见[美]理查德·A. 爱波斯坦：《简约法律的力量》，刘星译，中国政法大学出版社2004年版，第47页。
③ "随着信息化程度的加深，社会数据化进程的加快，尤其是大数据时代的来临，我们有理由相信司法会继续不断地扩张'公民个人信息'的概念，直至与立法的可能含义相吻合，满足社会现实需求。但不可否认的是，正是司法最开始的过于保守，才使得后续需要不断弥补。基于这一点，对于司法的一系列努力，不应当批评，但也不值得喝彩。"参见于志刚：《"公民个人信息"的权利属性与刑法保护思路》，载《浙江社会科学》2017年第10期，第14页。
④ 参见[英]梅因：《古代法》，沈景一译，商务印书馆1959年版，第235—236页。

民个人信息。① 现代社会民事法律和刑事法律的比重和在法律体系中的格局已经发生了根本性转变，但这并不当然表明在个人信息保护领域刑法就应该先于或后于民事法律出场。

对于个人信息保护的法律保护顺序的争议焦点是，将侵犯个人信息的行为视为犯罪还是看作侵权。所有文明制度都认同对国家或社会所犯的罪行与对个人所犯的罪行之间应该有所区别，但这一点在古代社会似乎更加明显，对一种侵权行为或不法行为的判定标准是受到损害的是个人而不是国家或社会。因此，在法律学幼年时代，公民赖以保护自身不受强暴或诈欺的法律，在很多情况下不是刑法而是侵权行为法，在原始法律中"侵权行为"的范围被大量地扩展了。② 侵犯公民个人信息的行为，往往不仅损害个人利益，还损害了国家和社会公共利益。这就意味着单纯依据侵害的对象难以判定侵权与犯罪。

传统的部门法理论特别是侵权行为理论和犯罪构成理论对个人信息的保护边界所作的探究，对于明确个人信息的刑法保护边界无疑是有益的。但这些理论路径未能为侵犯个人信息构成侵权还是构成犯罪提供具体可操作性的界分，因为大多数侵权行为同时符合侵犯公民个人信息犯罪的构成要件。③ 如果仅仅根据侵权和犯罪的一般性特征来确定一种有害行为是否构成侵权或者犯罪，就忽略了法律控制成本这一重要的变量。即便一种有害行为完全符合侵权或犯罪的构成要件，但如果对其进行法律控制的收益不能弥补其成本，就不应将其认定为侵权或者犯罪，容忍这种行为反而会提高整个社会的福利水平。由于侵权行为理论和犯罪构成理论无视法律控制的成本问题，忽略了公共威慑与私人威慑之间的互动关系，因此无从确定民事赔偿和刑事惩罚之间的恰当分工。④ 因为法律的难题从来不是确定某种利益是否需要保护，而是还要考虑与之冲突的利益也需保护，该如何平衡冲突、纠结的利益保护。⑤ 以个人信息的"隐私"

---

① 参见于志刚：《"公民个人信息"的权利属性与刑法保护思路》，载《浙江社会科学》2017 年第 10 期，第 12 页。

② 参见［英］梅因：《古代法》，沈景一译，商务印书馆 1959 年版，第 236—237 页。

③ 参见桑本谦：《法律控制的成本分析——以对通奸和黄色短信的法律控制为例》，载《现代法学》2007 年第 5 期，第 23 页。

④ 如果与公共威慑相比，私人威慑能以更低的成本对一种有害行为进行社会控制，那么将这种有害行为划归为私法或非正式规范的控制领域就不仅可以减少国家的财政支出，还可以降低社会控制总成本。参见桑本谦：《法律控制的成本分析——以对通奸和黄色短信的法律控制为例》，载《现代法学》2007 年第 5 期，第 23 页。

⑤ 参见苏力：《隐私侵权的法理思考——从李辉质疑文怀沙的事件切入》，载《清华法学》2019 年第 2 期，第 112 页。

保护维度为例，看起来至少是包括了两种不同的利益。一种隐私利益是不受打扰。即使侵入者并不寻求获得，而且也没有获得任何私人的或其他使其平静受侵犯的个人信息，这种利益也还是受到了侵犯。另一种隐私利益是隐藏信息，只要是违背了与所获信息有关个人的意愿，私人信息的获取行为就侵犯了隐私利益。这种侵入是否损害了该个体的安宁是不重要的。有时，这种侵入会损害他人的安宁。当一个人知道私人信息已经或可能泄露出去，这就可能打扰他的安宁。① 人类是一个好奇心很重的物种，在一个由至少十来个好奇心强的物种组成的属（人属）中，人类是唯一存活下来的一种，种群中的其他物种都已经灭绝。好奇并不违反自然，我们的天性就是会好奇。② 许多人都好奇别人的隐私，不仅有周边普通人的，还有名人的。③ 在隐私问题上，我们看到的是由多种人性需求相互交织抵抗构成的非常复杂的社会格局。了解隐私是人的天然欲求，隐私也是人的天然欲求；了解隐私涉及个人利益，隐私同样也涉及个人利益；曝光隐私有社会收益，保护隐私同样有社会收益。在理解和处理这个问题时，要考虑的就不是人是否渴望隐私，而是如何在冲突纠结的人性追求中，在多种均有社会意义的人性欲求中保持一个相对合理的平衡，因恰当保护了冲突的利益而为社会普遍接受的平衡。④ 人类学家的研究已经表明，人类的本性对各种不同的文化模式都具有非常广泛的适应性。但这种适应性并不能够通过完全排除一切基本的冲动来实现。一种缺乏冒险的生活可能并不让人满意，但是一种允许采取任何冒险形式的生活却注定是短命的。⑤ 每个人对自身的（包括某些家人的）私密信息都有法定权利，尽管他可以用言辞、行动等各种方

---

① 参见［美］理查德·A. 波斯纳：《正义/司法的经济学》，苏力译，中国政法大学出版社2002年版，第280页。

② 参见［意］卡洛·罗韦利：《七堂极简物理课》，文铮、陶慧慧译，湖南科学技术出版社2016年版，第90页。

③ 参见苏力：《隐私侵权的法理思考——从李辉质疑文怀沙的事件切入》，载《清华法学》2019年第2期，第110页。2009年2月18日，《北京晚报》文娱版以整版篇幅刊发文章，传记作家李辉从真实年龄、入狱原因和文化地位三个方面，质疑"百岁老人"文怀沙出生时间往前提了10年；"反革命罪"实为"诈骗、流氓罪"；楚辞研究水平只相当于中学教员。"李辉质疑文怀沙"事件一时成为文化界备受关注的话题。参见李辉：《三疑点诘问真实年龄及其他：李辉质疑文怀沙》，载《北京晚报》2009年2月18日；又见《"文怀沙事件"引人关注》，载《语文教学与研究》2009年第15期。

④ 参见苏力：《是非与曲直——个案中的法理》，北京大学出版社2019年版，第172—173页。

⑤ 参见［英］伯特兰·罗素：《权威与个人》，储智勇译，商务印书馆2012年版，第23页。

式放弃。但当在他未以明示的言行放弃时,法律一般均应予以保护。但当这些私密个人信息可能对他人的合法利益有重大影响之际,或影响虽不重大,但影响了相当数量的他人的合法利益之际,这些信息就不再受到法定权利的保护,可以推定公众有权了解,无论曝光者对此人是否出于善意;或仅享有较弱的法律保护,即事后保护,并要求证明曝光者有实在恶意或完全不管事情真假。在考虑这些因素之际,还应或可以考虑侵犯隐私行为对受侵犯人造成的后果,①然后才能决定适用侵权法还是刑法,而非简单的根据案件类型规定一个刑法和民法的适用顺序。

五、个人信息的刑法保护边界之确定

个人信息的刑法保护边界,理论上存在两种明显不同的观点。一种观点认为,个人信息作为法律保护的对象,无论是民法、行政法、刑法保护的范围应当是一致的,只是因为公民个人信息所遭受侵害的严重程度不同而采取轻重不同的法律保护手段,即只有到了刑法所规定的"情节严重的"程度,才给予刑法保护而已。所以,公民个人信息的内涵和外延在法律保护的范畴内应当是一致的。② 在这种观点看来,"个人信息"的刑法保护范围与民法、行政法并无二致。换句话说,在内涵和外延上,"个人信息"的法律保护边界是重合的和唯一的。只是由于不同的侵害个人信息行为在纵向上的危害程度不同,因而选择了不同的法律保护方式。另一种观点认为,"由于刑法保护与行政法保护在手段严厉性上具有明显差异,两者对公民个人信息保护的范围理应有所区分。公民个人信息的刑法认定不能完全依赖行政法对个人信息的概念界定。"③在这种观点看来,个人信息的刑法保护方式与其他法律保护方式在惩罚后果上的差异,决定了个人信息的刑法保护范围有别于其他法律保护方式。一种行为需要法律控制并非刑法控制这种行为的充分理由,另一种行为需要刑法控制也不是刑法持续扩大对这种行为控制范围的充分理由。

人类社会是由人们通过相互交往而形成的相互联系的集合体,每一个社会成员都生活在集合体之中,依赖于这个社会集合体而存在。有一些行为规范指

---

① 参见苏力:《是非与曲直——个案中的法理》,北京大学出版社2019年版,第187—188页。
② 赵江辉、陈庆瑞:《公民个人信息的刑法保护》,载《中国检察官》2009年第6期,第9页。
③ 参见吴盛:《对〈刑法修正案(七)〉(草案)第六条的完善建议》,载《检察日报》2008年9月16日。

导和约束所有社会成员的社会行为和社会活动,以维持社会秩序的稳定。① 社会行为规范总体上可以分为公共惩罚和私人惩罚两部分。国家产生以后,公共惩罚和私人惩罚之间的互动关系也就形成了。② 公共惩罚又可以划分为法律和社会规范两部分。人们面对同时存在并仍在互动的两套公共惩罚体系。法律是由立法机关制定的并由国家的强制力保障实施的行为准则,而社会规范是社会诸成员共有的行为规则和标准。社会规范可以内化成个人意识,即使没有外来的奖励也会遵从;社会规范也可以因外部的激励或制裁而发生作用。③ 法律制度的设计应当充分发挥公共惩罚和私人惩罚的比较优势,合理划分公共控制区域和私人控制区域,并努力追求社会控制总成本(即公共控制成本和私人控制成本之和)的最小化。④ 个人信息的刑法保护要合理分配公力因素和私力因素在个人信息保护中的角色,进而将个人信息刑法保护的边际成本等同于边际收益的刑法保护临界点确定为刑法保护的边界。

犯罪的社会控制成本广义上包括为威慑和阻止有害行为所需支付的全部费用。侵犯个人信息的行为会引发两种类型的社会成本:一种是侵犯个人信息犯罪造成的社会净损失,另一种是预防和惩罚(防治)侵犯个人信息犯罪的社会支出。随着个人信息的刑法保护范围的扩大,刑法保护产生的边际社会收益逐渐下降,刑法保护产生的边际社会成本逐渐上升。刑法保护的边界越大,侵犯个人信息犯罪所造成的社会净损失越小,但预防和惩罚个人信息犯罪的社会成本越高。⑤ 刑事法律制度的制定和实施是国家提供的公共物品。国家公诉犯

---

① 参见王孝哲:《论人类社会中的行为规范》,载《东南大学学报(哲学社会科学版)》2009 年第 4 期,第 11 页。

② 参见桑本谦:《私人之间的监控与惩罚——一个经济学的进路》,山东人民出版社 2005 年版,第 140 页。

③ 参见郑晓明、方俐洛、凌文辁:《社会规范研究综述》,载《心理学动态》1997 年第 4 期,第 18 页。

④ 国家为维持法律实施的垄断,通常会对私人惩罚手段进行限制,但为节省公共惩罚资源的支出,法律又必须在某些场合容忍甚至利用私人之间的监控与惩罚,公共惩罚资源的有限性迫使国家把私人之间的监控和惩罚视为一项重要的社会控制资源。参见桑本谦:《私人之间的监控与惩罚——一个经济学的进路》,山东人民出版社 2005 年版,第 140 页。区分侵权和犯罪的主要经济学目标是促使私人和公共机构在对付不同违法行为上能够各展所长,设置不同的司法程序就可以对两者进行恰当分工,以便最小化社会控制总成本。参见桑本谦:《传统刑法学理论的尴尬(Ⅱ)——面对梁丽案》,载《广东商学院学报》2009 年第 5 期,第 77 页。

⑤ 参见桑本谦:《理论法学的迷雾——以轰动案例为素材》,法律出版社 2008 年版,第 159—161 页。

罪，意味着国家承担了对付犯罪所需的大部分社会控制成本。[①] 法律的难题从来不是确定某种利益是否需要保护，而是有与之冲突的利益也需保护，该如何平衡相互冲突、纠结的利益保护。[②] 在无法指望私人"抓获"和"指控"违法者的情况下，就应当由公共机构负责侦查、抓获违法者并对其提起公诉。但国家过量提供公共物品是缺乏效率的。如果私人"侦查"和"抓获"违法者比警察对付某些有害行为更加方便，国家就会把起诉违法者所需要的大部分工作交给受害人来完成。违约的"破案率"可以达到百分之百，侵权的"破案率"可以接近百分之百。因而，在违约和侵权案件中无须警方介入，受害人就可以依靠自己的力量"侦破"案件并"指控"违法者，并且受害人通常能以更低的成本收集起诉违法者所需要的证据，所以这类行为都按照民事程序的违约和侵权处理。在破案率达到或接近百分之百的情况下，单纯的民事赔偿就足以威慑并阻止这些违法行为。但在受害人无力"侦破"案件并"指控"违法者情况下，用侵权法对付这些违法行为就是无效率的。如果说由国家提起公诉是威慑犯罪所必须的话，那么国家限定公诉的范围（实际上也是限定犯罪的范围）就是国家节省财政支出的一种策略。[③] 法律控制范围的过度扩张将导致国家为此投入的公共资源急剧攀升。个人信息的刑法保护范围应当扩展到最后一个单位的保护成本与该单位的成本所产生的社会收益恰好相当的位置上。个人信息的最佳刑法保护水平应当确定在侵犯个人信息犯罪的社会净损失与防治侵犯个人信息犯罪的成本之和，即侵犯个人信息犯罪的社会总成本最小的位置。使得社会从惩罚侵犯个人信息的危害行为中获得的收益，能够补偿和超越为此支付的私人成本和社会成本之和。

从程序法的角度来看，从现代法律制度的角度来看，倘若不考虑惩罚方式

[①] 对某种有害行为进行法律控制，国家就必须投入足够的公共资源对有害行为实施监控和惩罚，对付有害行为的每一个执法和司法环节（包括治安防控、立案侦查、逮捕、起诉以及征收罚金和执行监禁）都要耗费大量的财政支出。如果用来监控和惩罚有害行为的公共资源投入不足，法律控制就难以实现其预期的效果。因此，对有害行为的法律控制可以被看作是由国家承担的并且受政府财政预算约束的一些投资项目。正如一个企业不应当过度扩大其投资规模一样，一个国家也不应当过度扩展其法律控制的范围。参见桑本谦：《法律控制的成本分析——以对通奸和黄色短信的法律控制为例》，载《现代法学》2007年第5期，第18页。

[②] 参见苏力：《是非与曲直——个案中的法理》，北京大学出版社2019年版，第171页。

[③] 合同法、侵权法之所以被称为"私法"，就是因为这些法律是主要依靠私人的力量来实施。参见桑本谦：《传统刑法学理论的尴尬（Ⅱ）——面对梁丽案》，载《广东商学院学报》2009年第5期，第77页。

的区别，刑法上的自诉案件与民法上的侵权案件在司法程序上是基本一致的，都可以简单概括为"民不告、官不究"。区分民事程序和刑事程序以及在刑事程序中区分公诉和自诉，在名义上都是为了尊重当事人的意思自治，在实际上则是为了在法律实施的过程中更多利用私力因素以节省国家财政支出。① 侵犯个人信息犯罪的追诉，现行刑法采用的是公诉方式。有观点就提出，本罪设定在刑法第四章"侵犯公民人身权利、民主权利"中，立法本意是为了保护公民自身的合法利益。应当将侵犯公民个人信息罪规定为"告诉才处理"的犯罪，变公诉为"自诉为主、公诉为辅"。"告诉才处理"的案件包括侮辱罪、诽谤罪、暴力干涉婚姻自由罪、虐待罪以及侵占罪等五个罪名，上述五种犯罪所保护的都是特定人具体的私权利，这些私权利虽然是作为刑法规范对象而存在，但其本质上还是受公法保护的私人权利。由于个人信息权属于公民的个人权利，同样也具有私权利的相关特性，且与其他侵犯人身权利和民主权利犯罪相比较而言，这种权利侵犯的危害性总体上较为轻微。本罪的刑罚也符合"针对可能判处 3 年以下有期徒刑、不需要经过专门侦查的侵犯个人信息权犯罪案件"这个自诉案件的条件。主张借鉴上述五种犯罪，将侵犯个人信息权的犯罪也归类为"告诉才处理"的犯罪，赋予被害人选择是否"告诉"的权利，从而更加及时地为受损害的权利寻求司法保护，有效地保护个人信息权权利人的合法权益。因此，本罪宜采用"自诉为主，公诉为辅"的追诉方式。认为只有当行为人侵犯个人信息的行为侵犯社会秩序甚至是国家利益时，特别是严重破坏社会秩序和国家利益，才属于"告诉才处理"案件的范围，而以公诉的形式追诉。这种追诉方式较提起公诉节省司法资源，更加符合诉讼经济原则，也更符合刑法的谦抑性，还可以使被害人参与到刑事诉讼中，有利于打击犯罪，化解社会矛盾。② 在刑法条文的表述上，意图仿照我国刑法第 246 条的规定予以明确：前款罪，告诉的才处理，但是严重危害社会秩序和国家利益的除外。但侵犯公民个人信息的案件，很大程度上属于"大规模的微型侵害"

---

① 司法程序的设置要考虑法律控制的成本问题，在国家无力对某类案件进行事先监控也无力主动侦查取证的情况下，"不告不理"就是必然的选择。在这种类型的案件中，国家把完成诉讼所需要的大部分工作（包括侦查违法行为、提起诉讼、提供担保、申请强制执行以及花钱雇用各种专家）交给受害人去做，而把自己的职责限定为仅仅提供一个法院。参见桑本谦：《法律控制的成本分析——以对通奸和黄色短信的法律控制为例》，载《现代法学》2007 年第 5 期，第 21 页。

② 参见刁涌：《个人信息的刑法保护研究》，载《人民论坛》2012 年第 17 期，第 80 页；黄祖帅：《中国个人信息的刑法保护研究》，载《首都师范大学学报（社会科学版）》2015 年第 5 期，第 72 页。

案件，多数被侵权者没有维权意识，或者说认为走公诉程序获得的赔偿远远小于其在诉讼中浪费的时间和财力，故较少有人自诉。但正是这样的一个事后的态度让侵权者有利可图。① 因此，从刑事程序法的角度看，将公诉转为自诉是不现实的。

个人信息的刑法保护边界之确定，要挖掘个人信息保护背后的经济学逻辑，通过将犯罪构成要件所忽略的变量还原为法律经济学的分析对象，剖析个人信息刑法保护边界的经济学意蕴。通过分析个人信息保护的私人投入和国家投入的预算约束和投入产出比，运用边际收益递减规律挖掘构成要件理论所忽视的变量，考量不同保护边界对于边际成本和边际收益以及社会净产出的影响，在此前提下确定的刑法边界，才能实现个人信息刑法保护的社会福利最大化。

---

① 参见王强军、郭荣艳：《个人信息刑法保护的理性思考》，载《沈阳工业大学学报（社会科学版）》2018年第15期，第302—304页。

未成年人个人信息保护的刑事法律边界

课题组[*]

内容摘要：在互联网时代，未成年人作为"互联网原住民"，使用互联网是其重要权利和基本技能。在此背景下，加强对未成年人个人信息的法律保护具有很强的针对性、紧迫性和现实意义。首先，本文强调未成年人个人信息保护具有特殊性，既要考虑个人信息保护的重要性和必要性，又要注意未成年人的生理心理特点。其次，本文对未成年人个人信息保护的法律语境进行了梳理考察，既包括我国公民个人信息保护方面的法律制度，也包括我国未成年人个人信息保护方面的法律制度，同时还涉及美国、英国、德国、日本、欧盟等国家和地区的法律制度。最后，本文从确立未成年人个人信息的刑事保护原则，明晰未成年人个人信息的刑事保护范围，修改刑法相关条文和相关司法解释等三方面对加强未成年人个人信息刑事保护进行思考并提出建议。

关键词：未成年人　个人信息　刑事保护

根据中国互联网络信息中心发布的第 44 次《中国互联网络发展状况统计报告》显示，截至 2019 年 6 月，中国网民规模达 8.54 亿人，其中 10 岁以下网民群体占 4%，10~19 岁网民群体占 16.9%。以手机互联网应用为例，15~19 岁网民群体人均手机 APP 数量最多，达 66 个，10 岁以下网民群体为 32 个，10~14 岁网民群体为 40 个。

2019 年 3 月，共青团中央维护青少年权益部、中国互联网络信息中心发布《2018 年全国未成年人互联网使用情况研究报告》（以下简称《报告》），对全国 31 个省（自治区、直辖市）的小学、初中、高中和中职院校 31158 学生进行了抽样调查。《报告》显示，截至 2018 年 7 月 31 日，我国未成年网民

---

[*] 课题组负责人：缐杰，最高人民检察院机关党委常务副书记。课题组成员：吴峤滨，最高人民检察院法律政策研究室办公室主任；高翼飞，最高人民检察院法律政策研究室四级高级检察官助理；李颖，最高人民检察院法律政策研究室实习生。

(不包括6岁以下群体和非学生)规模达1.69亿,未成年人的互联网普及率达到93.7%,其中小学、初中学生上网比例分别达到89.5%和99.4%,远远高于同期全国人口的互联网普及率(57.7%)。未成年人拥有独自上网设备的比例达到77.6%,其中69.7%有手机,24.6%有平板电脑,13.9%有笔记本电脑。未成年人上网,排在前几位的是利用互联网学习(87.4%)、听音乐(68.1%)、玩游戏(64.2%)、聊天(58.9%)。《报告》显示,15.6%的未成年人表示曾遭遇网络暴力,最常见的是网上讽刺或谩骂、自己或亲友在网上被恶意骚扰、个人信息在网上被公开。30.3%的未成年人曾在上网过程中接触到暴力、赌博、吸毒、色情等违法不良信息。针对上述问题,69.1%的未成年人知晓可以通过互联网进行举报,其中初中、高中和中职学生的网络权益维护认知率达到80%左右,小学生也达到59%。但是,曾通过网络进行法律咨询或接受法律服务的未成年人的比例只有15%,未成年网民利用互联网进行自我保护的应用水平较低。

由此可见,在互联网时代,未成年人是名副其实的"互联网原住民",使用互联网是当今未成年人的重要权利和基本技能。在未成年人大量接触互联网的背景下,加强对未成年人个人信息的法律保护具有很强的针对性、紧迫性和现实意义。

一、未成年人个人信息保护的特殊性

(一)个人信息保护的重要性和必要性

当今世界,以互联网为代表的现代信息技术与人类生产生活深入融合,全球数据爆发增长、海量集聚,大数据发展日新月异,对经济社会发展产生深远影响。与此同时,数据安全风险日益凸显,特别是个人信息泄露事件时有发生,网络诈骗、网络黑灰产业屡禁不止,给公民的人身和财产安全带来了严重威胁。保护数据安全特别是个人信息安全,成为世界各国共同面对的重要课题。

党的十九大提出"推动互联网、大数据、人工智能和实体经济深度融合"。这是我们党立足于新时代主动适应信息化产业变革所做出的重要战略部署,为实施国家大数据发展战略指明了方向。发展大数据,技术是关键,安全是保障。作为大数据的重要组成内容,个人信息安全至关重要。

1. 保护个人信息是维护国家安全的重要内容

大数据可以让万物互联为一体,相互传递和分享信息,整个社会成为一个庞大的数据化网络。数据化带来了可量化,通过量化分析,政府的治理能力、企业的决策能力和个人的判断能力将得到极大提升。大数据可以激活巨大的经济与社会价值,已然成为国家基础性战略资源,成为世界各国争夺的焦点。与此同时,大数据安全风险迅速增加。根据世界经济论坛全球风险报告,大规模网络安全破坏位居当今世界面临的五大最严重风险之列。大数据安全已成为国家安全的重要内容,我们必须像保护国土安全一样保护国家大数据安全。

个人信息安全是国家大数据安全的基石。个人信息描述了个人的身份、工作、生活、爱好、出行、财产等各个方面的情况,在大数据的价值体系中具有核心地位。近年来,个人信息安全事件中被泄露的信息达数以万计甚至亿计,给民众的财产安全、人身安全等造成重大影响。通过对海量个人信息的分析,一个国家或区域的经济、社会、文化状况极有可能被掌握,这在很大程度上会影响到国家安全。保障数据安全,必须把保障个人信息安全置于重要位置。可以说,个人信息安全是大数据安全的基石,构成国家安全的重要组成部分。

2. 保护个人信息是促进经济全面健康发展的必然要求

大数据时代的到来,数据信息成为企业竞相争夺的重要资源,从一定意义上讲,谁掌握的数据资源更丰富、内容更翔实,谁就有可能把握先机,从而获得更大的经济利益。经济发展追求更高的价值是符合社会发展规律的,但是,必须坚持正确的经济发展价值观,对个人信息的利用应当满足正当的价值追求,而不能以牺牲个人信息安全来换取经济的发展。个人信息保护是信息被合理合法利用的前提,如果缺失保护,基础就会动摇,经济虽然可能会呈现一时的快速发展,但缺乏根基的发展道路必然是不牢固的。因此,只有加强对个人信息的保护,才能保证经济在平稳安全的环境下健康发展。

3. 保护个人信息是尊重和保障人权的应有之义

当今社会,尊重和保障人权是一项基本原则。党的十九大明确指出:"加强人权法治保障,保证人民依法享有广泛权利和自由","保护人民人身权、财产权、人格权",为尊重和保障人权指明了具体路径。大数据时代,个人信息与人格权、人身权、财产权密切相关。身份信息、健康生理、通信内容信息等个人信息直接关涉人格利益,行踪轨迹信息、征信信息、财产信息等个人信息则可能影响人身、财产安全,这些权益都是人权的基本内容。近年来,域外司法机关通过几十个判例,对私密声音、健康隐私、私人通信等个人信息进行保护,明确了保护个人信息的法律规则。这一系列法律实践,是个人信息安全具有人权意义的鲜活注释。可以说,在大数据时代,保护个人信息成为尊重和保障人权的应有之义。

(二) 未成年人个人信息保护的特殊性

未成年人作为社会的一个特殊群体拥有其自身的特点,成年人的个人信息权利依赖自身能力就可以实现,而未成年人的生理和心理都与成年人存在差异，在个人信息保护领域处于弱势，这些都决定了未成年人个人信息保护具有特殊性。

1. 权利主体易受侵害

未成年人处于生长发育期，天性单纯、好奇，对外界缺乏防范意识，经受不住陌生人的诱惑，导致其向陌生人泄露自己的个人信息，如家庭地址、父母基本资料等。未成年人身体和心理等方面指标均不稳定，对自身以及自身以外的世界认识不充分，不能完全理解和融入人类正常的社会活动，处事单纯容易上当受骗，缺乏自我保护能力，对于成年人存在依赖性，离不开成年人的教育和保护；而成年人往往由于追求自己的利益而忽略、甚至牺牲未成年人的利益，或者把其当作获取利益的工具，因而未成年人权利容易受到来自家庭、学校、社会的侵害。比如，未成年人受到家庭虐待、遗弃，未成年人受到学校体罚、侮辱，未成年人做童工，未成年人被拐卖，等等。近些年类似案件屡屡出现，不得不引发我们的思考。

2. 权利的实现需要成年人辅助

未成年人是弱势群体，需要成年人给予照顾和保护，尤其年幼的时候，如果缺乏成年人的抚养，是难以存活的，更别说其他权利的享受了；未成年人享受权利的手段也需要成年人的帮助，从某种程度上讲，未成年人享受权利的多少依赖于成年人的认知度，因为未成年人权利的实现是需要依靠成年人的；如果成年人放弃帮助未成年人实现某项权利，那么未成年人很有可能就无法享受到该权利。在传统社会里，对个人信息的保护没有形成共识，更加缺乏对未成年人个人信息的保护意识。未成年人一直处于被父母和学校监管之下，个人活动场所基本上限于家庭和学校，并没有很多私人的活动空间，家庭和社会对于未成年人的个人信息没有给予足够的重视，导致一些侵权行为的发生，甚至有的侵权行为还被认为是合理监督行为。未成年人是国家的未来，民族的希望，但是在一个由成年人主宰的世界里，未成年人是弱小的，他们的利益常常被有意识或无意识的忽视，当未成年人的利益与成年人的利益发生冲突时，通常未成年人的利益会被牺牲，很多未成年人在权益受到侵害后，缺乏强大的承受能力，不知道如何调节，他们逃避问题，甚至做出极端选择，给家庭和社会带来极大损失。

3. 权利具有发展性

在未成年时期，人的生长发育处于不断发展的状态，变化跨度特别大。在一定的社会环境下，未成年人从出生到成熟，大致经历了婴儿期、学前儿童期、少年期、青年期四个时期，在不同的时期，未成年人的个人信息的表现也是不同的，其发展遵循一种由简到繁的规律。因此，针对未成年人个人信息的保护也要根据不同的情况，未成年人年龄越大，保护意识越强，信息保护能力也是随着年龄的增加而增加的，因此对于未成年人信息的保护要重视，不应该认为未成年人年纪小、信息量少就忽视对他们的保护，相反，更应当加大保护力度。这些特点要求我们不能将未成年人与成年人一概而论，需要给予未成年人个人信息特殊的保护。

二、未成年人个人信息保护的法律语境

（一）公民个人信息保护的法律制度

1. 宪法层面

宪法是国家的根本大法，我国在宪法层面仅仅是提出了保护公民个人信息的概念，但并没有直接的规定。2004年修订的宪法第33条规定"国家尊重和保障人权"，第40条规定"中华人民共和国公民的通信自由和通信秘密受法律的保护。除因国家安全或者追查刑事犯罪的需要，由公安机关或者检察机关依照法律规定的程序对通信进行检查外，任何组织或者个人不得以任何理由侵犯公民的通信自由和通信秘密"。宪法对人权的尊重和保护成为个人基本权利保障的价值基础，个人的信息安全权是人权的重要内容，宪法对人权的保护也体现了对个人信息权利的保护，因此，可以引申为对个人信息保护的宪法依据。但宪法并没有直接规定要对公民的信息权利予以保护，相关保护的宪法依据也仅仅是通过对人权的保护来间接体现。

2. 法律法规层面

2009年2月28日起施行的《刑法修正案（七）》增设出售、非法提供公民个人信息罪和非法获取公民个人信息罪，将非法获取、出售、提供公民个人信息的行为纳入刑法规制范围。

2012年12月28日，第十一届全国人大常委会第三十次会议通过《关于加强网络信息保护的决定》，全面规范公民个人电子信息的保护，确立国家保护能够识别公民个人身份和涉及公民个人隐私的电子信息的原则，规定网络服务提供者和其他主体对公民个人电子信息的保护义务和相应的责任。

2013年10月25日，第十二届全国人大常委会第五次会议通过《关于修改〈消费者权益保护法〉的决定》（自2014年3月15日起施行），强调消费者享有个人信息依法得到保护的权利，明确经营者收集、使用消费者个人信息的规则，规定消费者个人信息的责任追究规则。

2015年11月1日施行的《刑法修正案（九）》对刑法第253条之一作出修改完善。一是扩大犯罪主体的范围，规定任何单位和个人违反国家有关规定，获取、出售或者提供公民个人信息，情节严重的，都构成犯罪；二是明确

规定将在履行职责或者提供服务过程中获得的公民个人信息,出售或者提供给他人的,从重处罚;三是加重法定刑,增加规定"情节特别严重的,处3年以上7年以下有期徒刑,并处罚金。

2017年6月1日起施行的《网络安全法》规定个人信息指"以电子或者其他方式记录的能够单独或者与其他信息结合识别自然人个人身份的各种信息",明确网络运营者处理个人信息的规则。

2017年10月1日起施行的《民法总则》明确个人信息受法律保护,确立个人信息的独立民事权利地位。

3. 司法解释

2013年4月23日,最高人民法院、最高人民检察院、公安部联合发布《关于依法惩处侵害公民个人信息犯罪活动的通知》,要求坚决打击侵害公民个人身份和涉及公民个人隐私的信息、数据资料,规定定罪量刑应当综合考量非法出售、提供、获取个人信息的次数、数量、手段和牟利数额、造成的损害后果等因素。

2014年8月21日,最高人民法院发布《关于审理利用信息网络侵害人身权益民事纠纷案件适用法律若干问题的规定》明确利用信息网络侵害个人信息的民事责任。

2017年6月1日,"两高"联合发布《关于办理侵犯公民个人信息刑事案件适用法律若干问题的解释》全面系统规定侵犯公民个人信息罪的定罪量刑标准和相关法律适用问题。

4. 部门规章和其他规范性文件

2011年12月9日,工业和信息化部发布《规范互联网信息服务市场秩序若干规定》明确将"可识别性"作为个人信息认定的核心规则,并规定除法律、行政法规另有规定的以外,收集、使用、提供个人信息必须"经用户同意"。

2012年11月5日,原国家质量监督检验检疫总局、国家标准化管理委员会发布《信息安全技术公共及商用服务信息系统个人信息保护指南》。这是我国关于个人信息的首个国家标准,明确将个人信息区分为个人敏感信息和个人一般信息。

2013年7月16日,工业和信息化部发布《电信和互联网用户个人信息保护规定》规定个人信息包括用户识别信息和用户使用服务时间、地点等信息,明确提供电信服务和互联网信息服务过程中收集、使用用户个人信息的规则。

2017年12月29日,原国家质量监督检验检疫总局、国家标准化管理委员会发布《信息安全技术个人信息安全规范》,该推荐性国家标准,针对个人信息面临的安全问题,规范个人信息控制者在收集、保存、使用、共享、转让、公开披露等信息处理环节中的相关行为。

从以上梳理可以看出,我国公民个人信息保护相关规定的发展呈现出"刑法先行"的状况。公民个人信息保护的民事、行政规定整体"供给不足"。首部对网络公民个人信息保护作出比较集中规定的《网络安全法》自2017年6月1日起才开始施行。于此同时,非法获取、出售、提供公民个人信息的违法犯罪日趋普遍,危害日益严重。在此背景之下,采取"刑法先行"的立法模式率先封住底线,也是无奈之举。

(二) 未成年人个人信息保护的法律制度

1. 法律法规层面

《刑法》《民法总则》和《网络安全法》等基础性法律未对未成年人个人信息保护的问题作出专门规定。《预防未成年人犯罪法》虽然对未成年人个人信息保护作了部分规定,但总体来看比较零散、不成体系,不能满足互联网时代的实践需要。

《预防未成年人犯罪法》第45条规定:"人民法院审判未成年人犯罪的刑事案件,应当由熟悉未成年人身心特点的审判员或者审判员和人民陪审员依法组成少年法庭进行。对于审判的时候被告人不满十八周岁的刑事案件,不公开审理。对未成年人犯罪案件,新闻报道、影视节目、公开出版物不得披露该未成年人的姓名、住所、照片及可能推断出该未成年人的资料。"上述规定仅是关于未成年人犯罪案件信息公开的规定。

2. 司法解释

"两高"《关于办理侵犯公民个人信息刑事案件适用法律若干问题的解释》未对未成年人个人信息保护作出专门规定。目前,涉及未成年人个人信息保护的司法解释主要是程序法方面,集中于办理未成年人刑事案件领域。

《人民检察院办理未成年人刑事案件的规定》第5条规定:"人民检察院办理未成年人刑事案件,应当依法保护涉案未成年人的名誉,尊重其人格尊严,不得公开或者传播涉案未成年人的姓名、住所、照片、图像及可能推断出该未成年人的资料。人民检察院办理刑事案件,应当依法保护未成年被害人、证人以及其他与案件有关的未成年人的合法权益。"

《公安机关办理未成年人违法犯罪案件的规定》第5条规定:"办理未成年人违法犯罪案件,应当保护未成年人的名誉,不得公开披露涉案未成年人的姓名、住所和影像。"

3. 地方性法规、部门规章和其他规范性文件

(1)《儿童个人信息网络保护规定》

2019年8月22日,国家互联网信息办公室公布《儿童个人信息网络保护

规定》(以下称《规定》),自 2019 年 10 月 1 日起施行。《规定》是我国第一部规定儿童个人信息网络保护的专门立法,旨在保护互联网时代儿童"网络原住民"的个人信息,落实《网络安全法》在未成年人群中的保护适用,划清儿童个人信息的合理使用界限。《规定》的出台标志着我国儿童个人信息网络保护进入新的历史阶段,对保护儿童个人信息安全以及为儿童营造一个健康的成长环境具有重大的意义。作为一部专门立法,《规定》对儿童个人信息进行全环节保护,包括收集、存储、使用、转移、披露、删除等环节。《规定》明确了以下重要制度,以强化对儿童个人信息的保护。

一是设置儿童个人信息保护的专门规则、协议和责任人。《规定》明确,网络运营者应当设置专门的儿童个人信息保护规则和用户协议,并指定专人负责儿童个人信息保护,这充分体现了对儿童的特殊保护、优先保护的原则。特别是儿童个人信息保护责任人的确立,十分有利于责任的追究,将有效遏制当前猖獗的儿童个人信息非法买卖现象。

二是实行严格的"同意规则"。对于儿童个人信息的收集、使用、转移、披露,《规定》要求网络运营者应当以显著、清晰的方式告知儿童监护人,并应当征得其同意,并同时提供拒绝选项。网络运营者征得同意时,应明确告知:收集、存储、使用、转移、披露儿童个人信息的目的、方式和范围;儿童个人信息的存储地点、期限和到期后的处理方式;儿童个人信息的安全保障措施;拒绝的后果;投诉、举报渠道和方式;更正、删除儿童个人信息的途径和方法等事项。如果上述告知事项发生实质性变化的,还应当再次征得儿童监护人的同意。

三是明确了儿童个人信息保护的"最小原则"。其一,运营商对儿童个人信息的收集范围和数量应遵循最小原则,不得收集与其提供的服务无关的儿童个人信息。其二,网络运营者存储儿童个人信息应遵循最短期限原则,不得超过实现其收集、使用目的所必需的期限。其三,网络运营者对其工作人员的授权应遵循最小原则,严格设定信息访问权限,控制儿童个人信息知悉范围,并要求工作人员访问儿童个人信息应当经过儿童个人信息保护负责人或者其授权的管理人员审批,记录访问情况,采取技术措施,避免违法复制、下载儿童个人信息。

四是确立了儿童个人信息安全评估制度。《规定》明确,网络运营者委托第三方处理儿童个人信息、向第三方转移儿童个人信息的,均应当进行安全评估。经评估达不到安全保护要求的,不得进行委托和转移,否则应承担法律责任。

五是进一步明确了儿童个人信息的删除制度。《规定》对儿童个人信息的删除进行了细化，明确规定了以下 5 种情形：网络运营者违法或者违约收集、存储、使用、转移、披露儿童个人信息的；超出目的范围或者必要期限收集、存储、使用、转移、披露儿童个人信息的；儿童监护人撤回同意的；儿童或其监护人通过注销等方式终止使用产品或服务的；当网络运营者停止运营产品或服务时，也应当删除其持有的儿童个人信息。

六是《规定》还明确了监护人的责任。父母作为监护人，是孩子的第一任老师和第一责任人。《规定》特别明确，儿童监护人应当正确履行监护职责，教育引导儿童增强个人信息保护的意识和能力，维护儿童个人信息安全。为此，父母应当主动学习网络安全知识，增强网络安全意识，具备基本的网络保护能力，这样才能更好地保护好自己的孩子，成为网络信息时代的合格父母。

（2）国家标准

对未成年人个人信息保护进行规制的还有一部推荐性国家标准，即全国信息安全标准化技术委员会（SAC/TC260）发布的《信息安全技术个人信息安全规范》（2017 年 12 月 29 日正式发布，2018 年 5 月 1 日实施，以下称《个人信息安全规范》）。

在保护未成年人信息方面，《个人信息安全规范》确定了未成年人个人信息的保护范围（未满 14 周岁），并将收集未成年人信息与敏感信息同章节表述，明确要求收集年满 14 周岁的未成年人的个人信息前，应征得未成年人或其监护人的明示同意，不满 14 周岁的，应征得其监护人的明示同意。这充分显示了未成年人个人信息的高度敏感性，以及该标准对未成年人个人信息保护的重视。

（3）地方性法规

《山西省未成年人保护条例》（2009 年 9 月 1 日起施行）是山西省的地方性法规，该条例针对山西省内未成年人的保护状况规定了具体的保护措施。其中，第 39 条规定"任何单位和个人不得披露涉及未成年人隐私的文字、图片、音像以及可能推断出该未成年人身份的信息。法律、行政法规另有规定的除外"。除了山西省制定的未成年人保护条例之外，还有很多省市也都制定了类似的地方性法规，如《北京市未成年人保护条例》《上海市未成年人保护条例》等。

广东省深圳市是我国的经济特区，与内地相比，其社会经济发展程度相对较高，未成年人保护工作更为复杂，因此制定适合自身发展实际的地方性法规就显得尤为重要。2004 年 4 月 16 日，《广东省深圳经济特区实施〈中华人民共和国未成年人保护法〉办法》正式施行，该办法第 10 条第 2 款对监护人的监护职责作出了限制，对信件、日记等涉及未成年人个人信息的领域，明确禁止监护人进行不当侵犯。

除上述现行规定以外，《未成年人网络保护条例（草案征求意见稿）》和《个人信息和重要数据出境安全评估办法（征求意见稿）》两份处于征求意见阶段的立法文件对保护未成年人信息提出了比较明确的要求。其中，《未成年人网络保护条例（草案征求意见稿）》第16条规定通过网络收集、使用未成年人个人信息的，应当在醒目位置标注警示标识，注明收集信息的来源、内容和用途，并征得未成年人或其监护人同意。通过网络收集、使用未成年人个人信息的，应当制定专门的收集、使用规则，加强对未成年人网上个人信息的保护。第17条规定，网络信息服务提供者提供信息搜索服务的，不得违反本条例第16条的规定，显示未成年人个人信息的搜索结果。第18条规定，未成年人或其监护人要求网络信息服务提供者删除、屏蔽网络空间中与其有关的未成年人个人信息的，网络信息服务提供者应当采取必要措施予以删除、屏蔽。《个人信息和重要数据出境安全评估办法（征求意见稿）》第4条规定，个人信息出境，应向个人信息主体说明数据出境的目的、范围、内容、接收方及接收方所在的国家或地区，并经其同意。未成年人个人信息出境须经其监护人同意。

（三）域外未成年人个人信息保护的法律制度

1. 美国《儿童网络隐私保护法》

作为发达的英美法系国家的代表，美国在未成年人个人信息保护方面起步较早，发展也较为成熟，其在未成年人个人信息保护方面有很多经验值得我们借鉴。

美国的未成年人个人信息保护模式，一方面充分利用了分散立法的优势，另一方面又非常重视行业自律，两者互相配合，可谓自成一派。分散立法是指针对未成年人领域的个人信息保护采取独立立法模式，形成了"条块分割"的状况。在未成年人个人信息保护领域有1998年的《儿童网络隐私保护法》、1974年的《家庭教育权和隐私法》等。行业自律模式，是指非依立法进行保护之模式。在美国，行业自律一般通过行业内部的行为规范和标准来完成，自律的履行情况则由行业协会进行监督。自律有其优势，既克服了立法规制的缺陷，又保证了个人信息的合法传送。作为世界上最先在本国推行此种规制方式的国家，美国主要奉行以下两种自律形式：一种是建议性行业指导；另一种是网络隐私认证计划（Online Privacy Seal Program）。

对未成年群体的保护不应当仅仅是权利保护宣言，而应当落实为更有针对性的未成年人个人信息保护立法，这在目前许多国家仍是一项立法空白。美国非常重视对于未成年群体的保护，认为对未成年人的权益保护应当是最为优先的。美国于 1998 年颁布的《儿童网络隐私保护法》（COPPA，Children's Online Privacy Protection Act）的核心内容为，除非得到其父母的确认性许可，否则网络运营商不能擅自处理相关未成年人的个人信息，具体表现在法案第 1303 条。该条规定了网络运营商在未成年人个人信息收集、使用、安全维护等方面的义务和程序性要求。比如，网络运营商在信息收集方面的义务包括，提前公开公布收集须知的义务，取得权利人父母确认性许可的义务，收集合法性的说明义务，权利人父母随时中止、继续或终止该收集行为的权利告知义务，已收集信息的安全保护义务，等等。家长可以审视子女的个人数据，并有一定的知悉权、查阅权、删除权。另外，法案还规定，网络运营商不得以不正当的方式引诱未成年人作出不符合心理和生理发展阶段的表达。13 周岁以下未成年人信息的收集和管理者应当将未成年人的个人信息置于安全的环境中，并保证其完整性。同时，为了避免立法的刻板，美国通过"安全港"、免责和除外规定，力求实现法律规制与网络效率之间的平衡。

COPPA 之所以成为业界立法的里程碑，是因为其实现了"自律模式吸收积极立法主义"的历史性突破。对于以行业自律为主的美国而言，COPPA 的出台可以说是美国对行业自律模式自我反省的结果。虽然 COPPA 仅仅选择了网络问题中最受关注和矛盾最为突出的 13 周岁以下未成年人的隐私问题进行规范，但它体现了美国政府应对个人信息保护严峻局势的积极姿态，使未成年人个人信息保护得到了司法化尝试。它不仅修补了行业自律存在的缺陷，同时也对自律的良性发展起到了重要的指导作用。COPPA 并非一味地通过限制在线行为来保护未成年人的个人信息，网络行业的健康快速发展也是其关心的焦点。为了折中，该法设置了一个"相对安全领域"，也即著名的安全港规则。在这个规则下，联邦贸易委员会依法批准特定行业制定适合自身实际的自律规范，遵守该规范的行为进入"安全港"，全部免责。

2. 英国《1989 年儿童法》

英国在 16 世纪以前不认为儿童具有独立的个人价值，仅认为儿童从属于家庭。后来，"父权论"思想逐渐没落，公众法制意识逐渐萌发，人们开始正视父母子女之间的权利义务关系，并承认儿童的个体价值，法律上也意识到儿童存在的独立性。

英国在个人信息保护方面，专门颁布了《个人资料保护法》（Data Protection Act of 1984），目的是保护个人信息。《个人资料保护法》规定，只有经过权利人的许可，才可以收集个人信息，通过欺骗的方式收集信息更是被严令禁止的；持有个人信息的目的必须合法；使用或透露个人信息必须保证"合法持有信息,并为了持有目的"之前提;履行适当的保管义务,防止侵犯个人信息之行为;归责于信息合法处理者原因的遗失、毁坏,或者非法透露,个人信息主体有请求赔偿的权利。另外需要特别关注的是,英国在大众媒介规制方面的很多做法,都有未成年人个人信息保护的相关内容。例如,对有关未成年人个人信息的报道进行严格的限制、要求慎重对待,如果必须进行报道,就要求事先利用技术手段对敏感的内容进行屏蔽,将对未成年人造成负面影响的可能性降到最低;还有就是严格规范大众媒介工作人员的执业活动,也就是充分发挥行业内部的准则或者手册的作用。如英国《独立电视委员会节目准则》认为,在采访儿童时,要特别注意采访方式,避免采用诱导或者质问的语气,也不能强迫儿童表达超出他们判断能力的看法。此外,需要强调的是,如果遇到"儿童为性犯罪受害者"的案件,无论在何种情形下,都不能公开其身份,律师除外。

《1989年儿童法》是英国未成年人个人信息保护方面的代表性立法。《1989年儿童法》明确规定了刑事诉讼领域未成年人相关信息的保护措施,其中,根据该法第97条之规定,无论行使何种权利,涉及儿童的案件均不得公开审理。有关可以或者可能对特定儿童进行识别的家庭地址、学校名称等信息,禁止任何人公布。另外,第97条对任何机构以任何手段泄露特定儿童资料的行为均予以绝对禁止,对于违反该规定的行为,设置了严厉的刑事处罚措施,这对于英国的未成年人个人信息保护来说,具有重要的意义。

3. 德国《青少年保护法》

德国是典型的大陆法系国家,因此德国在立法方面遵循了大陆法系立法的一贯传统,一部统一的个人信息保护立法——《联邦个人资料保护法》由此诞生《联邦个人资料保护法》不是未成年人领域的专门法,而是针对所有领域个人信息保护的统一立法。在对未成年人个人信息保护方面,德国的未成年人保护有强大的机构保障,少年救助委员会就是这样的一个机构。德国这一举措,表明了德国对个人信息保护的关注,使其成为他国立法的借鉴学习对象。德国对未成年人年龄的界定与我国相同,但称呼稍有区别,它以14周岁为分界,不满14周岁的为儿童,超过14周岁的为少年。未成年人个人信息权得到了德国司法界的重视,相关的法律主要有《青少年保护法》《少年保护法》等,这些法律对有关未成年人个人信息的保护问题进行了规范。

《青少年保护法》颁布于2003年,是一部专门法。《青少年保护法》无论从保护力度还是保护时间来说,都对媒体领域的青少年保护事项作出了规定,保护措施非常有力和及时。它的前身是《散布不良内容危害青少年法》。在青少年保护方面,该法的不少措施都从实际出发,值得肯定。例如,该法赋予了

"危害青少年媒体审查委员会"这一专门机构重要的职责,通过履行法定职责,使青少年接收到的媒体信息都预先经过筛选和甄别,免受不必要的影响。为了保证该委员会的代表性与广泛性,委员会组成人员可谓涉及各行各业,由主管机关、协会组织、社会团体等各界代表组成。该委员会在青少年个人信息保护方面的主要职责是识别和检查互联网信息内容,对于存在有害信息的网站,依法对其进行处理并持续监测其发展。对于在工作中发现的不良信息,该委员会有专门工作人员进行记录。技术人员还会对这些不良信息进行技术化处理,将信息与青少年隔离开,避免青少年接触和翻阅。该机构成为媒体信息安全的一道无形的屏障。

4. 日本《少年法》

日本在个人信息保护方面有很多可圈可点之处。日本继承了大陆法系的立法传统,以成文法为立法范式,但是,二战以后的日本在法律方面多参照美国的立法,逐渐有了自己的发展路径。第一,形式上类似英国,内容上更多地采用美国的立法。简而言之,就是既有统一立法,又有分散的单行法作补充。在《个人信息保护法》统筹全局的基础上,日本立法明确规定了国家及地方政府的责任和义务,对本国的国家机关、企事业单位、社会团体等组织分别制定了单行法规,通过部门法细化规制。日本同时建立了以本国国情为基础的行业自律机制,以此来规范更具有灵活性的民间企业。第二,在救济措施方面设置了更为灵活的机构。日本为信息保护问题设计了独特有效的救济机制。对于国家机构的行为,遵照相关法律的规定;对于非国家机构的行为,采取督促改正的方法。主管大臣劝告或者命令非国家机构改正时,民间设立的专门团体也可以参与进来,以利于纠纷的解决。如此设计制度,是因为刻板地采取行政手段不仅会对企业的自由发展造成一定的障碍,也背离了当前行政改革中放宽管制的改革思路。

日本《少年法》中有相关个人信息保护的条款。例如,《少年法》第22条规定了少年犯审判的不公开原则,不公开原则的目的是保护未成年少年犯的个人信息。同时,不公开也能有效控制未成年人的情绪,防止未成年人情绪失控,发表不当言论,影响审判效果。对于该规定,甚至有学者提出了更为宽容的方式,即对少年犯以家庭会议的方式进行审判,鼓励其改过自新。该法第61条认为,未成年人若被提起公诉,该未成年人的姓名等个人信息不得在任何媒介、以任何方式进行刊登,包括一切可能对该名未成年人进行身份识别的信息;而有刑事犯罪记录的未成年人被释放后,相关机构应当对其犯罪资料依法封存,视为未受过刑事处罚。这样的规定能够有效矫正误入歧途的未成年人的行为,为其改过自新、重归社会提供良好的法治环境。

5. 欧盟《通用数据保护条例》

经过欧盟议会长达四年的讨论，欧盟《通用数据保护条例》（General Data Protection Regulation，GDPR）终于在 2018 年 5 月 25 日生效。作为管辖范围最广、处罚力度最大的个人数据保护规定，GDPR 的内容广泛而翔实，并将对未成年人个人信息的保护充分考虑在内，具体包括：一是规定"数字年龄"（Digital Age）。GDPR 规定，在提供的社会信息服务中，16 周岁以下儿童的个人数据的收集必须由负责的家长持有人批准。成员国可以设置不低于 13 周岁的年龄限制。二是提供适宜儿童理解的信息（Child-Appropriate）。任何向公众提供的信息或数据必须清晰、简洁、可视化。考虑到孩子需要特殊保护，任何儿童的数据应以清晰、简洁的语言和以孩子可以理解的方式来处理。三是引入儿童被遗忘权（Right to be Forgotten）。数据主体有纠正权和"被遗忘的权利"。关于他们的个人资料，即使孩子已经长大成年，数据主体仍然有要求更正或删除他的童年数据的权利。四是禁止自动化处理儿童数据（Automated Individual Decision-making）。自动处理即"数据画像"，是指通过一个自动化的过程分析当事人的个人信息，并获得具有对数据对象的显著影响的决策的一种方式，特别是在性、经济状况、健康状况、个人喜好兴趣和自然人的可信度这些方面，GDPR 明文禁止对儿童采用自动化处理技术。

GDPR 对儿童个人信息保护没有设立专门的章节，而是将其纳入一般主体之中，也就是说，该条例所有关于数据信息的规定都适用于儿童个人信息保护。从法律实施的角度看，GDRP 没有过多涉及技术层面标准的规定，多处以"合理的努力"进行抽象性的规定，主要原因有两个：第一，抽象的泛化的标准更能适应技术发展的脚步，避免立法的滞后性；第二，巨额处罚作为后盾，让网络平台通过以更高的标准达到"合理的努力"，避免承担法律责任。

三、未成年人个人信息刑事保护的思考和建议

前述分析为我们进一步明确未成年人个人信息保护的刑事法律边界，构建未成年人个人信息刑事保护制度提供了重要的参考和平台。

（一）未成年人个人信息的刑事保护原则

1. 参考借鉴未成年人保护法律制度的基本原则

未成年人个人信息保护具有双重属性，既有未成年人保护的法律属性，又有个人信息保护的法律属性，因此参考借鉴未成年人保护法律制度的基本原则是应有之义。主要有以下几个方面：

一是未成年人最大利益原则。1989 年联合国大会通过的《儿童权利公约》确立了未成年人保护的"儿童最大利益原则"，明确规定："关于儿童的一切

行动，不论是由公私社会福利机构、法院、行政当局或立法机构执行，均应以儿童的最大利益作为一种首要考虑。"关于未成年人的一切问题，应以有利于保护未成年人权利最大利益为首要原则。这样既体现了公约的立法精神，也树立了将未成年人作为独立的权利个体的理念。公约的这一规定阐明了未成年人个人信息保护的重要性，我国也是该公约的签署国，在未成年人个人信息保护领域也要遵循这一原则。

二是未成年人参与原则。未成年人有权查询、修改、封锁、删除关于自己的信息，如果信息持有者不接受前述请求，未成年人及其监护人可以请求司法救济。未成年人的参与程度会随着其年龄的增长而增长，起初是未成年人与其监护人共同参与，最后当未成年人足够成熟后，可由当事人本人独立行使，独立参与。

三是维护公共利益原则。未成年人的个人信息权不是一项绝对的权利，在权利行使的过程中要受到公共利益和公众知情权的限制。因此，我们不仅要注重对未成年人的个人信息保护，也要重视社会公共利益的维护，过度保护未成年人个人信息可能导致个人信息与社会信息的不对称，不利于未成年人的成长。同时，强调公共利益的维护并不意味着对未成年人个人信息保护的放弃，在今后的立法中，应当将社会公共利益的维护与未成年学生个人信息的保护相结合，这样才能平衡个人利益与公众利益。

四是豁免原则。在我国的传统文化中，家庭成员之间的关系较为密切，一些获取未成年人个人信息的行为在父母看来是理所当然的，社会也普遍接受这种做法。因此，在构建未成年人个人信息保护制度的过程中，应当制定适合国情的豁免制度，将监护人对未成年人的一些信息获取行为纳入豁免范围，比如父母子女之间的个人信息交流活动一般较少牵涉到侵权行为，还有涉及公众利益的情形，一般也不存在侵权，这时则需要考虑适用豁免制度。

2. 参考借鉴《儿童个人信息网络保护规定》的基本原则

《儿童个人信息网络保护规定》是我国第一部未成年人数据保护专门法，是网络法治化进程的重要成果，因此参考借鉴《儿童个人信息网络保护规定》确立的基本原则具有现实意义。主要有以下几方面：

一是正当必要原则。《儿童个人信息网络保护规定》第11条、第12条明确了平台收集、提供、存储和使用儿童个人信息的原因和期限。在收集儿童个人信息范围中，《儿童个人信息网络保护规定》明确了三个基本原则：是否与提供服务相关、是否违反法律法规的规定、是否遵守了网民协议的约定。显然，判断是否遵守后两个原则比较容易，但第一个原则就比较困难。平台收集信息正当性和必要性，至少要结合三个标准进行综合判断：业务类型、行业习惯、技术迭代。特别要强调的是"技术迭代",实践中很多业务类型超范围收集个人信息,他们的抗辩多为"技术迭代"之后,原先的业务类别已经变化,但收集儿童信息的范围却没有随之变化,这就是典型的违法行为。举例说明,一个原本做智能定位的平台,需要事先采集儿童的位置信息,后来经过迭代之后,该平台放弃了定位服务,改做母婴产品了,但所收集的信息范围还包括儿童的位置信息,这就不符合正当必要性原则了,属于违法行为。

二是监护人全面控制原则。综观美国和欧盟关于儿童个人信息保护法律,监护人全面控制原则是共同的基本原则。《儿童个人信息网络保护规定》第9条、第10条、第14条、第19条、第20条等,都将监护人对被监护人信息收集、处分、删除、拒绝、更正等权利落实到位。儿童个人信息权利保护的根本在于家长的监护权,只有在家长监护权全面落实的基础上,才有可能做到充分保障。《儿童个人信息网络保护规定》从三个方面落实了家长的全面控制权。首先是平台的技术和制度上的配合;其次是赋予家长全程、全面和实时的监护权利;最后是行业自律和社会责任的落实。儿童个人信息保护中的监护人全面控制原则,是儿童网络权益保护系列法规的基础。针对孩子的网络防沉迷系统中,家长能够监管孩子的前提就是真实身份信息认证制度。但实践中,仅靠身份注册时的识别是远远不够的,还需要在孩子每一次玩游戏、登录视频、消费产品时,平台会进行诸如人脸识别、信息提示和手机短信告知等动态认证模式,这势必需要获取儿童的相关信息。可见,儿童个人信息的收集使用,很多情形下是保障孩子权益和确保家长监护权行使的基础。网络时代的家长监护权全面履行,必须有法律制度和技术支持的配合,二者缺一不可。

三是充分告知权。知情权既是用户权利的基础,也是家长监护权的基础,缺乏充分告知的前提,平台既有可能构成违约责任,也有可能构成侵害监护权和儿童个人信息权的侵权责任,更有可能构成违反网络安全法等法律责任。《儿童个人信息网络保护规定》第7条、第9条、第10条、第14条等都将平台对用户及家长的告知权进行了详细说明。《儿童个人信息网络保护规定》第10条,用列举的方式把平台需要告知的内容进行了类型化,基本涵盖了儿童个人信息保护的各个环节。值得注意的是,第10条规定了关于"更正、删除"个人信息的权利,《儿童个人信息网络保护规定》第20条又以单条的篇幅列举了平台应予以删除的类别。实际上,这两条的规定是立法者结合互联网产业发展实践和比较法经验,将"注销权"与"被遗忘权"灵活确立在《儿童个人信息网络保护规定》之中的体现。

四是最小授权原则。最小授权原则是网络个人信息收集使用的基本原则之一,在我国一般存在于学理之中,写到法律性文件中尚属首次。《儿童个人信息网络保护规定》将最小授权原则规定在第 15 条，仅限于平台对其工作人员访问程序、内容等方面的限制，这主要是为了防止平台内部"内鬼"侵害儿童信息的情况。《儿童个人信息网络保护规定》之所以仅将其限定在对其工作人员的行为限制之内，主要原因还在于最小授权原则与正当必要原则有所重合，正当必要原则在很大程度上可以吸收涵盖最小授权原则。

3. 有效发挥刑法的保障功能和作用

刑法是其他部门法的保障法，是最后一道防线。实践中，对未成年人个人信息的刑事保护需要注意与其他部门法的衔接，确保刑法作为保障法的功能作用的有效发挥。

一是注意与《网络安全法》的衔接。《网络安全法》第 13 条规定："国家支持研究开发有利于未成年人健康成长的网络产品和服务，依法惩治利用网络从事危害未成年人身心健康的活动，为未成年人提供安全、健康的网络环境。"第 64 条规定："网络运营者、网络产品或者服务的提供者违反本法第二十二条第三款、第四十一条至第四十三条规定，侵害个人信息依法得到保护的权利的，由有关主管部门责令改正，可以根据情节单处或者并处警告、没收违法所得、处违法所得一倍以上十倍以下罚款，没有违法所得的，处一百万元以下罚款，对直接负责的主管人员和其他直接责任人员处一万元以上十万元以下罚款；情节严重的，并可以责令暂停相关业务、停业整顿、关闭网站、吊销相关业务许可证或者吊销营业执照。违反本法第四十四条规定，窃取或者以其他非法方式获取、非法出售或者非法向他人提供个人信息，尚不构成犯罪的，由公安机关没收违法所得，并处违法所得一倍以上十倍以下罚款，没有违法所得的，处一百万元以下罚款。"由于《网络安全法》未对未成年人个人信息保护作出具体规定，因此刑法对未成年人个人信息的保护主要应当注意做好与上述两条规定的衔接。

二是注意与正在研究修改的《预防未成年人犯罪法》的衔接。《预防未成年人犯罪法（修订草案）》拟将"沉迷网络以致于影响正常学习和生活""观看、收听含有色情、淫秽、暴力、恐怖、极端等内容的读物、音像制品或者网络信息"明确列入不利于未成年人身心健康成长，不予干预会日益严重的未成年人"不良行为"。因此，刑法要注意与《预防未成年人犯罪法》拟修改内容的衔接，为对违反其中禁止性规定情节严重、构成犯罪的行为追究刑事责任预留空间。

（二）未成年人个人信息的刑事保护范围

1. "未成年人"的范围

未成年人是相对于成年人的称谓，世界各国对于未成年人的年龄规定有所差异，奥地利、意大利等国为21周岁，日本、瑞士为20周岁，法国、英国、美国为18周岁。我国《未成年人保护法》第2条规定："本法所称未成年人是指未满十八周岁的公民。"《民法总则》第17条规定："十八周岁以上的自然人为成年人。不满十八周岁的自然人为未成年人。"第18条规定："成年人为完全民事行为能力人，可以独立实施民事法律行为。十六周岁以上的未成年人，以自己的劳动收入为主要生活来源的，视为完全民事行为能力人。"

本文所探讨的未成年人是以我国关于未成年人的定义出发的，即以18周岁为界，没有年满18周岁的人为未成年人。18周岁是国际上认为相对恰当的分水岭，18周岁之后的人心智和情感都趋向成熟，能够区分事情的好坏，较为理智地决定，以及把握事情的发展方向，18周岁之后的人应当为自己所做出的行为负责，承担相应的责任，这一点是合理且恰当的。

值得注意的是，欧盟《通用数据保护条例》对16周岁以下的未成年人个人数据加以特别保护，美国《儿童网络隐私保护法》保护13周岁以下未成年人的网络个人信息，我国《儿童个人信息网络保护规定》则保护14周岁以下未成年人的个人信息。理论和实践中，是否需要进一步根据年龄划分需要特别保护的未成年人范围，也是值得深入研究的问题。

2. "个人信息"的范围

由于我国的《个人信息保护法》仍在研究制定过程中，因此"个人信息"的内涵和外延尚无定论。

《民法总则》第111条规定："自然人的个人信息受法律保护。任何组织和个人需要获取他人个人信息的，应当依法取得并确保信息安全，不得非法收集、使用、加工、传输他人个人信息，不得非法买卖、提供或者公开他人个人信息。"但未对个人信息的范围作出规定。

《网络安全法》第76条第五项规定："个人信息，是指以电子或者其他方式记录的能够单独或者与其他信息结合识别自然人个人身份的各种信息，包括但不限于自然人的姓名、出生日期、身份证件号码、个人生物识别信息、住址、电话号码等。"

"两高"《关于办理侵犯公民个人信息刑事案件适用法律若干问题的解释》第1条规定："刑法第二百五十三条之一规定的'公民个人信息'，是指以电子或者其他方式记录的能够单独或者与其他信息结合识别特定自然人身份或者反映特定自然人活动情况的各种信息，包括姓名、身份证件号码、通信通讯联系方式、住址、账号密码、财产状况、行踪轨迹等。"

《信息安全技术个人信息安全规范》明确，个人信息包括姓名、出生日期、身份证件号码、个人生物识别信息、住址、通信通讯联系方式、通信记录和内容、账号密码、财产信息、征信信息、行踪轨迹、住宿信息、健康生理信息、交易信息等。

值得注意的是，未成年人个人信息的范围是随着他们年龄的增长而不断变化的。未成年人成长需要经历婴儿期、儿童期、少年期、青年期四个时期。比如，在婴幼儿时期，未成年人除了基本信息之外，基本上没有其他的个人信息，但是这些信息对于婴幼儿也是至关重要的。保护婴幼儿的个人信息，可以避免不法分子利用掌握的婴幼儿信息进行拐卖儿童等不法行为，是婴幼儿健康成长的保障。在儿童时期，未成年人已经入学，不仅是基本的家庭信息，其也有了学籍等更为扩展的信息内容。此时未成年人的个人信息拓展到社会生活中，是未成年人接触社会的前奏。未成年人的学籍信息，成绩评定，日常表现等，也成为未成年人个人信息中不可缺少的部分。对于这部分信息，学校和家长也应当给予充分尊重和保护，来保护未成年人的合法信息不被泄露，不被他人非法利用。在青少年时期，未成年人进入了青春期，这个阶段的未成年人处于相对敏感和叛逆的阶段，未成年人的学习经历、恋爱情况、社会活动情况、财产状况等也将纳入未成年人个人信息的保护范畴。基于上述特点，未成年人个人信息主要可以分为四类：

一是未成年人的身份信息。包括姓名、性别、年龄、籍贯、民族、亲属关系等信息。一般情况，亲属关系并不作为私密性信息保护，但有时为了未成年人身心成长的需要，例如，未成年人是犯罪分子的子女，暴露该亲属关系可能对未成年人造成不良影响，所以通常会予以保密，除了国家机关依法收集外，其他任何组织和个人不得非法收集。

二是未成年人的通讯信息。不仅包括电邮、电话、电报等，还应包括新型通讯手段，如微博、微信等。未成年人享有通信自由权利，其通信内容受到法律保护，任何组织和个人不得非法监听或干涉未成年人的通信内容。这也是我国《未成年人保护法》的要求。

三是未成年人的履历信息，即经历，包括学习经历、生活经历等，有些经历未经未成年人本人同意是不可以随意泄露的，如未成年人的犯罪经历。我国《刑法修正案（八）》免除了未成年人前科报告的义务，有利于保护未成年人的履历信息。

四是未成年人的健康状况信息通常指未成年人就医过程中建立的医疗档案，病例报告等信息。我国《侵权责任法》明确规定医疗机构和医疗人员对患者的医疗信息保密。未成年人的健康状况信息就属于这个范围，由于特殊疾病，未成年人不愿意向外界公布自己病例信息的，医院和医护人员应当为其保密。

3. 坚持刑法的谦抑性

笔者认为，在确定未成年人个人信息的刑事保护范围时应当坚持刑法的谦抑性，实践中比较突出的是，需要处理好未成年人个人信息权利与教育者对未成年人个人信息的知情权的关系。

我国《宪法》第46条规定未成年人享有受教育的权利和义务。除家庭外，学校和其他教育机构是我国未成年人主要的现实生活环境，也是未成年人个人信息产生的重要场所。为履行教育职责，教育者需要获取未成年人的个人信息，确定适合未成年人身心特点的教学内容和教学方法，以达到在文化、品格、体质、心理等方面的教育效果，为未成年人继续获得高等教育、专业教育或参与社会实践奠定基础。但我国教育立法对教育者获取未成年人个人信息的范围和方式均没有明确规定，也没有对教育者保护未成年人个人信息的义务做出要求。立法缺位造成教育者侵犯未成年人个人信息的事件屡见报端，一方面是教育者不当获取未成年人个人信息，比如利用监控获取未成年人隐私生活信息、要求学生"刷脸"打卡完成运动比赛等；另一方面是教育者不当公开或使用未成年人信息，比如在公开考试排名的同时公布完整的未成年人个人信息。

我国应明确规定教育者获取受教育未成年人个人信息的范围和方式以及教育者保护未成年人个人信息的义务。教育者指对未成年人实施教育活动、承担教育职责的组织、机构和个人。根据《义务教育法》规定，适龄儿童、少年的教育管理由学校承担。但目前我国未成年人接受教育的途径繁多，除学校学习外，还包括课余时间的补习、网络学习教育等。不论是依法实施义务教育，还是基于合同或其他关系对未成年人进行教育的主体，在履行教育管理职能时均有权获取并使用未成年人的个人信息，并承担信息保护义务。就信息获取的范围而言，教育者获取和利用未成年人个人信息的目的在于履行教育者的法定或约定的教育义务，实现未成年人的受教育权，促进未成年人身心健康成长。因此，教育者对未成年人个人信息的知情权必须符合未成年人教育的目的，范围应限于与该未成年人教育关系之内的事项，并应采取合理的信息获取手段，不得侵犯未成年人隐私以及其他合法权益。对于受教育未成年人的个人信息，教育者有义务进行严格的保护，不得将未成年人的个人信息用于对未成年人教育之外的其他用途。

（三）加强未成年人个人信息刑事保护的建议

1. 修改刑法的建议

针对刑法第253条之一侵犯公民个人信息罪自身存在的不足，以及在保护未成年人个人信息方面的乏力，建议从以下四个方面修改完善刑法：

一是增设"非法利用个人信息罪"。要随着大数据时代犯罪发展的新态势，及时将侵害个人信息的新类型犯罪补充到刑法规定中，以应对犯罪行为不断更新升级的态势。实践中，非法利用他人个人信息造成严重后果的情形较为常见，而根据我国刑法的现有规定，只能对非法利用他人个人信息从事违法活动构成相关犯罪的行为定罪处罚，而对于那些尚未构成相关犯罪，但对他人或社会造成严重危害的行为则无法追究刑事责任。然而，此种行为的社会危害性，有时甚至比非法出售、提供或非法获取个人信息还要严重。建议在刑法中增设"非法利用个人信息罪"，将未经授权而利用在履行职责或提供服务过程中获悉的他人个人信息，造成严重后果的行为纳入刑法打击的范围。

二是将"非法公开他人个人信息"纳入"侵害公民个人信息罪"的打击范围。根据我国刑法的规定，侵犯公民个人信息罪的行为方式主要包括出售、提供和非法获取。对于将他人的信息直接非法公开在互联网空间，导致被广泛传播或者为不特定的人所知悉的行为，却难以被侵犯公民个人信息罪的上述行为方式所涵盖。而这种行为的危害性并不亚于非法出售、提供或者非法获取的行为。建议扩充侵犯公民个人信息罪的行为方式，明确将非法公开公民个人信息的行为纳入该罪的打击范围。

三是明确罪数适用标准。实践中，对于行为人非法获取个人信息后，又将其用于实施其他犯罪的，是只认定为一罪还是数罪并罚存在争议。基于充分保护个人信息的目的，考虑到侵犯个人信息的严重社会危害性和严峻形势，建议将此种情形数罪并罚，在刑法第253条之一中增加一款，明确规定：窃取或以其他方法非法获取公民个人信息后，又利用公民个人信息实施其他行为触犯其他罪名的，以侵犯公民个人信息罪和触犯的相关罪名，依照数罪并罚的规定处罚。

四是增设侵犯未成年人个人信息罪。建议增加刑法第253条之二，规定：违反国家有关规定，侵犯不满18周岁的未成年人的个人信息的，依照本法第253条之一的规定从重处罚。

2. 修改司法解释的建议

一是修改"两高"《关于办理侵犯公民个人信息刑事案件适用法律若干问题的解释》第5条的规定。参照《个人信息安全规范》将未成年人信息与敏感信息同章节表述的做法，将不满14周岁的未成年人的个人信息视同为高度敏感个人信息，将已满14周岁不满18周岁的未成年人的个人信息视同为重要个人信息，分别以"五十条以上""五百条以上"作为入罪标准，加大对未成年人个人信息的保护力度。

二是修改"两高"《关于办理非法利用信息网络、帮助信息网络犯罪活动等刑事案件适用法律若干问题的解释》第 4 条的规定。对于拒不履行信息网络安全管理义务,致使用户信息泄露,"造成严重后果"的情形中,增加规定"致使泄露不满十四周岁的未成年人的个人信息五百条以上的""致使泄露已满十四周岁不满十八周岁的未成年人的个人信息五千条以上的"两种情形,进一步压实网络服务提供者的责任,督促其履行保护未成年人个人信息的义务。

网络空间不良信息规制研究：
以暴力游戏为例

高艳东[*]

内容摘要：网络游戏、直播、视频等领域存在传播不良信息的乱象，暴力游戏是典型表现。受制于客观主义及刑法谦抑性等理论，我国刑法只保护未成年人的身体健康，忽视了对其心理健康的保护。网络游戏传播的暴力主义，违反了智力社会的进化方向，容易引发未成年人违法犯罪，应当受到刑法禁止。规制不良信息需要从法条解释与立法完善两个角度入手：司法机关应对未成年人采取特殊标准，扩张解释教唆犯、传授犯罪方法罪、淫秽物品等，打击传播不良信息的行为；立法机关应当增设传播不良信息罪，直接保护未成年人的健全人格。

关键词：心理健康　暴力训练　传授犯罪方法罪　淫秽物品

一、引言：谨防网络娱乐业成为"暴力帝国"

近年来，游戏、视频、直播等网络娱乐产业发展迅速，但其中的问题日渐突出。其中，网络游戏的争议最大，一方面，功能性网络游戏具有积极的社会价值，它模拟现实场景解决社会问题。例如，《海上英雄探险记》手游可以辅助治疗阿尔茨海默病，它通过驾船闯关的玩法收集行为数据，找到早期发现阿尔茨海默病的方法。[①] 这些功能性游戏不是刑法关注的对象。另一方面，娱乐性网络游戏的负面影响令人担忧，它们经常利用暴力或色情等低俗信息吸引青少年玩家。例如，近年来风靡一时的《王者荣耀》，就是靠暴力内容吸引大量青少年沉迷其中。根据教育部的公开资料，目前我国市场上90%以上的网络

---

[*] 高艳东：浙江大学光华法学院互联网法律研究中心主任。
[①] 喻国明、林焕新、钱绯璠、李仪：《从网络游戏到功能游戏：正向社会价值的开启》，载《青年记者》2018年第15期。

游戏都以暴力和打斗等刺激性内容为主，有些游戏出现了赤裸裸的厮杀、虐待、色情画面，还有些"益智"游戏实为赌博。① 简言之，暴力网络游戏及类似不良信息，已经成为网络空间的毒瘤，需要法律的强力介入。

以暴力网络游戏为代表的不良信息，严重危害未成年人的身心健康。一方面，引发了大量未成年人违法犯罪。有学者研究发现，与普通未成年人相比，未成年犯在犯罪前对网络暴力信息的模仿和转发比例更高：模仿的占21.7%，比普通未成年人高出近20个百分点；转发给朋友或同学的占21.5%，比普通未成年人高出17个百分点。可见，网络暴力信息对未成年人犯罪具有一定的原因力。② 另一方面，引发了大量的社会问题，如发育迟缓、教育缺失、家庭矛盾等。如在俄罗斯，由于政府忽视了网络游戏的成瘾性等负面影响，致使网游成瘾问题成为当前的一大社会问题，是与吸毒、赌博并驾齐驱的三大瘾症之一。③ 中国正处在网络娱乐业高速发展时期，如果不认真关注低俗网络游戏，民族的未来发展将会受到严重的影响。

本文以暴力信息为视角讨论不良信息犯罪化的问题。不良信息有多种表现，笼统以不良信息探讨可能形成泛道德式论述。考虑到网络空间最常见的不良信息是暴力、色情，而对未成年人色情信息已经有较多研究。因而，本文以暴力信息为视角，呼吁增设"传播不良信息罪"，禁止网络内容产业（如网络游戏、直播平台）向未成年人传播暴力、色情、变态、赌博等不良信息，为互联网行业设置经营底线。

二、暴力主义的原罪：刑法应干预暴力网络游戏

（一）网络游戏"暴力至上"的原因

暴力网络游戏盛行的原因有二：直接原因是企业的盈利需要，间接原因是人类的暴力情结。例如，英国网络游戏《侠盗猎车手5》，被《洛杉矶时报》认为"抢劫与杀人就像吹肥皂泡那么简单"，但该游戏发行3天就狂赚10亿

---

① 赵丽：《网络游戏道德委员会成立引关注专家分析 道德评议能否终结网游市场乱象》，载《法制日报》2018年12月17日。
② 郭开元：《网络不良信息与未成年人权益保护的研究报告》，载《预防青少年犯罪研究》2017年第4期。
③ 高英彤、李东阳、田立加：《俄罗斯网络游戏规制存在的问题及启示》，载《社会科学研究》2017年第6期。

美元。① 这种盈利模式就是利用了人类迷恋暴力的心理。

暴力曾经具有重要的进化功能，具体而言：一是在物种竞争中的生存优势。人类学家证明，"攻击性没有传统精神分析学家所想的毁灭本质，而实在是与生俱来，为保存生命的结构中不可少的部分"②。暴力使人类在自然竞争中战胜了其他物种，成为地球之王。二是在同类竞争中的获得资源优势，早期人类的竞争方式就是掠夺式的，一方获得猎物就意味着另一方失去猎物，通过暴力获得食物是人类曾经的主要生活方式。三是在争夺异性中获得繁衍优势，雄性间的暴力竞争使强壮者的基因得以延续，实现了优胜劣汰。"从进化的观点，暴力行为虽然在很多方面带来自我毁灭，但是，在很多情况下暴力也是繁衍后代、扩散基因所运用的主要策略。"③ 正因如此，暴力一直是人类长期的竞争方式并成为文化基因，"为何如此多的数以百万计的人——情不自禁为之屏息和战栗，眉毛冒冷汗，后颈头发直竖——为这种本应避之唯恐不及的暴力而着迷，成了一个谜"④。这一问题的答案很简单：暴力情节其实是远古人类生存需要的延续。有学者研究发现，"76%的'正常'男人都有过至少一次杀人幻想。至于正常的女人，62%都有过如此的想法"⑤。因此，暴力情结始终是人类最根深蒂固的本能，"人类学史上的最黑暗的一页就是关于许多男女在原始杀戮的冲突中获得快慰的故事"⑥。显然，暴力网络游戏，就是利用了人类基因中残存的暴力情结吸引玩家。

（二）网络暴力游戏的危害性：反智主义与暴力训练

1. 暴力主义违反人类的进化方向

法律的任务是消除暴力主义、创造和平秩序、增加社会财富。人类进入工业社会后，暴力的社会价值逐渐式微。具体而言，一是暴力没有了物种竞争优势。人类已经完全获得了对于其他物种的压倒性优势，暴力的生存优势不复存在。相反，人类要限制对其他物种的暴力，保护环境与野生动物，防止人类成

---

① 孔明：《英最劲爆游戏三天卷10亿美元 暴力色情引争议》，载《环球时报》2013年9月22日。
② ［奥］康罗·洛伦兹：《攻击与人性》，王守珍、吴月娇译，作家出版社1987年版，第55页。
③ ［英］阿德里安·雷恩：《暴力解剖》，钟鹰翔译，重庆出版社2016年版，第57页。
④ ［英］约翰·基恩：《暴力与民主》，易承志等译，中央编译出版社2014年版，第88页。
⑤ ［英］阿德里安·雷恩：《暴力解剖》，钟鹰翔译，重庆出版社2016年版，第115页。
⑥ ［美］维尔·杜伦：《东方的文明》（上册），李一平等译，青海人民出版社1998年版，第62页。

为"孤独的物种"。二是暴力没有了资源获取优势。人类的生活方式，不再是分蛋糕的零和游戏，一方获取资源不意味着他人失去资源；相反，做大蛋糕的竞争方式更符合物种进化。通过智力创造出更多资源，而不是通过暴力掠夺有限资源，这样才能够把人类推向更高的文明状态。三是暴力没有了基因遗传优势。随着工具的出现及一夫一妻制的推广，暴力的遗传优势已经丧失。暴力竞争有利于强壮基因的遗传只适用于没有工具的拳头搏斗年代，一旦人类使用了工具，暴力竞争就失去了遗传优势。显然，一个弱小且多病的男人，也可以借助下毒、枪击等方式杀死强壮的竞争对手并延续基因，暴力无法再发挥使优势基因延续的功能。而且，一夫一妻制击垮了暴力扩散基因的模式。因此，随着人类竞争方式的改变，暴力的社会价值发生了质变。"我们生活中还有一个重要的变化，人们越来越不能容忍在日常生活中展示武力。几十年前，一个男人对挑衅者报以老拳是非常令人尊敬的事情；在今天则成了鲁莽粗野，成了冲动控制障碍的病状，成了去接受愤怒管理治疗的挂号证。"[①] 迷恋暴力不仅无助于社会进步，反而会成为人类进步的沉重负担。

网络游戏的暴力也是负价值。有观点认为："对于游戏暴力，只要控制得当，也是可以利用暴力（游戏中）制止暴力（现实中）的。"[②] 这一观点缺乏大历史观，其逻辑就是，为了防止被他人射杀而需要持枪。为了个体安全，应当允许个人持枪；为了社会整体安全，必须禁止个人持枪。法律应当站在国家、人类的高度选择治理暴力的策略，只有从整体上减少萌发暴力的因素，才能够实现安全的社会秩序。退一步讲，即便游戏暴力可以训练个体制止现实暴力，这一结论也只适用于警察、军人等特殊群体，而不能适用于未成年人。今天，社会不再鼓励青少年效仿英雄少年赖宁的见义勇为事迹，法律亦不应鼓励未成年人"该出手时就出手"。

2. 网络游戏是信息时代的暴力训练：从虚拟暴力到街头暴力

网络游戏是人类社会无价值的残余暴力本能向虚拟空间的转移。在互联网时代，消失的身体暴力迅速转移到了网络空间，"各种暴力形式明显地从公民社会中减少和移除与其不断提升的媒体能见度形成了对照。暴力以多少有些无端的'模仿'或'虚拟'形式重现"[③]。网络游戏训练的不是身体暴力，而是

[①] [美] 斯蒂芬·平克：《人性中的善良天使——暴力为什么会减少》，安雯译，中信出版社2015年版，第39页。

[②] 金泽刚：《网络游戏与青少年违法犯罪》，上海三联书店2016年版，第18页。

[③] [英] 约翰·基恩：《暴力与民主》，易承志、荣启涵、黄振乾等译，中央编译出版社2014年版，第89页。

通过更快捷的键盘训练暴虐人格，进而影响未成年人实施越轨行为。

第一，暴力信息直接导致未成年人实施具体的违法犯罪。暴力游戏对成年人有一定的情绪发泄、压力缓解功能，但对心理不成熟的未成年人危害极大。随着街头暴力的消失，影响未成年人犯罪的主要原因就是暴力游戏等不良信息。在德国，很多案件已经证明，互联网传播暴力信息物品会对青少年的成长构成不利影响，2002年到2009年德国发生的3起重大校园枪击案，犯罪人都曾过多地接触过宣扬暴力的视频。① 我国也有学者针对未成年犯做过调查，"'此次犯罪是受到网络不良信息影响'的未成年犯占到总数的41.1%，而其中受网络恐怖暴力信息影响而犯罪的则占65.5%，是网络不良信息中诱发未成年人犯罪的首要因素"②。按照班杜拉的学习理论，孩子的攻击行为都是后天学习、模仿而来的。工业社会的孩子是向身边的"坏人"学习暴力，而网络社会的孩子更多是通过游戏学会了暴力。

第二，网络游戏淡化了未成年人的违法意识，使其形成危险人格。对刑法的预防效果而言，最可怕的是罪犯违法意识的丧失，"很多犯罪分子的一项显著特征，就是面对许多人视为残忍的场景时，他们却面不改色，毫不在意，心中没有一丝波澜"③。借助网络的放大效应，一个游戏可以轻松对几千万青少年实施暴力训练，影响其价值观。与用拳头打人相比，用键盘杀人更容易屏蔽违法性意识，"他们围坐在桌子旁编制程序、按下按钮、敲击键盘、填写报表和作出决定，然后装载武器、润滑引擎、启动飞机，他们这样做至少意识到他们的所作所为，直接或间接地，将被其他人认为是充满暴力的行为。这种'制度暴力'的趋势，自然包括20世纪的所有形式的工业化杀戮"④。随着人工智能时代的到来，未来的暴力、恐怖袭击将以无人机、机器人等方式进行。最令人担忧的是，在未来利用机器人实施恐怖袭击中，曾经的少年玩家变成作恶者，把暴力、恐怖袭击当成一场与游戏背景完全相同的娱乐。

去暴力性是人类走向文明的第一步，而网络游戏不断向未成年人传播不良信息、强化暴力解决冲突的合理性，使之形成攻击性人格，进而走上犯罪道

---

① 于冲主编：《域外网络法律译丛·刑事法卷》，中国法制出版社2015年版，第51页。

② 王鹏飞：《论网络暴力游戏与未成年人的权益保护》，载《预防青少年犯罪研究》2017年第4期。

③ [美]加文·德·贝克尔：《恐惧给你的礼物》，陈羚译，中华工商联合出版社2018年版，第67页。

④ [英]约翰·基恩：《暴力与民主》，易承志、荣启涵、黄振乾等译，中央编译出版社2014年版，第25页。

路。因此,刑法必须干预向未成年人传播暴力信息。

(三) 游戏暴力的危害性高于影视暴力:仿真训练≠静态旁观

在现代社会,各种含有暴力内容的作品随处可见。例如,警匪片、武侠小说等同样含有大量暴力内容,如果刑法要规制暴力信息,是否也要制裁动作片的导演?笔者认为,角色扮演型网络游戏与旁观性影视作品有本质区别。

第一,网络暴力游戏是仿真训练,易激发未成年人使用暴力,而电影只是静态旁观。随着3D、VR(虚拟实境)技术的进步,暴力游戏与实景训练的界限越来越模糊,这种杀人训练仿真性极强,未成年人离开游戏厅走到街头捡起枪就可以实弹射击。美国一项研究表明,用2D或3D荧幕玩温和小游戏的学生,情绪没有受到太大的影响;但是使用2D或3D荧幕玩暴力游戏的学生,在玩过游戏后,情绪皆明显变得暴躁易怒;尤其是使用3D荧幕玩暴力游戏的人,他们的负面和暴力情绪简直到了破表的沸点。[①] 在角色扮演型网络游戏中,玩家要扮演一定的角色,执行一定的任务。例如,《穿越火线》游戏就是以第一人称为视角的射击游戏,玩家组队在各种场景中用刀、斧头、枪杀人,玩家以自己的视角操作、目睹全部过程。换言之,玩家是带着身临其境的状态玩游戏。

正是因为网络游戏的真实场景性,很多国家的军队采用网络游戏训练作战能力。"具备模拟仿生学性质的游戏可以帮助士兵获得作战经验,它比较接近实际情况,从一定意义上说,将电子游戏应用到军事训练中,官兵不仅仅克服了对战争的恐惧,还可以获取作战经验。"[②] 网络游戏对于军人的良好训练效果,恰恰证明了其对青少年暴力训练的可怕性。这种真实场景模拟使未成年人的身心全部投入其中,类似于面对面的"童子军训练营"强度。很多未成年人在沉迷游戏之后,已经分不清虚拟世界与现实社会,甚至直接把游戏的场景和角色带到了现实空间,进而引发了大量犯罪。这与静态阅读文字作品、观看电影视频完全不同。

第二,含有严重暴力内容的影视作品也应当限制未成年人观看。西方实行分级制度,过于血腥、暴力的电影不允许孩子观看。相反,我国电影没有分级制度,未成年人可以直接观看暴力电影。例如,《西游降魔篇》播放期间,观众普遍反映影片暴力恐怖镜头太多,春节期间家长带着孩子进影院,频频出现

---

① 美大学调查:《玩3D暴力仿真游戏令人烦躁易怒》,载199it,http://games.sina.com.cn/y/n/2014-10-27/1018827701.shtml,最后访问日期:2019年12月30日。

② 柳景成:《让军事电子游戏成为官兵训练"帮手"》,载《战士报》2012年6月1日,第003版。

孩子被吓哭、半途退场的情况。① 我国很多青少年因为暴力、黑帮电影走上了越轨乃至违法犯罪道路。例如，当年的黑帮电影《古惑仔》系列教坏了很多青少年，主演陈小春在多年后接受采访时就满含悔意地说道："我们是坏人，我们教坏人，老是带给人负能量。"另一个主演郑伊健也表达过类似歉意。② 中国刑法必须反思对青少年心理健康的忽视，未来也应当禁止影视作品向未成年人传播严重暴力等不良信息。

三、中西比较：刑法应规制未成年人不良信息

国际公约和各国刑法都保护未成年人的身心健康（身体+心理）。我国刑法保护的法益主要是生命健康或财产利益等权利，而忽视了对未成年人心理健康的保护。

（一）西方国家刑法模式：多重保护未成年人

1. 刑法直接保护未成年人的心理健康

国际条约强调对未成年人要实行身体、心理的双重保护。如《儿童权利公约》第 32 条规定："缔约国确认儿童有权受到保护，以免受经济剥削和从事任何可能妨碍或影响儿童教育或有害儿童健康或身体、心理、精神、道德或社会发展的工作。"《儿童权利公约》的很多条款都把身体、心理、精神并列，进行同等保护。

在立法上，西方国家的刑法直接保护未成年人的心理健康。如《瑞典刑法典》第 16 章 "对公共秩序的犯罪" 第 12 条 "引青少年入歧途罪" 规定："在儿童或年轻人中散布可能使其变残忍或对培养其道德具有其他严重危险的文章、图片或技术录制品，以引青少年入歧途罪处罚金或 6 个月以下的监禁。"《法国刑法典》第 227-22 条规定："为腐蚀未成年人提供便利或尝试提供便利的，处 5 年监禁并科 75000 欧元罚金。"《加拿大刑事法典》第 172 条 "腐蚀儿童" 罪规定："于儿童的住所参与通奸或不道德的性行为、或沉溺于习惯性的酗酒或任何其他劣行，因而危害儿童的品德或使其住所不适于儿童居住者犯可诉罪，处 2 年以下监禁。"《奥地利刑法典》第 208 条也规定了 "对不满 16 周岁之人的道德危害" 罪。总之，多数发达国家的刑法实行双重保护，既保护成年人的身体健康，又特别保护未成年人的心理健康（或者道德

---

① 周南焱：《西游降魔篇惊悚画面吓哭小孩 观众不知有恐怖镜头》，载《北京日报》2013 年 2 月 17 日。

② 李洪伙：《一部〈古惑仔〉将陈小春郑伊健捧得大红大紫，为何他们最后都后悔得要死？》，载 https://www.sohu.com/a/75573284_412028，最后访问日期：2019 年 12 月 26 日。

观、健全人格)。

2. 严禁向未成年人传播不良信息

为了保护未成年人的心理健康,很多西方国家刑法禁止向未成年人传播暴力、色情等不良信息。《欧盟网络犯罪公约》第3项"内容相关犯罪"中,首先要求各缔约国将儿童色情制品犯罪化。

一方面,很多国家概括性禁止传播暴力、犯罪等不良信息。如德国刑法典第131条规定"宣扬暴力内容(以残忍或非人道的方式对人或与人类相类似的物体施加暴力)的信息物品"就构成"宣扬暴力罪",可以"处一年以下有期徒刑或者判处罚金"。

加拿大刑法禁止传播犯罪行为,包括虚拟犯罪。《加拿大刑事法典》第163条(1)规定:下列行为为犯罪行为:……(2)制作、印刷、出版、发行、出售或为出版、发行、分发或传递而持有犯罪图画。……(7)本条中"犯罪图画"是指杂志、定期刊物或书籍、其内容专门或实质上以图画描绘:(a)真实或虚构的犯罪行为;或(b)真实或虚构而发生犯罪行为之前或之后与犯罪行为有关的事件。

另一方面,一些国家则特别强调禁止对未成年人传播不良信息。如瑞典刑法禁止向未成年人宣扬暴力,包括对动物的暴力。《瑞典刑法典》第16章"对公共秩序的犯罪"第10c条"非法供应技术录制品罪"规定:在商业或其他以营利为目的的活动中,故意或重大过失向15岁以下的人供应详尽描绘对人、动物的暴力或暴力相威胁的电影、录像或其他活动图像的技术录制品的,以非法供应技术录制品罪处罚金或6个月以下的监禁。

法国刑法则特别强调禁止未成年人参与危险游戏,《法国刑法典》第227-24条规定:采用任何手段,通过任何载体,制作、输送和传播暴力性质、教唆恐怖主义行为、色情性质或者可能严重侵犯人之尊严的信息,或者教唆未成年人参与置其人身于危险的游戏,或者利用此种影像做交易的行为,如果该影像能够被未成年人所见或所听,处3年以下监禁并科以175000欧元罚金。

通过纸质或视听媒体或者公共在线交流工具实施本条所指之罪的情况下,确定责任人时,适用相关法律之特别规定。

特别指出,这些国家保护未成年人心理健康、禁止传播不良信息的罪名,都规定在刑法典之中,而不是规定为违警罪。

(二)西方国家特别法模式:单独立法禁止网络不良信息

网络已经成为未成年人的成长空间,因此,很多国家纷纷特别立法,针对网络不良信息进行特别规定。一方面,很多国家通过特别法打击暴力、色情网络游戏。例如,澳大利亚新南威尔士州通过了《新南威尔士分级执行法案》,

规定游戏发行商和零售商不得出售任何未经分级的游戏软件，对于违反此规定的个人，将处以最高1.1万澳元罚款或长达12个月的监禁，而违反规定的企业将被处以更高额度的罚款。同样，英国的《信息经济法案2010》则规定，零售商如果向12周岁以下儿童出售不符合这一年龄段要求的电子游戏产品，将会被处以最高6个月监禁和5000英镑（1英镑约合9.37元人民币）罚款。①

另一方面，很多国家以特别法的形式禁止向未成年人传播不良信息。2009年4月1日，日本出台了《保证青少年安全安心上网环境的整顿法》，该法把"1. 直接且明确介绍或诱导网民犯罪或刑罚法规的行为，或者直接且明确诱导网民自杀的信息；2. 描述人的性行为或生殖器的猥亵行为或者其他严重刺激性欲的信息；3. 对杀人、处刑、虐待等场面的凄惨描述，或其他含有残酷内容的信息"规定为"不良信息"。韩国《青少年保护法》第10条规定"未成年人有害信息"包括：可能激起青少年性欲望的淫秽内容；可能会引起青少年残暴倾向及诱使其犯罪的内容；宣扬和美化各类暴力活动的内容，例如强奸和滥用药物；可能阻碍青少年培养良好品格和公民意识的反社会、反道德内容；以及所有可能会对青少年身心健康产生不利影响的其他内容。就网络游戏而言，主要包括色情、暴力、赌博游戏。②

此外，很多国家根据"网络空间特别保护未成年人"的原则，以特别法的方式保护未成年人的心理健康，如美国的《儿童在线隐私保护法案》《未成年人互联网保护法》。这种特殊保护、特别立法的模式，值得中国学习。

（三）中国刑事立法转型：优先保护未成年人

为更好保护未成年人，我国刑法应当完成三个转型：一是双轨制，从成年人刑法转向未成年人优先刑法；二是双重保护，从身体保护转向兼顾心理保护；三是双面性，从惩罚主义转向并重教育主义。

1. 我国刑法忽视了保护未成年人心理健康

首先，"重身体健康、轻心理健康"是我国刑法的立法思路。我国刑法很多条文都规定了侵害未成年人从重、加重处罚的情形，如猥亵儿童、奸淫幼女，但忽视了对未成年人心理健康的特殊保护。长期以来，我国保护未成年人的总体思路，都还停留在保护身体健康的初级阶段，没有注意到心理健康对未

---

① 高少华：《暴力网游危害青少年 谁能来降伏这个"鬼"》，载《国际先驱导报》2015年6月25日。

② 徐金毅：《韩国互联网未成年人有害信息监管法律制度研究》，西南大学2013年硕士学位论文，第16页。

成年人的终生影响,这远远落后于发达国家。例如,在韩国,《甄嬛传》的评级是"15周岁以上才可以看";① 在日本,《蜡笔小新》因包含性与暴力而属于限制级,12周岁以下要在家长陪同下才可观看。② 而在我国,家长已经习惯了和孩子一起观看类似影视作品。不保护未成年人的心理健康,也不利于保护其身体健康,如未成年人接触到自杀、自虐等血腥信息后可能模仿并伤害自己。

其次,对未成年人不良信息犯罪化,我国存在立法空白。我国立法禁止了未成年人不良信息,但只设置了行政处罚。例如,我国《预防未成年人犯罪法》第53条规定:向未成年人出售、出租含有诱发未成年人违法犯罪以及渲染暴力、色情、赌博、恐怖活动等危害未成年人身心健康内容的读物、音像制品、电子出版物的,或者利用通讯、计算机网络等方式提供上述危害未成年人身心健康内容及其信息的,没收读物、音像制品、电子出版物和违法所得,由政府有关主管部门处以罚款。

该条禁止了"暴力、色情、赌博、恐怖"信息,但并没有规定"构成犯罪的,依法追究刑事责任"的犯罪化条款。而只是在《预防未成年人犯罪法》第52条中规定了:"制作、复制宣扬淫秽内容的未成年人出版物,或者向未成年人出售、出租、传播宣扬淫秽内容的出版物的,依法予以治安处罚;构成犯罪的,依法追究刑事责任。"换言之,我国刑法只把"淫秽"等极少数不良信息犯罪化,对未成年人与成年人适用了同样的标准,没有基于保护未成年人的考虑把儿童色情、血腥暴力、自杀自残、赌博信息等犯罪化,这不利于保护未成年人的心理健康。

而且,立法修改也忽略了未成年人不良信息犯罪化的问题。《未成年人保护法》草案规定,网络产品和服务含有可能影响未成年人身心健康信息的,制作、复制、发布、传播该信息的组织和个人应当在信息展示前按照国家有关规定予以提示。③ 但没有对传播不良信息的行为,增加"构成犯罪的,依法追究刑事责任"的行政刑法规定。

---

① 吴立湘:《〈甄嬛传〉的海外奇幻漂流》,载《新京报》2013年3月15日,第C20-C21版。

② 黄莹:《〈喜羊羊与灰太狼〉制作方被判赔偿原告损失》,载《今日早报》2013年12月19日,第A0010版。

③ 罗沙、王思北、高蕾:《未成年人保护法修订草案增设"网络保护",哪些看点值得关注?》,载http://baijiahao.baidu.com/s?id=1648073822726900936&wfr=spider&for=pc,最后访问日期:2019年12月26日。

2. 立法空白填补：打击不良信息、保护心理健康

不良信息影响了未成年人的性格、人格，人格偏离比行为越轨更为可怕。对未成年人而言，长期受不良信息影响会导致人格缺陷，"如果色情作品真的和强奸的发生存在强烈的因果关系（和轻微模仿效应相对），那也是因为它首先给行为人灌输了冷酷的性格"①。犯罪学早已证明，幼年时健康的人格教育，才是决定其远离犯罪的根本原因。1930 年，英国巴克马斯特男爵在给英国国会下议院特别委员会作证时说："真正能够对犯罪起到威慑作用的是社会观点——既不是警察，也不是法律，而是从一个年轻时即能对他施加影响的健康的社会观点。换句话说，就是禁忌的存在。"② 对未成年人而言，性格决定未来。未成年人的性格、人格尚未定型，长期接受不良信息会形成犯罪型人格，会影响其一生并造就一个职业罪犯。因此，我国刑法必须与国际接轨，将未成年人不良信息犯罪化，保护未成年人的心理健康。

四、寻法路径：打击未成年人不良信息的罪名选择

虽然我国刑法忽视了对未成年人心理健康的保护，但是，只要扩张解释现有法条，仍然可以打击一些传播不良信息的行为。

（一）传播暴力信息是教唆未成年人"犯罪"

1. 危害性比较：人格教唆大于行为教唆

在规范学上，教唆未成年人与成年人"犯罪"，应当做不同理解，对成年人教唆的内容是"犯罪行为"，对未成年人教唆的内容是"犯罪人格"。我国刑法第 29 条规定："教唆他人犯罪的，应当按照他在共同犯罪中所起的作用处罚。教唆不满十八周岁的人犯罪的，应当从重处罚。"笔者认为，"教唆不满十八周岁的人犯罪"可以解释为"教唆不满十八周岁的人学习犯罪"。教唆成年人"犯罪"，是指教唆具体、现实的犯罪行为。相反，"教唆不满十八周岁的人犯罪"中的"犯罪"应当做扩张解释，包括未然犯罪；向未成年人传播暴力信息，可以诱发其将来的犯罪行为，属于教唆他人"实施未然的犯罪"。换言之，对未成年人传播暴力信息，与对成年人的犯意教唆一样，都会使接受者产生犯意。只不过，成年人会即刻产生犯意，而未成年人需要很长的时间跨度才会产生犯意。

---

① ［美］乔尔·范伯格：《刑法的道德界限：对他人的冒犯》（第二卷），方泉译，商务印书馆 2014 年版，第 165 页。

② ［英］H. 霭理士：《禁忌的功能》，刘宏威、虞珺译，中国人民大学出版社 2009 年版，第 7 页。

首先,暴力网络游戏仿真训练令未成年人形成攻击型人格,比单纯行为教唆更严重。教唆内容对犯罪的影响程度,对成年人与未成年人明显不同。对成年人的教唆,需要有明确的教唆行为和侵害对象。如甲教唆乙去偷马总的车,才构成教唆犯。如果甲只是向乙宣扬:工作多累,偷东西来钱更快。甲向乙传播不良信息,对心理成熟、价值观定型的成年人而言,危害性微乎其微,不成立任何犯罪。但是,对未成年人长期传播不良信息,社会危害性会严重得多。向未成年人长期传播不良信息,会使其形成犯罪型人格,这种"人格教唆"会使未成年人日后连续实施犯罪。暴力网络游戏会让未成年人形成人格缺陷,俄罗斯学者调查发现,在未成年人网游成瘾群体中,有80%的玩家都表现出了"间接侵略性",67%患有医学上的"抗拒症",有暴力倾向的玩家占到了94%。[1] 培养一个杀手比教唆一次杀人更危险,既然对成年人传达犯意的一次造意行为都要处罚,那么,对未成年人进行人格教唆的永久造意行为,就更应当受到处罚。

其次,暴力网络游戏属于概括犯意教唆,比具体犯意教唆的危害更重。一些血腥暴力游戏宣扬"生命如蝼蚁"的理念,对未成年人进行"世人皆可杀"的概括故意教唆,远比教唆成年人杀一人的主观恶性更重。例如,在游戏《喋血街头》中,"游戏的唯一乐趣就在于尽可能地去伤害每一个人"。又如,在游戏《狂扁小朋友》中,一开始就是开车的紫色怪兽将一位代表小朋友的粉色小人撞飞;游戏的场地类似于幼儿园,有各种供儿童玩乐的道具,怪兽就在这里抓小朋友然后用各种方法揍人,每一次击打都会鲜血四溅,甚至爆头。[2] 在类似的游戏中,开发者并没有直接教唆孩子杀害某个人,但是,这种随意杀人的游戏内容,向孩子灌输了一种比单一犯意更为严重的概括犯意,可以解释为故意杀人罪的教唆犯。如果孩子尚未实施真实犯罪,理论上可以按照教唆未遂处罚。

2. 教唆自杀型游戏或视频属于"教唆他人犯罪"

一些网络游戏传播自杀信息,例如,俄罗斯心理学系学生布迪金(Philip Budeikin)创建了引导自杀的网络游戏——"蓝鲸死亡游戏",仅2015年11月至2016年4月间,就造成至少130名俄罗斯青少年因被洗脑而自杀;据四川省警方统计,从2017年5月该游戏流入四川以来,仅一个月内就有52人参

---

[1] 高英彤、李东阳、田立加:《俄罗斯网络游戏规制存在的问题及启示》,载《社会科学研究》2017年第6期。

[2] 薛荣泰:《暴力情节误导未成年人 国内网络游戏乱象多》,载《福建质量管理》2011年第3期。

与"蓝鲸死亡游戏",其中22人有自残行为。① 笔者认为,对类似游戏、视频或网站的创建者,完全可以按照故意杀人罪、故意伤害罪(教唆犯)处罚。

第一,按照三阶层理论,"教唆他人犯罪"中的"犯罪"不限于责任意义上的"犯罪",也包括违法性意义上的"犯罪"。例如,成年人甲教唆13周岁的乙杀人,在违法性阶段两人成立共同犯罪,只是在有责性阶段,13周岁的乙缺乏责任能力而不是犯罪。而自杀行为,也同样是杀人行为,符合杀人罪的构成要件符合性、违法性,只是缺乏有责任要件(期待可能性)而不作为犯罪处理。同样,帮助他人自杀的行为,也属于正当防卫中的"不法侵害",第三人可以正当防卫。换言之,在违法性层面上,自杀也是一种犯罪,因而,教唆他人自杀,也同样是教唆他人犯罪。

第二,把教唆自杀解释为"教唆他人犯罪",也符合其他刑法条文的逻辑。刑法第353条"引诱、教唆、欺骗他人吸毒罪"规定:"引诱、教唆、欺骗他人吸食、注射毒品的,处三年以下有期徒刑、拘役或者管制,并处罚金;"同样,刑法第359条把引诱他人卖淫等行为也规定为犯罪。同样是自损行为,吸毒的自损结果是健康伤害,卖淫自损结果是道德贬低,而自杀的自损结果是生命丧失。换言之,教唆他人吸毒、卖淫都是犯罪,教唆他人实施更严重的自杀,就更应当作为犯罪处理。

退一步讲,即使教唆成年人自杀存在定罪争论,教唆未成年人自杀也不应当存在定罪争论。因为未成年人没有意志自由,对教唆者完全可以按照间接正犯理论直接认定为故意杀人罪。

(二)仿真游戏训练暴力行为属于传授犯罪方法罪

训练未成年人杀人、抢劫技巧的仿真游戏,可以解释为传授犯罪方法罪。模仿他人行为是未成年人社会化的重要内容,心理学者班杜拉(Bandura)通过试验证明,在试验中看到成人攻击行为受到奖励的儿童,随后的攻击行为显著多于那些看到成人攻击行为受到惩罚的儿童,也多于那些没有看到成人攻击行为的儿童。② 一些暴力游戏直接在虚拟空间里模拟真实场景,教人如何在复杂的环境中找到最佳角度、使用最优武器杀害他人,对未成年人而言已经属于传授犯罪方法。例如,2012年,射杀了77人的挪威杀手布雷维克,就是通过暴力游戏《使命召唤:现代战争2》训练杀人技巧,这部游戏中有一个关卡是

---

① 赵琦:《少年玩蓝鲸游戏最后一刻报警 欲卖器官换钱给父母》,载《四川日报》2017年6月21日。

② 郭永玉:《人格心理学——人性及其差异的研究》,中国社会科学出版社2005年版,第408页。

让玩家扮演恐怖分子在机场屠杀平民。① 当前，我国流行的一些网络游戏也具有训练犯罪方法的功能。例如，在网络游戏《绝地求生》（俗称"吃鸡"）中，玩家使用各种枪支射杀对手、使用各种凶器殴打他人。对于高度仿真的网络游戏，未成年人很难区分现实与虚拟，这就是传授具体的犯罪方法。

此外，利用仿真游戏传授犯罪方法的，还可能构成与非法利用信息网络罪的想象竞合。我国刑法已经对利用网络传授犯罪方法的行为作出了特别规定，2015年的《刑法修正案（九）》增设的"非法利用信息网络罪"规定："利用信息网络实施下列行为之一，情节严重的，处三年以下有期徒刑或者拘役，并处或者单处罚金：（一）设立用于实施诈骗、传授犯罪方法、制作或者销售违禁物品、管制物品等违法犯罪活动的网站、通讯群组的；……"利用游戏向未成年人传授犯罪（杀人）方法，完全符合该罪的犯罪构成。

（三）血腥、变态信息可以解释为淫秽物品

网络空间中针对未成年人的血腥、恐怖、变态内容，可以解释为淫秽物品。我国刑法第367条规定："本法所称淫秽物品，是指具体描绘性行为或者露骨宣扬色情的诲淫性的书刊、影片、录像带、录音带、图片及其他淫秽物品。"一般人理解的淫秽物品，是与性有关的物品。但是，针对未成年人时，这一解释明显缩小了淫秽物品的范围。

首先，淫秽物品的认定，应当采用儿童与成年人双标制，即未成年人淫秽物品的范围应当宽松化。"淫秽"是规范性要素，其判断标准具有可变性，范围应当随着对象、地域、年代的不同而有所不同。美国的色情物品（如脱衣舞照片），在伊斯兰国家就可能属于淫秽物品；同样，成年人色情物品，可以属于未成年人淫秽物品。因此，虽然我国刑法不禁止成年人色情物品，但是，把儿童色情物品解释为淫秽物品，并无理论障碍。

其次，"淫秽与性相关"是成年人刑法思维，儿童缺乏性意识，但其心理健康需要保护。性是淫秽的重要内容，但并非其全部含义。淫秽源于性，但在发展的过程中，已经具有了超越性、色情的内容，"在对淫秽的讨论中，没有什么错误比简单地以色情来定义淫秽的内涵更糟糕的了"②。淫秽的规范意义就是冒犯他人，在美国学者范伯格看来，如果无所顾忌、直白无误地欺骗观众，就属于"淫秽的谎言"；同样，斩首示众也属于淫秽的，"'淫秽'一词强

---

① 薛荣泰：《暴力情节误导未成年人 国内网络游戏乱象多》，载《福建质量管理》2011年第3期。

② ［美］乔尔·范伯格：《刑法的道德界限：对他人的冒犯》（第二卷），方泉译，商务印书馆2014年版，第140页。

调行为的震撼力源于对道德规范的偏离性,淫秽评价主要是指其对情感的粗暴冒犯,无论是对道德情感、宗教情感、爱国情感的冒犯,亦或仅仅只是对品位或感官的冒犯"①。在立法上,很多国家的淫秽也不仅指性内容,《美国模范刑法典》把"排泄"等"可耻、病态的兴趣"也视为"淫秽"。加拿大刑法也把血腥、暴力信息视为猥亵,《加拿大刑事法典》第163条(8)规定:"本法中,任何刊物以性的不适当暴露为主要特点,或以性与恐怖、残酷及暴力为主题应视为猥亵。"如同"卖淫"随着时代的变迁,经历了从女对男、到男对女、再到男对男的过程,按照客观解释的思路,规范性要素会随着社会发展而有不同的含义。我国应把针对未成年人的血腥、变态、恐怖内容,解释为淫秽物品。

最后,"淫秽"属于组合词语,淫、秽单独拆开都有独立的含义,淫或秽。"淫"与性有关并无争论,但是,"秽"的含义就与性无关。根据《现代汉语词典》,"秽"的含义是(1)肮脏;(2)丑恶。血腥的暴力、恐怖,也是一种丑恶的行为,虽不属于"淫"但属于"秽"。在司法实践中,我国已经突破了以性为中心的淫秽定义。例如,在"女主播将黄鳝放下体案"中,法院认定为传播淫秽物品罪。将黄鳝放下体并非"性行为",如果女主播在这个过程中并没有露出下体,这一行为并非刺激观众的性欲,而只是让人感到恶心。又如,阉人展示自己下体,其已经没有性器官了,不存在刺激观众性欲的问题,只是满足观众的变态心理。而且,我国刑法中关于淫秽物品的界定,也留下了足够的解释空间。对淫秽物品的范围,立法者除了列举"性"的内容之外,还留下了"其他淫秽物品"的兜底性规定。这里的"其他淫秽物品",就可以把随着时代发展而出现的一些新型淫"秽"信息纳入打击范围。例如,传播恋尸癖、食人肉、斩首或自残等视频,都严重冒犯了普通人的正常价值观,完全可以解释为"其他淫秽物品";《僵尸OL》中的僵尸形象,严重侵犯未成年人的心理健康,可以解释为未成年人淫秽物品。

(四)企业的不作为可构成"拒不履行信息网络安全管理义务罪"

我国刑法规定,网络服务提供者不履行法律、行政法规规定的信息网络安全管理义务,经监管部门责令采取改正措施而拒不改正,具有"(一)致使违法信息大量传播的"等情形,就构成"拒不履行信息网络安全管理义务罪"。

如果游戏内容含有暴力、色情、赌博等不良信息的,而开发者没有采取对

---

① [美]乔尔·范伯格:《刑法的道德界限:对他人的冒犯》(第二卷),方泉译,商务印书馆2014年版,第153页。

未成年人的禁入措施，经监管部门责令改正而拒不改正的，开发者就构成"拒不履行信息网络安全管理义务罪"。构成该罪的条件之一是"致使违法信息大量传播的"，将含有暴力、色情、赌博等不良信息的网络游戏解释为"违法信息"，并无理论障碍。我国《未成年人保护法》第50条规定："禁止制作、复制、出版、发布、传播含有宣扬淫秽、色情、暴力、邪教、迷信、赌博、引诱自杀、恐怖主义、极端主义等危害未成年人身心健康内容的图书、报刊、电影、广播电视节目、舞台艺术作品、音像制品、电子出版物和网络信息等。"网络游戏的载体是"网络信息"，含有"暴力、凶杀、恐怖、赌博"的网络游戏，都是违反《未成年人保护法》的"违法信息"。按照司法解释，达到"传播违法视频文件二百个以上"或者"向二千个以上用户账号传播违法信息"的情节的，就可以构成本罪。

总之，为了保护未成年人的心理健康，如果仿真游戏中存在暴力、血腥、恐怖等不良信息，而游戏开发者不对未成年人设置禁入措施，或者明知未成年人可以轻松越过限制而使用，就可以按照教唆犯、传授犯罪方法罪或淫秽物品犯罪进行处罚。

五、修法建议：增设"传播不良信息罪"

虽然通过刑法条文的扩张解释，可以将向未成年人宣扬、让其体验暴力的仿真网络游戏开发者等作为犯罪处理，但是，为了保护未成年人的心理健康，增设传播不良信息罪，才是长远之计。刑法必须为网络游戏、在线直播、视频网站等新产业设置经营底线。

（一）规范设计：传播不良信息罪的条文

由于深受刑法谦抑性、客观主义的影响，加之传播不良信息的危害后果难以客观化，1997年刑法并没有设立传播不良信息的罪名。但是，在恐怖主义、极端主义盛行的今天，我国立法者逐渐意识到刑法应当禁止危险信息，2015年的《刑法修正案（九）》增设了"宣扬恐怖主义、极端主义罪""编造、故意传播虚假信息罪"。从逻辑上看，"虚假的险情、疫情、灾情、警情"等虚假信息损害的是社会秩序；与之相对，暴力、色情、血腥等不良信息对青少年的身心损害更严重，实害性更明显。未来，除了打击恐怖主义、极端主义之外，刑法还应当禁止宣扬暴力主义、传播损害未成年人心理健康的不良信息。

笔者建议，在刑法第120条后面增设之五"传播不良信息罪"：

向不满十八周岁的未成年人传播以下不良信息，情节严重的，处三年以下有期徒刑或者拘役，并处罚金；造成严重后果的，处三年以上十年以下有期徒刑，并处罚金或者没收财产：

（1）有关暴力、血腥、虐待、自杀或者自残等带有攻击性或者伤害性的信息；

（2）有关毒品、春药、迷药或其他违禁品等影响未成年人健康的信息；

（3）有关色情、乱伦等影响未成年人性观念的信息；

（4）有关惊悚、变态或者赌博等影响未成年人心理健康的信息；

（5）其他严重影响未成年人心理健康的违规信息。

过失实施前款行为的，经责令改正而拒不改正的，处三年以下有期徒刑或者拘役，并处罚金。

单位犯前两款罪的，对单位判处罚金，并对其直接负责的主管人员和其他直接责任人员，依照前两款的规定处罚。

利用网络或者向不满十四周岁未成年人传播不良信息的，从重处罚。有前款行为，同时构成其他犯罪的，依照处罚较重的规定定罪处罚。

基于新闻报道或其他正当目的而实施前述行为的，不构成犯罪。

（二）"不良信息"的界定：违规性+危害性

在法律上，我国法律没有明确使用不良信息的概念，但有实质性禁止规定。《预防未成年人犯罪法》第30条规定："以未成年人为对象的出版物，不得含有诱发未成年人违法犯罪的内容，不得含有渲染暴力、色情、赌博、恐怖活动等危害未成年人身心健康的内容。"即把诱发违法犯罪、暴力、色情、赌博、恐怖信息作为不良信息加以禁止。在理论上，我国学者对不良信息有多种界定。代表性观点认为，网络不良信息限定在网络上对未成年人思想造成混乱、心理造成异常、身体造成损害的信息，主要包括价值观扭曲、道德败坏、色情、暴力、反科学等信息。其中，网络色情及网络暴力游戏为不良信息的最主要来源。① 但是，这一界定是社会学上的宽泛界定，刑法上的不良信息应有明确标准。

本文认为，对未成年人不良信息的界定，既不能过窄仅限于违法信息，也不能过宽包括一切不道德信息。根据"成人违法、未成年人违规"的不良信息犯罪化原理，未成年人不良信息应指，违反法律、法规、规章和部委规定，以文字、图片、视频或游戏方式展示出来的含有暴力、血腥、色情、变态、惊悚和乱伦等内容，严重危害未成年人心理健康的信息。

---

① 张晓冰：《网络不良信息与未成年人权益保护的域外经验》，载《预防青少年犯罪研究》2017年第4期。

1. 不良信息的形式标准：从"违法性"到"违规性"

一方面，考虑到对未成年人最大化保护的原则，未成年人不良信息的范围要广于成年人。我国刑法是成年人模式刑法，规制的淫秽、恐怖主义等不良信息，都是以成年人为视角，很难规制暴力、色情或变态等不良信息，缺乏对未成年人的特别保护。未来刑法应当实现双轨制——对成年人弱保护、对未成年人强保护，例如，考虑到社会的开放程度，对成年人淫秽物品的标准要上调；考虑到对未成年人的特别保护，对未成年人淫秽物品的标准则要下调。又如，刑法不干涉邪典视频、PUA（即所谓的"撩妹攻略"）等对成年人的影响，但要干涉这些不良信息对未成年人的影响。

另一方面，刑法入罪的不良信息不能过宽，成为纯粹的道德判断。曾有国家采用道德标准来界定网络空间的不良信息，如韩国 1991 年的《电信事业法》第 53 条（对不当通信的监管）规定："（1）电信通信内容不得危害公共安定秩序、社会道德及善良风俗；（2）有关前款中有害公序良俗和社会道德的通信内容的具体规定参加总统令的规定。"后韩国宪法法院认为，这两款的表述过于概括、含糊不清，因而违宪。后在 2000 年的《信息通信网络促进法》中，用"非法通信"的标准取代了"不当通信"。① 中国界定不良信息的范围，也要防止重走韩国过于道德化的老路。

综合"比成年人标准宽、比道德标准窄"的要求，对未成年人应当确立"不良信息 = 违规信息"的理念。未成年人不良信息既包括违法犯罪信息，也包括违规信息。违法信息可以成为不良信息，不存在太多障碍。我国刑法已经确立了在网络空间，违法信息可以成为构罪要素的思路，例如，拒不履行信息网络安全管理义务罪规定"致使违法信息大量传播的"即可构罪。为了严密保护未成年人利益，违规信息也可以成为构罪要素，"违规"除了包括违法之外，还包括规章以及部委规定。网络空间经常出现一些新型的信息，但法律、行政法规的出台速度较慢，一般都是通过部门规章等方式加以规定；另外，各部委还经常对网络空间出台一些规范性文件，如 2007 年 4 月 15 日教育部、公安部等多家单位发出了《关于保护未成年人身心健康 实施网络游戏沉迷系统的通知》，2015 年 3 月 19 日文化部发出了《关于加强网络游戏宣传推广活动监管的通知》，类似以部委（不是部委下属单位）名义发出的通知，在全国都有效力，对保护未成年人的身心健康有重大作用。基于保护未成年人的需要，应当把部委发布的在全国范围内有效的规定，作为未成年人不良信息的判断标准。

---

① 徐金毅：《韩国互联网未成年人有害信息监管法律制度研究》，西南大学 2013 年硕士学位论文，第 9 页。

2. 不良信息的实质标准：心理危害性

刑法干涉不良信息的目的，主要是保护未成年人的心理健康。社会学上的不良信息有多种，但刑法中不良信息的核心是危害性：严重损害未成年人心理健康（产生精神或心理疾病的危险性）。具体包括：一是直接对未成年人心理有致病危险性，即某些不良信息如惊悚、变态、乱伦的信息，长期影响未成年人可能造成精神性或心理性疾病。有研究表明，不良信息对儿童会产生多种危害，既包括萎靡、失眠、思维迟钝、恐惧、脱敏、心理创伤等直接影响，也包括攻击性增加、反社会行为、学习成绩下降等远期影响，还包括自我估计过低、缺少现实性、身份困惑、负面的自我感知等心理伤害。① 二是不良信息损害未成年人心理健康后，影响未成年人的身体健康。例如，自杀、自残、自虐、早孕等信息，容易引发未成年人在模仿后进行自我伤害行为。三是不良信息损害未成年人心理健康后，诱发其违法犯罪行为。例如，暴力、色情是最常见的网络不良信息。刑法应当将其入罪化的原因，就是因为这两类信息容易诱发未成年人的违法犯罪行为，"在损害原则下，禁止暴力色情的主要理由是其鼓动强奸和生理暴力。"②

反之，虽然某些信息违反道德，但不会危害未成年人心理健康（没有致病危险性），就不应当作为刑法中的不良信息。例如，反科学、虚假、炫富、撒泼、封建迷信等信息，虽然违反社会的基本价值观，但在社会观念中不会危害未成年人的心理健康（没有引发精神、心理疾病的危险性），也不会直接诱发违法犯罪行为，不属于刑法干涉的不良信息。

（三）增设"传播不良信息罪"与刑法谦抑性不矛盾

首先，网络空间未成年人保护亟须刑法介入。我国刑法面临防止刑法权滥用与扩张刑法干预范围的双重任务，不能因为存在刑罚权滥用的现象就否认刑法干预主义的合理性，正如不能因为存在滥用抗生素问题就不研发新抗生素。一方面，刑法学者要继续防止刑罚权滥用的现象，我国刑事司法中滥用刑罚的现象比较严重，这在内蒙古玉米案、深圳鹦鹉案、天津气枪案中均有体现。另一方面，相对于发达国家，我国刑法的干预范围又非常有限。很多在西方国家属于犯罪、应处监禁刑的乱象，在我国司法实践中往往脱逃了刑事责任，如在合肥女子高铁扒门、因飞机延误大闹机场、网络直播乱象（如描述吸毒感受

---

① 姚建平：《国际青少年网络伤害及其应对策略》，载《山东警官学院学报》2011年第1期。

② [美] 乔尔·范伯格：《刑法的道德界限：对他人的冒犯》（第二卷），方泉译，商务印书馆2014年版，第164页。

或直播自残）等案件中，我国刑法明显干预不足。

因此，对刑法的干预范围应当辩证思考、具体问题具体分析，扩张刑法干预范围与刑法谦抑性并不矛盾。就本文主题而言，我国刑法对未成年人心理健康的保护，明显落后于西方国家。在网络空间这一问题上更加突出，根据共青团中央维护青少年权益部、中国互联网络信息中心（CNNIC）发布的《2018年全国未成年人互联网使用情况研究报告》，我国30.3%的未成年人曾在上网过程中接触到暴力、赌博、吸毒、色情等违法不良信息。实践中，青少年受网络游戏影响而实施强奸、抢劫、杀人等案件屡见不鲜。除了完善社会管理措施之外，刑法必须在网络空间设置底线，不能让网络毁掉了下一代。因此，在未来相当长的一段时间内，我国在网络空间及未成年人保护两个领域内，都面临着继续犯罪化的立法任务。

其次，"不良"一词带有规范评价、价值判断色彩，不违反罪刑法定要求的明确性原则。刑法难以避免采用一些带有价值判断的术语，刑法是道德伦理的底线，虽然现代刑法已经大幅度减少了规范性术语，但仍不可避免地采用了一些价值性、道德性术语。例如，我国刑法中的淫秽、"以特别残忍手段致人重伤"等规定；《德国刑法典》第126条"以实施犯罪相威胁扰乱公共安宁"中的"违背良知"、第164条"诬告"中的"违背良知"，第183条a"激起公愤"中"引起公众厌恶"。而且，在涉及未成年人保护上，刑法必须考虑道德教化的要求。国外刑法在未成年人保护中也经常使用道德性术语，例如，《德国刑法典》第184条b"危害青少年的卖淫"规定："在下列场所以在道德上危害青少年的方式卖淫的，处……"就明确把道德因素作为了构成要件要素。

最后，传播不良信息罪有严格的入罪门槛。构成"传播不良信息罪"有几个前提：一是必须有传播行为。刑法干涉不良信息的前提是影响他人，这就需要有传播、散布行为。如果行为人只是自己在脑中想象，或者写在日记中，或者只是创作但不外传，这些不良信息都是思想的内容，不受刑法干涉。二是要严格限定"情节严重"的条件，考虑到本罪的对象都是未成年人，"情节严重"的标准可以参照传播淫秽物品罪的情节标准。

结语：未成年人保护是互联网产业的红线

21世纪以来，我国互联网产业高速发展，在这一过程中，政府奉行了相对宽松的监管政策，客观上促进了产业的发展与技术的创新。但是，互联网产业的发展，不能以牺牲一代年轻人的未来为代价。在奉行包容性法律政策的同时，我们必须为网络空间确立一条经营红线。刑法规制的范围，应当随着人类生活空间的变化而逐渐调整。人类的发展总会不断出现立法空白区，如互联网、大数据、人工智能等都存在"发展有力、治理无力"的现象，尤其是针对未成年人的保护问题。而网络空间未成年人保护的核心问题，就是控制未成年人接触不良信息。目前，游戏、直播、视频产业乱象频现，侵犯未成年人利益的事件时有发生，这需要刑法积极干预。设立新罪，不是扼杀电竞行业的发展，而是提醒所有互联网从业者，必须把未成年人保护放在利润之上。因为，未成年人的身心健康与人格健全，决定着产业的繁荣和国家的强大。

个人信息的刑法保护边界实证研究
——以侵犯公民个人信息犯罪为视角

康敬奎、邓根保课题组[*]

内容摘要：近年来，随着《刑法修正案（九）》、"两高"《关于办理公民个人信息刑事案件适用法律若干问题的解释》的颁布适用，我国进一步加大了对公民个人信息的保护力度，侵犯公民个人信息犯罪案件数量也随之不断增长，但由于该罪保护法益的界定仍未统一，以至于司法人员适用法律过程中缺乏指导思想。为此，本文认为，当前应该明确侵犯公民个人信息罪的保护法益为个人法益，而司法人员应当在该法益的指引下解释实践中遇到的争议问题，从而准确适用法律。同时，我们基于现有争议问题提出了立法展望，以期对立法有所裨益。

关键词：侵犯公民个人信息　法益　个人信息权　边界

司法实践中，侵犯公民个人信息行为主要见于非法获取计算机信息系统数据罪、非法控制计算机信息系统罪、破坏计算机信息系统罪、侵犯公民个人信息罪之中，而计算机信息系统犯罪只是作为侵犯公民个人信息的手段来追究刑事责任，而且现实中侵犯公民个人信息的方式主要为利用互联网收集、传播信息，最后由需求主体利用信息进行经营活动或者违法犯罪活动。因此，公民个人信息的刑法保护边界问题仍需落实到侵犯公民个人信息罪的法益确认、犯罪构成要素研究等问题上。为此，本文对江苏省苏州地区办理的侵犯公民个人信息犯罪案件进行实证研究，梳理了苏州地区办理该类案件所存在的争议之处，研究了该罪保护的法益范围，并针对争议问题提出了解决思路、立法思考，以期对立法、司法有所裨益。

---

[*] 本课题负责人：康敬奎，《苏州大学学报》编辑部主任；邓根保，江苏张家港市人民检察院党组书记、检察长。课题组成员：吴江，苏州大学人文社会科学处副处长；杨雪松，江苏张家港市人民检察院第二检察部主任；郑莉，江苏张家港市人民检察院第二检察部检察官；高婉莹，苏州大学法学院硕士研究生。

一、江苏省苏州地区侵犯公民个人信息案件办理情况

（一）案件数量

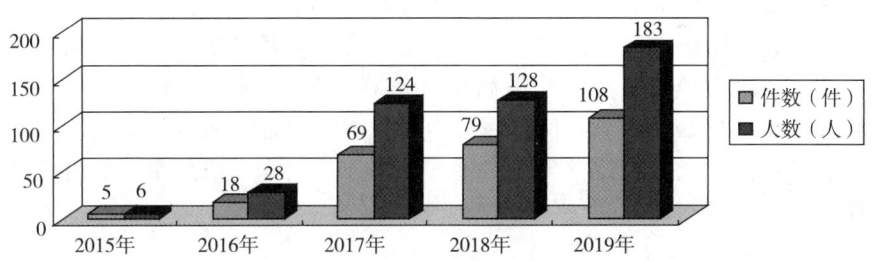

图 1　2015—2019 年苏州市检察系统办理的侵犯公民个人信息犯罪情况

从 2015 年至 2019 年的办案数量可以看出，侵犯公民个人信息罪在《刑法修正案（九）》（以下简称《刑修（九）》）、"两高"《关于办理公民个人信息刑事案件适用法律若干问题的解释》（以下简称《解释》）颁布之后出现了快速增长的趋势。2019 年，苏州地区共办理侵犯公民个人信息犯罪案件 108 件 183 人，与 2015 年相比较，案件数上涨 2060.00%，人数上升 2950.00%（见图 1）。

上述数据反映出以下情况：一是侵犯公民个人信息犯罪的刑事立法经过《刑法修正案（九）》的调整，统一了罪名，扩大了犯罪主体范围，为刑事司法提供了明确的法律依据，案件量明显上升；二是由于公民个人信息安全问题受到社会公众的广泛关注，司法机关加大了打击力度，有力惩处了一批犯罪分子；三是随着大数据时代的到来，信息的价值日益凸显，相应的产业链条已经形成，一些违法犯罪问题也随之而来。

（二）信息类型

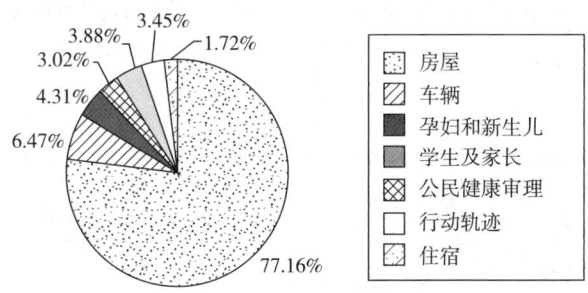

图 2　2015—2019 年苏州市检察系统办理侵犯公民个人信息犯罪案件涉及的公民个人信息类型

上述侵犯公民个人信息犯罪案件中可查明信息类型的案件总数为 232 件，具体信息类型分布如下：①涉及房屋信息 179 件，占比 77.16%；②涉及车辆

信息15件，占比6.47%；③涉及孕妇、新生儿身份信息10件，占比4.31%；④涉及在校学生及家长身份信息7件，占比3.02%；⑤涉及公民健康生理信息9件，占比3.88%；⑥涉及公民个人行动轨迹信息8件，占比3.45%；⑦涉及住宿信息4件，占比1.72%（见图2）。

上述数据反映出以下情况：一是侵犯的信息类型包含行踪轨迹信息、财产信息、健康生理信息等，几乎涵盖《解释》所罗列的所有信息类型；二是信息呈现出精细化趋势，例如，行为人根据不同行业领域的需要，针对性的获取或提供儿童、在校学生、房主、车主、孕妇个人信息用于广告推销等活动。

（三）发案过程

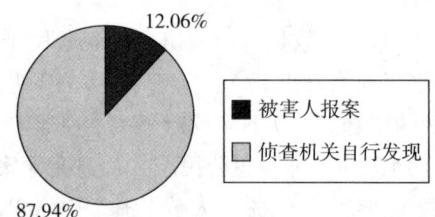

图3 2015—2019年苏州市检察系统办理侵犯公民个人信息犯罪案件的发案过程

上述侵犯公民个人信息犯罪案件中能够查明发破案过程的案件总数为199件，具体发案类型如下：①侦查机关自行发现案件175件，占比87.94%。②被害人报案案发案件24件，占比12.06%（见图3）。

上述数据反映出以下情况：当前侵犯公民个人信息犯罪的发案主要是侦查机关在履职期间发现，公民个人报案占比较小。这说明，当前打击侵犯公民个人信息犯罪行为主要是以侦查机关推动为主，公民个人对于信息泄露后的维权意识较为淡薄，在保护自身信息安全方面发挥的作用较为有限。

（四）犯罪手段

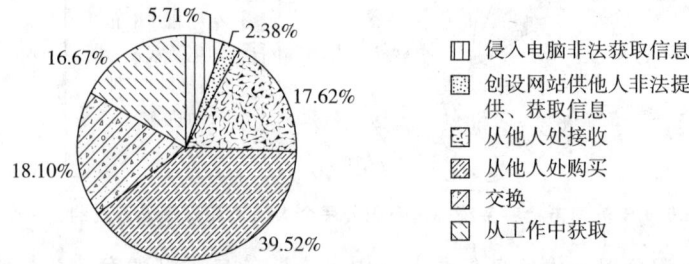

图4 2015—2019年苏州市检察系统办理侵犯公民个人信息犯罪案件的犯罪手段

上述侵犯公民个人信息犯罪案件中能够查明犯罪手段的案件总数为 210 件，具体犯罪手段如下：①从他人处购买信息案件 83 件，占比 39.52%；②从他人处直接获取信息案件 37 件，占比 17.62%；③交换获取信息案件 38 件，占比 18.10%；④从工作中获取信息案件 35 件，占比 16.67%；⑤侵入电脑非法获取信息案件 12 件，占比 5.71%；⑥创设网站供他人非法提供、获取信息案件 5 件，占比 2.38%（见图 4）。

上述数据反映出以下情况：当前查处的侵犯公民个人信息犯罪的案件类型主要是行为人之间的互换、售买，侵入他人电脑非法获取公民个人信息类和行为人非法创设网站侵犯公民个人信息类案件占比较少。这说明，当前侵犯公民个人信息犯罪主要表现为行为人为拓展业务或者非法获利，从而将其经营活动中获取的公民个人信息非法提供给他人。

（五）处理结果

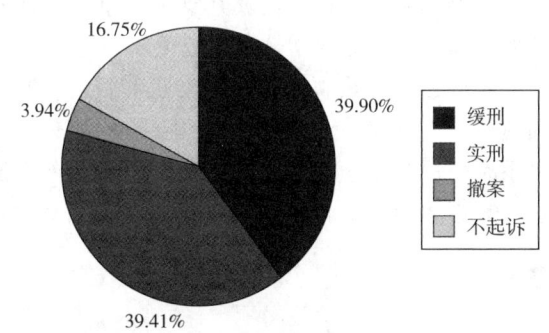

图 5　2015—2019 年苏州市检察系统办理侵犯公民个人信息犯罪案件的处理结果

侵犯公民个人信息犯罪案件中可查明犯罪处理结果的案件总数为 203 件，具体处理结果如下：①判处缓刑案件 81 件，占比 39.90%；②判处实刑案件 80 件，占比 39.41%；③不起诉案件 34 件，占比 16.75%；④侦查机关撤销案件 8 件，占比 3.94%（见图 5）。

上述数据反映出以下情况：侵犯公民个人信息案件中不起诉率较高，起诉案件中缓刑适用率也高于实刑适用率。这说明在公民个人信息权法规体系尚不完善的情况下，司法机关定罪量刑总体以谦抑理念为指导。

二、侵犯公民个人信息犯罪案件办理中存在的争议问题及成因分析

（一）侵犯公民个人信息犯罪案件办理中存在的争议问题

1. 特殊信息的范围界定仍存争议

《解释》第 5 条针对不同类型的"公民个人信息"设置了不同的入罪标

准,因此确认信息类型成为司法人员审查的重点工作之一。经梳理,在侵犯公民个人信息犯罪案件办理过程中,司法人员对特殊信息的范围界定存在一定争议:(1)"财产信息"的范围界定存在争议。比如"汽车品牌+汽车型号+姓名+联系电话""汽车品牌+姓名+联系电话"是否属于"财产信息",以及"姓名+住址+联系方式""姓名+现住址+新置业具体楼牌号+销售面积+未付金额+联系方式"中何种组合属于"财产信息"。(2)"健康生理信息"范围存在争议。比如行为人出售给他人包含"产妇和配偶的姓名、身份证号码、电话、住址、体检结果、分娩日期、新生儿性别"以及"整形、美容信息"的信息是否属于"健康生理信息"的困惑。

2. 以检举、揭发为目的,非法获取公务人员的"行踪轨迹""住宿信息"的行为是否构成侵犯公民个人信息罪存在争议

关于行为人非法获取公务人员的"行踪轨迹""住宿信息"的行为是否构成侵犯公民个人信息罪的问题,《解释》及其解读文章均未涉及,而在实务中存在相应的司法判例。其中,胡某某等人侵犯公民个人信息罪[①]的案例分析中虽未提及行为人非法获取公务人员轨迹信息的动机和目的是什么,但论述了公务人员的"行踪轨迹信息"具有个人专属性,能反映出该公民的某些个人特征,且信息内容关系到公民日常生活的基本安全性,信息的泄露会使公民失去安全感,严重影响其日常生活,故依法应属于刑法保护的对象。在吴某某等人

---

① 刑事审判参考第 1009 号案例:2011 年 10 月初,马某某、刘某某(均另案处理)以每月支付人民币 3000 元报酬、包吃包住等条件,雇用被告人胡某某驾驶小汽车对广东省 B 市某机关领导所配专用公车进行跟踪。为此马某某、刘某某向胡某某提供了录音笔、望远镜、摄像机、密拍器等器材。同年 11 月中下旬,胡某某向马某某提出聘请王某某,胡某某与王某某相互配合进行跟踪、记录。马某某遂以同样待遇雇用王某某。后胡某某、王某某一起驾驶小汽车对目标车辆在 B 市行驶的路线、停车地点进行跟踪和记录,并将记录的行驶路线、停车地点等信息交给马某某、刘某某。同年 12 月,为了便于跟踪,胡某某、王某某购买 2 个通过互联网使用的汽车定位器,趁目标车辆停在一地下停车场时将定位器秘密安装在该车底盘处。胡某某、王某某通过互联网查询定位器的实时位置,获取了目标车辆每天所有行驶路线、停车位置的即时信息,直至案发。经鉴定,上述汽车定位器属于窃听专用器材。法院审判认为,被告人胡某某、王某某通过非法手段获取公民个人信息,情节严重,其行为均构成非法获取公民个人信息罪,判处胡某某有期徒刑 2 年 6 个月,并处罚金人民币 2 万元;判处王某某有期徒刑 2 年 3 个月,并处罚金人民币 15000 元。

侵犯公民个人信息案①的二审裁定书中，提及吴某某因对公务人员的公务行为不满而雇用他人非法获取公务人员的"行踪轨迹信息"等信息，构成侵犯公民个人信息罪。裁判认为，虽然申诉、控告和检举是公民的重要的民主监督权利，但是公民在行使权利时，应当通过合法途径进行，不得通过偷拍、秘密跟踪等侵犯公民个人信息自由和安全的非法手段。吴某某等人的行为严重侵犯了公民的合法自由和权利，构成侵犯公民个人信息罪。

从上述判例可以看出，行为人非法获取公务人员"行踪轨迹信息"等个人信息的行为有被纳入刑法评价的现象。但是，在法律尚未明确的情况下，能否得出无论行为人出于何种目的，只要其实施了非法获取公务人员信息的行为，就可以构成犯罪的结论？例如，行为人以"检举、揭发为目的"获取公务人员的"行踪轨迹信息"等个人信息，且信息被用于向纪检监察部门举报的情形，是否构成侵犯公民个人信息犯罪，就是值得探讨的问题。

3. "违法所得"如何认定存在争议

《解释》在把信息用途、信息数量作为追诉标准的同时，基于行为人出售或者非法提供公民个人信息往往是以牟利为目的，为了进一步有效打击该类犯罪，将"违法所得"达5000元以上的情形也规定为"情节严重"予以入罪。当前，由于《解释》未明确侵犯公民个人信息罪中"违法所得"数额的认定是否需要扣除行为人非法获取信息的成本，导致在司法实务人员在处理该问题时存在不同认识，不仅影响定罪量刑，同时也影响到法院对罚金数额的确定。

---

① （2018）湘07刑终165号：2011年至2016年期间，赫山区法院和益阳中院先后审理了多个涉及上诉人吴某甲所控制公司的民事案件、非诉行政执行案件。因对赫山区法院和益阳中院的裁判结果不满，吴某甲雇请上诉人张某某和原审被告人周某某等人，采取在汽车底盘上秘密安装GPS定位器等方式，多次对时任益阳中院副院长金某某、益阳中院民一庭庭长蔡某某及其丈夫杨某某、益阳中院执行局局长夏某某、执行局副局长吴某乙，赫山区法院副院长王某某、赫山区法院行政庭庭长曹某等多名法官及其家人的行踪进行定位，并实施跟踪、偷拍，吴某甲还雇请张某某以购买或索要的方式，非法获取了金某某、夏某某、吴某乙等多名法官及其家人以及益阳农行的委托代理律师刘某某及其家人和朋友的住宿、消费、出行、房产、车辆、住址、户籍、通信记录等个人信息。吴某甲雇请张某某非法获65名参加省级某系统工作会议人员的姓名、电话号码、行踪轨迹等信息。此外，吴某甲为获取杨某某的个人信息，私自调取星城御庭大酒店监控视频。吴某甲组织并自己参与非法获取公民行踪轨迹和财产信息807条、通信记录和住宿住址信息321条、其他公民个人信息209条；张某某参与非法获取公民行踪轨迹和财产信息119条、通信记录和住宿住址信息319条、其他公民个人信息205条；周某某协助参与非法获取公民行踪轨迹信息118条、住址信息2条、其他公民个人信息4条。事后，吴某甲付给张某某、周某某等人报酬人民币30000余元，其中张某某分得14500元，周某某分得10200元。

4. 对"为合法经营"而侵犯公民个人信息行为的入罪如何把握存在争议

《解释》第 6 条针对为"合法经营"非法购买、收受"特殊公民个人信息"① 以外的其他信息的行为如何入罪进行了特别规定。经梳理，苏州地区办理的侵犯公民个人信息犯罪案件中，存在一些为"合法经营"而侵犯公民个人信息的行为，但司法实务人员在审查认定时对于何为"合法经营"以及该类型行为入罪时是否需要考虑《解释》第 5 条的普通入罪标准等问题存在不同看法。②

5. 交换型侵犯公民个人信息犯罪的认定存在争议

在行为人与他人非法交换公民个人信息这一类案件里，对于各行为人的犯罪数量该如何认定存在不同认识。有观点认为应将行为人非法获取的信息数量与非法提供的信息数量累计计算作为犯罪结果予以评价。有观点则认为应将行为人非法提供的信息数量作为犯罪结果予以评价。而不同的观点得出的数量结

---

① 《解释》第 5 条第（三）项规定的信息类型：行踪轨迹信息、通信内容、征信信息、财产信息；第（四）项规定的信息类型：住宿信息、通信记录、健康生理信息、交易信息等其他可能影响人身、财产安全的公民个人信息。

② 《解释》第 5 条规定非法获取、出售或者提供公民个人信息，具有下列情形之一的，应当认定为刑法第 253 条之一规定的"情节严重"：（一）出售或者提供行踪轨迹信息，被他人用于犯罪的；（二）知道或者应当知道他人利用公民个人信息实施犯罪，向其出售或者提供的；（三）非法获取、出售或者提供行踪轨迹信息、通信内容、征信信息、财产信息 50 条以上的；（四）非法获取、出售或者提供住宿信息、通信记录、健康生理信息、交易信息等其他可能影响人身、财产安全的公民个人信息 500 条以上的；（五）非法获取、出售或者提供第三项、第四项规定以外的公民个人信息 5000 条以上的；（六）数量未达到第三项至第五项规定标准，但是按相应比例合计达到有关数量标准的；（七）违法所得 5000 元以上的；（八）将在履行职责或者提供服务过程中获得的公民个人信息出售或者提供给他人，数量或者数额达到第三项至第七项规定标准一半以上的；（九）曾因侵犯公民个人信息受过刑事处罚或者 2 年内受过行政处罚，又非法获取、出售或者提供公民个人信息的；（十）其他情节严重的情形。实施前款规定的行为，具有下列情形之一的，应当认定为刑法第 253 条之一第一款规定的"情节特别严重"：（一）造成被害人死亡、重伤、精神失常或者被绑架等严重后果的；（二）造成重大经济损失或者恶劣社会影响的；（三）数量或者数额达到前款第三项至第八项规定标准十倍以上的；（四）其他情节特别严重的情形。第 6 条规定为合法经营活动而非法购买、收受本解释第 5 条第 1 款第三项、第四项规定以外的公民个人信息，具有下列情形之一的，应当认定为刑法第 253 条之一规定的"情节严重"：（一）利用非法购买、收受的公民个人信息获利 5 万元以上的；（二）曾因侵犯公民个人信息受过刑事处罚或者 2 年内受过行政处罚，又非法购买、收受公民个人信息的；（三）其他情节严重的情形。实施前款规定的行为，将购买、收受的公民个人信息非法出售或者提供的，定罪量刑标准适用本解释第 5 条的规定。

论就不同,会直接影响到定罪量刑的问题。

6. 不起诉权适用不统一

根据《解释》第 10 条的规定,针对犯罪情节轻微的侵犯公民个人信息罪的行为可以做出相对不起诉处理。经梳理,在《解释》出台之后,苏州地区办理的侵犯公民个人信息犯罪中不起诉权适用尺度不统一,导致危害性处于同一档次的行为,有的被检察机关做出相对不起诉处理,有的则被提起公诉。

(二)争议问题的成因分析

具体分析上述争议问题,大致分为以下几种类型,一是概念解释层面的问题,如《解释》规定的"特殊信息""违法所得""非法获利""为合法经营"等概念如何界定,范围如何把握,以何种思想为指引等。二是法律适用层面的问题,如"行踪轨迹""住宿信息"的保护范围是否需要因为信息主体的不同加以区分对待。三是司法操作层面的问题,如"交换型"侵犯公民个人信息犯罪中涉及的信息数量计算问题、"批量型"公民个人信息数量计算问题、不起诉权的适用等问题。上述问题虽然呈现的类型有所区别,但无论是从法律概念解释,还是从法律适用,又或者是落实到司法操作层面来看,其原因主要还是在于司法人员缺乏解释法律的思想指引,导致了尺度不统一的问题。

解释法律是司法实务人员办理案件过程中十分重要的一个环节。解释法律的方法有多种,常见的分类有文理解释、论理解释,而论理解释中又存在扩大解释、限缩解释、目的解释等方法。有时"为了弥补文义或平义解释的难题,许多学者转向寻求法意解释或者原意解释,即探求立法者或者准立法者于制定法律时所作的价值判断及其所欲实现的目的,以推知立法者的意思。"①

"刑法的目的是保护法益,法益是刑法解释的重要理论工具。"② 换言之,探寻刑法保护目的的过程就是对于该刑法条文保护法益的认识。而我们在司法实务中所缺乏的解释法律的思想指引,指的就是侵犯公民个人信息罪所保护的法益。而由于当前理论界、实务界对侵犯公民个人信息罪的保护法益尚未形成统一的认识,才导致了司法实务人员在解释上述争议问题时,存在不同的认识。

三、侵犯公民个人信息罪的法益界定

(一)法益概述

当前学界对于侵犯公民个人信息罪的法益属性界定尚存在较大的争议,大

---

① 丁后盾:《刑法法益原理》,中国方正出版社 2000 年版,第 131 页。
② 张明楷:《刑法分则解释原理》,中国人民大学出版社 2011 年版,第 347 页。

致可以分为三种观点,一是本罪的法益应当属于个人法益,本罪具体保护的不是以隐私权为代表的传统个人权利而是在网络信息时代作为新型权利的个人信息权。① 二是本罪的法益应当是超个人法益。② 三是本罪具有双重法益属性:个人法益和超个人法益。③ 概言之,上述观点的争议之处主要在于个人法益属性与超个人法益属性,而这两种属性对于刑法手段在个人信息保护中的介入范围有着重要影响。

1. 个人法益

个人法益属性是指侵犯公民个人信息罪保护的法益是公民个人的法益。其中又可分为以下几种学说:一是隐私权说,认为个人信息犯罪的保护法益是个人隐私,侧重保护精神性的人格权,注重对私人生活、个人秘密的自主决定。④ 二是人格权说,认为个人信息犯罪以人格权为保护法益,重视对个人人格利益的保护,是隐私权说的延伸,与隐私权模式相比较,人格权保护模式的保护范围更宽,能够覆盖所有的个人信息。⑤ 三是财产权说,认为个人信息重在保护财产属性,当社会发展到一定程度时信息则不再依赖有形载体,赋予个人以信息权,以解决隐私权说和人格权说均无法有效解决的个人信息财产赔偿问题。⑥ 四是个人生活安宁说,认为"刑法视野中的公民个人信息判断应以'私人生活安宁'为标准,即任何与公民个人相关的信息,一旦泄露,可能威胁到私人生活安宁的,都是公民个人信息。"⑦ 五是公民人格尊严与个人自由说,该学说认为"侵犯公民个人信息罪所保护的法益是公民人格尊严与个人自由,从出售或提供公民个人信息行为的实质违法性角度出发,应当将个人信息限缩在具有危害该法益的'公民个人信息'"。⑧ 六是个人信息权说,该学说

---

① 参见刘艳红:《侵犯公民个人信息罪法益:个人法益及新型权利之确证——以〈个人信息保护法(草案)〉为视角之分析》,载《中国刑事法杂志》2019年第5期。

② 参见曲新久:《论侵犯公民个人信息犯罪的超个人法益属性》,载《人民检察》2015年第11期。

③ 参见李谦:《侵犯公民个人信息罪的法解释学释义》,载《北京邮电大学学报(社会科学版)》2017年第1期。

④ 参见张里安、韩旭至:《大数据时代下个人信息权的私法属性》,载《法学论坛》2016年第3期,第122—124页。

⑤ 参见郭瑜:《个人数据保护法研究》,北京大学出版社2012年版,第88页。

⑥ 参见汤擎:《试论个人数据与相关的法律关系》,载《华东政法学院学报》2005年第7期。

⑦ 胡胜:《侵犯公民个人信息罪的犯罪对象》,载《人民司法》2015年第7期。

⑧ 高富平、王文祥:《出售或提供公民个人信息入罪的边界——以侵犯公民个人信息罪所保护的法益为视角》,载《政治与法律》2017年第2期。

认为个人信息权属于人格利益与财产利益相结合的综合性法益,一方面包括积极使用并许可他人使用的权利,另一方面包括消极防御他人侵害的权利,兼具人格权和财产权。该学说为当下众多学者所赞成,并认为承认此罪的法益为公民个人信息权,意味着对该权利的独立化保护趋势。[1]

2. 超个人法益

该学说认为侵犯公民个人信息罪保护的"公民个人信息"不仅是个人法益,而且具有超个人法益的属性,即该项利益关系到社会公共利益、国家安全乃至于信息主权,因此需要从公民社会、国家的角度进行解释。[2] 超个人法益属性学说中存在以下代表性观点:一是公共信息安全说,认为本罪保护的法益是公共信息安全,只有行为人的犯罪行为对公共信息安全造成了损害时,才能以侵犯公民个人信息罪进行刑法评价。[3] 二是社会信息管理秩序说,认为侵犯公民个人信息罪的"入罪标准设置为具有规模性、整体性的个人信息保护,而非单纯个体权利的保护,根据其立法目的以及规范方式,其法益应当评价为社会信息管理秩序"。[4]

(二)侵犯公民个人信息罪的保护法益为个人信息权

本文认为,侵犯公民个人信息罪的保护法益是个人法益,具体内容为公民的个人信息权,具体思考如下:

1. 侵犯公民个人信息犯罪的立法沿革表明该罪保护个人法益

综观公民个人信息保护的立法沿革,我们可以发现公民个人信息安全被作为一项基本的公民权利予以法律保护,具有个人法益属性。(1)从域外立法沿革来看,联合国1948年《世界人权宣言》第12条被各国视作保护个人信息的法律渊源,即个人信息保护源自对个人生活的尊重和个人事务自决(自由)原则。《欧盟基本人权宪章》将个人数据保护权视为一项独立的人权加以保护,第8条明确规定:"人人有权保护涉及自身的个人数据。"[5] (2)从我国

---

[1] 参见于冲:《侵犯公民个人信息罪中公民个人信息的法益属性与入罪边界》,载《政治与法律》2018年第4期。

[2] 参见曲新久:《论侵犯公民个人信息犯罪的超个人法益》,载《人民检察》2015年第6期。

[3] 参见刘艳红:《侵犯公民个人信息罪法益:个人法益及新型权利之确证——以〈个人信息保护法(草案)〉为视角之分析》,载《中国刑事法杂志》2019年第5期。

[4] 凌萍萍、焦冶:《侵犯公民个人信息罪的刑法法益重析》,载《苏州大学学报》2017年第6期。

[5] 高富平:《法律应如何保护个人信息》,载《中国审判》2017年第3期。

立法沿革来看。2009年2月28日第十一届全国人大常委会第七次会议通过的《刑法修正案（七）》将侵犯公民个人信息情节严重的行为增设为犯罪。这一立法初衷在于保护公民个人信息安全。随后，公民个人信息安全的重要性日益凸显，民众对于个人信息认识也不断深化，立法机关为切实加大对公民个人信息的刑法保护力度，于2015年8月29日第十二届全国人大常委会第十六次会议通过《刑法修正案（九）》对刑法第253条之一规定的侵犯公民个人信息犯罪作出修改完善。[①] 而此罪条款所处的位置是在刑法分则第4章侵犯公民人身权利、民主权利罪这一章节中，这就意味着该罪的保护法益为公民人身民主权利，而公民人身和民主权利，都是与公民个人相关的法益。这充分表明，我国立法设置侵犯公民个人信息罪的初衷旨在保护公民个人法益。

2. 从我国个人信息立法体系来看，个人信息权是一种新型权利

《个人信息保护法（草案）》第11条规定，"自然人的个人信息权包括信息决定权、信息保密、信息查询、信息更正、信息删除、信息可携、被遗忘，依法对自己的个人信息所享有的支配、控制并排除他人侵害的权利"。该条明确了个人信息权概念。我国《民法总则》第111条规定，"自然人的个人信息受法律保护。任何组织和个人需要获取他人个人信息的，应当依法取得并确保信息安全，不得非法收集、使用、加工、传输他人个人信息，不得非法买卖、提供或者公开他人个人信息"。该条虽然没有明确提出个人信息权的概念，但是其内容也反映出个人信息权是作为一种独立的权利而存在。

3. 将法益确认为个人信息权有利于保护公民个人信息

"个人信息权说"能够较好地结合人格权，注重消极防御他人非法侵害以免受外界干扰的人身权利，同时重视保护财产，即信息的积极使用以及许可他人使用信息获取经济利益或其他利益的权利，还包含有公民自由决定自己信息如何使用等权利的部分。作为一项综合性权利，可以更好地保护公民个人信息。

综上，本文认为，公民个人信息权是一项独立的综合性的个人权益。具体而言，在法律地位上，该项权利是一项兼具人格权和财产权的新型综合性权利；在法律属性上，该项权利是具备个人属性的权利；在法律内容上，该项权利既包含使用包括允许他人使用自身信息的权利，也包含防止他人侵害自身信息的权利。

---

① 参见喻海松：《侵犯公民个人信息罪司法解释理解与适用》，中国法制出版社2018年版。

四、争议问题的解决思路

确定刑法法益对于我们在解释、适用侵犯公民个人信息犯罪的相关法律规定时具有重要的指导作用，这涉及刑法法益的解释论机能，具体是指法益具有作为违法构成要件解释目标的机能。换言之，对违法构成要件的解释结论，必须使符合这种违法构成要件的行为确实侵犯了刑法规定该犯罪所保护的法益，从而使刑法规定该犯罪、设立该条文目的得以实现。① 因此，从司法实务层面看，本文以上述研究确定的侵犯公民个人信息犯罪的法益为指引，通过理解立法本意来解释实践中遇到的争议问题，具体分析如下。

（一）以"财产信息""健康生理信息"为例，应对特殊"公民个人信息"进行限缩解释

1. "财产信息"的界定

关于"财产信息"范围如何界定，在司法实务中存在的争议观点有：第一种观点认为，从文义内涵来看，"财产信息"应当包括与公民个人财产有关的信息，汽车、房产当然属于公民的个人财产范围，也在一定程度上反映出公民的经济情况，故上述信息均属于解释规定的"财产信息"。第二种观点认为，根据一般的理解，"财产信息"包括银行账户、第三方支付结算账户、证券期货等金融服务账户的身份认证信息，也包括存款、房产等财产状况信息。同时，根据《解释》规定，"财产信息"属于法律重点保护对象，故此处的"财产信息"应当仅指能够对公民个人人身、财产造成一定危险的信息，所以上述第二类的信息属于"财产信息"，而第一类信息因为仅涵盖汽车信息，并不能全面反映出公民的财产状况，对于公民的人身、财产安全的威胁程度与一般普通公民个人信息并无明显区别，故不应当认定为"财产信息"。

我们赞成第二种观点，但对于第二类房产类信息中，本文认为应通过区分信息组合的方式予以确定，"姓名+住址+联系方式"类公民个人信息无法判断出公民的经济状况，能够起到的作用主要为判断位置，对于经济状况的判断作用有限。而"姓名+现住址+新置业具体楼牌号+销售面积+未付金额+联系方式"类的公民个人信息则包含了是否全额付款、还剩余多少房款未支付的信息，因为房产作为大宗商品，价格高昂，是否贷款、是否全款购房的信息可以直接判断出业主的经济实力，也能判断出业主是否需要资金，如果再结合到业主的现有住址，就可以确认公民的地理位置与财富情况，属于极为重

---

① 参见张明楷：《刑法分则解释原理》，中国人民大学出版社2011年版，第347页。

要、隐私的公民个人信息，属于"财产信息"。

简言之，应当对"财产信息"进行限缩解释，理由如下：

（1）从法律相关规定的设置初衷来看，虽然根据《解释》规定的"财产信息"的文义内涵看，"财产信息"的涵盖范围明显过广，车辆、房产、存款、股票都可以成为该类信息，但从《解释》的设置体系来看，其基于不同的公民个人信息类别对公民人身、财产等权益产生的危害性不同而设置了有差别的保护力度。因此，反映公民个人极为隐蔽且涉及人身、财产安全等重要利益的安危"财产信息"应当与普通的公民个人信息进行有效的区分。据此，只有在以信息内容可以直接判断出公民基本信息、经济状况的前提下才能认定为"财产信息"，例如，"房产地址＋房产价值＋贷款或全款"这种信息组合才属于财产信息。

（2）基于刑法谦抑性原则，作为保障法的刑法过度扩张会限制社会活力。公民个人信息作为一种重要资源，可以激发经济活力，像"财产信息"这种特殊信息如果不加限制的理解，很难能实现保护公民个人信息权利与保障信息自由流通以发挥个人信息在经济、科技、文化等领域的促进作用之间的平衡，必然导致正常的市场经济活动受限。

（3）从办理的侵犯公民个人信息犯罪案件情况来看，中、小企业为了合法经营，往往可能会成为侵犯公民个人信息的高危群体，通过限缩解释把控个人信息的刑法保护边界，有利于保障这些企业的健康发展。

2. "健康生理信息"的界定

此处以包含"产妇和配偶的姓名、身份证号码、电话、住址、体检结果、分娩日期、新生儿性别的信息"以及"整形、美容信息"是否属于"健康生理信息"为例，分析"健康生理信息"的界定问题。在司法实务中，针对第一类信息是否属于"健康生理信息"的争议观点有：第一种观点认为，该信息中涉及体检结果，与人体健康息息相关，应当属于"健康生理信息"。第二种观点认为根据《解释》第5条第（四）项规定的表述为"非法获取、出售或者提供住宿信息、通信记录、健康生理信息、交易信息等其他可能影响人身、财产安全的公民个人信息500条以上"。从这一规定来看，此处的"健康生理信息"应当具备"可能影响人身财产安全"的要素，故孕妇建卡时的身体检查结果与人身、财产安全没有精密的影响力，不属于"健康生理信息"。

针对第二类信息是否属于"健康生理信息"的争议观点有：第一种观点认为，该信息属于"健康生理信息"。"整形、美容信息"也是指向具体公民个人实施面部、身体等与身体、健康相关的手术行为的信息，属于"健康生理信息"的范围。第二种观点认为，该信息不属于"健康生理信息"，"整形、美容"从内涵、外延方面均与"健康生理信息"存在一定差异，鉴于"健康生理信息"属于敏感信息，刑法对该类信息的打击力度远远大于一般公民个人信息，故应谨慎对待，不宜将"整形美容信息"认定为"健康生理信息"。

在针对第一类信息是否属于"健康生理信息"的争议观点中，我们赞同第二种观点；在针对第二类信息是否属于"健康生理信息"的争议观点中，我们同样赞同第二种观点。具体论证思路与上述关于"财产信息"一样，对于"健康生理信息"应做限缩解释，具体理由如下：

（1）根据文义解释准确界定"健康信息"的概念。所谓"健康"是指一个人在身体、精神和社会等方面都处于良好的状态，包括主要脏器无疾病以及对疾病的抵抗能力较强。传统的健康是"无病即健康"。现代人的健康观是整体健康，世界卫生组织提出健康不仅是没有疾病和不虚弱，而是身体上、心理上和社会适应能力三方面的完美状态。所谓"生理"是指生物机体的生命活动和各个器官的机能。而上述"包含产妇和配偶的姓名、身份证号码、电话、住址、体检结果、分娩日期、新生儿性别的信息"以及"整形、美容信息"的信息虽能够反映出公民个人部分身体信息，但仔细分析，前者更多是反映公民的怀孕生产信息，后者更多是反映公民对容貌或是身体某个部位形态的修复信息，这与反映公民器官机能以及主要脏器有无疾病等更为隐蔽、与身体更为紧密的信息相比仍有所差别。

（2）从法律相关规定的设置初衷来看，根据《解释》第5条第（四）项的规定，住宿信息、通信记录、健康生理信息、交易信息等其他可能影响人身、财产安全的公民个人信息500条以上，属于侵犯公民个人信息情节严重的情形。这不仅反映了侵犯"健康生理信息"的入罪标准高于侵犯普通公民个人信息，同时也提示了"健康生理信息"具有"可能影响人身、财产安全的公民个人信息"的法益危害。因此，上述争议信息在对公民个人法益危害程度上与普通个人信息无实质差别时，应当谦抑选择作为普通公民个人信息予以刑法评价，这既符合刑法谦抑原则，也有利于保障利用该类信息进行合法的经营活动，鉴于上文已论述此内容，故在此不再赘述。

（二）以检举、揭发为目的，非法获取公务人员的"行踪轨迹""住宿信息"的行为原则上不构成侵犯公民个人信息罪

关于以检举、揭发为目的，司法实务中，非法获取公务人员的"行踪轨迹""住宿信息"的行为是否入罪的争议观点有：第一种观点认为，公务人员尤其是官员同时具备公民、公务员两种身份，公务员的个人信息相对于普通公民个人信息来说，更加透明化、半公开化。而且作为"公仆"，理应受到社会、公民的监督。因此，以检举、揭发为目的，非法获取公务人员的"行踪

轨迹""住宿信息"的行为不构成侵犯公民个人信息罪。第二种观点认为，公务人员作为官方人员并不意味着不具备隐私权，其个人信息仍应纳入刑法的保护范畴。因此，以检举、揭发为目的，非法获取公务人员的"行踪轨迹""住宿信息"的行为构成侵犯公民个人信息罪。

我们赞同第一种观点，以检举、揭发为目的，非法获取公务人员的"行踪轨迹""住宿信息"的行为原则上不构成侵犯公民个人信息罪。具体理由如下：

1. 对公务员的行为进行监督有明确的法律依据

群众的监督权是宪法赋予的权利。《宪法》第41条第1款规定"中华人民共和国公民对任何国家机关和国家工作人员，有提出批评和建议的权利；对于任何国家机关和国家工作人员的违法失职行为，有向有关国家机关提出申诉、控告或者检举的权利，但是不得捏造或者歪曲事实进行诬告陷害"。所以说，申诉、控告和检举是公民一项重要的民主监督权利。

公务员具有特殊的义务。根据《公务员法》规定，公务员作为依法履行公职、纳入国家行政编制、由国家财政负担工资福利的工作人员，应当忠于人民，全心全意为人民服务，接受人民监督。① 从义务的广度来说，《公务员法》对于公务员的要求涵盖了政治、法律、道德、保密、廉洁等多个方面，是全方位高要求。从义务的力度来说，公务员的监督主体是全体人民，全国人民都有权利监督公务员有无履行好义务。所以说，群众对公务员行使监督权有明确的法律依据。

2. 资源约束决定了个体行使监督权的方式有限

对于公务员行为的日常监督是由纪委、监察委员会等部门行使，这些部门、机关都有足够的人手、措施等资源来核实公务员是否实施了违反了法律、纪律的行为。但是当人民群众个体想对公务员进行直接监督时，就会存在无力实施的困境。在这种情况下，监督的手段往往只能采取跟踪、拍摄等刺探性手段。如果是对普通人实施这种行为，当然会侵犯其个人信息权，但是对于公务员来讲，公务员作为有严格纪律要求、义务要求的人员，是受到最严格监督的

---

① 《公务员法》第14条规定："公务员应当履行下列义务：（一）忠于宪法，模范遵守、自觉维护宪法和法律，自觉接受中国共产党领导；（二）忠于国家，维护国家的安全、荣誉和利益；（三）忠于人民，全心全意为人民服务，接受人民监督；（四）忠于职守，勤勉尽责，服从和执行上级依法作出的决定和命令，按照规定的权限和程序履行职责，努力提高工作质量和效率；（五）保守国家秘密和工作秘密；（六）带头践行社会主义核心价值观，坚守法治，遵守纪律，恪守职业道德，模范遵守社会公德、家庭美德；（七）清正廉洁，公道正派；（八）法律规定的其他义务。"

群体。人民群众作为监督主体，行使法律赋予的监督权，不应当成为被追究刑事责任的依据。

因此，本文认为，以检举、揭发为目的，非法获取公务人员的"行踪轨迹""住宿信息"的行为，原则上并不构成侵犯公民个人信息罪。需要说明的是，公务员的义务要求虽然很高，但并不代表其不具备任何个人信息权。虽然成为公务员意味着个人自愿接受严格监督，但其基本的权利还是受到法律的保护，如果行为人利用获取的公民员个人信息，进行歪曲、捏造后，对公务员发起不符合实际情况的监督，造成恶劣后果的，仍可以以诬告陷害罪等罪名追究其刑事责任，这是另一个层面的问题了。

（三）认定"收购后出售"型侵犯公民个人信息犯罪的"违法所得"，应当扣除行为人购买信息的成本

司法实务中，关于"违法所得"是否需要扣除成本的争议观点有：第一种观点认为，计算"违法所得"时不应扣除犯罪成本。理由主要在于：一是刑法中的"违法所得"一般是指犯罪分子因实施违法犯罪活动而取得的全部财物。二是以往司法解释、规范性文件的规定，对于需要资质的经营活动，行为人由于缺乏资质而构成非法经营等犯罪的，通常会区分"违法所得数额"与"非法经营数额"，此种情况下对于"违法所得"数额应当扣除成本。对于实践中根本不允许实施的且具有法益侵害性的犯罪行为，通常只存在"违法所得"的问题，而不涉及"非法经营数额"的问题，故此种情形下不应当再谈及扣除成本一说。三是根据《检察机关办理侵犯公民个人信息案件指引》的规定，对于违法所得，可直接以犯罪嫌疑人出售公民个人信息的收入予以认定。第二种观点认为，"违法所得"应当扣除行为人购买信息的成本。理由在于，侵犯公民个人信息中，行为人非法获取公民个人信息的途径、方式纷繁复杂，包括行为人非法购买公民个人信息后出售的行为，对于该类行为应当参照非法经营罪的处理规定，秉持刑法的谦抑性以及朴素的法感情，在认定违法所得时扣除行为人购买信息的成本。苏州地区办理的该类案件中，针对上述情形，大多采取了有利于犯罪嫌疑人的谦抑理念，在认定"违法所得"时，扣除了行为人购买信息的成本。

本文认为，原则上认定"违法所得"不应当扣除犯罪成本，但认定"收购后出售"型侵犯公民个人信息犯罪行为的"违法所得"时，应当扣除行为人购买信息的成本。具体理由如下：

1. 从现有法律规定来看

《最高人民法院关于审理生产、销售伪劣产品刑事案件如何认定"违法所得数额"的批复》规定，"违法所得数额"是指生产、销售伪劣产品获利的数

额。《最高人民法院关于审理非法出版物刑事案件具体应用法律若干问题的解释》规定,"违法所得数额"是指获利数额。《最高人民法院研究室关于非法经营"违法所得"认定问题的研究意见》认为,非法经营中的"违法所得"应是指获利数额,即以行为人违法生产、销售商品或者提供服务所获得的全部收入,扣除其直接用于经营活动的合理支出部分后剩余的数额。通过梳理上述规定,我们可以发现"违法所得"数额指的是获利数额。综上,我们认定"收购后出售"型侵犯公民个人信息犯罪的"违法所得",应当扣除行为人购买信息的成本,这与上述精神相符合。

2. 从法益来看

刑法设置侵犯公民个人信息罪的目的在于保护公民个人信息权,打击的重点在于犯罪行为人对于公民信息权利的侵害,具体体现为被侵犯信息的类型、数量以及给公民造成个人利益损害等方面。因此,参照上述规定精神,我们在审查认定"收购后出售"型侵犯公民个人信息犯罪行为的"违法所得"时,采取扣除行为人购买信息成本的方法,并不影响刑法对于公民个人信息权的保护力度,也能体现出刑法的谦抑性理念,符合民众朴素的法感情。

(四)对为合法经营而侵犯公民个人信息行为的入罪标准应当从严把握

在司法实务中,关于何为"合法经营"的争议观点主要有:第一种观点认为,"合法经营"需要行为人的行为形式上、实质上均符合法律规定的行为。第二种观点认为,"合法经营"应从实质上进行把握,即便行为人的行为超出经营范围,但该行为实质上并未触犯刑事犯罪的,即可认定为"合法经营。"

在司法实务中,关于"为合法经营而侵犯公民个人信息行为"的入罪标准的争议观点主要有:第一种观点认为,从文义解释的角度看,因为《解释》第6条的规定"为合法经营"而非法购买、收受行为的入罪条件与其他侵犯公民个人信息犯罪的入罪条件不同,所以该类行为入罪标准系特殊标准,仅需根据《解释》第6条的规定即可。第二种观点认为,虽然《解释》第6条规定的入罪标准与第5条规定的内容不同,但是从《解释》第6条设置的初衷来看,该条体现的是刑法的谦抑性,因此不能简单根据解释条文的规定说明"为合法经营"侵犯公民个人信息犯罪案件无须考虑《解释》第5条规定的"情节严重"标准,故该类行为的入罪需要先以符合《解释》第5条规定的"情节严重"标准为前提,然后再因具备《解释》第6条规定入罪。

针对何为"合法经营"的争议观点中,我们同样赞成第二种观点;针对"为合法经营而侵犯公民个人信息行为"的入罪标准的争议观点中,我们赞成第二种观点。具体理由如下:

1. 关于如何界定经营合法性的问题

最高人民法院《关于办理侵犯公民个人信息刑事案件适用法律若干问题的解释》的理解与适用（以下简称最高法的理解与适用）中仅列举了"从事广告推销等活动"，没有其他详细的阐述。本文认为，《解释》中所称的"合法经营"应当是关注行为人购买信息用于开展的业务是否合法，而不是苛求其经营没有任何的违法行为。要将"违法经营"和"经营中的一般违法行为"区分开来。《解释》中的"合法经营"不同于"违法经营"，应当是针对整个公司开展的业务而言的，具体要看行为人（及其所处公司）的经营范围和经营业务的资质、手续等，司法实践中应当综合全案证据从实质把握经营的合法与否。例如，苏州地区存在一些行为人设立公司，雇用人员将合作医院推送给所购买信息的公民，并从公民到该医院就医产生的利益中提成。此种情形下，行为人向信息指向的具体公民推送医院信息的行为实质上是一种中介服务行为，在无明确规定该类行为属于非法经营行为的情况下，考虑到该类行为属于并非出于恶意侵犯公民个人信息的行为，且实际上也促成了部分公民到相关医院就医的良好结果，对于该情形应当谦抑认定为属于"合法经营"行为。

2. 关于"为合法经营而侵犯公民个人信息行为"的入罪标准把握的问题

本文认为，《解释》第6条关于对为合法经营而侵犯公民个人信息行为的入罪标准的设置初衷是为社会危害性较小的合法经营者寻求出罪路径，秉持了刑法的谦抑性，体现了宽严相济的原则，追求的是公民个人信息权利保护与保障合法经济发展之间的平衡。因此，在审查认定该类行为时应该从行为人非法购买、收受公民个人信息的数量以及对公民人身、财产、隐私等方面有无造成严重后果等方面综合把握是否需要行为人同时具备《解释》第5条的规定，审慎予以认定。

(五) 交换型侵犯公民个人信息犯罪的信息数量应当累计计算

在司法实务中，关于交换型侵犯公民个人信息犯罪的信息数量计算方式的争议观点有：第一种观点认为，交换型侵犯公民个人信息犯罪的信息数量计算方式应该累计计算，即行为人侵犯公民个人信息的条数应该以其从他人处非法获取的信息数量与其非法提供给他人的公民个人信息数量累加计算。因为上述行为人的行为均包含两个方面，即从他人处非法获取信息和向他人非法提供信息，两个行为均对公民个人信息造成了实质的侵害，均符合侵犯公民个人信息犯罪的构成要件。第二种观点认为，交换型侵犯公民个人信息犯罪的信息数量计算方式不应该累计计算，即行为人侵犯公民个人信息的条数应该以其非法提供给他人的公民个人信息数量进行计算。因为行为人从他人处获取的公民个人信息行为是其向他人提供公民个人信息的前提，存在手段和目的上的牵连关系；同时行为人从他人处获取信息的行为的危害性小于窃取等其他非法手段，而行为人向他人非法提供公民个人信息造成信息外泄才是造成他人信息被侵害的严重后果的重要手段，此行为才是刑法打击的重点。

我们赞同上述第一种观点，主要思考如下：

1. 从犯罪构成要件来看

行为人"非法获取"与"非法提供"行为均符合刑法第253条之一的规定，根据罪行法定原则，上述行为均属于刑法评价范围。

2. 从法益侵害角度看

"非法获取"与"非法提供"行为在违反国家有关规定且未经公民个人同意的情况下，侵犯了公民使用包括允许他人使用以及防止他人侵害自身信息的权利，对公民个人的人身、财产均具有一定的危害性，均具有法益侵害性。

3. 从犯罪行为目的来看

在苏州地区办理的案件中，行为人交换的目的包括用于广告推销等合法经营行为，以及为了倒卖牟利或者实施其他违法行为的。关于行为人非法获取信息的目的是用于广告推销等合法经营行为的情形，根据《解释》第6条的规定，非法获取信息的行为必须符合该条规定的三种情形才可入罪，换言之，刑法对此类非法获取信息行为并非一律不予刑法评价，这也体现了刑法在保护公民个人信息权与保障经济健康有序发展之间寻求平衡。因此，对此类非法获取信息的数量是否纳入犯罪总数进行刑法评价必须严格参照《解释》的规定，做到宽严相济。

关于行为人非法获取信息的目的是用于倒卖牟利或者实施其他违法行为的情形，一方面行为人非法获取后继续通过出售、非法提供等方式向他人提供公民个人信息的行为，会造成公民个人信息的再次外泄，扩大影响范围；另一方面行为人非法获取公民个人信息用于违法犯罪活动，往往会造成对公民新的法益的损害，且造成的危害后果可能更为严重。根据《解释》第6条的规定，行为人为合法经营非法获取信息后又非法出售或者提供的行为应当按照《解释》第5条即一般侵犯公民个人信息犯罪予以评价处理。从该条设置的精神来看，刑法在对"为合法经营非法获取公民个人信息的行为"采取谦抑态度的同时，也明确表态对于该类行为人将非法获取的信息再次出售或者提供的行为予以打击。换言之，刑法对造成信息外泄的行为秉持着严厉打击的态度。由于以倒卖牟利或者实施其他违法行为作为犯罪目的的非法获取行为，会造成信息的再次外泄以及公民合法权益进一步被侵害的后果，应该对该类非法获取行为予以刑法评价，即将非法获取信息的数量计入犯罪行为总数，这既符合现有立法、司法精神，也有利于保护包括公民的合法权益。

(六) 通过正确行使不起诉权把控刑法打击力度

公民个人信息权立法工作尚在推进之中,围绕着个人信息权的法律体系还未构建完整,而刑事立法却走在了前面,这容易造成社会治理过度刑法化的问题。对此,《解释》第10条规定"实施侵犯公民个人信息犯罪,不属于'情节特别严重',行为人系初犯,全部退赃,并确有悔罪表现的,可以认定为情节轻微,不起诉或者免予刑事处罚;确有必要判处刑罚的,应当从宽处罚。"这给予了我们检察机关非刑事处理的出口。但如何理解不起诉权在此类案件中运用的意义,平衡好信息安全保护、宽严相济刑事政策的关系,也是值得研究的问题。

从法益的角度来看,不起诉权的适用有利于合理控制侵犯公民个人信息犯罪的刑法保护边界,实现公民个人信息的保护与大数据发展和信息社会建设的有效平衡。一方面,公民个人信息权作为一项权益依法应当受到法律的保护,且公民个人信息的保护与大数据发展和信息社会的建设并不矛盾,二者之间的平衡点就在现行法律框架。换言之,大数据的发展应当依法进行,信息社会须建立在依法保护个人信息的基础之上,只有包括个人信息在内的数据在法律保护下安全迅速地收集和流通,才能真正推动我国信息产业的发展。另一方面,由于在大数据时代,个人信息只有充分地流动、共享、交易,才能实现集聚与规模效应,最大程度地发挥价值。而且从办理的侵犯公民个人信息犯罪案件的情况来看,中、小企业为合法经营往往可能成为侵犯公民个人信息的高危群体。例如,苏州地区一些案件中就存在医院的网络主管,购买公民个人信息的目的并非出于倒卖牟利,而是为了分析掌握或者学习竞争对手(医院)的营销方法,且购买时间短、次数少、信息数量较少。行为人虽然购买了符合构罪标准的公民个人信息,但是其行为实质上对于公民的人身权利、财产权利均未造成进一步的侵害。这类情形的社会危害性和行为人的主观恶性均远远小于为倒卖牟利等行为,如果仅因数量达标就简单予以起诉、判刑,其效果并不好,但如果适用不起诉权,对该类行为人做出相对不起诉处理,并同时向公安机关制发检察意见书,建议对该类行为予以行政处罚,实现刑事处罚与行政处罚的有效衔接,这既能达到法律的惩罚、教育目的,也能有效区分此类行为与其他更为严重的侵害公民个人信息行为的处罚程度,实现法律效果、社会效果的有机统一。

因此,司法人员在运用刑法保护公民个人信息权益时应当重点打击用于违法犯罪活动或者倒卖牟利的情况,而对自用或者用于合法经营的情况,处理时可以充分运用不起诉权,在实现刑法的威慑和教育作用的同时,保障和引导好个人信息的有序利用和自由流通,发挥个人信息在经济、科技、文化等领域的促进作用。

五、立法展望

前文所述重在解决现有法律框架下的实践难题，这些问题的根源其实是公民个人信息权的立法体系不完善与社会又发展到了不得不对公民个人信息权予以重点保护之间存在的矛盾。目前现状是，《公民个人信息保护法》仍在审议之中，民事、行政立法尚未形成体系，而刑事却先行立法并出台解释，导致在个人信息权法律保护体系中刑法一家独大的现状。所以，从解释法律的角度出发解决现行争议问题只是一个方面，我们还需用前瞻性思维探究立法完善问题，才能把握好个人信息的刑法保护边界问题。本文认为，需要从立法理念、立法内容、立法关系等方面做进一步的思考。

（一）立法理念：打击与保护并重，探寻最佳的平衡点

对于侵犯公民个人信息的行为，一方面要依法打击犯罪行为，另一方面也要保护合法运用行为，做到打击与保护协同并进，精准把握好法律边界问题，在打击和保护中寻找立法最佳的平衡点。首先，公民个人信息可以说是一把"双刃剑"，合理合法运用公民信息，正确发挥出公民信息的价值和功能，可以积极有效促进经济社会特别是第三产业更好更快的发展。而非法买卖利用公民信息，则侵犯了公民个人身份信息安全和公民身份管理秩序，带来负面效应和影响。其次，我们也应探寻个人信息保护、公司权益、产业发展的平衡点。具体来说，当前我国已全面进入互联网大数据时代，个人信息在一定程度上处于"透明"状态，通过门户网站、网络邮箱、各类 App 等交流日益增多，加之大数据比对日趋强化，对一些大数据管理公司关于公民个人信息的充分注意义务等也应进行综合评价，从推动大数据产业发展、提升第三产业水平、保护公民个人信息等方面全面综合平衡考量，客观、审慎地把握入罪标准，在法律法规尚未完备的情况下，尽量减少一些公司在经营管理个人信息上的顾虑。最后，我们在回应人民群众期待和遵循立法本意之间也要探寻最佳的平衡点。由于公民信息的非法运用，社会大众受到的侵扰日益严重，社会各界对严惩侵犯公民信息的呼声持续高涨，对此我们更应探寻保护和打击之间的平衡，一方面应依法打击犯罪，另一方面更应遵循刑事立法的本意，秉持宽严相济的原则，对一些危害性大、亟须入罪的行为纳入相关法律规定，加大打击力度，而对于争议性较大的问题，应稳妥审慎把握，在法律规定和适用上体现罪责刑相适应原则，最大限度地在法律层面体现对公民个人信息问题的张弛有度，既不能打击过于严苛，更不能轻易放纵违法犯罪行为。

（二）立法体系：理顺层级、衔接有序

本文认为，立法体系和结构就是上中下三个层级的关系，解决好基础立法、刑法、下转行政立法的关系，理顺三者的层级关系，确保有序衔接，才能有效破解法律边界问题。当前我国对于侵犯公民个人信息行为的打击往往直接由刑法切入，缺乏基础立法，唯一能与之相关的基础立法是《网络安全法》，但这并不能算是完整意义上的基础立法，因为《网络安全法》的涵盖面和适用范围毕竟有限，很多问题无法用《网络安全法》予以处罚，当前很多行政处罚也仅仅勉强适用《网络安全法》。例如，通过纸质交易公民个人信息未达入罪标准时，就无法通过《网络安全法》来处罚，有些网络交易行为也谈不上对网络安全的侵犯，一味引用《网络安全法》有些牵强附会。所以亟须加快公民个人信息保护法的出台，筑牢处于上位层级的基础立法，加快相关草案的征求意见、修改完善等工作，建立起公民个人信息权的民、刑、行三个层面的保护体系，让权利保护不论在什么层面都有法可依，有据可查。而对于不予追究刑事责任或不起诉，下转行政处罚的，要尽快在相关行政立法中明确行政处罚的依据，不能机械地生搬硬套《网络安全法》进行行政处罚，而应让行政处罚有法可依。在此，我们建议在民法、相关行政法规中加入侵犯公民个人信息的法律责任，如将侵犯公民个人信息，未构成犯罪或未承担刑事责任的，将其纳入《治安管理处罚法》侵犯隐私的行为，给予相应的行政处罚，并赋予信息权利人提起民事诉讼要求侵权人承担民事责任的权利。

（三）立法内容：细化规定、审慎从严

2017年全国人大常委会发布了《公民个人信息保护法（草案）》，该草案已历经2年，讨论数轮，仍未正式颁布实施。这一方面凸显社会各界对公民个人信息保护问题的重视，另一方面也说明尚有一些问题需要研究，推动草案更加完善。

本文认为，就草案的完善而言，一是要对公民个人信息进行清晰界定，明确规定公民个人信息权，从根本上解决权益属性这一基础问题。二是全面厘清个人信息的类型分类，这将有助于立法的完善、纠纷处理和执法、司法处理。作为个人信息保护的专门法，应在行业分类上具有指导性，以供各个行业领域针对个人信息的获取、使用、传输制定自律规定时予以参考。三是合理恰当区分相关主体的权利义务。在明确个人信息的法益属性后，以公民个人信息权作为基础，从这个信息权出发，其对应的权利义务主体存在多个，如信息的传递者、拥有者、信息行业从业者等，在不同的主体之间权利义务应做合理合法的区分，既体现相似性，更突出差异性，把握恰如其分的区分度，确保各类主体对于个人信息权的权利义务具有针对性，为规范有序适用法律提供基础和便利。例如，赋予信息主体对信息的查询权、更正权、删除权等；对于信息行业从业者应规定其告知义务，如在收集个人信息时，应当通过用户协议、隐私政策、即时通知等方式，以清晰、易懂的用语告知信息主体信息业者的名称、联系方式、个人信息保护规则等基本信息，且需经信息主体的同意才能实施相应的收集行为；在处理个人信息时，相应处理者需获得行政许可，还应告知信息主体处理目的、方式、范围等，信息业者收集、处理信息的合法依据等。四是对法律责任和相关的处罚规定予以细化。当前，关于侵犯公民个人信息的法律责任即处罚规定，主要集中在刑法、民法和网络安全法，然而这些法律并非是公民个人信息的专门法，法律责任和处罚的规定较为粗略，因此作为个人信息保护的专有法律，应当对法律的责任和处罚规定得更加细致和明确，增强法律的威慑力，也给责任认定等提供法律依据，做到有法可依。五是给信息监管提供法律依据。目前《草案》的规定多是较为宏观的制度性规定，法律的实操性不强，没有提出操作性强的监管手段或工具，应积极提升个人信息监督管理的实操性，比如设定具体的监管方式或引入相应的检测设备工具等。六是紧密结合当前时代发展的特点，在立法方面要精准打击，突出重点。结合当前大数据时代发展的特点，结合案件多发的领域、环节、主体等，明确监管的重点，并且紧密结合当前的案件态势，做到科学管理、精准打击、全面保护，真正发挥专门法的最大价值和效用。

对于现有刑法规定，本文认为，也需要考虑个人信息权的发展态势，对相关规定制订好调整计划。修正案以及《解释》的颁布都有其社会历史背景，是特定社会历史环境的法律产品，呈现的是治理体系刑法一家独大的情况。随着未来公民个人信息法律体系的建立、完善，现有的刑法、解释条文必然会出现滞后、无法适应社会发展的情况。

以《解释》条文为例，第5条、第6条规定了入罪的不同标准，但是从我们的数据分析来看，入罪甚至法定刑上档还是存在门槛过低的问题。实际案例中，存在个人信息未被用于犯罪用途，仅仅是从经营目的出发，相互共享了信息，就双双入罪并上档的情况。未来的刑事立法方向，必须考虑到在民事、行政立法跟上，法律体系完善后，给行政处罚、民事赔偿留下适用空间的问题。随着信息时代的发展演化，应考虑根据现时所需，适当地提高尤其是用于合法经营情形之下，侵犯公民个人信息的入罪门槛，顺应时代需求，实现刑法打击、预防、保护功能，体现出刑法谦抑的原则。

《解释》第9条规定了"网络服务提供者拒不履行法律、行政法规规定的信息网络安全管理义务，经监管部门责令采取改正措施而拒不改正，致使用户的公民个人信息泄露,造成严重后果的,应当依照刑法第 286 条之一的规定,以拒不履行信息网络安全管理义务罪定罪处罚",而新颁布的《关于办理非法利用信息网络、帮助信息网络犯罪活动等刑事案件适用法律若干问题的解释》针对不同信息类型设置 500、5000、50000 条的入罪门槛。

解释条文中未明确拒不改正的具体情形,也未明确网络服务者尽职履责的合理范围和界限,难免会造成打击面难以把握的情况,要不放大网络服务提供者的法律风险,要不就是因为范围模糊而让责任主体摆脱了法律责任。本文认为,这里的"拒不改正"需要从主观、客观两个方面来明确其内涵,主观上网络服务者应积极应对监管部门的命令,客观上应将其态度体现为落实到具体、有效的措施来解决安全问题,履行好网络安全管理义务。不能因为客观上无法解决的安全漏洞问题来归罪,也不能因为只有主观上的积极态度而无实际行动就简单出罪,要从支持产业发展与个人信息保护两个方面全面通盘把握。

结　语

个人信息权作为一项新型权利,其法律保护任重而道远,涉及的是整个法律体系的构架、完善,以及打击犯罪、保护权益与支持产业发展之间的平衡等问题,刑法作为保障法,既然已经先行,那么实践之中的经验就成为未来立法工作的宝贵财富,望本文研究能对此有所裨益。

第三编　类案研究

互联网金融领域单位犯罪研究

王 刚[*]

随着互联网产业的迅猛发展及其在金融业务领域的渗入，互联网金融作为一种"互联网+"时代的新业态已经在全国兴起和普及，形成了主要以第三方支付、网络信贷、众筹融资、云金融等金融创新业务为代表的互联网金融产业。[①] 互联网不仅从形式上实现了金融产品的多样化，而且从实质上促进了金融模式的创新，融合了银行、证券和信托的特性，不再局限于点对点的交易模式，互联网技术又延展了金融产品的外延，对金融业产生了革命性的影响。[②] 然而，互联网金融却是一把"双刃剑"，其在推进金融创新、促进经济发展的同时，也造成了诸多互联网金融犯罪的滋生和蔓延，并且互联网金融犯罪较之传统犯罪行为具有更强的隐蔽性、更广泛的涉众性，[③] 从而不仅给犯罪预防带来了极大的困难，而且也会造成重大的危害后果。因此，如何防控与治理互联网金融犯罪，以维护互联网金融创新的合法性，成为当前国家治理中亟待解决的重大问题，也是国家治理能力和治理体系现代化的题中之义。在司法实践中，如何合理地根据刑事政策的调控机能，在坚持罪刑法定原则的基础上对互联网金融犯罪作出理性评价也是司法机关面临的重要难题。由于互联网金融犯罪多以单位为依托，且在主体单位之外还广泛存在诸多关联单位、分支单位或下属单位。因此，在定罪量刑时如何准确认定有关单位是否构成单位犯罪以及

---

[*] 王刚，江苏大学法学院副教授，硕士生导师，法学博士。
本研究报告系 2019 年最高人民检察院检察理论研究所互联网刑事法律研究中心课题《互联网金融领域单位犯罪研究》的结项报告。

[①] 参见《"互联网金融犯罪的防控与治理"犯罪学沙龙综述》，载《犯罪研究》2014 年第 4 期，第 110 页。

[②] 参见邓超：《互联网金融发展的刑法介入路径探析》，载《河北法学》2019 年第 5 期，第 163 页。

[③] 参见《"互联网金融犯罪的防控与治理"犯罪学沙龙综述》，载《犯罪研究》2014 年第 4 期，第 110 页。

如何确定各责任人员的责任大小，往往成为控辩双方争议的焦点，也是影响到互联网金融犯罪案件裁判结果的法律效果和社会效果乃至政治效果的重要问题。基于此，本课题拟对互联网金融领域单位犯罪问题展开较为系统的研究。

一、研究对象

准确界定研究对象的概念及范围是进行学术研究的逻辑起点。对于理论界约定俗成的概念或法律明确规定的概念，一般没有专门界定之必要。对于内涵不明、外延宽泛的概念，在做实质性研究之前必须进行专门界定以限定研究范围，否则会造成研究对象模糊不清、研究内容缺乏逻辑等问题，导致研究结论丧失科学性。本课题研究"互联网金融领域单位犯罪"，该选题由"互联网金融"和"单位犯罪"两个主题词组成。其中，单位犯罪是刑法上的专有概念，不需要加以说明。互联网金融并非法律概念，而是"互联网+"时代金融学领域和犯罪学领域中惯常使用的概念，此概念又由"互联网"和"金融"两个关键词组成，因而有必要进行理论界定。

鉴于本课题主要进行规范刑法学研究，故并不打算从金融学角度对互联网金融作出更为专业和详尽的解释，而主要是从犯罪学视角并结合刑事司法实务进行阐述。基于此，我们对互联网金融持以下观点："互联网金融，是指在以互联网为代表的现代信息科技——包括移动支付、社交网络、搜索引擎和云计算等的基础上建立起的一种既不同于商业银行间接融资、也不同于资本市场直接融资的金融融资模式，是一种能通过提高资源配置效率、降低交易成本来促进经济增长，进而产生巨大社会效益的新兴领域。"[①] 互联网的虚拟性、迅捷性、涉众性等特征决定了互联网金融领域容易滋生大量金融犯罪或财产犯罪。其中，互联网金融犯罪因以法定犯为主而涉及单位犯罪问题，是本课题的研究对象。换言之，尽管金融犯罪也属于广义的财产犯罪范畴，但本课题不研究作为自然犯的互联网财产犯罪，例如，互联网盗窃、互联网诈骗、互联网敲诈勒索等。互联网金融犯罪主要分为三种模式：第一种是传统的金融主体借助互联网平台，拓宽交易渠道，如各大银行推出的网上银行、手机银行等；第二种是电商巨擘同传统金融主体合作，增添销售平台，如京东就开辟了独立的金融频道，销售各类保险、基金产品；第三种是专门的金融服务平台纷纷涌现，创新行业内容，如各种P2P网贷平台、众筹平台的成立。[②] 以犯罪的生成机制是否

[①] 谢平、邹传伟：《互联网金融模式研究》，载《金融研究》2012年第12期，第12页。
[②] 参见高媛：《互联网金融犯罪刑法治理的完善研究》，载《延边大学学报（社会科学版）》2018年第1期，第96页。

依赖于互联网为标准,互联网金融犯罪大致可以分为两类:一类是互联网作为一种新的工具,金融主体借助互联网开展传统金融业务,前述第一种模式即是如此,这种互联网金融只是技术创新;另一类是互联网作为一种新的场域,金融主体在其中生成和开展金融业务,前述第三种模式即是如此,这种互联网金融是产业创新。本课题研究的是第二种类型的互联网金融犯罪,实践中 P2P 网贷是最常见的互联网金融业务,因此,本课题专门研究 P2P 网贷平台涉及互联网金融犯罪问题。

"P2P 网贷作为互联网与金融之间跨界融合的产物,实质是通过以互联网技术为支撑的网贷平台,以小额分散为原则,普遍采取担保机制,为借贷双方提供信息的收集、公布、交互和借贷撮合等服务,成为普惠金融组成部分的一种民间借贷。"① 根据理论推演和司法实践,P2P 网贷平台涉嫌罪名主要包括两类:一类是单位可以构成的犯罪,主要包括欺诈发行股票(债权)罪、擅自设立金融机构罪、高利转贷罪、非法吸收公众存款罪、集资诈骗罪、擅自发行股票(公司、企业债券)罪、洗钱罪、组织(领导)传销活动罪、非法经营罪、掩饰(隐瞒)犯罪所得(犯罪所得收益)罪。另一类是单位不能构成的犯罪,主要包括违规披露(不披露)重要信息罪、虚假破产罪、挪用资金罪、职务侵占罪。目前司法实践中,P2P 网贷平台涉嫌罪名最多的是非法吸收公众存款罪和集资诈骗罪。从犯罪性质上来说,非法吸收公众存款罪是典型的融资犯罪,集资诈骗罪是典型的金融诈骗犯罪,二者都是金融犯罪。因此,本课题的研究对象进一步限定为 P2P 网贷平台涉及的非法吸收公众存款罪和集资诈骗罪。需要说明的是,理论和实务中一般均认为非法吸收公众存款罪和集资诈骗罪的主要区别在于行为人是否具有非法占有之目的,两罪在主体要件和客观要件方面几乎没有区别,实践中犯罪主体的结构形式也不影响罪名选择。因此,本课题在研究思路和方法上采取非法吸收公众存款罪和集资诈骗罪的二分法进路,但在最终的规范研究上作一体分析。

二、研究思路

作为典型的应用型和规范型课题,课题组遵循传统的"提出问题——分析问题——解决问题"的研究思路。首先,通过实证分析,总结我国当前 P2P 网贷平台构成非法吸收公众存款罪和集资诈骗罪中单位犯罪的适用问题;其次,通过收集和分析典型案例,归纳 P2P 网贷平台的主要特征和结构模式;

---

① 杨晓培:《异化与复归:P2P 网贷金融风险的刑法规制》,载《刑法论丛》2017 年第 1 卷,第 2 页。

再次，综合运用法理分析、规范分析和跨学科渗透等方法，以犯罪构成理论为基础、单位犯罪立法为依据，探讨和构建 P2P 网贷平台非法集资犯罪中的单位犯罪成立理论；最后，从立法完善、政策调整、司法纠偏三个方面提出互联网金融领域单位犯罪适用中的建议和对策。

三、研究方法

根据本课题的性质和特征，课题组主要采用以下方法展开研究。

（一）实证分析法

为了全面掌握我国司法实践中 P2P 网贷平台构成非法集资犯罪的单位犯罪适用状况，课题组在中国裁判文书网上以案由"P2P"为关键词检索和下载了大量非法吸收公众存款罪和集资诈骗罪的案例。在此基础上，课题组对每个案例进行研读和梳理，提取其中组织结构较为复杂的案例作为研究样本，并对被告人提出单位犯罪辩护的案件的裁判结果和理由进行分析和归纳，总结我国法院认定互联网金融领域单位犯罪的主要理由。

（二）比较研究法

如何规制单位（法人）犯罪是全球范围内面临的重要问题，不少域外国家刑事立法上都有单位（法人）犯罪的规定，这些制度设计可为我国互联网金融领域单位犯罪的理论构建提供有益借鉴。因此，课题组适当参考域外国家单位（法人）犯罪立法和研究成果，作为本课题研究的参考资料。

（三）价值分析法

关于我国单位犯罪的立法现状，理论界存在较多争议。在单位犯罪大量增加的背景下，这种立法争议必将进一步发展。在司法实践中，互联网金融犯罪因为存在一些不同于传统金融犯罪的特征，从而给单位犯罪的认定造成诸多难题。但与此同时，互联网金融领域单位犯罪的认定问题反过来对我国单位犯罪理论产生积极影响，助推单位犯罪理论的继续发展和单位犯罪立法的修改完善。关于单位犯罪立法和单位犯罪理论的探讨，离不开价值层面的分析。

四、研究内容

按照前述研究思路和方法，本课题的主体内容逻辑性地分为以下四大部分。

（一）互联网金融犯罪的主要特征——以 P2P 网贷平台为例

P2P 网络借贷是最典型的互联网金融，自 2007 年国内第一家 P2P 网贷平台产生以来，近十年来我国互联网金融呈现出野蛮生长态势。2019 年 11 月

P2P 网贷行业的成交量为 506.23 亿元，截至 2019 年 11 月底，P2P 网贷行业累计成交量为 8.95 万亿元。① 按照不同标准进行分类，以 P2P 网贷平台为代表的互联网金融犯罪具有诸多特征。鉴于本课题主要研究单位犯罪问题，因此侧重从刑法规范评价的角度将互联网金融犯罪的主要特征归纳如下。

第一，波及地域广，涉及人数多，涉案金额高。得益于互联网无时空性制约的特征，互联网金融突破了传统金融所具有的时间、地域、对象等方面的诸多限制，往往涉及多个地区的各类人群，涉案金额动辄上千万元、亿元乃至更大。例如，在"善林系"非法集资案中，"善林系"企业在全国 29 个省区市开设分支机构，向 62 万多名投资人非法募集资金 736 亿多元。②

第二，团队化运作，涉案主体结构具有不同程度的复杂性。互联网金融犯罪的主体基本上都是依法成立的单位，作为犯罪组织者和实施者的单位往往具有复杂的外部关系和内部结构。互联网金融犯罪的发展常态是，先设立主公司和 P2P 平台，再设立关联性公司辅助进行融资，最后在不同地域设立下属单位或分支机构进行大范围融资。例如，在"e 租宝案"中，铝诚融资租赁公司为二平台提供融资租赁债权及个人债权项目；金易融公司、安信惠鑫公司及下属数百家销售公司分别负责 e 租宝平台的线上、线下运营；英途财富公司、英途世纪公司分别负责芝麻金驻平台的线上、线下运营，另使用国通融资担保有限公司、增益（天潭）商业保理有限公司等多家公司名义，在平台上宣传为投资提供担保、保理。③

第三，线上、线下相结合，虚拟空间与现实空间同时进行。P2P 网贷平台及其借贷关系主要在网络上完成，但为了扩大平台知名度、影响力，吸引更多人来投资，尤其是不常使用互联网的中老年人，犯罪人往往会在线下进行宣传、推广及其他操作。例如，在北京博创兴业公司非法吸收公众存款案中，2014 年 8 月至 2015 年 11 月，被告人刘某某伙同王某某等人，在北京市朝阳区××大厦 B 座 2 层及山东、哈尔滨、海南、沈阳等地，采用业务员介绍、讲座宣传等方式公开宣传，以销售私募基金、P2P、微企融等理财产品的名义，

---

① 参见《P2P 网贷行业 2019 年 11 月月报》，载"网贷之家"https://www.wdzj.com/news/yc/5370450.html，最后访问日期：2019 年 12 月 15 日。

② 参见《善林系集资诈骗案开庭：200 亿未兑付 60 万投资者上当》，载"新浪财经"https://finance.sina.com.cn/money/lczx/2019 - 07 - 12/doc-ihytcerm3271473.shtml，最后访问日期：2019 年 12 月 15 日。

③ 参见《"e 租宝"非法集资案真相调查》，载"新浪财经"http://finance.sina.com.cn/roll/2016 - 02 - 01/doc-ifxnzanm3921248.shtml?qq - pf - to = pcqq.group，最后访问日期：2019 年 12 月 15 日。

向投资人吸收资金。①再如，在山东上咸公司非法吸收公众存款案中，被告单位通过网站、微信、期刊、投资人口口相传的方式进行宣传。工作流程分为"线上""线下"两部分，其中"线上"部分负责集资，集资款主要存在王某甲的账户上，再转到王某乙的银行账户，王某甲签字经刘某某同意后由"线下"部分放贷。②

第四，犯罪主体专业化，职务犯罪伴随发生。在利用P2P网贷平台实施违法犯罪活动的过程中，大型企业多聘请具有金融、网络、证券、法律等方面专业知识和熟悉互联网金融各种交易运作模式的人员参与，游走于金融创新和法规政策的边缘，专业化、智能化、网络化趋势日趋明显，犯罪手段隐蔽性和欺骗性显著增强。例如，经济学专家杨晨就被聘请担任"e租宝"首席经济学家兼高级副总裁，主要代表"e租宝"出席各种论坛和接受媒体采访，以行业专家的身份为"e租宝"进行站台和背书。③

（二）互联网金融领域单位犯罪的司法现状

课题组以"P2P"为事由在中国裁判文书网上下载了近五年来的143份判决书（见表1、见表2），检索方法是：首先，按照罪名标准将案由分别设定为非法吸收公众存款罪和集资诈骗罪，检索出两个罪名的裁判情况；其次，按照审级标准将非法吸收公众存款罪和集资诈骗罪分别区分为"基层法院一审""中级法院一审""中级法院二审""高级法院二审"四类判决。

表1 近五年来非法吸收公众存款罪的判决情况　　单位：件

基层法院一审	中级法院一审	中级法院二审	高级法院二审	总数
37	7	29	4	77

表2 近五年来集资诈骗罪的判决情况　　单位：件

基层法院一审	中级法院一审	中级法院二审	高级法院二审	总数
36	21	7	2	66

在上述判决书中，被告人或其辩护人提出单位犯罪辩护理由的，法院是否认定单位犯罪及其理由如下（见表3）。

---

① 参见（2017）京0105刑初882号判决书。
② 参见（2017）鲁01刑终358号判决书。
③ 参见《为e租宝站台的经济学家杨晨被批捕曾兼任高级副总裁》，载"观察者"https://www.guancha.cn/economy/2016_04_29_358639.shtml，最后访问日期：2019年12月15日。

表 3　单位犯罪的适用情况

案号	是否认定单位犯罪	裁判理由
（2017）津 0104 刑初 110 号	否	根据司法解释的规定，天津望洲商务信息咨询有限公司是为了非法集资而设立，故不属于单位犯罪。
（2017）京 0105 刑初 1863 号	否	未说明理由
（2017）鲁 0687 刑初 89 号	否	被告人设立公司后，以实施犯罪为主要活动的，不以单位犯罪论处。
（2017）陕 0113 刑初 212 号	否	万某富某西安分公司成立后，以实施非法吸收公众存款犯罪为主要活动，赵某结伙实施非法吸收公众存款活动并获取工资及提成款，其行为不符合单位犯罪的构成要件。
（2017）粤 0305 刑初 1094 号	否	该公司成立后的主要业务即设立"中融投"网络融资平台经营 P2P 项目，以此为依托从事非法吸收公众存款的行为，属于成立后以犯罪行为为主要活动，不符合单位犯罪的特征。
（2017）粤 0306 刑初 582 号	否	汇鑫公司的成立就是为了做汇鑫网上平台专门从事吸收公众存款的行为，系被告人林某某等人为进行犯罪活动而设立的公司，不以单位犯罪论处。
（2018）鄂 0112 刑初 138 号	否	被告人林某某系东升阳科技公司和东升阳金融公司、大秦武汉分公司的实际控制人，公司经营的 P2P 网络贷款均由林某某个人决定并将吸收的资金控制在自己手中使用，并非经过公司董事会讨论，不能体现单位集体意志，且被告人林某某成立公司的目的就是为了从事 P2P 网络贷款即向不特定人吸收资金而获取利益，公司从成立到案发，一直从事侵害国家金融秩序的违法犯罪活动，故不宜以单位犯罪论处。
（2018）京 0101 刑初 157 号	否	盛信恒远公司自成立后主要从事利用"月光宝盒"P2P 平台非法吸收公众存款的业务，根据相关司法解释，本案不属于单位犯罪。
（2018）辽 0102 刑初 748 号	否	辽宁冠信投资管理有限公司的主要经营活动是以向不特定的社会公众非法吸收存款，其行为不符合单位犯罪的构成要件，应以自然人犯罪追究被告人的刑事责任。

续表

案号	是否认定单位犯罪	裁判理由
（2018）渝0103刑初151号	是	未说明理由
（2018）粤0304刑初140号	否	个人为进行非法集资犯罪活动而设立的单位实施犯罪的，或者单位设立后，以实施非法集资犯罪活动为主要活动的，不以单位犯罪论处，对单位中组织、策划、实施非法集资犯罪活动的人员应当以自然人犯罪依法追究刑事责任。
（2019）陕0113刑初4号	否	未说明理由
（2016）宁01刑初25号	否	鸿翔集团及各地子公司均是被告人赵某甲、赵某乙等人为进行集资诈骗犯罪活动而设立的公司，且公司设立后，均以实施犯罪为主要活动，不应以单位犯罪论处。
（2017）沪01刑初103号	是	未说明理由
（2016）鲁02刑终612号	否	铭祥公司平度分公司成立后非法吸收公众存款系其主要的经营活动，故不以单位犯罪论处。
（2017）鄂09刑终148号	是	未说明理由
（2017）沪01刑终60号	否	根据《刑法》及相关司法解释的规定，依法不应认定为单位犯罪。
（2017）浙01刑终1042号	否	浙江至展公司虽系合法设立，但公司设立后以实施非吸犯罪为主要活动，非吸款也打入董某某2的个人账号，根据司法解释的规定，个人为进行违法犯罪活动而设立的公司、企业、事业单位实施犯罪的，或者公司、企业、事业单位设立后，以实施犯罪为主要活动的，不以单位犯罪论处。
（2017）浙11刑终115号	否	被告人王某某成立龙泉融金通民间资本管理有限公司的目的就在于吸收公众存款用于融资，成立之后主要展开的也是以"巨泰1""巨泰2"到"巨泰9"等虚假的借款人发布借款标的活动，且集资款项由融金通财务人员转到王某某私人卡上，由王某某对集资款分配后使用，不构成单位犯罪。

续表

案号	是否认定单位犯罪	裁判理由
（2018）沪 01 刑终 1976 号	否	丰亨公司设立后没有合法经营业务，以实施犯罪为主要活动，违法所得主要由赵某任意支配、处分，依照相关规定不能认定为单位犯罪。
（2018）吉 01 刑终 119 号	否	吉林省泰通财富投资管理有限公司没有实际的公司财产，石某某设立该公司以非法吸收公众存款为主要活动，石某某的行为不能以单位犯罪论处。
（2018）渝 01 刑终 374 号	是	未说明理由
（2019）粤 03 刑终 618 号	否	××公司自成立开始，在未取得银监会颁发的金融许可证的情况下，以实施非法吸收公众存款的犯罪为主要活动，依法不以单位犯罪论处。
（2017）川 刑终 245 号	否	汇鑫公司设立后，主要经营活动就是违法面向公众融资，根据司法解释的规定原判认定本案系个人犯罪正确。
（2017）浙 0212 刑初 1125 号	否	上述被告人在伙同他人组建"妥妥公司""民盛联公司"时，其目的就是为了向社会大众吸款项。且两公司均不具有相关金融资质及职能，被告人违反国家金融管理法规，违规、违法操控公司，诱使社会大众投资所谓的项目，大肆骗取或吸收款项，其行为已非单位犯罪，应当以个人犯罪予以评判。
（2018）川 0191 刑初 504 号	否	相关公司在设立后，使用个人银行卡汇集资金，以实施集资诈骗犯罪为主要活动，不以单位犯罪论处。
（2018）川 0191 刑初 559 号	否	相关公司在设立后，使用个人银行卡汇集资金，以实施集资诈骗犯罪为主要活动，不以单位犯罪论处。
（2018）黑 1102 刑初 69 号	否	被告人张某某未经有关部门依法批准，为实施非法集资违法犯罪活动而先后设立多家公司，且公司设立后除实施非法集资违法犯罪活动外，没有开展任何可获得回报的生产经营活动，故本案应当以自然人犯罪对张某某定罪处罚。

续表

案号	是否认定单位犯罪	裁判理由
（2018）沪0104刑初481号	否	浙曦公司注册后主要从事非法集资活动，根据相关司法解释，公司、企业、事业单位设立后，以实施犯罪为主要活动的，不以单位犯罪论处。
（2018）冀1102刑初677号	否	虽然被告人晋某某以单位名义实施犯罪，但违法所得归个人所有，应以个人犯罪论处。
（2018）陕0116刑初59号	否	该公司自设立后即以实施非法集资为主要活动，故对郝某某等人以公司名义实施的非法集资行为亦不应以单位犯罪论处，公诉机关对郝某某个人进行追诉符合法律规定。
（2018）皖0111刑初585号	否	以犯罪为目的设立公司，并以公司名义进行犯罪活动，应以个人犯罪追究相关人员的刑事责任。
（2018）浙0326刑初959号	否	盗用单位名义实施犯罪，违法所得由实施犯罪的个人私分的，依照刑法有关自然人犯罪的规定定罪处罚，故本案不应认定为单位犯罪。
（2018）浙1003刑初610号	否	本案昌和公司成立后，主要活动系进行集资诈骗犯罪，故本案不宜以单位犯罪论处。
（2018）浙1021刑初562号	否	司法解释明确规定：个人为进行违法犯罪活动而设立的公司、企业、事业单位实施犯罪的，或者公司、企业、事业单位设立后，以实施犯罪为主要活动的，不以单位犯罪论处。
（2019）浙0382刑初254号	否	被告人卓某某等人为进行非法集资犯罪活动而设立的单位实施犯罪，不以单位犯罪论处。
（2019）浙0481刑初389号	否	被告人为实施犯罪活动而设立公司，公司成立后，仅进行本案的犯罪活动，故不认定为单位犯罪。
（2016）宁01刑初25号	否	鸿翔集团及各地子公司均是被告人赵某甲、赵某乙等人为进行集资诈骗犯罪活动而设立的公司，且公司设立后，均以实施犯罪为主要活动，不应以单位犯罪论处。
（2017）沪01刑初103号	是	邹某某系中民信系单位直接负责的主管人员，以中民信集团有限公司等单位的名义实施犯罪，犯罪所得归单位所有，故应当以集资诈骗罪追究中民信集团有限公司刑事责任。

续表

案号	是否认定单位犯罪	裁判理由
（2017）湘04刑初58号	是	被告湖南湘润汇通融资担保有限公司及其实际控制人被告人李某某以非法占有为目的，多次借有融资需求项目公司名义或使用空壳公司，通过虚构融资用途或扩大融资规模，伪造财务资料，虚假抵押担保，以高息而诱饵的方式，……湖南湘润汇通融资担保有限公司构成集资诈骗罪。
（2017）川刑终245号	否	汇鑫公司设立后，主要经营活动就是违法面向公众融资，根据司法解释的规定，原判认定本案系个人犯罪正确。

通过表3可见，涉及单位犯罪适用的判决书数量是41，占案例总量的29%。法院认定单位犯罪的判决书数量是6，占比15%，占案例总量的4%。由此可以得出两个基本结论：（1）在P2P网贷平台金融犯罪案件中，单位犯罪是被告人提出的重要辩护理由，是否认定单位犯罪是案件的争议焦点之一。（2）在P2P网贷平台的金融犯罪案件中，法院最终认定单位犯罪的比例极低，只有极少数案件被认定为属于单位犯罪，客观上造成了单位犯罪立法虚置现象。这种司法现状背后，实际上隐含的问题是我国单位犯罪构成理论与单位犯罪刑法立法之间的深层矛盾。一方面，根据我国单位犯罪构成理论，单位犯罪认定条件具有形式化特征。根据刑法和相关司法解释的规定，我国单位犯罪构成一般包括单位依法成立、单位意志支配、以单位名义实施行为、谋取单位利益四个条件。除了第四个条件外，其他三个条件均为形式要件。另一方面，认定单位犯罪的情况下，对自然人的处罚具有轻缓化特征。其结果是，"在司法实践当中，大量与单位有关的刑事案件，被告人都会将单位犯罪作为一种辩护策略，以期获得相对较轻的处罚。"[①]

1999年最高人民法院《关于审理单位犯罪案件具体应用法律有关问题的解释》（以下简称《解释》）规定了不认定单位犯罪的三种情形。通过梳理表3的案例，法院不认定单位犯罪的理由主要有四个方面：其一，在主观方面，被告单位是为了进行非法集资而设立单位的；其二，在客观方面，被告单位成立以后主要从事违法犯罪活动；其三，在意志方面，被告单位的行为不是单位意志所决定的；其四，在结果方面，违法所得归个人所有。从形式上看上述理

---

① 邹玉祥：《单位犯罪的困境与出路——单位固有责任论之提倡》，载《北京社会科学》2019年第9期，第117页。

由均符合《解释》的规定,判决结果似乎并无不当。但若进行实质评价,上述判决的理由及结果却不无问题。

首先,在刑事政策层面,我国刑法近几次的修改都在不断扩张单位犯罪的范围,非法吸收公众存款罪和集资诈骗罪基本都是以单位为依托实施的,并且是典型的法定犯和贪利犯,理论上应当是大量适用单位犯罪的罪名,当前的司法现状与政策导向和立法初衷南辕北辙,值得反思。其次,在立法论层面,我国单位犯罪立法存在不足,《解释》的规定亦不完全符合单位犯罪的归责原理,当前司法现状的原因与单位犯罪刑法规范的科学性有关,单位犯罪基本理论及其对立法和司法的指导意义值得深入思考。再次,在犯罪构成层面,根据《解释》的规定,盗用单位名义实施犯罪,违法所得由实施犯罪的个人私分的才按自然人犯罪处理。显然,非盗用单位名义实施犯罪的,尽管违法所得由个人私分的也不能一概否定单位犯罪。最后,在事实层面,P2P网贷平台犯罪具有其独特的规律,当前的司法现状与司法工作人员没有充分把握P2P网贷平台犯罪的相关犯罪规律,需要重新对P2P网贷平台犯罪案件中的事实认识和评价进行思考。

如前所述,在以P2P网贷平台为代表的互联网金融犯罪中,单位主体众多,平台系统内部结构复杂。例如,在"e租宝"案中,被告单位安徽钰诚控股集团成立于2013年5月,被告单位钰诚国际控股集团成立于2015年5月,实际控制人均为被告人丁某某。2014年6月,丁某某收购金易融公司,对该公司的互联网平台进行升级改造后,更名为e租宝平台上线运营;2015年2月丁某某收购英途财富公司,将该公司的芝麻金融平台上线运营。此后,丁某某决定由其控制的铝诚融资租赁公司为二平台提供融资租赁债权及个人债权项目;金易融公司、安信惠鑫公司及下属数百家销售公司分别负责e租宝平台的线上、线下运营;英途财富公司、英途世纪公司分别负责芝麻金驻平台的线上、线下运营,另使用国通融资担保有限公司、增益(天潭)商业保理有限公司等多家公司的名义,在平台上宣传为投资提供担保、保理。上述公司均没有独立的人事、财政权,由二被告单位实际控制、管理,对外以钰诚集团名义宣传。当然,并不是每个P2P平台都像"钰诚"那么庞大、复杂。通常来说,大型P2P网贷平台的组织系统中存在以下单位:一是主体单位,即该P2P系统的创始单位,在整个组织体系中处于领导和支配地位;二是关联单位,即为主体单位融资和房贷提供担保、融资租赁等服务的单位;三是分支单位,即为主体单位代言、分布于各地并在本区域实施融资活动的分支机构。

在司法实践中,相对于主体单位和关联单位,分支机构是否构成单位犯罪是争议更大的难题。例如,在"e租宝"案一个分支机构的审判中,围绕是否构成单位犯罪的问题,辩护人辩称本案应系单位犯罪,认为赵某某并非本案适格的犯罪主体。万某富某北京总公司被安徽钰诚融资租赁有限公司全资收购后,赵某某作为万某富某西安分公司的负责人,只是接受总公司的指示对"e租宝"相关产品进行销售,没有起到决定、批准、授意、纵容、指挥的作用,没有与安徽钰诚融资租赁有限公司的领导共同进行非法吸收公众存款的犯意表示,也没有共谋的时间和机会,不应认定为是直接负责人。法院经审理认为,在赵某某担任万某富某西安分公司负责人期间,未经有关部门依法批准,向社会公开宣传公司的投资前景并以高息回报作为诱饵,介绍客户下载"e租宝"APP并购买"e租宝"理财产品,结伙向社会公众吸收资金且数额巨大,其行为已构成非法吸收公众存款罪;万某富某西安分公司成立后,以实施非法吸收公众存款犯罪为主要活动,赵某某结伙实施非法吸收公众存款活动并获取工资及提成款,其行为不符合单位犯罪的构成要件,系个人犯罪。①

基于上述分析,课题组主要从法理阐释、规范分析和事实评判三个层面系统论述互联网金融领域单位犯罪的相关问题。

(三) 互联网金融领域单位犯罪的理论基础

单位犯罪基本理论不仅是我国刑法学研究中极富争议的问题之一,而且"传统的单位犯罪理论已经无法应对新时期的'庞然大物',这集中体现为单位犯罪在司法实践中被边缘化、轻缓化"②。互联网金融犯罪中单位犯罪司法适用中的问题正是传统单位犯罪理论不能适应网络时代犯罪结构形态的集中表现。因此,互联网金融领域单位犯罪研究不能仅仅局限于现有的刑法规范,必须在法理层面反思和重构单位犯罪理论。通过发展和构建单位犯罪基本理论,以其为基础审视现有单位犯罪刑法规范,对于理解和适用单位犯罪刑法规范、把握和认定互联网金融领域单位犯罪具有宏观指导意义。

1. 单位犯罪的立法基础

单位(法人)不能成为犯罪主体,本来是刑法理论中的定论。单位(法人)犯罪的出现及其立法化是社会结构变化在法律上的必然反映。人类社会结构经历了一个从团体社会到个人社会,然后再到法人社会的演进过程。③ 进入工业化时代,随着法人的大量出现及其在公共领域和社会生活中扮演着越来越重要的角色,如何有效规制法人行为成为国家立法的重要任务。英国是最早

---

① 参见(2017)陕0113刑初212号判决书。

② 邹玉祥:《单位犯罪的困境与出路——单位固有责任论之提倡》,载《北京社会科学》2019年第9期,第117页。

③ 参见陈兴良:《本体刑法学》,商务印书馆2005年版,第550、556页。

承认法人刑事责任的国家,17世纪的英国法院就对那些不履行公路和桥梁等法律义务而造成危害后果的公司追究刑事责任。美国在19世纪开始追究法人的刑事责任,1834年美国法院对法人污染河床的行为作出有罪判决。日本在19世纪末规定了关于违反国立银行条例和租税法规的法人犯罪,德国在20世纪初规定了违反租税法规的法人犯罪,法国于1938年在刑法中规定了法人的刑事责任。① 可以看出,单位(法人)犯罪的出现最初是为了规制和惩罚单位实施的公害行为而非获利行为。

近现代以来,法人组织更加发达,法人数量与日俱增,法人的社会地位更趋重要,法人犯罪也已成为社会常态。美国犯罪学家萨瑟兰对当时美国制造业、矿业和商业界70家最大的公司被法院和行政委员会作出的各种裁决所做的统计显示,这些大公司广泛存在贸易限制、虚假广告、金融欺诈、破坏战争规则、侵犯知识产权等违法、犯罪或混合违法犯罪的行为。其中绝大多数可以认定为是犯罪,另外一些违法则与犯罪行为紧密相关。② 一些"庞然大物"式的法人甚至可能左右国家政策与立法的制定和实施,其实施的犯罪的危害性远远超过个人犯罪。"经验表明,团体已经成为产生犯罪危害的主要代理人。只有集团才能展开战争、从事种族大屠杀和种族清洗、实行专政、政治公民'失踪'、控制毒品交易、发展洗钱系统、以及生产有瑕疵的、危险的和污染环境的产品。这里所说的'团体'是指从政府到占统治地位的政党,从有组织的犯罪组织到有名望的公司。我们可以把这些组织简单地称为'依法创设的实体'。"③ 在此背景下,在法人决策机构或者决策人物的操控下,以法人名义并且凭借法人力量实施的危害社会的行为不断涌现且愈演愈烈,给社会和公众利益造成重大损失。④ 面对这样的现实,单位(法人)犯罪观念被普遍接受,单位(法人)犯罪立法进入活化阶段。

上述对单位(法人)犯罪的历史考察和理由分析,目的是为了进一步探讨单位(法人)犯罪的立法基础。关于单位(法人)犯罪的理论根据,中外学术界众说纷纭,莫衷一是。在宏观上,按照评价对象的不同大致可分为三种

---

① 参见何秉松:《法人刑事责任的世界性发展趋势》,载《政法论坛(中国政法大学学报)》1991年第5期,第7—10页。
② 参见[美]E.H.萨瑟兰:《白领犯罪》,赵宝成等译,中国大百科全书出版社2008年版,第12—13页。
③ 参见[美]乔治·P.弗莱彻:《刑法的基本概念》,蔡爱慧等译,中国政法大学出版社2004年版,第264页。
④ 参见李贵方:《新技术革命与法人犯罪问题》,载《吉林大学社会科学学报》1986年第6期,第69页。

主要的学术流派:以自然人为进路的刑事责任理论、以法人为进路的刑事责任理论和超越二者的法人超越说刑事责任理论。① 每种学术流派内部又存在一些不同的学术观点,我们倾向于支持第二种学术流派中的人格化社会系统责任论。这种理论认为:法人是一个人格化的社会有机整体,它具有自己的整体意志和行为,从而也具有自己的犯罪能力和刑事责任能力,它是作为一个有机整体实施犯罪和负刑事责任的。但法人犯罪又是通过其系统内部的自然人的自觉活动实现的,因此在法人整体犯罪中起重要作用和负有重大责任的法人成员,也应负刑事责任。② 作者对该观点进行了充分论证,我们补充以下几点理由。

(1) 单位(法人)具有显著不同于自然人的组织系统

自然人是独立的生物体,不具有组织系统。单位(法人)是客观存在的社会组织,其内部具有严密程度不同的组织系统,通常包括权力机构、执行机构、监督机构等子系统。当代单位(法人)的组织进化程度越来越高,一些大中企业呈现出明显的分工细化、权力去中心化特征。通过组织系统的运行对外发生关系,是单位(法人)区别于自然人的根本特征,从而决定了单位(法人)具有明显超越自然人的行为能力,也因此需要对单位(法人)的危害行为在刑法上进行单独评价。

(2) 单位(法人)具有明显高于自然人的社会支配力

单位(法人)凭借其雄厚的资金、强大的影响力、广泛的社会关系网可以支配大量的社会资源,从而可以实施大量类型多样、涉及面广、关涉重大利益的行为,这些行为一旦失去控制极有可能成为严重危害社会的犯罪。在理论上,单位实施犯罪时通常具有周密的计划、审慎的行动、全力以赴的意志力,并且以自身的权力、人力和雄厚的财力为后盾,犯罪能量大、涉案金额高,易出现连续性、多发性、连锁性犯罪。③ 例如,20世纪后期以来,英美等国大量巨型公司被指控法人犯罪。以美国为例,能源巨头安然公司、戴那基公司,通讯巨头世界通讯公司、环球公司,美国最大的医疗公司南方保健公司等都被指控法人犯罪。法人被控犯罪给美国造成了巨大的经济损失,尤其是股票市值的损失。④ 在我国,无论"e租宝"、"善林系"案、"爱晚系"均是以单位为依

---

① 参见陈忠林、席若:《单位犯罪的"嵌套责任论"》,载《现代法学》2017年第3期,第111—113页。
② 参见何秉松:《人格化社会系统责任论——论法人刑事责任的理论基础》,载《中国法学》1992年第1期,第70页。
③ 参见陈鹏展:《单位犯罪司法实务问题释疑》,中国法制出版社2007年版,第59页。
④ 周德金:《论我国单位犯罪的主体范围及其本质回归》,载《中国社会科学院研究生院学报》2019年第4期,第90页。

托，其造成的危害后果和社会影响是自然人所无法企及的。在传统中国社会中，国有性质的单位在经济上具有全能性作用，单位成员归依于单位，从单位中获得国家分配带来的经济资源，① 单位的社会支配力更是远胜于自然人。

(3) 单位（法人）与自然人共同促成了单位犯罪

在单位犯罪中，单位（法人）和自然人存在相互依存和相互加功的关系，二者共同促成单位犯罪的实现。一方面，单位（法人）是社会组织，其意志是由自然人提议、商量、决定而形成的，其行为是由自然人实施的，这体现了单位（法人）在单位犯罪中对自然人的依赖性。另一方面，自然人由于各方面的限制，其犯罪的破坏性极为有限，通过借助单位的力量使得自然人的犯罪能力被极大地提升。自然人借助单位实施犯罪的内在逻辑是，在形式方面以单位（法人）的名义实施犯罪，在实质方面依托单位（法人）的组织系统和支配力完成犯罪。

正是因为单位（法人）和自然人在单位犯罪中存在上述密切联系，有学者认为二者之间是共犯关系。例如，陈忠林教授等人认为，根据我国刑法的相关规定，单位犯罪不应理解为单纯的以单位为主体的单一犯罪，而应是由单位与直接实施犯罪的单位责任人员为主体共同构成的、单位犯罪与自然人犯罪并列的嵌套式共同犯罪。② 我们不赞成这种嵌套式共同犯罪说，理由是：其一，单位犯罪缺乏共同犯意。在单位犯罪中，单位（法人）与自然人的犯意是一体的，决策机构或决策者的犯意即为单位（法人）犯意。其二，单位犯罪缺乏共同行为。在单位犯罪中，单位（法人）与自然人的行为是竞合的，直接责任人员的行为即为单位行为。另有学者提出，单位犯罪包括两个行为，一是客观存在的由单位成员实施的自然人犯罪，二是法律拟制的单位犯罪。③ 笔者认为这一观点也并不妥当，这是因为，除了单位（法人）行为与自然人行为合二为一以外，刑法规定的单位犯罪的实行行为是一元的，不可能被剥离为两个行为。

2. 单位犯罪的归责基础

以上论证了单位犯罪的立法正当性问题，在此基础上还要在刑法教义学层

---

① 参见黄晓亮：《我国刑法中单位犯罪制度的困境与出路——以单位理论为视角的反思》，载《南京大学学报（哲学·人文科学·社会科学）》2015年第5期，第153页。

② 陈忠林、席若：《单位犯罪的"嵌套责任论"》，载《现代法学》2017年第3期，第111—113页。

③ 参见叶良芳：《论单位犯罪的形态结构——兼论单位与单位成员责任分离论》，载《中国法学》2008年第6期，第92页。

面探讨如何理解单位的刑事责任能力、单位刑事责任的实质和单位刑事责任的认定等归责问题。

（1）单位的刑事责任能力

关于刑事责任能力，刑事古典学派和刑事实证学派分别持有责行为能力和刑罚适应能力两种观点。① 笔者认为刑事责任能力是二者的统一，单位的刑事责任能力也应当从这两方面来理解。单位的有责行为能力体现在两个方面：一是依法成立，属于刑法意义上的单位；二是具有决策机构或决策者，可以形成单位意志。单位的刑罚适应能力也体现在两方面：一是因为属于刑法上的适格主体，可以承担资格刑；二是可能具有独立财产，可以承担财产刑。从刑罚目的角度分析，对单位判处刑罚的目的是预防其再次犯罪，路径有二：一是适用财产刑，对单位进行惩罚和警示；二是适用资格刑，限制或剥夺单位的犯罪能力。

（2）单位犯罪的实体内涵

不法和罪责是犯罪的实体，是构筑刑法体系与众不同的材料。② 单位犯罪是特殊的犯罪聚合体，③ 其实体内涵由自然人的不法和罪责以及单位的不法和罪责聚合而成。单位犯罪中自然人的不法和罪责与自然人犯罪中行为人的不法和责任并无二致，不法体现为行为对法益造成的客观损害或现实威胁，罪责体现为主管人员或直接责任人员的罪过心理。单位的不法体现为单位的组织体系和支配力被自然人利用，使得犯罪在客观上更容易得逞、破坏力更强、潜在危害性更大。单位的罪责表现为没有履行合规计划和尽到合法性监督义务，导致形成犯罪意志，自身被用于犯罪。如果单位已经设置了预防违法行为的组织制度性措施，但一名董事长违反董事会的意思，独断专行地实施违法行为，公司也可能免责。④ 我国有学者提出，采用新过失论将合规计划纳入犯罪构成的违法性判断和有责性判断之中，使其成为单位犯罪的责任减免事由，⑤ 这一观点值得关注。因此，在造成同等社会危害后果的情况下，由于单位犯罪的不法和

---

① 参见张明楷：《外国刑法纲要》（第二版），清华大学出版社2007年版，第200页。

② 参见张明楷：《犯罪构成体系与构成要件要素》，北京大学出版社2010年版，第23页。

③ 参见叶良芳：《论单位犯罪的形态结构——兼论单位与单位成员责任分离论》，载《中国法学》2008年第6期，第92页。

④ 参见毛玲玲：《新公司法背景下一人公司的刑法地位探析》，载《法学》2006年第7期，第75页。

⑤ 参见李永升、杨攀：《合规计划对单位犯罪理论的冲击与重构》，载《河北法学》2019年第10期，第34页。

罪责聚合了自然人和单位的不法和罪责,显然是重于自然人犯罪的。

(3) 单位犯罪的构成要件

我国刑法仅用两个条文规定了单位犯罪的概念和处罚原则,其犯罪构成主要由学术界根据刑法和司法解释的规定概括而成。理论和实务上一般认为,单位犯罪的犯罪构成包括积极构成要件和消极构成要件两方面。如前所述,积极的构成要件主要是单位依法成立、单位意志支配、以单位名义实施行为、谋取单位利益四个要素组成。消极的构成要件主要是为进行违法犯罪活动而设立单位、单位设立后主要从事犯罪活动、盗用单位名义实施犯罪并且违法所得归个人私分这四个要素。笔者认为,以上积极构成要件和消极构成要件中的部分要素不符合单位犯罪原理,不具有合理性。

其一,关于谋取单位利益的问题。刑法是法益保护法,犯罪的本质是法益侵害,单位犯罪的不法性主要体现为对社会或被害人造成的危害,是否为单位谋取利益以及单位是否获得利益都不是评价单位犯罪不法性的要素。正如周德金法官指出的,"谋取利益对象不同充其量只能在司法时予以个体性的柔性关注,并不能作为一种规范予以普遍适用"[1]。单位犯罪的内在逻辑构造与自然人犯罪一样,但刑法中很少规定谋取个人利益是自然人犯罪的成立条件。将谋取单位利益设定为单位犯罪的成立条件,与我国刑法的相关规定还存在冲突。"因为在我国刑法所规定的单位犯罪中,有的犯罪恰恰不是为了为本单位谋取非法利益,而是为了损害本单位的利益。又如背信损害上市公司利益罪,单位可以构成,但构成本罪是要求对上市公司利益造成重大损失,而不是为上市公司'谋取非法利益'。"[2] 再如妨害传染病防治罪也不存在谋取单位利益的问题,单位只要有违反传染病防治法的规定,引起甲类传染病传播或者有传播严重危险的,就构成犯罪。[3] 此外,由于我国单位犯罪的主体范围极其宽泛,并不是限定于狭义的法人范围,即使在法人中一人公司、挂名股东等情况也比比皆是,这导致在许多单位中单位利益和个人利益相混同,单位利益就是个人利益或者约等于个人利益。谋取单位利益说是建立在单位(法人)的趋利性本质这种传统观点之上的,但实际上现代社会中的单位承载着越来越多的社会职能,单位的设立目的不仅仅是谋取经济利益,因此单位实施危害行为的结果就

---

[1] 周德金:《论我国单位犯罪的主体范围及其本质回归》,载《中国社会科学院研究生院学报》2019年第4期,第90页。

[2] 林亚刚:《刑法学教义(总论)》,北京大学出版社2014年版,第137页。

[3] 参见黎宏:《单位犯罪的若干问题新探》,载《法商研究》2003年第4期,第46页。

具有谋取单位利益和造成社会、他人利益受损的两面性，单位犯罪不法性的评价基点应从谋取单位利益转向谋取单位利益和造成客观损失。综上，为单位谋取利益要素应当从单位犯罪积极构成要件中剔除出去。

其二，关于为进行违法犯罪活动而设立单位的问题。该要素是主观要素，从刑法哲学、刑法教义学和司法实践三个层面进行考察，均缺乏阻却成立单位犯罪的正当性。在单位犯罪的立法基础和归责基础层面，其既与单位犯罪立法化的现实理据无关，也不影响单位犯罪的实质内涵。在刑法教义学层面，过分强调该要素会使单位犯罪立法陷入"主观主义"窠臼，偏离了刑法规制单位犯罪的客观需求。实际上，自然人为进行违法犯罪活动而设立单位正是考虑并利用了单位的组织系统及其支配力具有优越于自然人的助推违法犯罪的作用，这正好契合了单位犯罪的逻辑构造。在司法实践层面，该主观要素不仅难以查明，而且对某些犯罪人不具有应有的威慑作用。如果没有行为人的供述，该要素的确认主要依据单位设立后是否主要从事违法犯罪活动来认定，这就与第二点阻却事由相重合了。对于某些贪利型犯罪人，财产刑的威慑力高于自由刑，认定为单位犯罪的预防效果优于认定为自然人犯罪。此外，为进行违法犯罪活动而设立单位后主要从事合法活动，偶尔实施了少量违法犯罪活动的，不以单位犯罪论处显然有悖单位犯罪的刑法规定。综上，为进行违法犯罪活动而设立单位要素应当从单位犯罪消极构成要件中剔除出去。

其三，关于单位设立后主要从事犯罪活动的问题。基于类似于上述理由的原因，笔者认为该要素也应当从单位犯罪消极构成要件中剔除出去，这里不再赘述。在国外的司法实践中，根据萨瑟兰的个案研究，美国冶炼和精炼公司、美国橡胶公司在成立之初即属违法，在后来的经营生涯中又持续违法，但也没有影响到单位犯罪的认定。①

其四，关于盗用单位名义实施犯罪并且违法所得归个人私分的问题。根据《解释》的规定，盗用单位名义实施犯罪和违法所得归个人私分两个条件同时具备时才能阻却单位犯罪的成立，但实践中有的法院仅仅以违法所得归个人所有一个理由而认为不够成单位犯罪，这显然是对《解释》的误解。例如，有判决书就认为：虽然被告人晋某某以单位名义实施犯罪，但违法所得归个人所有，应以个人犯罪论处。② 笔者认为，盗用单位名义实施犯罪没有体现出单位

---

① 参见［美］E. H. 萨瑟兰：《白领犯罪》，赵宝成等译，中国大百科全书出版社2008年版，第35、46页。

② 参见（2018）冀1102刑初677号判决书。

意志，不能认为是单位行为，可以单独阻却单位犯罪之成立。违法所得归个人私分的不影响单位犯罪的认定，也应从单位犯罪消极构成要件中剔除出去。第一，随着一人公司、"夫妻店"公司、挂名股东公司、家族企业的大量出现，单位利益主要归属于一人或少数人的情况乃是市场经济中的常态；第二，违法所得归属不影响单位犯罪的实质内涵，不具有决定单位犯罪成立与否的刑法意义。

综上所述，我们主张单位犯罪的犯罪构成是以下三个要件：其一，主体要件是单位依法成立，具有刑法上的适格性。其二，主观要件是要体现出单位意志，犯罪意思是由单位的决策机构或主要决策者作出的。这一要件可以阻却盗用单位名义实施犯罪的成立单位犯罪，因为这类行为不是单位意志决定和支配的。尽管民法领域有表见代理制度，但刑法领域需要贯彻责任主义原则。其三，客观要件是以单位的名义实施犯罪，这包含两个层面的问题。在形式上，行为人要以单位的名义对外实施犯罪。在实质上，行为人要以单位的组织系统或支配力实施犯罪，即单位是其完成犯罪的依托。值得注意的是，关于这一点可以用来解释单位实施非单位犯罪时自然人的归责问题。2014年的单位犯罪立法解释规定："公司、企业、事业单位、机关、团体等单位实施刑法规定的危害社会的行为，刑法分则和其他法律未规定追究单位的刑事责任的，对组织、策划、实施该危害社会行为的人依法追究刑事责任。"学界对该解释的合理性存在激烈的争议，刘艳红教授批判这是"反教义学化"的表现。[①] 笔者认为，从形式解释的立场对单位犯罪立法进行反向解释，这一批判不无道理。但是，如果从单位和自然人聚合体的角度解构单位犯罪的实质，这一立法解释又具有一定合理性。因为在单位组织实施自然人犯罪的场合，有些犯罪的实现并没有依托单位的组织系统和支配力，例如，盗窃和杀人，单位充其量为犯罪提供资金，这与一般的自然人共同犯罪并无二致，没有体现出单位和自然人的聚合性，因而应按照自然人犯罪处理。

（四）互联网金融领域单位犯罪问题的具体展开

P2P网贷平台都是以公司形式开展业务，许多大的P2P网贷平台还有诸多关联公司和分支机构。按照司法解释的规定，这些公司及其分支机构都是刑法上的单位，所以大量被告人辩称其行为构成单位犯罪，但事实上判处单位犯罪

---

① 参见刘艳红：《"规范隐退论"与"反教义学化"——以法无明文规定的单位犯罪有罪论为例的批判》，载《法制与社会发展》2018年第6期，第95页。

的案例却寥寥无几。因此，当前 P2P 网贷平台非法集资犯罪司法实践存在如下矛盾：一方面刑事打击范围扩大化（大量认定互联网金融犯罪），另一方面单位犯罪立法虚置化（极少认定单位犯罪）。此矛盾背后主要有三方面原因：一是我国单位犯罪立法存在结构性缺陷，二是互联网金融犯罪刑事政策缺乏理性，三是对 P2P 网贷平台非法集资犯罪的生成规律缺乏正确的认识和评价。基于此，互联网金融领域单位犯罪问题的应对策略包括立法完善、政策调整和司法纠偏三方面的内容。

1. 单位犯罪的立法完善

自 1987 年全国人大常委会在《海关法》中增设单位犯走私罪条款起，我国单位犯罪立法已经走过了 30 多年的历程，1997 年刑法和《解释》关于单位犯罪的规定是当前司法机关办理单位犯罪案件的主要依据。然而，二三十年过去了，我国市场经济突飞猛进，市场主体复杂多样，经济形态日新月异，当前单位犯罪立法具有深刻的计划经济特征的烙印，显然不能适应当代市场经济环境下司法实践的现实需求。

我国单位犯罪立法结构性矛盾表现如下：一方面，单位犯罪主体范围不断扩大，几乎可以将所有社会组织容纳进来，单位犯罪刑事法网呈现出严密化趋势。刑法规定的单位犯罪主体是公司、企业、事业单位、机关、团体，《解释》将其扩张为三大类社会组织，2001 年最高人民法院制定的《全国法院审理金融犯罪案件工作座谈会纪要》（以下简称"法〔2001〕8 号"）更是将不具有可供执行罚金的财产的单位的分支机构、内设机构、内设部门作为单位犯罪主体处理。另一方面，单位犯罪的成立条件普遍高于自然人犯罪，并且具有多种阻却成立事由，单位犯罪刑事法网又具有粗疏化特征。《解释》规定了三种不以单位犯罪论处的事由，分则具体罪名的司法解释对单位犯罪规定了高于自然人犯罪的条件。这种结构性矛盾引发的司法问题在互联网金融领域单位犯罪适用中表现得淋漓尽致。长远来看，包括互联网金融犯罪在内的单位犯罪司法适用难题的解决依赖于单位犯罪立法的修改和完善，这包括刑法典和刑事司法解释两大部分。

（1）刑法典的修改

刑法典修改包括刑法总则和刑法分则两部分内容。其一，修改犯罪主体。如果考虑限缩单位犯罪范围，则建议将单位犯罪修改为法人犯罪，将其主体限定为法人。这样即可与域外立法接轨，也可以消解分支机构、内设机构单位犯罪认定的疑难问题。以法人替代单位作为刑法所规制之犯罪的社会组织的统称，源自于深化市场经济体制改革和强化市场在经济资源配置中决定性作用的共识，也是促进市场经济体制完善和市场经济秩序发展，推动政治体制改革的一种反映。① 其二，修改刑罚。我国关于单位的刑罚只有罚金，显然在规制和预防单位犯罪方面捉襟见肘。为了剥夺单位的犯罪能力，有必要在刑法总则中增加限制经营范围、降低商业信誉、吊销营业执照等适用于法人的刑罚。其三，修改处罚原则。我国单位犯罪采取双罚制为主、单罚制为辅的原则，鉴于单位犯罪是自然人和单位的聚合体，应统一将刑法分则中单罚制的规定修改为双罚制，这也是我国刑法学界的主流观点。② 但有学者认为，法人固有的团体性特征使得法人刑事责任无法摆脱株连无辜的嫌疑，例如，美国安然丑闻余波之中6500名员工失去了工作和养老金；③ 考虑到公司的违法犯罪行为已经严重损害了广大股东和公司投资者的利益，如果对单位再处罚金，就更不利于对他们利益的保护。④ 笔者认为这些观点均不能成立。股东在企业盈利时获得好处，在企业侵害社会时就应当受到处罚，这符合权利和义务对等原理；而且股东入股时就以共同承担风险为契约基础，这就是整体责任的道义根据和法律根据。⑤ 对单位犯罪进行处罚的目的是预防犯罪，公司的股东和投资者有监督公司是否合法经营的义务，如果没有履行这种义务导致公司犯罪，至少证明他们有过失，根据责任主义原则，其就要承担相应的责任。⑥

（2）司法解释的修改

司法解释修改包括单位犯罪的司法解释和具体罪名单位犯罪司法解释的修改两部分。其一，修改单位犯罪的司法解释。如前所述，《解释》规定三种不以单位犯罪论处的情形，其中前两种情形及违法所得由实施犯罪的个人私分的均应删除，只保留"盗用单位名义实施犯罪"这一阻却单位犯罪成立事由。其二，修改具体罪名单位犯罪的司法解释。我国许多个罪的司法解释对单位犯罪和自然人犯罪均规定了不同的处罚标准，这不符合单位犯罪的聚合性本质。例如，2010年"两高"《关于审理非法集资刑事案件具体应用法律若干问题的解释》规定，自然人犯非法吸收公众存款罪的入罪标准分别是10万元、20万

---

① 参见黄晓亮：《我国刑法中单位犯罪制度的困境与出路——以单位理论为视角的反思》，载《南京大学学报（哲学·人文科学·社会科学）》2015年第5期，第156页。
② 参见郑祖星：《论单位犯罪的处罚模式——以"单位刑事责任双层论"为视角》，载《华中科技大学学报（社会科学版）》2018年第6期，第114页。
③ 参见张克文：《拟制犯罪和拟制刑事责任——法人犯罪否定论之回归》，载《法学研究》2009年第3期，第41页。
④ 参见黎宏：《刑法学总论》，法律出版社2016年版，第114页。
⑤ 参见储槐植、江溯：《美国刑法》（第四版），北京大学出版社2012年版，第35页。
⑥ 参见李永升、杨攀：《合规计划对单位犯罪理论的冲击与重构》，载《河北法学》2019年第10期，第48页。

元、30人,单位的入罪标准分别是50万元、100万元、150人。在集资诈骗罪中,自然人的定罪量刑标准分别是10万元、30万元、100万元,单位的标准分别是50万元、150万元、500万元。再如,2014年"两高"《关于办理走私刑事案件适用法律若干问题的解释》规定,自然人犯走私普通货物、物品罪的数额标准是10万元至50万元,单位的数额标准是20万元至100万元。笔者认为,单位犯罪聚合了自然人的不法和罪责以及单位的不法和罪责,其不法程度和罪责程度均高于自然人,故而入罪的标准理应低于自然人,至少不能高于或者过高于自然人标准。有学者认为,法人犯罪可罚性标准应当高于自然人犯罪,法人中责任人员的刑罚可轻于自然人。① 笔者认为应当一分为二地看待这个观点。一方面,法人和直接负责的主管人员的可罚性标准不能高于自然人犯罪。另一方面,其他直接责任人员如果是法人的员工,则其行为具有职务色彩并可能具有一定的被动性,因而导致责任减轻,可以考虑适当降低处罚强度。

2. 互联网金融犯罪刑事政策的调整

作为具体的法律适用问题,互联网金融领域单位犯罪的适用情况必然受到宏观刑事政策的影响。当前单位犯罪认定极少是从严刑事政策的表现,这种片面从严的刑事政策值得反思和调整。

党的十八届三中全会将互联网金融列入国家层面,② 2014年3月李克强总理在向全国人大作政府工作报告时提出促进互联网金融健康发展的理念。在中央政策的鼓励下,互联网金融在发展初期呈现出"无门槛、无标准、无监管"的特征。③ 由于我国社会普遍存在中小企业融资难和小额闲散资金投资难的双向资金需求,P2P网贷既可以改善中小企业融资难的现象,又可以解决居民手头上小额资金投资无门的问题,④ 因此,2012年开始我国P2P网络借贷行业进入了爆炸式的发展期。⑤ 因为缺乏有效监管再加上立法滞后,这一时期的P2P行业并非没有暴露出问题,但国家层面尚未采取强力的应对策略。2016年以

---

① 参见张绍谦:《我国法人犯罪立法的回顾与展望》,载《武汉大学学报(哲学社会科学版)》1995年第6期,第78页。

② 参见李永升、胡东阳:《P2P网络借贷的刑法规制问题研究》,载《政治与法律》2016年第5期,第38页。

③ 邓超:《互联网金融发展的刑法介入路径探析》,载《河北法学》2019年第5期,第163—164页。

④ 齐力莼:《P2P借贷的刑事规制现状研究》,载《法律适用》2018年第11期,第110页。

⑤ 殷浩:《P2P网贷平台非法集资犯罪及其对策研究》,载《上海公安学院学报》2019年第4期,第65页。

前，我国司法机关对待 P2P 网贷平台涉嫌非法集资犯罪采取消极、宽松的态度，进入刑事审判阶段的案件寥寥无几。① 但当其失控或风险积累到一定程度，国家又采取了一刀切的做法，用非法吸收公众存款罪、集资诈骗罪等进行规制。② 以 P2P 网贷平台为代表的互联网金融经历了从国家鼓励和支持到无规则的野蛮生长，再到频频爆雷的发展过程，国家刑事政策也从片面从宽转向片面从严，从而偏离了宽严相济的整体方向。互联网金融的未来命运面临着立场的考量和抉择，是鼓励、打压还是规制，目前看来国家倾向于第三种立场。"对 P2P 网贷金融风险的规制，首先需要确立整体的规制理念，从而为合理运用各种规制手段提供基本的体系性指导，也为国家刑罚权在这一领域的适用划定边界。"③ 笔者认为，互联网金融犯罪的刑事政策需要在维护金融安全和促进金融创新之间保持平衡，既不能以促进创新之名放纵犯罪，也不宜以维护安全为由过分压制。在宏观层面，刑事手段的介入应以尊重和发挥行政监管作为前提。在微观方面，具体犯罪的认定应当严格坚持法定标准，包括适当降低单位犯罪的认定条件。

3. 互联网金融犯罪的司法纠偏

互联网金融犯罪领域单位犯罪立法完善和刑事政策调整属于应然层面的策略，尽管对司法实践有一定的指导意义，但毕竟不能直接运用于个案的刑法适用。在此情况下，参考前述刑事政策，根据互联网金融犯罪的规律，探讨互联网金融领域单位犯罪的司法适用具有现实意义。针对我国互联网金融犯罪存在的刑事打击范围过广和单位犯罪认定比率过低的矛盾，司法纠偏的方向应当是缩小刑事打击范围和提高单位犯罪的适用比率。

（1）缩小互联网金融犯罪的刑事打击范围

第一，注重实质把握入罪条件。非法吸收公众存款罪构成要件的核心要素是未经有关部门批准吸收公众存款，集资诈骗罪构成要件的核心要素是以非法占有为目的且未经有关部门批准吸收公众存款。P2P 作为网络借贷中介平台，不具有融资即吸收公众存款的资格，但因其公开性、开放性特征衍生出天然的涉众属性，运作过程中稍有不慎即可能异化为融资而碰触刑法红线，可谓是

---

① 彭新林：《P2P 网络借贷平台非法集资行为刑事治理问题要论》，载《北京师范大学学报（社会科学版）》2017 年第 6 期，第 125 页。

② 李为民、单家和：《P2P 平台集资犯罪的司法治理——以浙江省 29 个涉案 P2P 网贷平台为例》，载《中国检察官》2017 年第 10 期（下），第 35 页。

③ 杨晓培：《异化与复归：P2P 网贷金融风险的刑法规制》，载《刑法论丛》2017 年第 1 卷，第 11 页。

"走在钢丝绳上"的行业。"从形式上看，P2P 融资模式离非法集资只差一步，如果存在'资金池'，则可能出现严重的政策法律风险。"① 现实中受到多种因素的影响，即使不以非法集资或集资诈骗为目的，P2P 平台也极难避免出现"资金沉淀""资金池""借新还旧""资金断裂"等问题。例如，平台为了防止借贷双方私下交易以规避服务费，往往规定资金必须先行经过平台账户，方可进入借款人指定的账户，这就导致备付资金在进入借款人账户前处于平台的控制之下，从而具有融资性质。② 但"资金池"的法律定性应从其风险可控性的角度出发，如果平台对"资金池"的用途不存在欺诈则其风险是可控的，不宜认定为非法集资。③ 再如，对于资金用于正常生产经营活动的平台自融行为一般也不应解释为非法吸收公众存款罪。④ 当前 P2P 网贷乱象丛生，金融规范缺失、金融监管缺位也是不可忽视的重要因素。⑤ 中国 P2P 行业经历了从无规则向有规则过渡的发展过程，在 2016 年《网络借贷信息中介机构业务活动管理暂行办法》之前，P2P 网贷平台的运营长期处于合法与非法的灰色地带。⑥ 现在如果"一刀切"地对处于法制灰色地带的 P2P 网贷乱象动用刑罚，有不教而诛、秋后算账之嫌。

周汉华研究员提出网络法制灰度的概念，灰度描述的是不确定状态下的创新之道。进入互联网时代，面临的很多都是前所未有的新问题，而现在的法律大多是网络时代以前的法律，不少都难以适应网络时代的要求。互联网新业态若简单地被传统规范评价，可能都是非规范行为。如果缺乏宽容，肯定会被一棒子打死。应该避免简单套用旧规则或者是匆匆制定新规则，防止"一刀切"的适用现有规范。应该着力通过法治渠道，来解决无规则可能导致的各种问题。⑦ 笔者认为该观点深有见地。针对当前 P2P 网贷平台刑事打击范围扩大化

---

① 吴晓求等：《互联网金融——逻辑与结构》，中国人民大学出版社 2015 年版，第 84 页。
② 参见黄超英、陈霞：《P2P 网贷平台的刑法规制——以对国内判例研究为依据》，载《海峡法学》2017 年第 3 期，第 63 页。
③ 参见叶良芳：《P2P 网贷平台刑法规制的实证分析》，载《辽宁大学学报（社会科学版）》2018 年第 1 期，第 104 页。
④ 参见欧阳本祺：《论网络时代刑法解释的限度》，载《中国法学》2017 年第 3 期，第 180 页。
⑤ 李霞：《互联网金融犯罪的刑法应对》，载《广西社会科学》2016 年第 9 期，第 115 页。
⑥ 参见叶良芳：《P2P 网贷平台刑法规制的实证分析》，载《辽宁大学学报（社会科学版）》2018 年第 1 期，第 98 页。
⑦ 参见周汉华：《网络法治的强度、灰度与维度》，载《法制与社会发展》2019 年第 6 期，第 71—74 页。

问题，基于网络法制灰度的立场，对P2P网贷平台涉嫌非法吸收公众存款罪、集资诈骗罪的认定，不能仅仅根据是否形成"资金池"、资金是否断裂等形式要素，还应当注重从平台的常规运行模式、"资金池"的成因、资金断裂原因、资金去向、资金用途等方面对案件进行实质判断，通过从形式和实质两方面的综合评价来控制刑事手段介入互联网金融的尺度。对于边缘地带、可认可不认的超范围经营行为，不必一律认定为"资金池"；对于部分风险可控的"资金池"，不必一律认定为犯罪。①

第二，严格认定犯罪故意要素。P2P网贷犯罪案件中的行为人大致分为以下几类：高层——建立平台，控制并支配资金使用的实际控制人；中层——领取酬劳，主要事务的管理人员，如运营总监、财务总监、客服主管等；一般——领取酬劳，主要事务的具体执行人员，如制发假标、账务管理等核心事务人员；普通——领取酬劳，其他事务执行人员，如从事客服、记账等纯粹性事务人员。② 一般来说，高层和中层任职于主体单位和关联单位，一般和普通员工任职于分支机构或者处于主体单位和关联单位的底层。单位犯罪的主观要件是直接负责的主管人员（可能也包括其他直接责任人员）具有犯罪故意，P2P网贷平台非法集资犯罪中故意的明知内容主要是国家关于吸收公众存款的法律规范、未经国家有关部门批准而吸收公众存款和以非法占有为目的的非法集资。P2P网贷平台涉及的单位数量众多、层级复杂、人数庞大，认定涉案人员的犯罪故意非常重要，但又较为困难。

最高人民检察院《关于办理涉互联网金融犯罪案件有关问题座谈会纪要》（以下简称"高检诉〔2017〕14号"）对非法吸收公众存款罪和集资诈骗罪的故意认定提出以下意见：对于非法吸收公众存款罪，认定故意原则上不要求明知法律的禁止性规定；具备一定金融业从业经历、专业背景或者担任一定管理职务的人，应当知晓相关法律规定，如有证据证明其实际从事的行为应当批准而未经批准，行为在客观上具有非法性，原则上可认定为具有故意。对于集资诈骗罪，主要根据资金用途、盈利能力、资金缺口、借新还旧等客观事实来认定。笔者认为这些规定不合理：一是广泛使用刑事推定，有客观归罪之嫌。正如周光权教授指出的，由于刑事推定涉及诉讼利益和风险的规则性分配，因此属于立法事项，司法解释原则上不应当设立刑事推定；对于司法个案，各级法

---

① 参见李永升、胡冬阳：《P2P网络借贷的刑法规制问题研究》，载《政治与法律》2016年第5期，第47页。

② 参见张佩如：《P2P网络借贷犯罪现象实证分析——以41份裁判文书为样本》，载《人民检察》2017年第1期，第71页。

院和法官只能按照法律的规定分配证明责任掌握证明标准，不得无法律根据推定构成要件事实。① 二是没有把握 P2P 网贷平台非法集资犯罪的生成规律，推定对象以偏概全。一般的非法吸收公众存款罪的主体是未经有关部门批准吸收公众存款的自然人或单位，P2P 网贷平台是受到国家支持和鼓励的合法从事投融资中介机构，其从事金融业务并未违反国家规定。P2P 网贷平台构成非法吸收公众存款罪的关键是在运行过程中偏离了中介机构的定位，因违规操作而异化成"影子银行"。因此，P2P 网贷平台构成非法吸收公众存款罪犯罪故意的明知内容包括未经有关部门批准不得吸收公众存款的法律规定和事实上吸收公众存款的客观事实，后者主要是 P2P 网贷平台违规操作而异化为"影子银行"，但"高检诉〔2017〕14 号"的推定内容不包括后者。一般认为非法吸收公众存款罪和集资诈骗罪是包容、堵截关系，集资诈骗罪是以诈骗方式实施的非法吸收公众存款，② 因此集资诈骗罪的故意认定存在同样的问题。

  P2P 网贷平台非法集资犯罪中行为人的犯罪故意内容包括对违反国家规定的违法性认识和平台运作异化的事实性认识，二者缺一不可。对于前者，往往需要具备专业法律知识或金融从业背景。对于后者，一般需要了解平台内部运作状况方面的机密信息。很难想象，在庞大且复杂的 P2P 网贷平台系统中，大部分参与人都具备这两方面能力。在国家积极倡导互联网金融的大背景下，绝大多数参与人可能都是盲从性地投身于 P2P 网贷平台的，至少多数中下层从业人员是很难真正掌握平台内部运作情况的。实践中不少 P2P 网贷平台外部表现一直良好，直到平台突然崩塌或者负责人"跑路"而引发集体性举报、信访时才东窗事发，如"东方创投案""网赢天下案"等。这是因为 P2P 平台非法集资行为具有极强的隐蔽性，往往打着金融创新、民间借贷等旗号，在开始阶段一般会制造种种假象，如办理正规备案手续、案发前期采用兑付回报的方式掩饰等。③ 正因如此，实践中出现不少从业人员本身既是投资人、又是受害者的情况。有学者指出，随着单位组织的进化，传统的科层制尤其不能够成为现代企业组织实践的一个具有诠释能力的概念框架，其表现是多方面的。例如，在生产过程中，企业员工是对特定阶段的产品生产环节进行控制，而不是对产品生产的整个流程加以操控，以至于在许多情形下，企业内部成员根本不

---

① 参见周光权：《明知与刑事推定》，载《现代法学》2009 年第 2 期，第 28 页。
② 参见叶良芳：《从吴英案看集资诈骗罪的司法认定》，载《法学》2012 年第 3 期，第 17 页。
③ 参见彭新林：《P2P 网络借贷平台非法集资行为刑事治理问题要论》，载《北京师范大学学报（社会科学版）》2017 年第 6 期，第 126 页。

可能对企业整个运行过程存在一个完整的认识。① P2P 网贷平台组织结构的复杂性恰是如此。传统非法集资案件一般局限于较小区域，借助于网络的扩散性，P2P 网贷平台金融犯罪容易演化成跨省际、全国性风险。② 因此，笔者认为应当从严把握 P2P 网贷平台从业人员犯罪故意的认定，尤其是主体单位和关联单位中的中下层人员以及分支机构的从业人员。如果不能认定分支机构从业人员的犯罪故意，则分支机构不能成立单位犯罪。

（2）提高互联网金融犯罪单位犯罪适用比率

在整体上控制入罪范围的基础，互联网金融领域单位犯罪的主要问题是对于犯罪构成的理解和适用问题。P2P 网贷平台涉案主体主要包括主体单位、关联单位和分支机构。根据"法〔2001〕8 号"和"高检诉〔2017〕14 号"的规定，分支机构或者内设机构、部门均可成立单位犯罪。实践中遵循这些规定，则互联网金融领域单位犯罪适用中的主体问题实际上已无争议，尽管从学理上我们对"法〔2001〕8 号"和"高检诉〔2017〕14 号"的规定保留意见。相对于传统金融，互联网金融具有业务单一性、高度扩散性等特征，其单位犯罪的司法纠偏应建立这些特征之上，具体包括以下几个方面。

第一，虚化单位设立动机要素。《解释》规定为进行违法犯罪活动而设立的公司、企业、事业单位实施犯罪的不以单位犯罪论处，该规定缺乏实质合理性，实践中也难以证明，往往根据单位设立后的行为表现进行推定。更况且，即使为进行违法犯罪活动而设立的 P2P 网贷平台也经常不被认定为单位犯罪。例如，几年前有学者收集了 13 份有罪判决，其中 6 个平台的设立目的是专门提供中介服务（占 46.2%），但也没有认定单位犯罪。③ 笔者认为，在现行法律框架下，即使不能完全否定单位设立动机对单位犯罪成立的影响，由于 P2P 网贷平台的经营模式与非法吸收公众存款罪的客观方面高度相似，该要素在 P2P 网贷平台非法集资犯罪中也应虚化。否则，一旦 P2P 网贷平台及其分支机构构成犯罪，就容易得出其是为了进行违法犯罪而设立的结论，也就无法认定为单位犯罪。

第二，弱化单位经营性质要素。《解释》规定单位设立后以实施犯罪为主

---

① 参见蔡仙：《组织进化论视角下对单位刑事责任归责模式的反思》，载《社会变迁于刑法学发展——庆祝新中国成立 70 周年学术研讨会（文集）》，第 355—356 页。

② 参见李为民、单家和：《P2P 平台集资犯罪的司法治理——以浙江省 29 个涉案 P2P 网贷平台为例》，载《中国检察官》2017 年第 10 期（下），第 35 页。

③ 参见李永升、胡东阳：《P2P 网络借贷的刑法规制问题研究》，载《政治与法律》2016 年第 5 期，第 41 页。

要活动的不以单位犯罪论处,该规定也缺乏实质合理性。更为重要的是,P2P网贷平台的经营内容有其独特之处。其他实体企业可能主要是进行商品生产、销售商品提供实质性的劳务、服务,掺杂着实施伪劣商品犯罪、税务犯罪、走私犯罪、侵犯知识产权犯罪等。P2P网贷平台只是单一地提供金融中介服务,一旦平台及其分支机构被认定为属于非法集资犯罪,如果由果溯因地进行考察,其之前提供的金融中介服务即都可能被界定为违法犯罪活动,从而无法认定为单位犯罪。因此,在现行法律框架下,即使不能完全否定单位设立后经营活动性质对单位犯罪成立的影响,在 P2P 网贷平台非法集资犯罪中也应弱化。除非有充分的证据证明 P2P 平台及其分支机构在设立之后即一直从事非法吸收公众存款或集资诈骗行为,一般不宜阻却单位犯罪之成立。此外,在既有合法经营也有非法经营的情况下,应当注意把握时间节点和主要事实,不能一概排除单位犯罪的成立空间。

第三,舍弃私分违法所得要素。《解释》规定盗用单位名义实施犯罪,违法所得由实施犯罪的个人私分的的不以单位犯罪论处,该规定同样缺乏实质合理性。如前所述,当前我国社会一人公司、挂名股东公司、家族企业等中小型企业众多。根据工信部的披露,截至 2018 年底,我国中小企业数量已经超过了 3000 万家,个体工商户数量超过 7000 万户,贡献了全国 50% 以上的税收,60% 以上的 GDP,70% 以上的技术创新成果和 80% 以上的劳动力就业。[①] 在许多中小型企业中,企业获利由一人、夫妻二人或少数人享有,不可能像大型企业那样由多名股东共享。因此,在现行法律框架下,P2P 网贷平台非法集资犯罪案件中,凡未盗用单位名义实施犯罪的,即使违法所得由犯罪人个人私分的,一律不影响单位犯罪之认定。即使盗用单位名义实施犯罪,只要单位或其他非主要犯罪人也分享违法所得的,一般也不影响单位犯罪的认定。

第四,准确区分相关人员的责任大小。P2P 网贷平台中存在多个层级和不同级别的从业人员。级别越高的从业人员决策权越大,专业知识越广,从业经验越多,对 P2P 平台的实际运行情况也越了解。换言之,级别越高的从业人员越有可能具备非法集资犯罪的故意,级别越低的从业人员越难以具备犯罪故意。因此,笔者认为,即使 P2P 网贷平台构成单位犯罪,一般来说只应追究主体单位、关联单位中的中高层人员以及分支机构主要负责人的刑事责任,主体单位、关联单位中的底层从业人员和分支机构的普通员工一般可不予追究刑事责任。

---

① 参见《工信部:截至去年底中国中小企业数量已超过 3000 万家》,载"新浪网"https://news.sina.com.cn/o/2019-09-20/doc-iicezzrq7214185.shtml,最后访问日期:2019 年 12 月 23 日。

企业信息网络安全管理义务
刑事法律边界问题研究

石 磊[*]

内容摘要: 在网络"共治"语境下,互联网企业法律义务与触刑风险在同步抬升。企业承担的信息网络安全管理义务越多,其构成犯罪的风险也就越多。企业履行信息网络安全管理义务的实现性,既包括技术上的可实现性,也包括企业自身发展的现实性。然而,目前仍存在政府监管职责与互联网企业管理义务的边界模糊等诸多问题。拒不履行信息网络安全管理义务罪的成立,需要考虑三个层面的问题,即根据互联网企业的类型进行作为义务的判断、信息网络安全管理义务违反的规范审查、义务违反与归责的程序限制,这三个层面作为型构该罪的基本要素,具有层层递进、层层限制的关系,需要严格把握。

关键词: 互联网企业 信息网络安全管理义务 拒不履行信息网络安全管理义务罪 刑事法律边界

鉴于互联网企业在网络空间中日渐凸显的"共治"地位,行政法律法规乃至部门规章不断扩大企业对信息网络安全管理的义务范围,并且在企业不履行相关义务造成危害后果的情况下被追究刑事责任。对此,有必要明确互联网企业所承担的责任类型、归责条件、责任范围等具体问题,明确互联网企业构成犯罪的刑法评价路径与责任边界。2019年10月25日,最高人民法院、最高人民检察院联合发布《关于办理非法利用信息网络、帮助信息网络犯罪活动等刑事案件适用法律若干问题的解释》(以下简称《司法解释》),对企业不履行信息网络安全管理义务,可能触犯的拒不履行信息网络安全管理义务罪等罪名适用进行了明确。整体上讲,《司法解释》明确了网络服务提供者的主要

---

[*] 石磊,最高人民检察院检察理论研究所信息部主任,副研究员。

范围，并对责令改正、造成严重情节等问题进行了细化，一定程度上体现了对互联网企业相对宽容和友善的态度，有利于信息网络事业的长足发展。在此基础上，需要进一步破除监管与被监管的思维，在使用、解释罪名时平衡各方面的利益，通过刑法对互联网企业不履职的行为进行威慑，但为了促进企业发展和科技创新，也需要对企业的义务进行限缩，在各方权益平衡协调的最大公约数内实现网络犯罪的良性共治。

一、网络"共治"语境下互联网企业法律义务与触刑风险的同步抬升

伴随着信息时代背景下网络安全风险的增强，互联网企业在网络空间中的法律义务与责任不断扩张，其所面临的法律风险也在提高。由于刑法关于第287条拒不履行信息网络安全管理义务罪的增设，使得互联网企业的触刑风险不断升高。

（一）企业信息网络安全管理义务的扩张与强化

作为与政府并行于网络空间、网络社会中的"共治主体"，法律法规、部门规章逐渐将网络平台的信息网络安全管理义务推向网络空间治理的前台。《网络安全法》《电子商务法》《侵权责任法》等法律法规普遍设定了网络服务提供者对网络空间的管理义务。例如，《网络安全法》确立了网络服务提供者的主体责任，明确要求网络服务提供者健全用户信息保护制度，并分别规定了技术防控义务和损害补救义务。因此，需要正视的问题在于，随着网络服务提供者在网络空间中的监管能力逐渐被社会所注意，其在行政法层面被赋予了越来越多的监管责任，主要体现为"停止+报告"（例如，2000年国务院《互联网信息服务管理办法》第16条）、"发现+消除+报告"（例如，2013年全国人大常委会《关于加强网络信息保护的决定》第5条）两种设置模式。由此可见，互联网行政法律法规普遍为网络服务提供者设定了一定的网络安全保障职责，并且不断地趋于严密化，从"停止+报告"向"发现+消除+报告"的模式转化更是体现了行政法律法规对网络服务提供者监管责任的过于强化。

在行政法律法规对互联网企业法律义务不断增加的同时，互联网企业在刑法上构成犯罪的风险也在无限地增强和扩张。刑法第286条之一拒不履行信息网络安全管理义务罪规定，网络服务提供者不履行法律、行政法规规定的信息网络安全管理义务，经监管部门责令采取改正措施而拒不改正，有下列情形之一的，处3年以下有期徒刑、拘役或者管制，并处或者单处罚金：（1）致使违法信息大量传播的；（2）致使用户信息泄露，造成严重后果的；（3）致使

刑事案件证据灭失，情节严重的；（4）有其他严重情节的。单位犯前款罪的，对单位判处罚金，并对其直接负责的主管人员和其他直接责任人员，依照前款的规定处罚。因此，随着行政法律法规对于网络服务提供者的相关法律义务的不断扩张，刑法同时对网络服务提供者不履行相关的信息网络安全管理义务进行了入罪化，即，互联网企业承担越来越多法律、行政法规规定的信息网络安全管理义务，如果互联网企业被认定为没有履行这些义务，便会构成犯罪，这就使得互联网企业的触刑风险被不断强化。

（二）信息网络安全管理义务扩张下企业的刑事风险类型

1. 拒不履行信息网络安全管理义务罪的入罪风险

《刑法修正案（九）》增设了拒不履行信息网络安全管理义务罪，体现了立法对互联网企业不作为的重点关注。根据刑法第286条之一拒不履行信息网络安全管理义务罪的规定，企业构成本罪需要满足不履行法律、行政法规规定的信息网络安全管理义务，经监管部门责令采取改正措施而拒不改正，致使违法信息大量传播；致使用户信息泄露，造成严重后果；致使刑事案件证据灭失，情节严重；有其他严重情节，即可构成本罪。从刑法所列举的该罪的构成要件来看，对于网络服务提供者构成本罪增加了较多的限定性条件，由此可以看出这一罪名更多是对于网络服务提供者"经监管部门责令采取改正措施而拒不改正"的处罚。但同时由于刑法第286条之一拒不履行信息网络安全管理义务罪，较为泛化地规定了"网络服务提供者"，并未明确何种网络服务提供者承担何种类型的网络安全管理义务，同时对何为"经监管部门责令采取改正措施而拒不改正"，以及该罪成立具有的四种情形的泛化性，都使得悬挂在企业头上的"达摩克利斯之剑"具有随时下落的风险。针对网络服务提供者在何种情况下构成拒不履行信息网络安全管理义务罪，《司法解释》进行了一定的明确，对互联网企业在何种范围、何种程度上承担其相应的管理责任进行了解释，避免将过多的政府监管责任简单地转嫁给互联网企业，甚至使其背负严重的刑事责任。

2. 基于不作为犯可以构成的其他相关罪名

除了刑法第286条之一的拒不履行信息网络安全管理义务罪之外，互联网企业还基于其他法律设定的作为义务、业务或者职业要求、法律行为、先行行为所产生的作为义务，可能构成其他相关的犯罪。企业承担的信息网络安全管理义务越多，其构成犯罪的风险也就越多。例如，侵犯公民个人信息罪、传播淫秽物品罪等相关犯罪的构罪风险。互联网企业，尤其是网络平台服务提供者，他们所提供的服务并非是某种单一的业务，而是依托互联网络所架构的一种综合性、交互性、跨地域的新服务类型。① 在这种运营模式下，互联网企业逐渐走上了网络空间权力的中心，与政府在网络空间中的监管权力形成了交叉。《网络安全法》等法律法规逐渐确立了互联网企业的信息网络安全管理责任，明确要求互联网企业健全用户信息保护制度，并分别规定了技术防控义务和损害补救义务。② 如果企业违反了相关义务并造成了危害后果，即使不构成刑法第 286 条之一的拒不履行信息网络安全管理义务罪，还可以以刑法其他的相关罪名进行定罪处罚，这就更加剧了互联网企业的触刑风险。

二、企业网络安全管理义务判定的实践难题与症结

企业履行信息网络安全管理义务的实现性，既包括技术上的可实现性，也包括企业自身发展的可现实性，即不能基于履行这些义务增加企业的过多成本。同时，需要兼顾信息网络安全需求与网民言论自由的平衡，兼顾互联网企业发展与信息网络安全的协调。但是，法律法规在赋予企业信息网络安全管理义务的同时，很大程度上忽略了企业的类型、服务内容的差异、相关的技术能力等要素，"一刀切"的赋予企业相关的信息网络安全管理义务，加之同政府的网络安全监管责任边界相混淆，更加使得企业的刑事责任判定模糊化。

（一）政府监管职责与互联网企业管理义务的边界模糊

刑法第 286 条之一拒不履行信息网络安全管理义务罪，很大程度上属于对特定主体"法定作为义务"的额外附加和政府义务转嫁，但需要明确这种附加或者转嫁并非是政府义务的直接转移，而是将政府监管与社会、个人义务相平衡，即设置了经有关机关介入仍拒绝履行的前提，这也成为真正不作为犯成立的关键问题，即行政违法性判断的前置。根据刑法规定，拒不履行网络安全监管义务罪的成立，刑法设置了两个限制性构成要件要素，即经监管部门责令采取改正措施而拒不改正、造成严重后果。从刑法的条文设置上可以明显看出，网络平台的不作为责任并非是独立的绝对责任类型，而是经过政府监管部门责令采取改正措施之后的依然不作为，这种不作为类型的社会危害性更大。曾有观点对网络服务提供者的不作为责任提出了质疑，认为这是对网络服务提供者管理义务的扩张，以管控网络的目的加重了网络服务提供者的责任。对此应当明确，网络服务提供者对于信息网络的管理乃至保护义务，同政府对网络安全的监管保障职责具有实质性差异，企业所承担的法律义务只能与其服务范

---

① See Lichtman, Doug, and E. Posner, Holding Internet Service Providers Accountable, *Supreme Court Economic Review*, Vol. 14, No. 1, 2006, pp. 221 – 259.

② 《网络安全法》第 40 条、第 42 条。

围、业务类型相对应的业务保证义务,不能仅仅是政府责任的粗暴转移。因此,刑法第286条之一拒不履行信息网络安全管理义务罪的成立,仍然需要判断政府的先行义务履行与先行执法行为的存在和正当与否。

(二) 互联网企业履行的法定义务类型不清

根据刑法规定,拒不履行信息网络安全管理义务罪成立的前提,必须是违反法律法规明确设定的管理义务,即没有按照法律、行政法规的规定履行相应的作为义务。关于信息网络安全管理的义务内容,不同的网络服务提供者的权利及义务不尽相同,需要做出实质判断,在功能分类的基础上,合理设置类型化业务,其决定性的标准为义务的可实现性。例如,在云服务案件,基于不同的服务类型,其所承担的义务也不同,审查义务内容也不同,像基础架构即服务(Infrastructure as a Service, IaaS),则云平台义务相应比较低;软件即服务(Software as a Service, SaaS) 则比较高。因此,企业的信息网络安全管理义务应该是根据其服务内容来进行判定,提供不同服务的网络服务商,承担的责任是不同的,对于相关义务来源应当进行实质性的判断,同时需要进行履行义务标准的明确。关于网络服务提供者的义务认定,曾有担忧认为:在网络行政法规体系尚不健全的情况下,"信息网络安全管理义务"的不明确将导致司法机关对于该义务的认定做扩大化解释,进而造成该罪名适用的夸大化。对此担忧,应当明确,本罪所指称的信息网络安全管理义务,并非主动的风险审查与控制义务,这一条款同时将归责条件与免责义务同步设置,清晰地明确了网络服务提供者的责任边界。因此,刑法所规定的安全管理义务,实质上并非网络服务提供者的审查控制义务,而是一种附属于监管部门的配合义务,也正是法定的真正不作为犯的设置,事实上极大限缩了网络服务提供者的刑事责任空间。

(三) 责令整改的前置性条件不清

根据刑法第286条之一拒不履行信息网络安全管理义务罪的规定,经监管部门责令采取改正措施而拒不改正是本罪的关键成立要件。对此,《司法解释》也进行了明确,即认定"经监管部门责令采取改正措施而拒不改正",应当综合考虑监管部门责令改正是否具有法律、行政法规依据,改正措施及期限要求是否明确、合理,网络服务提供者是否具有按照要求采取改正措施的能力等因素进行判断。对此可以看出,在责令整改的条件解释上,司法解释的规定体现了法律宽容和友善的态度,有利于信息网络事业的长足发展。但是,仍然有问题需要进行明确。首先,监管部门责令整改的内容,需要要求互联网公司达到何种整改的履行标准,应该有科学的判断,例如,是删除链接还是指向未来的义务，需要具体的明确，如果没有明确的整改要求，是否属于满足该项条件有待厘清。其次，基于刑法本身的严厉性和程序性，整改要求应当以书面的形式呈现。实践中互联网公司最常用的是约谈，约谈所提出的要求和整改要求是否属于此项条件应当予以限缩，责令整改属于行政命令，约谈的性质应当与此相区分。

（四）可行性判定与作为能力判断的普遍性缺乏

在明确网络服务提供者对于网络安全管理义务必要性的基础上，需要回答的就是其作为可能性的问题。当前，否认网络服务提供者作为义务可能性的观点，大体可以归结为欠缺期待可能性论、欠缺改正能力论、影响技术发展论。欠缺期待可能性论者认为，在信息网络技术瞬息万变的背景下，让网络服务提供者或者网络运营商负担过多的网络安全监管义务欠缺期待可能性，甚至阻碍互联网技术的创新与发展。欠缺"改正能力"论者认为，应当设定评价网络服务提供者是否可以改正的技术能力的客观标准，不能苛责毫无改正能力的人去采取改正措施。影响技术发展论者认为，"从经济发展的角度来看，这无疑会让每个经营者对消费者的消费意图都具有审查的义务"，"'违法信息'的范围过于宽泛，包括种类众多、涉及广泛的违反行政法律、法规及侵犯他人民事权利的所有违反法律、法规的信息在内，将致使网络服务提供者背负着过重的法律义务负担，步履维艰"。还有观点认为，不能单纯"因为行为人在个别情况下多少知道他人可能会利用其行为实施犯罪"，就将外观上合法的日常行为作为犯罪进行制裁。前述观点对于网络服务提供者欠缺作为可能性的阐述，很大程度上反映了实践中对于企业信息网络安全管理义务的担忧。对此，有必要在赋予企业大量信息网络安全管理义务的同时，明确其作为的可行性与恰当性，避免过多义务的赋予拖累企业与技术的健康发展。

三、企业网络安全管理义务类型与刑事责任的要件明确

拒不履行信息网络安全管理义务罪的成立，受到严格的罪刑法定原则限制，在该罪名的认定上，需要考虑三个层面的问题，即根据互联网企业的类型进行作为义务的判断、信息网络安全管理义务违反的规范审查、义务违反与归责的程序限制，这三个层面作为型构该罪的基本要素，具有层层递进、层层限制的关系，需要严格把握。而在这三个层面判断的背后，所共同指向的在于互联网企业刑法不作为责任与行政监管部门行政不作为责任的厘清，在于互联网企业行政违法与刑事违法的厘清。

（一）第一层次：确定互联网企业类型，进而判定网络安全管理义务

根据提供服务内容的不同领域，互联网企业主要分为两种基本类型：

一是对于通过网络发布的信息经过处理和加工，称为网络信息内容提供者；二是未参与信息实质内容的处理，而是仅对网络信息的传播提供一种媒介服务，如搜索链接服务、网络社交平台服务、电子商务平台服务等，又称网络中介服务者、网络平台提供者或者网络接入服务提供者。[①] 对此需要明确，不同类型的互联网企业所承担的信息安全管理义务有着主体间的规范差异，也就产生了不同的作为义务、不同的豁免事由。因此，明确互联网企业的类型，这种类型化明确不单单是止于犯罪主体要件的认定，而是在于作为义务的差异化、分级化理清，以及在此基础之上的责任减免判断。

换言之，关于对互联网企业的不同类型的认定，其价值更突出的体现为基于不同网络服务主体，根据企业的服务类型，确定相对应的作为义务边界。对此，应当根据互联网企业的不同类型认定，基于不同网络服务提供类型所承担的作为义务根据，即，根据网络服务提供者所提供服务内容的不同而区别责任承担的规定来看，网络服务提供者的服务类型被作为确定风险分担和认定义务违反的影响因素而存在。例如，网络平台服务提供者在信息传输的过程中，由于不参与对信息实质内容的加工与处理，对于违法信息以及侵犯公民个人信息的事实缺乏主观认知，根据责任主义原则，在缺乏主观罪过的情况下，不得过度地强调结果归责，不能仅凭危害结果而将责任归咎于仅具有媒介地位和作用的网络平台服务提供者。

（二）第二层次：互联网企业是否违反网络安全管理义务

根据刑法规定，拒不履行信息网络安全管理义务罪成立的前提，必须违反法律法规明确设定的管理义务，即没有按照法律、行政法规的规定履行相应的作为义务。[②] 因此，刑法所规定的安全管理义务，实质上并非互联网企业的审查控制义务，而是一种附属于监管部门的配合义务，也正是法定的真正不作为犯的设置，事实上极大地限缩了互联网企业的刑事责任空间。

1. 事先的技术和制度保障义务

根据《网络安全法》第 24 条、第 41 条、第 42 条等规定，互联网企业[③]应当建立网站安全保障制度、信息安全保密管理制度、用户信息安全管理制度

---

① 参见谢望原：《论拒不履行信息网络安全管理义务罪》，载《中国法学》2017 年第 2 期，第 240 页。

② 关于违法的义务类型有观点认为包括了禁止性规定、命令性规定，也有观点认为仅包括违反命令性规定。参见张明楷：《刑法学》，法律出版社 2017 年版，第 1049 页。

③ 《网络安全法》表述为"网络运营者"，互联网企业属于网络运营者的一部分，本文统一表述为"互联网企业"。

等相应的信息网络安全管理制度,并在其业务范围内进行相应的技术安全维护和保障。以数据安全保障义务为例,互联网企业要么是基于业务服务获取信息数据,要么是出于给用户提供更为人性化的优质服务、提高市场竞争力等目的在业务经营过程中采集用户的相关信息数据。① 因此,在互联网企业普遍占有支配大量信息数据并将其置于较高风险的环境下,应当承担起安全防控的技术责任。根据我国《网络安全法》第21条第二项的规定,互联网企业应当"采取防范计算机病毒和网络攻击、网络侵入等危害网络安全行为的技术措施,履行网络安全保护义务,确保网络免受干扰、破坏或者未经授权的访问。"对于数据存储的安全保障,企业除了针对黑客的外来攻击而采取数据加密的技术措施以外,对于内部人员泄露信息需要引起同样的重视,应当对内部工作人员设置数据访问权限,避免"内鬼"以利用职责之便非法获取、非法利用用户信息。

2. 事后的通知和止损义务

我国《网络安全法》第42条第2款规定,"在发生或者可能发生个人信息泄露、毁损、丢失的情况时,应当立即采取补救措施,按照规定及时告知用户并向有关主管部门报告"。基于同样的思路,2018年5月25日实施的欧盟《一般数据保护条例》(General Data Protection Regulation)(以下简称《条例》)第33条规定了有关数据泄露的通知义务:发生数据泄露的机构在知悉泄露事实后的72小时内,向相关数据保护监管机构进行报告,不得无故拖延;当数据泄露将对个人的权益造成高风险时,必须立即通知数据当事人。由此可见,互联网企业被行政立法赋予了事前积极的技术防控义务、危害行为发生后的止损义务,典型的体现为在发生用户数据泄露时,通过及时告知用户以避免其他犯罪侵害的可能。当前,在网络黑产日益膨胀,网络犯罪链条化、集团化趋势明显的背景下,网络犯罪治理的"链条化""集团化"也应及时跟进。但是,互联网企业的配合责任并非是无限制的,在其履行配合义务的同时,也应存在与之相对应的免责性条款。

(三)第三层次:义务违反是否满足"经责令履行而不履行"的行政前置程序

拒不履行信息网络安全管理义务罪属于典型的义务犯,是"更严格"的义务犯,即不履行法律、行政法规定的义务并不当然成立犯罪,还需要"经

---

① 互联网企业大多超范围收集个人信息,即用户一般只有在同意信息被收集的前提下,才能获得相应服务。参见唐孜孜:《网络运营商大多超范围收集个人信息》,载《南方都市报》2016年12月28日。

监管部门责令采取改正措施而拒不改正"的限制。与其他不作为犯的义务违反要件不同，本罪的义务违反仅仅是成立犯罪的可能条件，即使违反义务、造成危害后果，如果欠缺有关部门的责令改正，依然不构成本罪。因此，不履行信息网络安全管理义务是成立拒不履行信息网络安全管理义务罪的先决性条件，同样也是该罪责任阻却的消极性要件。进而言之，本罪名中的义务违反是附属于有关部门的责令改正，这也是平衡政府监管与互联网企业责任的立法优化。因此，"拒不履行监管职责"作为本罪处罚的基本要件，是对互联网企业承担刑事责任的必要性限制，是国家职能部门对于网络安全监管与互联网企业监管的义务平衡。有鉴于此，根据我国刑法第 286 条之一的规定，拒不履行信息网络安全管理义务罪的成立除了义务违反之外，还要求满足"经监管部门责令采取改正措施而拒不改正"（即行政前置程序），明确了监管部门与网络服务提供者的责任分配。因此，从这个层面上来讲，拒不履行信息网络安全管理义务罪实质上是限缩了网络服务提供者的责任范围，是对网络服务提供者责任的法定化和限缩化。

美国《数字千禧年版权法》（Digital Millennium Copyright Act）对网络服务提供者（Internet Service Provider）的责任承担最早提出了"避风港原则"，旨在通过规定"通知"和"移除"两项具体的内容来限制和减轻网络服务提供者的责任，即网络服务提供者事先不知其存储、提供链接的信息含有侵权内容的，在接到著作权人的通知后，及时删除侵权内容或者断开链接的，则不承担赔偿责任。我国 2010 年 7 月 1 日施行的《侵权责任法》中引入了避风港规则，明确网络服务提供者的责任承担应当采取过错责任原则，即在认定网络服务提供者的民事责任时，将网络用户权利人的通知作为必要前提。实质上看，刑法第 286 条之一所设置的行政前置程序，与"避风港原则"有着异曲同工之处，即通过降低平台责任来实现行政监管部门与网络服务提供者的责任平衡。同时，关于"监管部门"内涵与外延的界定，应当"根据具体职能的不同进行划分，包括工业与信息化部门、宣传部门、公安部门、工商管理部门等共计 16 个职能部门"。虽然在我国网络安全监管体系中，除行政监管之外，企业之间自发形成的行业监管同样发挥着管理与维护网络安全的重要作用，但不能据此加大对于网络服务提供者的惩治力度和打击范围，而将政府监管扩大解释为包括企业内部监管。进而言之，"假如在监管部门做出责令改正的行政指令之前，网络服务提供者存在违反相关法律法规规定的义务的行为，并已造成用户信息泄露，产生严重后果，但只要行政监管部门尚未发出'责令改正'的通知，则不构成本罪。而且，在监管部门责令改正后，如果网络服务提供者积极采取改正措施的，同样不构成本罪"。

四、互联网企业网络安全管理义务的刑法边界厘清

应当明确,互联网企业毕竟有别于以作为形式实施犯罪的行为人,也有别于承担社会管控义务的国家机关,对于互联网企业不作为责任的确立,应当严格厘清其责任边界,在通过不作为责任非难互联网企业的不作为行为时,也应避免传统罪名适用的过度扩张和政府责任的不当转嫁。

(一)企业信息网络安全管理义务的实质判断与限缩解释

互联网企业触刑的风险主要是作为义务的判断问题。一般而言,互联网企业绝大多数(除了网络内容服务商)并未参与信息内容的实质处理。因此,互联网企业义务来源的判断,主要体现为基于业务行为产生的平台的配合支持义务、基于法律法规规定的法定义务。从保护互联网产业的健康发展和互联网企业的主体性质上考虑,不宜赋予互联网企业过多的网络管理义务,只能是附属于行政监管的消除义务或者阻损义务。例如,浙江省高级人民法院 2009 年 12 月发布的《关于审理网络著作权侵权纠纷案件的若干解答意见》(以下简称《解答意见》)第 29 条明确指出,互联网企业只对其提供信息的合法性承担注意义务,不负有事先审查、监控信息侵权的义务。有鉴于此,不真正不作为犯在涉案范围、领域上具有理论上的无限扩张空间,只要满足保证人地位的存在,互联网企业触刑的概率即可被无限放大。从这个层面讲,对于不真正不作为犯的认定,应当进行更加严格的限缩。尤其是在当前大数据时代背景下,如果过度苛责于网络服务提供者的不作为义务,将政府监管责任置于一旁,必然不利于互联网产业的健康发展。对此,应当充分考虑互联网服务提供者当前面临的社会现状,即关于互联网企业法定职责范围的规定不够详细,社会技术能力和黑客能力存在较大的水平差,盗取公民个人信息的方式多样,以及不同地区的网络安全技术及其面临的态势、认识的水准不同。在判定企业是否违反信息网络安全管理义务时,应当综合考虑互联网生态的复杂性和链路,结合企业面临的困难和风控部门的解决能力进行综合判定,并对责令整改要求的可行性、明确性、针对性等问题进行判定。

(二)企业违反义务的主观罪过的限定与明确

互联网企业消极地不履行信息网络安全管理义务,无论是基于真正不作为犯,还是基于不真正不作为犯的归责路径,都要求行为人主观上对于违法犯罪行为的发生具有预见或者认识,即认识、预见到包含于构成要件之中的事实,这也是基于构成要件形式层面的归责限制。

根据责任主义原则,互联网企业如果未能预见到违法犯罪行为的存在,其

客观上的不作为便因欠缺主观罪过而不具有可责性。对于信息庞杂、手段隐蔽的网络犯罪而言，往往存在违法信息难以鉴别、难以发现、难以控制的客观技术障碍，因此对于部分客观上造成严重危害后果的行为也不宜一刀切地追究互联网企业的不作为责任，在存在客观危害结果的同时，尚需行为人存在主观罪过的证成。因此，在具体认定上如何确立互联网企业的主观罪过标准成为至关重要的问题。互联网企业对于网络犯罪危害结果发生的预见程度，作为一种主观意图难以被外界探知，但通过相关影响因素的外在表现，仍可以将主观心态客观地反映出来。例如，《解答意见》第30条对于"如何判断互联网企业已尽到合理的注意义务"分别从"互联网企业的信息管理能力"、"侵权信息的明显程度"，以及"设链网站与被链网站间是否存在利润分成、合作经营"等方面进行了认定，对于互联网企业注意义务的认定也具有参考和借鉴价值。此外，在罪过认定上，还可以借鉴《信息网络传播权保护条例》第19条至第24条的互联网企业的免责、担责规定，以及2010年《网络赌博意见》第2条的规定，以"公众举报或行政机关责令改正后进行技术、资金帮助、执法人员调查过程中故意销毁、隐匿相关数据等情形为依据，建立认定网络服务提供者明知的司法标准"。

（三）企业违反信息网络安全管理义务的危害后果判定的合理化

互联网企业的责任追究，应当根据当前学界关于互联网企业的类型划分，将责任范围限缩在不同互联网企业的服务类型之内。例如，在拒不履行信息网络安全管理义务罪中，规定了行为人承担责任的四种不同危害后果，不难发现前三种危害后果作为不同类型的互联网企业，其所承担的责任类型、责任范围就应该明确区分。同时需要明确，互联网企业仅就因不履行法定义务而造成的结果扩大部分承担责任，而不能将信息犯罪所单独导致的犯罪结果也一并归责。这是因为，在不成立共同犯罪的情况下，互联网企业的不作为对于网络犯罪没有加功作用，因此不作为行为与因网络犯罪行为导致的危害结果之间不存在刑法上的因果关系，而只对因其怠于履行安全管理义务的行为所引发的危害后果承担责任。民事领域在法律追责上也秉承了同样的原则，《侵权责任法》第36条规定，在被通知后仍未及时采取必要措施的，互联网企业仅就"损害的扩大部分"与侵权网络用户一同承担责任。虽然与刑法具有的惩罚犯罪的功能不同，民事责任在承担上主要以恢复原状、损害赔偿为主，目的在于弥补和修复被侵害的状态，但这并不代表界定损害结果范围和责任限度在刑事犯罪认定和责任承担上就不具有任何意义，因为在谨慎追究互联网企业的法律责任这一法律理念上，二者是相互契合的。例如，网络平台上的危害信息是难以有效避免的，网络平台的技术能力与义务要求可以减少和控制有害信息，如果平台已经履行了管理义务，仍然出现大量的违法信息，也不应追究企业的相关责任。

（四）企业违反信息网络安全管理义务与危害后果之间因果关系的强调

需要明确，即使存在保护支配地位或者监督支配地位，也并非直接产生行为的可归责性，仍需要借助于价值判断，即义务违反与因果关系的实质审查。在对互联网企业等业务人员的责任认定中，因果关系的判定也不应忽略。在即使及时采取补救措施也不可能避免危害结果发生的情况下，则不能认为其义务违反与危害后果发生之间具有刑法意义上的因果关系，互联网企业也就不成立不作为犯罪。进而言之，互联网企业的刑事归责，不能仅从其形式上所具有的特殊主体身份进行判断，而是应根据身份要素背后其所从事的特定业务内容、违法犯罪类型，即取决于互联网企业服务内容是仅提供网络接入服务还是参与实质信息内容的处理，从而判断其对于信息违法犯罪结果的发生是否具备避免能力。因此，互联网企业基于其所从事业务内容的结果回避能力，而非其作为业务人员的特殊身份，构成了对于信息违法犯罪不作为的责任基础。

同时，互联网企业在明知网络技术被用于违法犯罪后，仍不及时采取删除、断开链接等有效措施的，因为已经预见到危害结果具有发生乃至扩大的高度盖然性，此时的不作为与进一步产生的危害结果之间便具有相当因果关系，互联网企业也就不能主张技术中立原则排除其应依法承担的不作为责任。因此，不可罚的中立行为并非所有的业务行为均为不可罚，业务行为并非是违法犯罪行为的"保护伞"，如果互联网企业对于已经发生的犯罪存在确切的明知，仍然为相关犯罪提供网络服务或者怠于履行结果避免义务，即可认定其事后的不作为同犯罪之间具有因果关系，应当归责于其帮助行为。

五、结论

拒不履行信息网络安全管理义务罪的设置，实际上是在最大限度地限缩互联网企业的刑事责任空间，在行为人不履行作为义务的基础上，置入了经责令履行而拒不履行的行政前置性要件，将互联网企业的刑事责任明确为一种辅助责任、配合责任。不容否认，随着网络犯罪的高发，刑法对于网络犯罪的打击半径不断前移，共犯行为正犯化、预备行为实行化成为刑法应对网络犯罪的重要思路。但是，互联网企业作为商事主体，其本身并不具有管理社会的职能，不能将政府监管职能无限的向其进行转移，更不能将刑法前移的打击手段强加于互联网企业。同时，根据信赖原则，如果仅对对方实施犯罪具有可能的认识，继而提供了相应的商品或者服务，行为人只要合理信赖对方不会利用自己提供的商品或者服务实施犯罪，就不应受到处罚，因为如果只有确信绝对安全才能提供商品或者服务，无疑会给社会的正常运转带来障碍和困难。但是，如果当合理信赖的基本前提已经失去,已经出现犯罪倾向甚至犯罪的时候,依然不停止或者中断相关服务的,则可能成立犯罪。

整体上讲,拒不履行网络安全管理义务罪在实践中很少适用,主要是发挥威慑、教育的功能。本罪为不作为犯罪,根据《司法解释》的相关规定,应当考虑监管部门对网络服务提供者的责令改正是否有明确合理的依据(作为义务)、网络服务提供者的能力(作为能力)等问题。要充分考虑作为互联网服务提供者的企业主体能力的天然不足,例如,互联网企业的管理权限更多地体现为根据用户协议、平台规则对账户采取措施;对跨平台实施的行为,单一平台无法获得行为特征的数据等;对滥用自己公民信息保护权、出售出借自己相关证件的行为,仅诉诸平台的责任并无法根本性地解决问题。对此,在司法实践中需要平衡好安全行业的"权—责—利"的关系,也就是从事安全行业的人是否具有特殊的使用和采集信息的权利,如果既要求企业对犯罪进行特殊防范,又不赋予其特殊的权利,不仅不利于企业自身的健康发展,也不利于对犯罪的整体性预防。因此,对于网络犯罪的防治,应当加强主管部门、企业之间的密切协作,避免出现"一放就乱,一管就死"的现象,走出"齐抓共管、良性互动"的新路,使中国的企业在良好的法治环境下快速发展。

附件 企业网络安全管理义务类型与示例

网络平台的其中一个基本身份是网络运营者、构成网络平台的一个基本要素是网络信息技术,因此,网络平台需要履行与一般网络运营者一样的网络信息安全保障义务,这是平台能够顺利地为平台内的用户和其他主体提供线上线下服务的前提。

(一)平台的网络运行安全管理义务

1. 计算机信息系统安全保障义务——平台作为计算机使用单位

平台作为网络运营者,首先要遵守《计算机信息系统安全保护条例》,承担保障信息系统安全运行的责任。按照"谁使用,谁负责"的原则,平台作为计算机信息系统的使用单位应当建立健全安全管理制度,负责本单位计算机信息系统的安全保护工作,这是《计算机信息系统安全保护条例》对平台义务的总体要求。根据《计算机信息系统安全保护条例》的规定,计算机信息系统的使用单位所承担的法律责任分为行政、刑事和民事三类:(1)构成违反治安管理行为的,依照《中华人民共和国治安管理处罚法》的有关规定处罚;(2)构成犯罪的,依法追究刑事责任;(3)给国家、集体或者他人财产造成损失的,应当依法承担民事责任。这些法律义务的具体内容及其相应法律责任如表1所示。

表1 《计算机信息系统安全保护条例》中计算机信息系统使用单位的法定义务及法律责任

安全制度	具体义务	法律责任
安全等级保护制度	遵守安全等级保护制度	有下列危害计算机信息系统安全的其他行为的,由公安机关处以警告或者停机整顿: (1) 违反计算机信息系统安全等级保护制度,危害计算机信息系统安全; (2) 违反计算机信息系统国际联网备案制度; (3) 不按照规定时间报告计算机信息系统中发生的案件; (4) 接到公安机关要求改进安全状况的通知后,在限期内拒不改进
国际联网备案制度	进行国际联网的计算机信息系统,应当报省级以上人民政府公安机关备案	
安全事件处理机制	对计算机信息系统中发生的案件,应当向公安机关报告	
	根据公安机关的要求采取保护措施或整改措施	
机房安全管理制度	在计算机机房附近施工,不得危害计算机信息系统的安全	计算机机房不符合国家标准和国家其他有关规定的,或者在计算机机房附近施工危害计算机信息系统安全的,由公安机关会同有关单位进行处理
安全产品许可制度	销售计算机信息系统安全专用产品的销售应当经过政府许可	故意输入计算机病毒以及其他有害数据危害计算机信息系统安全的,或者未经许可出售计算机信息系统安全专用产品的,处以警告、罚款或者没收违法所得
病毒防治	不得故意输入计算机病毒或者有害数据	

如表1所述,网络平台作为计算机信息系统的使用者,在等级保护制度、国际联网备案制度、安全事件管理机制、计算机机房管理制度、计算机安全产品制度和计算机病毒防治工作中都要履行相应的管理、控制的义务,这是由于平台的运行首先要依赖于计算机信息系统的安全运行,不论是何种类型的网络平台,都必须接受政府机关在计算机信息系统安全方面的监管,相应地,也要承担违反安全保障义务的责任。总之,平台对于计算机信息系统的安全保障义务可以说是平台正常运行的基石,也是平台作为计算机网络使用者应当承担的最基础的平台责任。

2. 网络运行安全保障义务——平台作为网络运营者

从《网络安全法》的规定来看,无论是像淘宝、京东等提供经营性互联网服务的电子商务平台,还是仅仅建立网站用于信息服务的一般性信息平台,以及如移动、联通电信等网络所有者、管理者都属于"网络运营者"的范畴。① 因此，平台运营者同样需要遵循网络安全制度中对于一般网络运营者规定的义务并承担相应的责任。

表2 《网络安全法》中网络运营者的网络运行安全保障义务及法律责任

义务类型	具体内容	法律责任
网络安全保障义务	（1）一般性网络安全保障义务： ①制定内部安全管理制度和操作规程，确定网络安全负责人，落实网络安全保护责任； ②采取防范计算机病毒和网络攻击、网络侵入等危害网络安全行为的技术措施； ③采取监测、记录网络运行状态、网络安全事件的技术措施，并按照规定留存相关的网络日志不少于6个月	根据《网络安全法》第59条的规定，网络运营者不履行左列义务，由有关主管部门责令改正，给予警告；拒不改正或者导致危害网络安全等后果的，对该网络运营者及其直接负责的主管人员都处以罚款
	（2）关键信息基础设施的运营者的特别义务： ①设置专门安全管理机构和安全管理负责人，并对该负责人和关键岗位的人员进行安全背景审查； ②定期对从业人员进行网络安全教育、技术培训和技能考核； ③对重要系统和数据库进行容灾备份； ④制定网络安全事件应急预案，并定期进行演练； ⑤自行或者委托网络安全服务机构对其网络的安全性和可能存在的风险每年至少进行一次检测评估，并将检测评估情况和改进措施报送相关负责关键信息基础设施安全保护工作的部门	
实施应急预案工作的义务	对网络安全事件采取应急措施的义务：网络运营者应当制定网络安全事件应急预案，及时处置系统漏洞、计算机病毒、网络攻击、网络侵入等安全风险；在发生危害网络安全的事件时，立即启动应急预案，采取相应的补救措施，并按照规定向有关主管部门报告	

---

① 参见上海大数据联盟：《〈网络安全法〉系列解读之一：大数据企业，你是不是"网络运营者"》，载 https://www.sohu.com/a/143728498_468622，最后访问日期：2018年12月8日。

续表

义务类型	具体内容	法律责任
对网络产品、服务的监管义务	(1) 网络产品、服务质量保证义务：网络产品、服务应当符合相关国家标准的强制性要求，网络产品、服务的提供者不得设置恶意程序；发现其网络产品、服务存在安全缺陷、漏洞等风险时，应当立即采取补救措施，按照规定及时告知用户并向有关主管部门报告； (2) 网络产品、服务安全维护义务：网络产品、服务的提供者应当为其产品、服务持续提供安全维护；在规定或者当事人约定的期限内，不得终止提供安全维护； (3) 关键信息基础设施的保密义务：关键信息基础设施的运营者应当按照规定与提供者签订安全保密协议，明确安全和保密义务与责任	根据《网络安全法》第60条的规定，网络产品、服务提供者有下列行为之一的，由有关主管部门责令改正，给予警告；拒不改正或者导致危害网络安全等后果的，对该提供者及其直接负责的主管人员都处以罚款：(1) 设置恶意程序；(2) 对其产品、服务存在的安全缺陷、漏洞等风险未立即采取补救措施，或者未按照规定及时告知用户并向有关主管部门报告；(3) 擅自终止为其产品、服务提供安全维护
	国家安全审查义务：关键信息基础设施的运营者采购网络产品和服务，可能影响国家安全的，应当通过国家网信部门会同国务院有关部门组织的国家安全审查	根据《网络安全法》第65条的规定，关键信息基础设施的运营者使用未经安全审查或者安全审查未通过的网络产品或者服务的，由有关主管部门责令停止使用，对该网络运营者及其直接负责的主管人员都处以罚款
实施网络用户实名制的义务	网络运营者为用户办理网络接入、域名注册服务，办理固定电话、移动电话等入网手续，或者为用户提供信息发布、即时通讯等服务，在与用户签订协议或者确认提供服务时，应当要求用户提供真实身份信息。用户不提供真实身份信息的，网络运营者不得为其提供相关服务	根据《网络安全法》第61条的规定，网络运营者未要求用户提供真实身份信息，或者对不提供真实身份信息的用户提供相关服务的，由有关主管部门责令改正；拒不改正或者情节严重的，处以罚款，并可以责令暂停相关业务、停业整顿、关闭网站、吊销相关业务许可证或者吊销营业执照，对直接负责的主管人员和其他直接责任人员处以罚款

续表

义务类型	具体内容	法律责任
网络安全风险监管义务	(1) 网络运营者技术协助义务：网络运营者应当为公安机关、国家安全机关依法维护国家安全和侦查犯罪的活动提供技术支持和协助； (2) 网络安全风险的"约谈—整改"机制：应当按照网络安全主管部门的要求对网络安全风险采取措施，进行整改，消除隐患； (3) 网络运营者的检查配合义务：网络运营者对网信部门和有关部门依法实施的监督检查，应当予以配合	根据《网络安全法》第69条的规定，网络运营者违反本法规定，有下列行为之一的，由有关主管部门责令改正；拒不改正或者情节严重的，对该网络运营者及其直接负责的主管人员都处以罚款：(1) 不按照有关部门的要求对法律、行政法规禁止发布或者传输的信息，采取停止传输、消除等处置措施的；(2) 拒绝、阻碍有关部门依法实施的监督检查的；(3) 拒不向公安机关、国家安全机关提供技术支持和协助的

　　如表2所示，根据《网络安全法》，网络平台作为网络运营者需要承担应急管理、日常监管、实名制、风险控制等多方面的义务，保障网络信息的顺畅运行，这些义务在内容上与前文提到的计算机信息系统安全保障义务有一定的承继关系，可以说，平台的网络运行安全保障义务是对平台的信息系统安全保障义务的扩展和深化，其目的都在于保障计算机系统、互联网在物理层的安全运转，为平台的其他服务提供物理基础。此外，对于平台作为网络运营者的义务规定并不限于《网络安全法》，在国务院及网络通讯等部门发布的一些法规和规章中，有许多对《网络安全法》中的基本网络制度加以具体化的配套规范①，其中对网络平台的网络运行安全保障义务进行了更为详细的规定。

　　3. 不同服务类型的网络运营者的网络安全保障义务

　　一般而言，根据网络服务类型的不同，网络运营者也会分为不同的种类。前述《计算机信息系统安全保护条例》和《网络安全法》中规定的几乎是所有互联网企业都应当承担的一般性义务，而对于不同网络服务类型的网络运营者而言，还可能履行一些特殊的网络安全保障义务。在公安部发布的《公安

---

① 如2017年1月10日中央网信发布的《国家网络安全事件应急预案》、2017年8月9日工业和信息化部发布的《公共互联网网络安全威胁监测与处置办法》、2009年4月13日工业和信息化部发布的《互联网网络安全信息通报实施办法》，以及网信办制定的、尚在征求意见的《关键信息基础设施安全保护条例》等。

机关互联网安全监督检查规定》(以下简称《规定》)中,就在区分普通互联网服务提供者与接入服务、数据中心服务、域名服务、信息服务等特定服务的运营者的基础上,对其各自应当承担的特殊义务做了规定。《规定》中对互联网企业的分类虽然与本书对网络平台运营者的服务类型的分类并不相同,但仍有一定的参考价值,故将《规定》中对互联网服务者的义务设置情况归纳如下(见表3)。

表3 《公安机关互联网安全监督检查规定》中规定的网络安全保障义务

互联网服务者类型	互联网服务者义务	具体内容
普通互联网服务提供者	(1) 联网备案义务	联网单位应当办理备案手续,并报送接入单位和用户基本信息及其变更情况
	(2) 网络安全管理制度构建义务	制定并落实网络安全管理制度和操作规程,确定网络安全负责人
	(3) 记录留存义务	依法采取记录并留存用户注册信息和上网日志信息的技术措施
	(4) 采取技术措施维护网络安全的义务	采取防范计算机病毒和网络攻击、网络侵入等技术措施
	(5) 有害信息处置义务	在公共信息服务中对法律、行政法规禁止发布或者传输的信息依法采取相关防范措施
	(6) 技术协助义务	按照法律规定的要求为公安机关依法维护国家安全、防范调查恐怖活动、侦查犯罪提供技术支持和协助
	(7) 兜底性规定	履行法律、行政法规规定的网络安全等级保护等义务
国家重大网络安全保卫任务中的互联网服务提供者	(1) 网络安全工作方案建设义务	制定重大网络安全保卫任务所要求的工作方案、明确网络安全责任分工并确定网络安全管理人员
	(2) 网络安全风险管控义务	组织开展网络安全风险评估,并采取相应风险管控措施堵塞网络安全漏洞隐患
	(3) 网络安全应急处置义务	制定网络安全应急处置预案并组织开展应急演练,应急处置相关设施是否完备有效
	(4) 网络安全事件防范义务	是否依法采取重大网络安全保卫任务所需要的其他网络安全防范措施
	(5) 网络安全报告义务	是否按照要求向公安机关报告网络安全防范措施及落实情况

续表

互联网服务者类型	互联网服务者义务	具体内容
互联网接入服务提供者	记录留存义务	记录并留存网络地址及分配使用情况
互联网数据中心服务提供者	记录留存义务	记录所提供的主机托管、主机租用和虚拟空间租用的用户信息
互联网域名服务提供者	记录留存义务和违法处置义务	记录网络域名申请、变动信息,并对违法域名依法采取处置措施
互联网信息服务提供者	有害信息处置义务和记录留存义务	依法采取用户发布信息管理措施,并对已发布或者传输的法律、行政法规禁止发布或者传输的信息依法采取处置措施,并保存相关记录
互联网内容分发服务提供者	记录留存义务	记录内容分发网络与内容源网络链接对应情况
互联网公共上网服务提供者	采取技术措施维护网络安全的义务	采取符合国家标准的网络与信息安全保护技术措施

（二）平台的网络信息数据保护义务

在信息安全领域,网络平台所扮演的法律角色依然是网络运营者,因此,同样需要承担《网络安全法》所规定的保障网络信息安全的责任。其中,由于个人信息保护的重要性在网络安全领域日益凸显,且商业平台所掌握的个人数据规模逐渐增长,在互联网经济领域发生对个人信息侵犯的危害性和频率居高不下,故平台对个人信息安全的保障义务占据了平台的信息安全保障职责的主要内容。

1. 网络信息安全保障的一般性义务

根据《网络安全法》的规定,一般的网络运营者应当承担个人信息保护、非法信息管制等方面的责任,关键信息基础设施的运营者还需要在重要信息数据出境的管理上负担更多的责任;另外,在《全国人大常委会关于加强网络信息保护的决定》还规定了对商业性信息侵扰的限制。网络平台作为网络运营者,理应承担上述义务以及相应的法律责任（见表4）。

表 4　网络平台的信息安全保障的一般性义务

义务类型	具体内容	法律责任
网络个人信息保护义务	依法收集、合理使用个人信息；不得非法处置个人信息；采取适当的措施保护个人信息、防止个人信息泄露	根据《网络安全法》第64条的规定，网络运营者、网络产品或者服务的提供者侵害个人信息依法得到保护的权利的，由有关主管部门责令改正，可以根据情节单处或者并处警告、没收违法所得、处以罚款，对直接负责的主管人员和其他直接责任人员处以罚款；情节严重的，并可以责令暂停相关业务、停业整顿、关闭网站、吊销相关业务许可证或者吊销营业执照
重要信息数据出境限制	关键信息基础设施的运营者在中华人民共和国境内运营中收集和产生的个人信息和重要数据应当在境内存储。因业务需要，确需向境外提供的，应当按照国家网信部门会同国务院有关部门制定的办法进行安全评估；法律、行政法规另有规定的，依照其规定	根据《网络安全法》第66条的规定，关键信息基础设施的运营者在境外存储网络数据，或者向境外提供网络数据的，由有关主管部门责令改正，给予警告，没收违法所得，处以罚款，并可以责令暂停相关业务、停业整顿、关闭网站、吊销相关业务许可证或者吊销营业执照；对直接负责的主管人员和其他直接责任人员处以罚款
非法信息处置义务	网络运营者对违法信息的"监管—处置—报告"义务：网络运营者应当加强对其用户发布的信息的管理，发现法律、行政法规禁止发布或者传输的信息的，应当立即停止传输该信息，采取消除等处置措施，防止信息扩散，保存有关记录，并向有关主管部门报告	根据《网络安全法》第68条的规定，电子信息发送服务提供者、应用软件下载服务提供者，不履行安全管理义务的；以及网络运营者违对法律、行政法规禁止发布或者传输的信息未停止传输、采取消除等处置措施、保存有关记录的，由有关主管部门责令改正，给予警告，没收违法所得；拒不改正或者情节严重的，处以罚款，并可以责令暂停相关业务、停业整顿、关闭网站、吊销相关业务许可证或者吊销营业执照，对直接负责的主管人员和其他直接责任人员处以罚款
投诉举报机制	网络运营者应当建立网络信息安全投诉、举报制度，公布投诉、举报方式等信息，及时受理并处理有关网络信息安全的投诉和举报	—

续表

义务类型	具体内容	法律责任
商业性信息侵扰的限制	任何组织和个人未经电子信息接收者同意或者请求，或者电子信息接收者明确表示拒绝的，不得向其固定电话、移动电话或者个人电子邮箱发送商业性电子信息；受到商业性电子信息侵扰的用户有权要求互联网企业删除有关信息或者采取其他必要措施予以制止	—

2. 网络个人信息保护义务

由于网络平台主体的多元性、用户的大规模参与，平台的运营必须以掌握大量的个人信息作为基础，这部分个人信息既是平台用以实现经营活动的重要资源，也是用户个人的一项重要权利，对于信息网络个人信息的保护自然而然地成为平台义务的重要组成部分，受到普通用户的广泛关注。首先，个人信息作为公民的一项基本权利应当得到尊重和保护，平台作为网络运营者，其对个人信息的收集、使用、处理和保护就必须受到法律规范的制约；其次，根据《全国人大常委会关于加强网络信息保护的决定》的规定，侵害网络个人信息的行为应当承担下列责任：①一般的行政处罚责任：依法给予警告、罚款、没收违法所得、吊销许可证或者取消备案、关闭网站、禁止有关责任人员从事网络服务业务等处罚，记入社会信用档案并予以公布；②治安管理处罚责任：构成违反治安管理行为的，依法给予治安管理处罚；③刑事责任：构成犯罪的，依法追究刑事责任；④民事责任：侵害他人民事权益的，依法承担民事责任。这构成网络平台个人信息保护责任的基本内容。具体而言，《网络安全法》和《全国人大常委会关于加强网络信息保护的决定》这两部法律先后对网络运营者应当承担的个人信息保护责任做了详细的规定，二者的规定在内容上有所重复，笔者将其具体内容整合如下（见表5）。

表5 网络平台应当承担的网络个人信息保护义务及法律责任

法定义务	具体内容
①征求用户同意	网络产品、服务具有收集用户信息功能的，其提供者应当向用户明示并取得同意；涉及用户个人信息的，还应当遵守本法和有关法律、行政法规关于个人信息保护的规定互联网企业和其他企业事业单位在

续表

法定义务	具体内容
②合法收集和合理使用	网络运营者收集、使用个人信息,应当遵循合法、正当、必要的原则,公开收集、使用规则,明示收集、使用信息的目的、方式和范围,并经被收集者同意。网络运营者不得收集与其提供的服务无关的个人信息,不得违反法律、行政法规的规定和双方的约定收集、使用个人信息,并应当依照法律、行政法规的规定和与用户的约定,处理其保存的个人信息
③禁止非法处置个人信息	网络运营者不得泄露、篡改、毁损其收集的个人信息;未经被收集者同意,不得向他人提供个人信息。但是,经过处理无法识别特定个人且不能复原的除外
④对个人信息采取保护措施	网络运营者应当采取技术措施和其他必要措施,确保其收集的个人信息安全,防止信息泄露、毁损、丢失。在发生或者可能发生个人信息泄露、毁损、丢失的情况时,应当立即采取补救措施,按照规定及时告知用户并向有关主管部门报告
⑤个人信息非法处置的"通知—纠正"机制	个人发现网络运营者违反法律、行政法规的规定或者双方的约定收集、使用其个人信息的,有权要求网络运营者删除其个人信息;发现网络运营者收集、存储的其个人信息有错误的,有权要求网络运营者予以更正。网络运营者应当采取措施予以删除或者更正

集资类犯罪第三方服务提供者的责任认定

曲新久　周绪平[*]

内容摘要：近年来，伴随着互联网行业的蓬勃发展，金融服务模式不断创新为丰富投资理财渠道，缓解中小企业和个人融资难问题发挥了积极作用。与此同时，我们也见证了大量的风险事件，其中相当一部分与非法集资相关，尤其是第三方服务提供平台在全国各地的不断"爆雷"，传统的集资内核嫁接上互联网金融的"翅膀"，衍生出一系列法律风险。本文以实际数据和实证案例为基础，选取P2P网贷、众筹平台和网络私募基金为代表，通过分析其集资犯罪情况和入罪模式，探讨发生的深层次原因和合理化监管路径，以期为后期治理提供一定的思路和借鉴意义。

关键词：非法集资　第三方服务提供者　入罪模式　监管路径

一、问题的提出

近年来，互联网技术与金融业碰撞融合，演变出一系列全新的金融服务模式。互联网金融公司具备技术优势，降低服务成本，提供的产品和方式更加便捷，不再局限于点对点的交易模式，将传统的金融服务延伸至长尾市场。P2P网贷、众筹、私募基金、大数据金融的发展使得民间分散资金得到有效利用，一定程度上缓解了中小企业和个人融资难的问题，弥补了传统信贷市场的缺陷。

然而，机遇和风险并存，互联网传播速度之快，不受时间、空间限制的特点，加之初期无门槛、无标准、无监管的放任形式，使得网络成为金融犯罪的温床，打着互联网金融的幌子进行非法集资的恶性犯罪层出不穷。以P2P网贷为例，据天眼研究院不完全统计，截至2019年10月31日，6698家网贷平

---

[*] 课题主持人：曲新久，中国政法大学刑事司法学院教授；周绪平，江苏省丹阳市人民检察院检察长。课题编号：GJ2019HX08。

台中,问题平台5795家,占比86.5%。2018年6月1日至7月12日仅42天内,全国108家P2P平台爆雷。① 平台设立之初,借助第三方服务机构的外衣掩饰,在不具备任何资质的条件下变相吸收公众投资;或在实际运营中,虚构借款标的,大量吸收资金后随意挪作他用或携款潜逃,大大增加了非法吸收公众存款和集资诈骗犯罪的风险。而众筹方面,房地产众筹、汽车众筹、农产品众筹频频爆雷,涉及的非法集资事件更是不胜枚举。

一个良性运转的金融市场需要安全和效率两个价值之间的共生和平衡,而不应该顾此失彼。② 如何判别第三方机构非法集资风险,在维护金融创新的基础上,使其朝着合法合规的方向发展,如何实现行政监管和刑法规制的有效衔接,防止其沦为少数人谋利的工具,这都是我们要思考的问题。为此,笔者选取了以"P2P网贷平台""众筹平台""私募基金第三方服务平台"为代表的第三方中介机构,通过收集刑事裁判文书网、北大法宝数据库中的判决书和案例,试图剥离出其偏离中立机构入罪之方式及涉及罪名情况分析,进而探索出第三方服务提供者的运营转型和合理化监管路径。

二、P2P网贷平台涉集资类犯罪的风险与防控

(一) P2P网络借贷平台犯罪情况分析

笔者通过"P2P""网络借贷平台"等关键词检索裁判文书网,截至2019年10月31日,关于P2P第三方平台犯罪的裁判文书共124份,其中涉及非法吸收公众存款犯罪的69份,占比55.6%,集资诈骗罪的42份,占比33.9%,二者占据绝大比重,达89.5%。合同诈骗1份,主犯构成集资诈骗罪,从犯构成非法吸收公众存款罪的12份。

表1 P2P网络借贷平台犯罪所涉罪名

罪名统计	数量(份)	占比(%)
非法吸收公众存款罪	69	55.6%
集资诈骗罪	42	33.9%
合同诈骗罪	1	0.8%
主犯构成集资诈骗罪,从犯构成非法吸收公众存款罪	12	9.7%

---

① 参见网贷天眼行业报告,载 https://news.p2peye.com/article-552873-1.html。
② 邓超:《互联网金融发展的刑法介入路径探析——以P2P网络借贷行为的规制为切入点》,载《河北法学》2019年第5期。

以上数据反映，P2P网络借贷平台涉嫌犯罪风险主要集中于非法吸收公众存款和集资诈骗，两者的区别在于是否"以非法占有为目的"。笔者通过案件发现，只有极少数当事人会承认自己吸收资金的目的是为了自用或者高利贷赚取差价，绝大多数当事人并不承认具有非法占有目的。且在一审定性为集资诈骗案件中，当事人大多会选择上诉以期改变罪名的认定。实践中，关于吸收资金的客观行为往往容易证明，但由于主观意识的不可回溯，"非法占有目的"的判断不能仅仅依靠资金用途是否用于"个人挥霍"或"借旧还新"，还应综合考量融资项目的真实性、个人偿还能力、款项使用比重等。此外，在罪名认定中，存在主犯以非法占有之目的开设P2P平台，吸收资金并使用相关款项，主导犯罪的发生、发展，构成集资诈骗，而公司部分重要运营、财务管理人员，在企业不具备相关资质的情况下，积极参与对外投资宣传，违法吸收公众款项，因综合证据难以证明其具有非法占有的目的，构成非法吸收公众存款罪。

表2 P2P网络借贷犯罪中单位犯罪和个人犯罪统计

犯罪形式	单位犯罪	个人犯罪
数量（份）	3	121
占比（%）	2.4%	97.6%

通过表2可以发现，P2P平台所涉犯罪中绝大部分为个人犯罪，虽均设立公司，以"单位"名义对外，但掩盖不了自然人犯罪的本质特征，犯罪所得归控制人个人支配，公司仅是利用犯罪的平台，借以实现犯罪目的。最高人民法院《关于审理单位犯罪案件具体应用法律有关问题的解释》规定，个人为进行违法犯罪活动而设立的公司、企业、事业单位实施犯罪的，或者公司、企业、事业单位设立后，以实施犯罪为主要活动的，不以单位犯罪论处。[1] 关于P2P平台是否构成单位犯罪，应区分不同情形：其一，若平台设立之初便为集资犯罪服务，根据司法解释，平台不构成单位犯罪，认定为自然人犯罪无疑；其二，平台设立之初并未经过有关部门批准，上线后违法进行融资活动，视为个人犯罪；其三，平台设立后正常运行，吸收大量资金进入单位账户，用于公司日常经营，同时，单位负责人也积极参与非法集资活动，此时，单位和单位负责人构成非法吸收公众存款罪。

---

[1] 最高人民法院《关于审理单位犯罪案件具体应用法律有关问题的解释》第2条。

表 3　P2P 网络借贷平台涉案金额

涉案金额	10 亿元以上	1 亿~10 亿元	1000 万~1 亿元	100 万~1000 万元	100 万元以下	未体现
数量（起）	8	38	53	18	6	2
占比（%）	6.4%	30.4%	42.4%	14.4%	4.8%	1.6%

从对涉案金额的统计看（见表 3），P2P 平台犯罪涉案金额普遍较高，超过 1000 万元的占据近 80%，其中，最高的达 60 亿余元。这说明利用网络平台具有的受众面广、易传播、不受地域限制等特点，互联网与金融犯罪相结合所具有的社会危害性和杀伤力更大。例如，在简某某、方某某、郑某某非法吸收公众存款案中，被告人简某某成立速贷信息咨询有限公司，先后招聘方某某、郑某某等人，组织开发了"e 速贷"网络借贷平台，采取发布集资广告等方式，以公司、本人或员工名义与借款人签订虚假借款、抵押担保等合同，再制作成一定金额标的发布在平台，所吸收资金均流入简某某控制和支配的个人账户，截至 2016 年 5 月 20 日，利用该平台，被告人向不特定 43826 名公众吸收资金 6988051333.75 元。

表 4　P2P 网络借贷平台犯罪刑罚情况统计

刑罚	数量（份）	占比
3 年以下有期徒刑	23	18.4%
有期徒刑 3 年至 7 年	45	36.2%
有期徒刑 7 年至 10 年	12	10%
10 年以上有期徒刑及无期徒刑	44	35.4%

根据表 4 可以发现，P2P 网络借贷平台犯罪刑罚主要集中于 3 年以上 7 年以下有期徒刑和 10 年以上有期徒刑及无期徒刑。笔者认为出现此分化的原因在于依据前述平台集资金额主要集中于 1000 万元以上，适用非法吸收公众存款罪中的"数额巨大或者有其他严重情节"，处 3 年以上有期徒刑；构成集资诈骗的，符合"数额特别巨大或者有其他特别严重情节"，处 10 年以上有期徒刑或无期徒刑。根据最高人民法院《关于审理非法集资刑事案件具体应用法律若干问题的解释》规定，个人吸收或者变相吸收公众存款 100 万元以上的，构成"数额巨大"的标准，个人集资数额在 100 万元以上的，属于"数额特别巨大"标准，但司法实践中，关于网络借贷平台集资犯罪，近 94% 的案件涉案数额已超过 100 万元。因此，基于传统线下金融犯罪模式的刑罚区分标准在互联网金融发展过程中，功能被大大减弱。

(二) P2P 网贷平台经营模式的演进及刑事风险

1. P2P 平台的原始经营模式——单纯中介型

P2P 网络借贷平台，是伴随着互联网和民间小额借贷发展起来的新型金融模式，最早起源于英国，自第一家网贷平台 Zopa 启动获得市场后，P2P 开始迅速传播至美国、德国、中国，乃至全世界。P2P 平台的原始定位是传递信息的平台，不参与借贷关系，为投资方和融资方提供信息交互、撮合、资信评估等中介服务，并收取管理费、服务费、中介费或手续费等。借贷合同由借款人和出借人签订，流程大致为：借款人在平台发布借款邀约——出借人依据信息投标——资金筹措期满，资金总额达到或超过借款人要求，按利率最低者中标——网站生成电子借条，借贷双方签字确认——平台完成放款，借款人按约定还本付息。该流程中，若资金筹措期满未能凑齐借款人所需的资金，则该项借款计划按流标处理。如若借款成功，P2P 平台责任在于跟踪借款人还款付息的情况，在借款人未按约定履行还款计划时，通过电话、短信等方式提供催收服务或通过曝光黑名单对失信借款人进行惩戒。

我国的拍拍贷是该种经营模式下的代表。拍拍贷于 2007 年成立于上海，是国内第一家由工商部门特批，获金融信息服务经营许可的公司，其运营模式主要借鉴美国的 Prosper，网站提供的服务包括发布借款信息、竞标、数据管理、电子凭证等。拍拍贷根据借贷双方上传的资料进行身份认证和信用审核，评定并公布信用等级，其特点在开立第三方资金中转账户，用于借贷双方资金中转，防止资金沉淀或因监管不力导致的挪用风险。

2. P2P 经营模式的演进——复合型平台

随着金融市场的迅猛发展及网贷行业的不断扩张，单纯中介型的 P2P 平台难以满足中小微企业融资需要的市场空缺，加之目前国内征信体系建设薄弱及行政监管的缺失，纯信息中介的 P2P 网贷平台开始淡出信贷市场，转而复合型平台上线，并占据主流地位。所谓复合型 P2P 网贷平台是指平台在交易过程中不仅提供中介服务，还充当追款者、担保人、联合追款人、利率指定人等职能。

(1) 担保模式

该模式下分为平台担保或第三方担保，平台担保是指平台并不参与双方借贷交易，只是在贷款到期，投资人无法收回本金和利息时，承担投资人资金"刚性兑付"的兜底责任，具备融资担保公司实质。[①] 该模式以红岭创投为典

[①] 黄超英、陈霞：《P2P 网贷平台的刑法规制——以对国内判例研究为依据》，载《海峡法学》2017 年第 3 期。

型代表。目前，大部分平台本身不再为投资人提供担保，而是转嫁于第三方担保公司或引入职业担保人，此模式的风险在于第三方担保公司往往与平台密切相关，甚至存有P2P平台私设担保公司之情形，导致担保公司和平台本身在财务制度上存在混同。

(2) 债权转让模式

债权转让模式是指借贷双方不直接签订合同，而是由平台或第三方先行放款给资金需求者，在取得借款人债权后，通过平台将债权转让给投资者的形式。现下，绝大部分P2P平台都采取了债权转让模式，该模式具备一定的合法性，一方面，《合同法》第79条规定"债权人可以将合同的权利全部或部分转让给第三人"，另一方面，先形成债权再进行转让，一定程度可以避免资金沉淀的风险。该模式下的代表是宜信，主攻小额信贷，每笔平均额度控制在2万元以下，通过对贷款期限和金额双重切割，转给多个投资人，分散风险。债权转让模式对P2P平台而言，理论上具有可操作性，实践中，很多平台假借该模式名义实际从事归集资金的非法集资行为，加之平台和第三方实际履行了贷款人的角色，而并不具备金融机构的身份，导致该模式仍存在不良风险。

(三) P2P网贷平台可能涉及的金融犯罪

传统的P2P网络融资平台仅为出借人和贷款人提供交易服务，只需对借款人资格进行审核，不参与具体的债权债务关系，一般不会触及破坏金融秩序的刑事犯罪。但是随着融资平台的不断发展，其中一些已经严重偏离金融中介的角色，逐步异化，由最初的独立平台演变为具备担保、吸储、放贷和发行债券等职能的"金融机构"。此外，由于缺乏监管，平台通过虚构项目标的、违法发售理财产品、保本付息等方式吸引社会不特定对象资金。

1. **违法设立资金池，变相归集出借人资金**

设立资金池是当前多数非法P2P平台最常见的形式之一，即平台先归集资金、再寻找借款对象等方式，使放贷资金进入平台中间账户，产生资金池。2011年11月22日，最高人民法院于《最高人民法院关于审理非法集资刑事案件具体应用法律若干问题的解释》中明确指出，这种模式涉嫌非法吸收公众存款。作为资金管理模式而言，资金池本身并没有好坏之分，该模式也是银行、保险等机构运营的核心，但资金池良好运作的前提是国家监管保障资金安全，不会发生卷款潜逃、非法挪用等风险，同时投资人也要有充足的信心，不发生挤兑。P2P网贷平台设立资金池，归集资金的最大风险在于，一是平台可能随意挪用资金，用于投资房地产、股票、债券甚至高利贷等，增加潜在的风险；二是不透明的运作模式为借新还旧提供了掩盖。

2. 虚构借款标的，套取资金违法发放贷款

P2P平台涉嫌犯罪的另一典型行为即为虚构项目标的吸引投资人资金，再寻求有借款需求的借款人。平台实际履行了金融机构的职能，装扮成"小银行""网上银行"，变相吸收存款对外发放贷款，更有甚者在套取出借人资金后，占为己有或偿还个人债务，导致投资人损失惨重。所谓第三方平台责任与其平台信息的真实性与业务合法性具有直接关联，平台在发布虚假借款需求之初已经违背其设立目的，后期演变为具有金融存贷款义务的伪金融机构，实质上已经违法，根据相关规定，经营吸储、放贷和发行债务等金融业务须经有关部门的批准，由获得审批的金融机构进行，未经批准擅自从事上述业务的可能会构成非法经营罪。①

3. 私设担保公司，违规提供担保

当前，为在P2P交易中引入担保机制，一部分平台控制人私设关联担保公司，向投资人承诺保本付息，博取信任。2015年最高人民法院发布的《关于审理民间借贷案件适用法律若干问题的规定》（以下简称《规定》）第22条对P2P融资平台去担保化责任予以明确："借贷双方通过P2P网络融资平台形成借贷关系，网络贷款平台提供者仅提供媒介服务的，不承担担保责任。"② 此外，由于财产上的混同，设立关联担保公司为平台实现自融目的，与其他相关平台间互相频繁对倒资金，最后进入实际控制人私人账户提供了可能（如图1）。

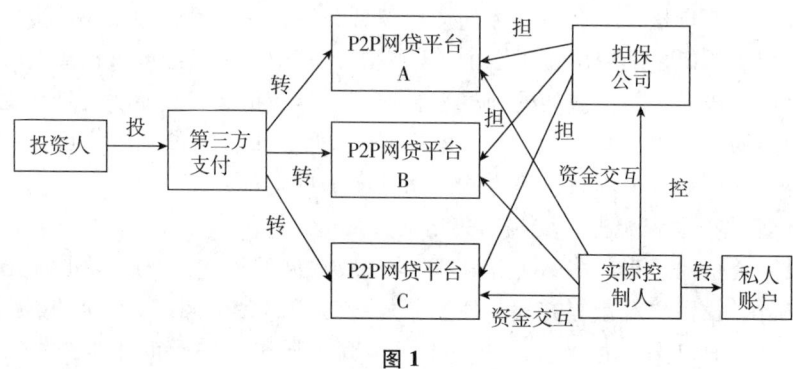

图1

（四）P2P网络借贷平台集资风险的监管路径选择

在经历2018年大量P2P平台爆雷后，监管部门发布了P2P网贷行业的合规检查，对网贷平台重新进行合规整治，网贷行业进入严监管时代，行业发展

---

① 最高人民法院《关于审理非法集资刑事案件具体应用法律若干问题的解释》。
② 同上。

逐渐走向稳定，一批平台被迫转型或退出。其实，早在2016年，原银监会联合工信部、公安部、网信办等四部委就发布了《网络借贷信息中介机构业务活动管理暂行办法》（以下简称《暂行办法》），之后，又先后出台了《网络借贷信息中介机构登记管理指引》《网络借贷资金存管业务指引》《网络信贷信息中介机构业务活动信息披露指引》，形成网贷行业"1+3"监管体系。

2019年以来，网贷行业正式进入合规备案期，要求ICP许可经营证、银行存管、国家信息系统安全等级保护三级认证三证齐全。在新规的监管下，P2P网贷的发展必然回归理性，平台需要完成自身的合规转型，剔除不良业务，同时配备外延监管措施，共同重建健康的网贷市场。

1. 严格市场准入和退出制度

P2P网贷平台之所以问题频发，很大原因在于行业门槛过低，导致大量不良从业者挤入，扰乱正常的市场发展秩序。2016年11月，银监会出台《网络借贷信息中介机构备案管理登记指引》，要求新设立的网络借贷信息中介机构向地方金融监管部门进行登记、公示和建档，而不是审批许可或颁发证书，基础的入行门槛为P2P网贷的不规则发展埋下隐患。

笔者认为，为规范P2P平台运营，减少问题平台的违法犯罪风险，构建必要的准入退出机制必不可少。一是设立平台注册最低资本金。P2P平台不同于普通个人企业，其必须拥有一定数量的资本，才能保证平台的持续性经营，平稳过渡风险。最低资本要求和灵活的资本控制是防止大量问题平台进入，维持行业良性运行的基础。二是持续完善资金第三方存管制度。2017年2月，银监会公布《网络借贷资金存管业务指引》，提出建立客户资金第三方存管，实现客户资金与网络借贷信息中介机构自有资金分账管理，防范非法集资及资金挪用风险。但目前，大部分网贷平台在资金存管业务、账户设置等方面仍未实现真正意义上的第三方存管。对此，笔者建议，继续完善P2P平台与银行的资金存管对接业务，让银行成为"平台管撮合，银行管资金"的第三方保管账户，将是否与设银行资金托管协议作为P2P注册审核的必要条件，隔开银行与平台的系统风险。三是确立对董事及高管的背景审查。在准入限制上，要求P2P平台的董事、监事、高管等必须具备岗位所需的专业知识与相关经验，同时，没有职业污点记录，以此杜绝个别违法违纪从业人员不断重蹈覆辙的局面。

除提高准入门槛外，还需要设立一定的退出机制让存在问题的平台有序退出市场。对平台创立者和管理人员进行严格的登记注册，明确权责归属，记录其信用登记和资产负债。当平台出现可能倒闭的情形时，需要确定相应的监管部门对其进行接管，如果平台存在分立、合并或者需要解散的情况，须有解散理由及保障贷款人本息计划,经监管部门批准后方予解散;若平台因经营不善不能支付到期债务,应经监管部门同意后宣告破产,并组建清算组对平台进行资产清算。

2. P2P 平台内部的合规转型

严监管下,P2P 行业发展放缓,网贷平台必须实现自身合规转型,剔除不良业务,依法完成合规审查,才能更长远发展下去。

首先,平台必须回归其信息中介定位,不能异化为信用中介平台,更不能装扮成"小银行""网上银行",其功能仅限为出借方和借贷方提供信息、咨询、撮合交易等中介服务。同时,平台要对出借方和投资人的资质进行严格审核,包括借款人身份、财务状况、还款能力、担保情况等,及投资人最低收入或资产证明等,确保双方信息的真实性。

其次,建立有效的内部风险评估和大数据风控系统。一个合规的 P2P 网贷平台,内部必须建立一套科学的风险评估和管理体系,以减少投资者风险。一是 P2P 平台公司要设立专业的风控团队,配套安全的网络防护措施,对贷前、贷中、贷后全过程进行数据监控以监测风险。二是构建平台自身的借款人信用评级体系,通过上述对借款人背景、还款能力、信用历史等资料确定不同指标,设立一定权重,根据客户实际情况确定信用等级,按等级划分区别平台不同客户,控制交易风险。三是平台可根据自身的经营定位,提倡小额出借,鼓励出借人资金分散借出或设置独立的还款风险金账户。

最后,注重平台信息披露。包括平台基本信息数据,如资质背景、交易成本、收费标准、投资人和借款人筛选标准,以及关联企业、机构,如担保机构、资管机构等。另外,披露的信息还应包含公司架构,如平台控制人及高管基本信息、股东数、股权让渡等。同时,适当向公众披露平台的经营状况,包括在线人数、资金总量、违约状况以及借款人的资信状况等。

3. 加强行业外延监管

透明公开的 P2P 市场离不开高标准的外部监管,借鉴英、美等发达国家成熟的发展经验,无一例外不强调宏微观上的严监管,形成发展闭环。

一是完善网贷法规监管体系。长远来看,建立和完善基础性法规,将 P2P 纳入法律监管范围,使从设立、经营、信息披露及后续风险防控、退出都有法可依必不可少,实现网贷金融从"人格化交换"向"非人格化交换"转变。二是加强对投资者权益的保护。P2P 监管改革离不开对投资者保护,尤其是对客户资金的保护。笔者认为,资金存管方面,在实现第三方托管后,应建立不同客户分别建账、资金分别管理,并对银行履行尽职调查义务;债务充抵方面,规定客户账户资金归属客户,第三方银行无权用资金充抵 P2P 平台债务;

在破产处置方面，如借款人已偿还资金支付给投资者，尚未向借款人发放的贷款停止发放，接管人应按先前规定继续对存续贷款进行管理。三是促进信用服务体系建设。市场经济是信用经济，征信市场的健全是P2P行业发展的重要基础。规范征信服务行业的市场管理，丰富征信产品，推动征信机构之间的信息共享。此外，可对现有的资信、评估、审计等中介服务机构进行整合、再造，吸收国内外大型中介服务机构的先进经营和组织形式，促进信用中介机构服务水平再提高。

4. 涉嫌犯罪的刑法介入路径

(1) 刑法介入的必要标准

互联网金融创新的目的在于寻求新的金融模式和载体，而刑法对金融秩序的维护则体现为对金融犯罪行为的厘清，并规定相应的惩罚，是一种更为严厉的制裁模式。因此，刑法介入金额创新风险的限度只能限于行为对法益造成严重的危害性，在对危害性考察方面，坚持全面性、具体性、变动性的考察原则，从行为、行为人、被害人、民意四个方面进行综合考量。对于单纯的金融创新方面，没有刑法处罚必要性的，将其排除在外，对确实具有处罚必要性的风险行为加以规制。

(2) 刑法规制的具体路径

第一，严厉打击异化后平台非法集资犯罪行为。紧盯金融风险化解，加大对偏离中介性质的，违法建立资金池，以高息回报、提供担保作为诱饵，承诺还本付息，向不特定公众募集资金，用于投资房地产、股票、债券甚至高利贷等集资犯罪的打击力度。针对"影子银行"、地下金融、P2P网贷等机构，联合监管部门开展专项整治活动，检察机关要不断完善适时介入侦查、引导取证机制，着力破解相关犯罪侦查难、取证难的问题。对实践中存在分歧的金融犯罪案件认真研究，达成共识，共同制定相应的规范性文件，统一执法司法标准。

第二，完善非法吸收公众存款罪、集资诈骗罪的刑罚配置，增设资格刑。当前，对于非法吸收公众存款罪、集资诈骗罪，刑罚规制多为自由刑和罚金刑。根据我国《刑法》第176条及第192条的规定，非法吸收公众存款罪和集资诈骗罪采取的是分档限额罚金，以非法吸收公众存款为例，处3年以下有期徒刑或者拘役，并处或者单处2万元以上20万元以下罚金；处3年以上10年以下有期徒刑，并处5万元以上50万元以下罚金。而P2P平台犯罪涉案金额巨大，动辄千万或过亿元，该罚金刑数额明显未能与体现与犯罪数额的比例关系，难以实现罪责刑相适应，因此，笔者建议可采用倍比罚金刑，将犯罪金额、行为人违法所得、归还金额与罚金刑数额挂钩，突出罚金刑惩罚性质。此外,有必要增设相关资格刑,禁止此类案件的犯罪分子自刑罚执行完毕之日起在一定期限内从事相关职业,避免该类人员刑满释放后重操旧业,给互联网金融的健康发展带来持续重大的隐患。

第三,强化涉案财产的后续处置,最大限度地追赃挽损。涉案财产的处置向来是非法集资案例的难点,刑法的介入往往具有滞后性,惩罚通常伴随着危害行为的发生、大规模损害结果出现的事后机制,受害人损失惨重。一方面,要加大对恶意隐匿、转移资产或者搞"假倒闭""假破产"等金融犯罪,以及协助、帮助隐匿、转移资产等洗钱犯罪的深挖打击,查清资金资产状况,尽力挽回损失。另一方面,畅通群众诉求反映渠道,尤其是对受害者提供的被告人未被查封、扣押、冻结的财产线索指定受理、调查主体,以便最大限度地挖掘赃款去向,缓解社会矛盾。

三、众筹类平台的风险分析及防控应对

众筹是一种面向大众募集资金,以支持筹款的个人或者组织完成某个项目的行为,是一种新型融资模式。众筹最早发生于20世纪80年代的欧美,最著名的早期众筹是1885年美国自由女神像底座众筹案,发展缓慢,直到互联网技术的普及和应用,众筹才得以真正进入公众的视野。

与国外的发展相比,众筹模式在我国出现的较晚,2011年"点名时间"的上线标志着中国众筹行业起步,经历了一段时期的爆发式增长后,到2016年底,全国范围内已经有770家众筹平台。然而,随着大平台资源整合的逐渐完成和一些互联网巨头进入市场,中小平台的生存空间受到挤压甚至出局;加之国家监管收紧和整治力度的加强,行业面临着合法性和合规性的考验,前期众筹项目的风险开始暴露出来,大批问题平台涌现、自行退出或被动关停。至此众筹行业的发展速度放缓,但专业化和规范化程度增强。

(一) 众筹类型及平台风险

根据回报内容的不同,传统的众筹项目一般分为四类:产品众筹、债权众筹、股权众筹和公益众筹。随着众筹行业的发展,衍生出仅以收购资产的升值收益作为回报内容的新型项目,一般将此类众筹称之为物权型众筹。以下对各种众筹类型作简要介绍,并对各种类型运营中可能存在的风险进行分析。

1. 产品众筹

产品众筹是指融资人承诺以产品或服务的形式作为回报,向公众发起融资的行为。

产品众筹起源于国外,融资人以投资人投资的资金去开发未面世的产品或服务,投资人以较低的价格取得一个新型产品或服务。受国人观念和市场环境

的影响，国内产品众筹大多体现为产品预售，实质已不是从无到有的创意落地开发，而是一种产品宣传的方式，众筹的金融属性已不是非常明显。

我国产品众筹平台包括综合型平台和垂直型平台两类。由于参与的门槛较低，平台普及率高，行业规模持续增长。

（1）产品众筹的运行机制

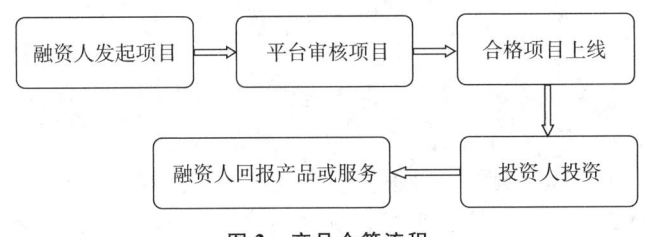

图 2　产品众筹流程

如图 2 所示，产品众筹流程包括融资人发起项目、平台审核项目、合格项目上线、投资人投资、融资人回报产品或服务。在这个过程中，平台充当提供中间信息服务的中介者，融资人向众筹平台提出项目申请，平台审核完成后，投资人通过平台选择自身感兴趣的项目。

平台通过对成功项目收取一定比例的服务费，也有一些平台为宣传和招揽客户而免除收取佣金。

（2）产品众筹的平台风险

如前所述，产品众筹的低门槛给不法分子以可乘之机：伪造项目说明和回报文案、上传虚假图片信息以骗取投资人资金的情形屡见不鲜，投资人遭受损失，平台或被追责或承受巨大的道德压力。项目启动后，融资人对项目夸大其词、掩盖瑕疵，项目产品质量良莠不齐、售后服务缺位，平台是否对此负有监督管理责任存在争议，但大部分中小平台违反金融行业惯例，未尽到信息披露和风险提示之义务。

此外，平台设立门槛过低，质量参差不齐，专门机构监管缺位。再加之平台往往没有独立的资金存管机构，以平台账户存放项目成功前的筹资，变相设立资金池，存在极大资金风险。

2. 债权众筹

债权众筹是指以债权的形式作为回报，向公众进行融资。债权众筹主要体现为 P2P，而 P2P 在本文其他部分已作详尽分析，故在此不作赘述。

3. 股权众筹

股权众筹中，融资人以项目股权作为回报，向合格投资人进行融资。根据资金募集方式和对象的不同，股权众筹融资分为互联网公开股权融资与互联网非公开股权融资。

2015年7月人民银行等十部委联合发布的《关于促进互联网金融健康发展的指导意见》将股权众筹融资定义为"主要是指通过互联网形式进行公开小额股权融资的活动",即互联网公开股权融资。由于其具有"公开、小额、大众"的特点,我国对其监管严格:未经相关机构批准,不得开展股权众筹融资活动,实行事前、事中和事后的全程监管模式。目前取得公开股权众筹试点资格的公司寥寥无几,因此,股权众筹平台以非公开股权众筹融资平台为主。国家对这种众筹采取备案制,准入宽松,注重事中和事后的监管。

(1) 股权众筹的运行机制

各国对股权众筹融资的要求不一,根据具体运行方式的不同,可以分为个人直接股东模式、基金间接股东模式和"领投+跟投"模式,其中"领投+跟投"模式是世界上股权众筹平台运用最多的模式。

在我国,股权众筹不得公开面向大众进行,须限制其参与人数[1],故国内股权众筹平台主要采用"领投+跟投"模式,辅之以将投资者限定为平台的实名注册用户、限制实际投资者人数等模式。

"领投+跟投"模式将领投人和跟投人组成联合投资体,领投人通常承担项目分析、尽调、项目估值议价、投后管理、项目退出等职责,带领跟投人投资,以项目成功后的投资收益抽成为回报。这种模式符合国内投资者无专业经验、投资风险较高的市场需要。但市场环境和行业内部的变化和发展催生平台角色的变化,平台不再局限于居中提供信息,而逐渐承担起部分尽调、估值定价的职责,并从融资成功项目总资金中抽取一定比例作为盈利。

(2) 股权众筹的平台风险

近年来,国家对股权众筹平台监管收紧,但包括《证券法》在内的法律及政策顶层设计的缺失,股权众筹平台模式和制度的建构缺乏指导,运营存在法律风险。

在融资过程中,多数投资人不具备专业知识和投资经验,无力尽调,易受他人影响,从众投资,出现"羊群效应"。且目前国内的"领投+跟投"模式与国外模式存在差异,对"合格投资者"的要求不够完善,即便跟投人与领投人绑定成为投资联合体,跟投人仍无法充分认知和防范自身面临的风险。另

---

[1] 根据《私募股权众筹融资管理办法》的规定:"融资完成后,融资者或融资者发起设立的融资企业的股东人数累计不得超过200人。"另,2015年8月,中国证券业协会下发一份关于调整《场外证券业务备案管理办法》个别条款的通知,将"私募股权众筹"改为"互联网非公开股权融资"。

外，融资人可能操纵前期资本积累信息，吸引投资，筹集到一定规模的资金后撤回前期资本，甚至编造虚假项目信息，骗取投资人的资金。如平台不对此采取对策，信用风险将会演变成为平台运营风险。

此外，平台与融资人合谋骗取投资、因经营模式选择有误而可能承担担保或违约责任，以及被融资人或投资人利用进行洗钱的犯罪活动等也成为网络融资过程中所可能存在的风险。

4. 公益众筹

公益众筹是指出资者无偿给予众筹项目支持以实现资金需求方筹资目的的众筹方式。与其他类型众筹不同的是在未筹集到目标资金的情形下，公益众筹无须将已筹集资金退还给出资者。

总体而言，公益众筹的项目数和融资额较小，且是非营利性质，风险较其他类型众筹而言低很多，但仍存在平台对虚假项目信息审核不严、平台未尽到对筹资去向的信息披露义务，以及无合作的资金存管机构等问题。

5. 物权型众筹

物权众筹是指投资人购买项目实物资产，通过资产升值变现获得投资收益的众筹，包括汽车众筹、房地产众筹、农产品众筹等。

物权众筹具有投资门槛低、平均回款周期较短、收益率较高等特点，受到广大投资者的青睐。因此，物权众筹虽于2014年才产生，但发展迅猛，到2017年时，物权众筹的融资成功项目数和金额已经超过除债权众筹（P2P）的其他众筹类型，融资额达到120亿元，成为众筹行业的重要增长点。然而，由于这种模式的先天不足和后天监管不严，2016年末开始，问题平台不断涌现，尤其是汽车众筹行业频频爆雷，物权众筹行业被迫经历重新洗牌。

（1）物权众筹的运行机制

如上所述，物权众筹的投资人并不会在投资后享有该实物的所有权，因此在融资人提交申请、平台审核、投资人投资至筹资达到目标金额后，平台将协助办理产权登记手续，与投资人签署由融资人或平台代为持有该实物标的的协议。此后，该实物标的会在一定期限内经投资人表决后被卖出（多数平台还承诺如标的未被收购则由平台回购），投资人就收益进行分配。

平台主要通过从成功项目的筹资金额抽成作为盈利，另外少数实行会员制的平台还会收取会员费。

（2）物权众筹的平台风险

众筹行业的法律法规主要集中于股权众筹，而物权众筹虽然具有特殊性且占据巨大的市场份额，但也未得到充分的重视和严密的监管。

实物产权不被转移而被平台代为持有，这本身就缺乏清晰的法律界定和完善的制度设计，加之难以确定专门的监管部门，搭建和完善规范运行的平台成为难题。

在房地产众筹受到国家严格管控的现下，汽车众筹是最热门也最具代表性的物权众筹类型。汽车众筹的门槛较低，而且在融资的过程中，投资人很难有机会见到实物汽车，不法融资人以虚构项目信息、伪造过户信息等方式骗取投资人资金，暴露出平台信息披露不到位、监管缺失的漏洞。同时，很少有平台与专门金融机构签订资金存管业务协议，内部也缺少资金监控机制，项目筹集资金直接进入平台账户，甚至有些平台趁机自融吸收资金，利用项目成功之前的时间差和存管优势，将资金挪作他用乃至卷款跑路，使投资人遭受巨大损失。

(二) 众筹平台责任分析

笔者以"众筹"为关键词在裁判文书网进行检索，截至2019年12月1日，共有案件500余件，但涉及第三方服务提供者责任的案件寥寥无几。通过对检索出的500余件案件的分析，笔者认为众筹形式的集资类犯罪主要包括两种行为模式：第一种行为模式是以"众筹"这一新模式作为外包装，签订所谓的众筹协议，但实际实施的仍然是常见的集资诈骗罪或组织、领导传销活动罪等犯罪活动；第二种行为模式是行为人为融资需要而自创一个众筹平台以吸收公众存款或诈骗公众财产。只有少数行为人借助第三方众筹平台实施犯罪活动，但因刑事案件门槛较高，大多数众筹平台纠纷仅诉诸民事途径即可解决，第三方平台承担刑事责任的案件十分少见，但也并非完全没有，较为典型的是深圳惠卡世纪集团有限公司一案。

深圳惠卡世纪集团有限公司（以下简称惠卡公司）成立于2013年，公司主要从事网上商场和O2O商家加盟等业务，先后开发了"惠信钱包""创业宝""农村宝"等7个融资平台。这7个平台的融资模式为一个创业项目需要资金，经被告人何某某（公司法定代理人）审核同意后，即在融资平台上发布一个融资标的，向全国各地投资人融资。投资人的资金通过第三方平台新浪支付等转到公司账户或何某某的个人账户，用于投资人利息和本金体现金、员工工资、办公、运营费用等。

其中，融资平台创业宝实际相当于一个众筹平台，公司或个人可以将项目发布在平台上，客户投资该项目，投资的钱通过存钱进惠信钱包转进创业宝里面的投资项目，如果项目能够成功启动，且有盈利了，就按照投资比例分成。创业宝收益率16%左右，可以债权转让，如果没人接手，30个工作日后惠卡公司回购，后台审核后将钱返回到客户绑定的银行卡里。

惠卡公司以高额利息为诱饵，通过互联网、手机APP以及线下宣传等方式吸引投资者投资，向社会公众非法吸收存款，线上融资平台经核对的有效充值人民币二亿九千万余元（294632335.22元），有效提现人民币二亿三千万余元（230819568.68元），差额为人民币6000万余元（63812766.54元），参与核对上交易的有168330位客户。因惠卡公司成立后未取得金融许可证而一直从事融资活动，法院认为其在成立后主要实施犯罪活动，故未认定本案为单位犯罪，而认定为自然人非法吸收公众存款罪，视情节轻重，对涉案的10名被告人判处有期徒刑2年到9年并处罚金的刑罚。

此外，笔者在检索案例时注意到较为特殊的是汽车众筹。汽车众筹在2015年野蛮生长，于2016年底开始频频爆雷。问题平台大多是以模块式发展起来的小平台，建立之初即以筹资为目的，项目没有真实背景，承诺高收益，还有部分平台以庞氏骗局的方式，以新贷还旧贷的方式获取前期投资者的信任，诈骗更多投资者的更高额资金后卷款潜逃。

汽车众筹平台主要集中于东部地区，超过80%位于山东省，由于平台成立动机不纯、运行不规范或监管存在漏洞，山东省随之成为汽车众筹平台的最大爆雷地，江苏、山西等省份也有汽车众筹案件。这类案件涉案金额以100万元至1000万元为主，约1/3案件涉案金额达到1000万元以上，如江苏的鼎胜二手车众筹平台非法吸收公众存款5672万元，山东的奔客达电子商务有限公司汽车众筹平台非法吸收公众存款4713万元，被害人数众多，社会影响恶劣。

此外，汽车众筹案件存在一些共同特征：

第一，责任主体都是自然人。涉案平台或基于诈骗财物为目的而建立，或设立时未经相关部门依法批准、取得相关金融资格而擅自实施吸收资金的行为，是为在设立后以实施犯罪为主要活动，不以单位犯罪论处。

第二，行为方式一般为在网站发布虚假的汽车众筹项目信息，并承诺在一定期限内给付回报或还本付息，同时通过投放电视广告、在网站及QQ群推广、员工上街发传单等形式进行宣传，吸引客户向网站的众筹项目投资。

第三，客户投资众筹的款项，无诈骗意思的平台主要用于支付客户的利息、本金退还和购买汽车完成部分项目；而本就为骗取公众存款的平台则直接将款项据为己有。

第四，资金存管不合规。不仅没有第三方资金存管，有些平台甚至没有公司账户，只有实际控制人或主要负责人的个人账户，资金直接进入平台甚至个人账户，具有非法利用甚至占有资金的极大风险。

（三）众筹平台集资风险的规避与监管路径

众筹在我国出现已有8年时间，但总体而言，发展仍不成熟。在早期国家观望、鼓励各类互联网金融发展后，政府收紧监管，加之行业内部频频爆雷，整个行业深度洗牌，合法性和合规性程度大幅提高。可在投融资双方的审核、信息披露和风险提示、资金存管、盈利模式等方面仍缺乏完善的机制，是平台涉及集资风险的隐患。为规避风险、实现全行业的健康发展，笔者提出如下几点建议：

1. 加强项目信息披露和风险提示

众筹属于互联网金融的一种，按照金融行业通行的做法，应在项目页面进行信息披露和风险提示。融资人在发起项目时应对自身财务报表等其他情况和项目说明书等进行完整性描述，禁止夸大或隐瞒事实，平台作为信息中介不得诱导投资人，明确投资人了解所有投资存在的风险并能承担相应的风险。在项目筹资前期、中期和后期做好全程风险跟踪，并进行及时披露和提示。但这种信息披露不是无限制的，正如美国著名众筹平台 Kickstarter 提出的，风险主要依靠投资人自己对融资人进行尽职调查，因为平台只能在融资人基于商业秘密等顾虑而选择的最小化信息披露与投资人为防范风险需要的最大化信息披露之间寻找平衡。

2. 与金融机构签订资金存管协议

按照央行等十部委《关于促进互联网金融健康发展的指导意见》的要求："从业机构应但选择符合条件的银行业金融机构作为资金存管机构，对客户资金进行管理和监督，实现客户资金与从业机构自身资金分账管理。"目前，众筹平台的存管合作方多为第三方支付机构，有的甚至直接通过平台银行账号进行拨付，实际形成资金池，违反国家禁止自设资金池的规定。"开始吧众筹"（前身为"开始众筹"）风控体系较为完备，其与恒丰银行达成协议，以恒丰银行对其平台所涉资金进行第三方资金存管，资金不流经平台，确保资金安全；另外，"开始吧众筹"内部还设有严格的资金管理流程，资金只能进入认证并绑定的银行账户，平台用户可以随时查询了解其账户情况。这为众筹平台的资金存管机制提供了借鉴模式。

3. 拓宽平台发展思路，改进盈利模式

当前多数众筹平台的发展仍围绕传统的信息中介模式，采用收取服务费的单一盈利模式，而这笔服务费难以满足平台运营的需要，甚至在老牌众筹平台逐渐成熟、互联网巨头进入众筹市场形成"马太效应"的情形下，一部分中小众筹平台为吸引用户而免除服务费。利润微薄是部分众筹平台变质成为网络集资工具的重要原因。应当鼓励平台积极探索发展新思路，或针对一个领域精耕细作，或专注整合资源，提供人才、渠道、传播、教育等多元化服务，发挥其社交功能，形成社群，打造生态闭环。在此过程中，选择适合平台发展的新型盈利模式，如目前一些平台选择的广告模式、平台入股分成模式和会员模式等。

四、私募基金第三方服务平台刑事风险界定

(一) 私募基金的基本概况

私募是相对于公募而言的[①],是一种通过非公开方式面向社会特定投资者募集资金并以基金运作方式运作的集合投资制度。私募具有募集方式非公开、募集对象少数特定、信息披露不必公开、投资者高度参与、监管相对宽松的特点。[②] 其主要有两种分类:一是基于签订委托投资合同的契约型集合投资基金,二是基于共同出资入股成立股份公司的公司型集合投资基金。二者在募集资金的对象和方式、信息披露制度、资金投资和比例限制及业绩报酬机制等多方面存在明显的区别,进而导致在投资理念和风险承担上存在差异,此处不作详细说明。

1946年,为了应对大量中小企业融资难的问题,"美国研究与发展公司"(American Research and Development Corporation,ARD)率先开始构想设计一个带有私募性质的"私营机构"解决中小企业资金短缺的问题,私募发展至今已有了70多个年头。[③] 截至2019年11月底,我国不同类型的私募基金登记备案已达到81299只,其中有265家私募基金管理人管理基金规模已超过100亿元。[④]

(二) 互联网时代私募基金服务平台涉集资类犯罪的风险界定

互联网金融对私募基金业务发展的重要影响在于发展模式的改变,随着互联网技术的进步,更多客户从线下走到线上,私募基金为顺应发展,开始不断拓展接口,实现"互联网+"的时代红利。

与私募基金与电商平台相结合又被称为私募基金第三方服务平台,是个人或企业提供网上交易、交流并进行商业服务的第三方虚拟平台,具有整合交易咨询、协调交易过程、促成交易效果等重要功能,如私募排排网。其作为国内领先的私募基金第三方平台,立足于强大的基金数据库为用户及投资者提供基金评级、私募产品购买、基金净值查询等服务。私募基金第三方平台一方面为

---

① 黄佳:《关于私募与公募基金的共生性和互斥性分析》,载《经济前沿》(现更名为《产经评论》)2002年第7期,第42页。
② 樊志刚、赵新杰:《全球私募基金的发展趋势及在中国的前景》,载《金融论坛》2007年第10期,第3页。
③ 姚国会:《中国私募股权时代渐行渐近》,载《经济导刊》2008年第2期,第34页。
④ 数据来源:中国证券投资基金业协会《私募基金管理人登记及私募基金产品备案月报(2019年第11期)》。

企业和投资者提供虚拟的交易环境，降低交易成本，确保投资人快速确定交易对象，减少私募基金先前寻找客户的难度；另一方面，投资者可以在线咨询、在线查询、在线交易，甚至在线办理申购和赎回，提高了业务效率。

网络私募基金对实体经济和投资者的利好机遇也伴随着巨大风险。私募基金平台在利用互联进行宣传的同时，由于其经营不当，很容易被利用存在与集资犯罪模糊的边界，互联网平台以较低成本募集多个投资者的资金并打包，最后由投资公司投资购买私募基金产品，业界不乏对P2P爆雷事件在私募行业重演的担忧。对此，证监部门和公安机关均已高度重视并做出回应。2018年上半年，证监会组织了私募基金专项检查执法工作，对126家存在资金募集、投资运作等违规问题的私募机构采取行政监管措施；对10家涉嫌非法集资、挪用基金财产等严重违法违规行为的私募机构，将6起违法犯罪线索通报地方政府或移送公安部门。2019年5月10日，公安部举行打击和防范非法集资等涉众型经济犯罪情况发布会，已经明确传递出将重点打击私募基金类非法集资案件的信号①。

笔者以"私募""互联网"等关键词检索裁判文书网中的刑事案件，截至2019年11月30日，共有114份有效裁判文书符合检索条件。在被统计的文书中，涉及非法吸收公众存款罪68份；诈骗罪26份；组织、领导传销活动罪9份；集资诈骗3份；非法经营罪3份；合同诈骗罪1份；侵犯公民个人信息罪1份；敲诈勒索罪1份；挪用资金罪1份；受贿罪1份。其中非法集资类犯罪占据了约73%。

笔者认为，互联网私募基金平台在发展的同时面临着一些不可避免的风险，游走在监管和法律的灰色地带，亟须解决。

1. 存在资金池问题

一些互联网平台利用部分私募基金产品交易结构的复杂性吸收分散投资者的资金，达到一定的数额后，通过金融机构购买金融产品，产生资金池业务，本质上将私募产品转向了伪公募，且将风险扩散到承受能力低、分辨能力差的小额投资者上。2014年，一款名为"信托100"的产品上线，将原本高起点的信托门槛从100万元降至100元人民币起投，使不满足信托计划的合格投资

---

① 2019年5月10日，在通报打击和防范非法集资等涉众型经济犯罪工作情况上，公安部经侦局巡视员刘冬表示：今后公安机关将进一步加强与证券监管部门的协作配合，建立健全沟通联络机制，及时发现私募机构的经营和兑付风险，对于涉嫌经济犯罪的依法严厉打击，全力追查涉案资金去向……坚持打防结合……强力维护市场经营秩序和群众的合法权益。

者要求的普通投资人能够买到信托产品。"信托100"模式下,其以自己名义与信托公司签署《信托合同》,汇集他人资金,种种迹象表明,"信托100"的行为已经触碰了监管的"红线",存在非法集资的嫌隙。

2. 承诺刚性兑付

私募基金作为金融产品,其必然面临着投资风险,一些销售平台为了吸引投资者,提升产品销量和浏览量,淡化风险提示,承诺保本付息,甚至承诺在金融产品出现问题时向投资者履行兑付义务,误导投资人,这类作法无异于饮鸩止渴,早已偏离中介平台的服务性质,很容易参与违法违规业务或越界提供融资服务等。

3. 突破私募合格投资者限制

根据《私募投资基金监督管理暂行办法》(以下简称《办法》),私募基金只能销售给合格投资者,且投资于单只私募基金的金额不得低于100万元。个人合格投资者须具有相应风险识别能力和风险承担能力,且金融资产不低于300万元或最近三年个人年均收入不低于50万元。私募基金具有高风险性的特征,合格投资者标准过低容易将不具备风险识别能力和承担能力的公众投资者卷入其中。互联网销售平台上,许多金融产品的起投金额仅为1万元,使私募产品进入寻常投资视野,进而容易引发集资犯罪类风险。

4. 金融产品的拆分销售问题

私募产品的集合购买风险类似于以众筹方式募集资金购买信托产品,再加之向投资人承诺特定期限的收益兑付以及特定期限的投资回报率,带有还本付息的特征。《办法》特别强调禁止私募基金非法拆分转让,禁止任何机构和个人为规避合格投资者标准而募集以私募基金份额或其收益权为投资标的的金融产品,或者将私募基金份额或其收益权进行非法拆分转让。目前,在互联网金融产品上,一些机构为了逃避监管,新增了与"收益权"相关的系列金融衍生品,此处的收益权并非是对物占有、使用、收益和处分的权利,是基于对权利的拥有将权利产生的收益让渡出去而产生的支付义务,是一种债券。[①] 这类借助于互联网模式产生衍生品实质上突破了原有的私募性质,是私募产品的公募化。

结　　语

在金融行业这个奉行自由和创新为圭臬的领域,互联网的发展为其注入了

---

① 董国妹、田中俊:《互联网金融发展与私募金融产品设计》,载《上海经济研究》2016年第7期。

新的活力。笔者认为，未来第三方中立机构的成熟应该是以个别健全企业为代表，就如支付宝，滴滴打车，金融领域亦然如此。任何一项新事物的发展，初期都需要政策上的支持和引导，无论是金融创新也好，还是行业风险控制也好，都不是一蹴而就的。本文的价值在于为处于过渡阶段的金融第三方服务提供者未来的发展提供一些方向和可施行方案，以期推动其运营过程更加透明化和规范化，形成良性循环，实现其最基底的社会价值和社会功能。

网络借贷类非法集资追赃挽损机制研究

最高人民检察院第四检察厅课题组[*]

内容摘要： 近年来，网络借贷平台非法集资案件频发，集资参与人范围不断扩大，矛盾激化。做好追赃挽损工作，最大限度地维护投资人、出借人合法利益，是办理该类案件的重点。当前，司法实践中追赃挽损率较低，有高息返利等天然原因，也有追赃挽损机制不健全等后天原因。提高追赃挽损率，要用从扩大赔偿资金池，明确追缴范围，区分追缴主体，建立多元化追缴方式，完善涉案财物处置机制，完善司法协作机制等多方面加强措施，形成合力。

关键词： 网络借贷　非法集资　追赃挽损

一、研究背景

近年来，非法集资类案件频发，涉案金额数量持续上升，2018年，全国公安机关共立非法集资案件1万余起，同比上升22%；涉案金额约3000亿元，同比上升115%，平均案值达2000余万元，同比上升76%。全国检察机关共起诉8587件17264人，同比分别上升4.06%和0.7%，全国法院新收非法集资刑事案件9183件，同比上升8.29%，审结非法集资案件9271件，同比上升8.37%。随着互联网金融的快速发展，这些非法集资案件又以网络借贷平台为主要模式。随着集资参与人范围的不断扩大，一方面造成新的金融风险，另一方面激化社会矛盾。因此，本课题从网络借贷类非法集资的财物追缴范围、追缴方式、处置返还程序等方面进行研究，提出通过扩大返还资金池，探索多种追缴方式，完善财物保管和处置程序，最大限度地

---

[*] 课题组组长：聂建华，最高人民检察院检委会委员，第四检察厅一级高级检察官。课题组成员：罗曦，最高人民检察院第四检察厅三级高级检察官；吴红梅，国家检察官学院五级职员，北京外国语大学国际新闻与传播学院在职研究生；赵培显，国家检察官学院副教授；白孟鑫，《中国检察官》杂志社编辑。

减少集资参与人的损失。

二、存在的主要问题和原因

从司法实践来看,该类案件的主要矛盾点是集资参与人挽回自身经济损失的诉求与司法实践中追赃挽损率较低之间的矛盾,以及由该主要矛盾诱发的社会矛盾。目前追赃挽损率较低主要有以下几个原因:

第一,大部分未兑付资金客观上无法追回。一是在资金池类非法集资案件中,经营成本畸高,从一些案件资金去向的审计结果来看,非法集资平台吸收资金大部分用于对前期投资者还本付息(这个比例往往高达60%~70%),用于真实借款项目所收回利息完全无法覆盖经营成本。二是在自融类非法集资案件中,投资极为轻率,所吸收资金通常被用于高风险投资,并且许多投资极为轻率、不负责任,投资盈利所得根本无法兑付承诺的高额回报,平台发展后期常常通过借新还旧维持运转,案发时资金链大部分资金已经无法追回。这是这类案件的根本性问题,决定了追赃挽损率的根本性低数值。

第二,目前追赃挽损机制不健全。以上非法集资的模式决定的追赃挽损率低并非人力所能挽回,本课题所要重点解决的是通过机制的健全尽最大力量提高追赃挽损率。目前反映出以下几个方面的问题有待解决:(1)退赔责任范围有待明确。网络借贷非法集资案件资金流向主体多元,涉及非法集资的组织者和主要犯罪人员、一般参与者、不作为犯罪处理的责任人员,为网贷平台提供广告代言、软件开发等服务或帮助的人员,从网贷平台借款的借款人以及从网贷平台获取高额回报的获利参与人等,除犯罪嫌疑人、被告人之外,是否纳入退赔范围,有司法解释规定但难以操作的前期获利人如何退赔等都需要制定明确的规定。(2)对财产追缴措施的规定不足。追缴是实现退赔责任的重要手段。但根据涉案财物处理的有关规定,查封、扣押、冻结仅限于与案件有关的财产,在集资参与人损失尚未弥补的情况下,能否对犯罪嫌疑人其他等值财产予以追缴,目前尚缺乏法律规定,也是接下来需要重点研究的问题。(3)退赔财产的处置返还机制存在诸多问题。处置返还是实现集资参与人权益的最终途径。但实践中仍面临诸多现实问题:一是返还程序不规范,主要涉及集资参与人权益登记的方式、依据,后续报案集资参与人权益保障等问题。二是受诉讼进程影响财产处置的周期过长,处置滞后,影响集资参与人的权益及时变现。三是涉案物品处置的时机、价值均面临较大争议,影响处置工作开展。四是缺乏长期追缴制度。五是缺乏第三方参与处置的机制,影响处置效率。(4)涉案财物的保管流转措施不健全。涉案财物的保管直接影响财产价值,部分涉案财物保管成本高、难度大,导致财产价值减损甚至灭失,成为集资参与人投诉的重要内容之一。各部门、各地区"三统两分"的基本原则落实不到位,协作机制不健全,稳定性受限,亟需相应的解决措施。

在调研中发现,实践中追赃挽损的现实问题和困难,主要有以下几个方面:

第一,缺乏统一的有权机关统筹处置。实践中,跨区域案件缺乏全国统一的有权机关来统一协调处理,打非领导小组各地牵头单位不一且并无实质性的行政职权,更多的是联系机制,故而在跨区域协调时无法及时、有效沟通和协调解决追赃挽损的实质性问题,"三统两分"原则无法真正有效落地。

第二,涉案财物追缴难。其一,现有协助查询、查封、冻结机制与此类案件的司法取证要求仍有差距;其二,部分涉案财物权属的判定难;其三,非法集资参与人获取的超出本金的非法所得追缴难;其四,未进入司法程序的帮助吸资人员获取的代理费、好处费、返点费、佣金、提成等费用缺乏追缴手段。

第三,涉案财物执行难。一方面,具体执行标准存在争议。体现在:"先偿先得,剩余均分"标准是否公平、行为人退赔款是仅按比例发还给其对应的非法集资参与人还是全案统一分配、从犯是否应退赔其他集资参与人的经济损失。另一方面,传统司法执行手段捉襟见肘。体现在:传统司法拍卖方式存在局限、部分合法项目受司法程序影响无法保值增值、手续不全的房产土地变现困难、易腐易坏易贬值的特殊涉案财物处置困难大。

通过对已有研究和实务调研的分析梳理,课题组认为,应当从以下几个方面入手:

第一,扩大赔偿资金池。扩大对犯罪嫌疑人财产的查封、扣押、冻结范围,除了明确属于涉案财物的财产,在犯罪嫌疑人应当承担赔偿责任的范围内,对他的其他等值财产先行查封、扣押、冻结。

第二,对涉案的相关群体区分责任程度进行追缴。对非法集资的组织者和主要犯罪人员,一般参与者,提供中介、广告、代言、软件、代理服务等各种帮助的人员,对前期获利的非法集资参与者等,分别把握不同的追缴政策和追缴方式,充分发挥认罪认罚从宽制度在追缴中的积极作用。

第三,开拓新的追缴方式和渠道。除司法查封、扣押、冻结外,积极利用民事诉讼、公益诉讼、委托第三方机构追偿、海外资产追偿等多种方式,形成追赃挽损合力。

第四,完善涉案财物处置机制。对可以长期保管的涉案财物完善保管场所和条件,对不宜长期保管、易损耗的财物探索高效的及时变现制度,对企业产权、股权推动设立资产管理人、破产托管、债权人会议等长期收益制度,研究部分资产提前返还制度的可行性和方案,重点关注长期追偿制度等。

第五，加强司法协作。网络借贷类非法集资涉案人员多、地域广、金额高、手段隐蔽、案情复杂，追赃挽损是个系统工程，需要投入大量的司法资源，因此需要司法机关形成办案合力，才能提高办案的法律效果和社会效果。

三、对策建议

在网上贷款平台非法集资的情况下，追回涉案资金和物资，追回投资者损失，是办案工作的重要内容。能否挽回经济损失，是投资者的最大诉求。最大限度地减少投资者的经济损失，对于正确处理整个网上贷款平台的非法集资案件，维护社会和谐稳定具有重要意义。为了转变仅专注于处理案件而不是赃款赃物的想法，我们必须坚持三个基本原则：一是依法进行追回和统一处置；二是及时追查；三是差别待遇。

（一）扩大赔偿资金池，明确追缴范围

通常认为，合法追回赃物和赃物的实体法依据是《刑法》第64条。本条规定，犯罪分子违法所得的全部财产应当追回或者责令退还；受害人的合法财产应及时归还；没收用于犯罪的违禁物品和个人财产。因此，可以收回以补偿受害者投资者的财产包括两种类型的对象：非法收入和用于犯罪的个人财产。在非法集资的情况下，非法收入的确定相对简单，主要是吸收公共资金及其产生的收益，包括：（1）行为者直接吸收的公共资金；（2）从吸收的公共资金中转化的财产，如购入的房地产，交通运输，证券等；（3）第三方非善意取得的资金；（4）使用吸收的公共资金在合法经营中取得的收益，是从赃款中得来的，也应当追回。实践中的困难主要是如何确定"犯罪个人财产"，这可以通过"实质性联系"的标准来判断，即对非法资金有重大帮助的犯罪嫌疑人或被告的个人财产。通常，在两种情况下，个人财产与非法集资活动有关并产生重大帮助：一是个人财产被用作非法集资活动的工具和物质条件，例如运输工具，通信设备以及用于吸引投资者等的经营场所；二是个人财产被用作掩饰，隐藏和转移公共资金的经济条件，例如，为了转移或隐藏吸收的公共资金而直接设立或实际控制的企业。在上述两种情况下，个人财产和非法集资活动必须具有相对稳定的联系。有时，犯罪活动中使用的个人财产不能成为追缴的对象。同时，"实质性联系"还必须包含犯罪者的认识和意志因素，即有意并愿意将个人财产经常用于非法集资犯罪活动。

1. 犯罪嫌疑人、被告人的财物

刑法第36条明确规定"由于犯罪行为而使被害人遭受经济损失的，对犯罪分子除依法给予刑事处罚外，并应根据情况判处赔偿经济损失"。为此，应当以上述刑法规定为根据，从赔偿集资参与人经济损失的角度出发，明确法院

应当依法作出赔偿经济损失的判决，同时为保障判决的执行，有关部门可以将犯罪嫌疑人、被告人在赔偿损失范围的等值财产予以查封、扣押或冻结。主要考虑如下：（1）在犯罪嫌疑人、被告人的涉案财物不足以赔偿集资参与人损失的情形下，毫无疑问其所有的其他财物属于责令退赔的范围，这与案件处置密切相关，可以考虑视为与案件有关的财物。（2）最高人民法院《关于适用〈中华人民共和国刑事诉讼法〉的解释》第369条规定："查封、扣押、冻结的财物属于犯罪嫌疑人、被告人合法所有的，应当在赔偿被害人损失、执行财产刑后及时返还被告人。"该司法解释明确了犯罪嫌疑人、被告人合法财产应当在赔偿损失、执行财产刑后返还被告人，而不是立即返还被告人，并没有直接否定查封、扣押、冻结的合理性，与其他非涉案财产处置的方式完全不同。（3）此种处理方式符合公平正义的基本理念，有利于保障集资参与人的合法权益，也符合举轻以明重的法律适用方法。在民事诉讼中，遭受损失一方尚有权提请法院对加害方采取诉讼保全措施，但集资参与人若因遭遇刑事诉讼被剥夺了与诉讼保全相类似的权利，明显不符合公平原则。

因此，为保障集资参与人的合法权益，防止犯罪嫌疑人、被告人在公安机关立案后转移、隐匿、毁灭财产逃避返还集资参与人的损失，人民法院、人民检察院、公安机关可以在犯罪嫌疑人、被告人应当赔偿集资参与人损失的范围内，对其涉案财物和其他等值财物予以查封、扣押、冻结。人民法院在判决时，应当同时对被告人赔偿集资参与人的经济损失数额作出判决。查封、扣押、冻结的财物属于犯罪嫌疑人、被告人合法所有的，应当在赔偿集资参与人损失、执行财产刑后，由人民法院及时返还被告人。查封、扣押、冻结的财物不足以赔偿集资参与人损失的，应当继续追缴。

2. 其他不作为犯罪处理的人员、单位的违法所得

非法集资单位的高级管理人员，以及其他单位和人员，明知他人从事非法集资活动，提供软件开发、技术支持、宣传推介、站台代言、广告营销、支付结算、代理销售等服务和帮助，本质上均是为犯罪提供帮助、但不作为犯罪处理的人员，《刑法》第37条规定，对于犯罪情节轻微不需要判处刑罚的，可以根据案件的不同情况，采取责令赔偿损失等措施。这可以作为追缴其他单位、个人财产的刑法依据。在具体方式上，建议以主动退赔作为优先处理方式，但对不主动退赔的，则可以采取相应的强制措施，适当体现与犯罪嫌疑人、被告人之间的区别。

因此，对非法集资单位的高级管理人员，以及其他单位和人员，明知他人从事非法集资活动，提供软件开发、技术支持、宣传推介、站台代言、广告营销、支付结算、代理销售等服务和帮助，但未作为犯罪处理的，应在其实际获

利范围内对集资参与人承担相应的赔偿责任,并主动退赔。人民法院、人民检察院、公安机关应当依法追缴其代理费、好处费、返点费、佣金、提成、分红等违法所得。相关单位、人员拒不上缴违法所得的,人民法院、人民检察院、公安机关可以对其所有的等值财产采取查封、扣押、冻结措施。相关单位、人员认为其行为不构成违法的,可以向有关部门申诉。人民法院、人民检察院、公安机关经审查认为申诉理由成立的,应当及时解除、退还。商业银行、第三方支付机构及其合作商、渠道商、代理商等单位和个人,违反金融管理法律规定,为他人从事非法集资活动提供支付结算、代理销售、营销推广的,视为明知他人从事非法集资活动。其行政违法行为,移送相关金融监管部门依法处理。

3. 借款人的欠款及利息

通过网络借贷平台借款的单位和个人,其未逾期借款,应当参照破产法的有关规定,视为到期进行催缴,否则不利于财产的统一处置;但对未逾期的可以减去相应利息。对可能转移、隐匿、逃避资产的借款人,应当明确规定可以对其等值财产采取查扣冻等措施以及解除措施的条件,既防止公权力过度介入借贷纠纷,又能适当程度保障犯罪嫌疑人、被告人的合法权益。对逾期后经催收仍不偿还的,应当建立失信惩戒机制。

因此网络借贷平台因涉嫌非法集资刑事犯罪被依法立案后,从网络借贷平台以及犯罪嫌疑人、被告人违法所得中借款的单位和个人,应当主动偿还借款本息,由人民法院、人民检察院、公安机关收取后作为涉案财物统一管理。借款未到期的,视为已到期,但可以减去未到期的利息。公安机关立案后,应通过发布公告等方式进行催收;经催收后仍不主动偿还的,应将借款人的相关信息提交到人民银行、国家发改委等有关部门,有关部门应当将借款人纳入征信系统和"信用中国"数据库,进行失信惩戒。对可能转移、隐匿、逃避资产的借款人,办案机关可以对其等值财物进行查封、扣押、冻结,借款人归还本息后,应当及时解除相应措施。

4. 第三人取得的财产

当涉及非法集资犯罪的财产由犯罪者处以第三人罚时,可以从第三人处追回吗?这时,有必要调查第三人是恶意还是善意地获得了与该案有关的财产。2014年,《关于处理非法集资刑事案件适用法律若干问题的意见》第5条第2款规定,"利用非法吸收的资金及其转换后的财产用于债务清算或转移给他人"应当依法追缴的情形。《关于刑事裁判涉财产部分执行的若干规定》第11条也作了类似规定,其第2款明确规定,本案所涉财产是第三方善意取得的,不予追缴。此外,从刑法的整体水平来看,对其他类型犯罪的司法解释也证实，可以善意地获得与刑事案件有关的财产。从中也可以看出，刑法对所涉财产实行善意取得制度持积极态度，非法集资也不例外。因此，有必要对非法集资案中的财产在第三者取得后进行全面调查，主要是衡量第三者是恶意取得还是善意取得，是否存在主观明知，根据上述法律规定，第三方显然是恶意收购，法律也明确规定应予以追回。在善意取得的情况下，不能追缴。这不仅是对善意第三方财产权法律保护的体现，而且也是依法实施平等财产权保护的政策要求。根据2014年"两高一部"《关于办理非法集资刑事案件适用法律若干问题的意见》第5条规定，建议增加一条，即："不知道他人从事非法集资活动，但从非法吸收的资金及其转换的财物中获取利益的单位和个人，存在以下情形的，应当主动向公安机关上缴相应财物：（1）以明显低于市场的价格取得财物；（2）以明显高于市场的价格收取广告费、代言费、宣传费、服务费、手续费、奖金等报酬；（3）根据非法债务或者违法犯罪活动取得财物的单位和个人。拒不上缴的，人民法院、人民检察院、公安机关可以依法查封、扣押、冻结相应财物或等值财物。"

5. 参与募集资金人的既得利益

募集资金参与者已经收到的利息和股息可以收回吗？2014年《关于办理非法集资刑事案件适用法律若干问题的意见》第5条明确规定，吸收资金向集资参与者支付的利息和股利，应当依法追缴。若集资参与人本金尚未归还的，可以从本金中扣除已支付的回报。这表明集资参与者只能追回本金，所谓的利息和红利应该追回。那么，募集资金参与者通过已经生效的民事判决获得的利息和股利是否也应该追回？课题组认为，应该收回用非法吸收的资金支付的任何利息和股息。

6. 用于偿还债务的公共资金

在非法集资犯罪活动中，如何利用已吸收的公共资金还清债务，如何继续追回债务，也是实践中的困难之一。根据最高人民检察院、公安部《关于公安机关办理经济犯罪案件的若干规定》第54条的规定，课题组认为，应当具体处理以下案件：第一，犯罪者利用违法所得购买车辆，房地产等财产。犯罪者取得买卖合同标的物的所有权，吸收的公共资金被转换为买卖合同标的物，追缴的对象成为合同的标的物，可以采取强制措施，例如查封、扣押、冻结等，并在法院判决后予以收回并退赔。第二，犯罪者利用非法所得偿还债务。应该区分是非法债务还是共同犯罪活动。从性质上讲，非法集资是在偿还新债务之前偿还旧债务的"庞氏陷阱"。在过去的司法实践中，作案者使用非法收入偿还了投资者的投资收入，因此不应包括在追回款中。2014年《关于办理非法集资刑事案件适用法律若干问题的意见》中明确规定："向社会公众非法吸收的资金属于违法所得。以吸收的资金向集资参与人支付的利息、分红等回报，以及向帮助吸收资金人员支付的代理费、好处费、返点费、佣金、提成等费用，应当依法追缴。集资参与人本金尚未归还的，所支付的回报可予折抵本金。"如果将通过非法集资吸收的公共资金用于还清投资者的投资收益，则本质上是非法偿还债务，必须予以追回。违法所得中的投资者本金不必收回。第三，非法收入用于偿还合法债务，例如，场地租赁债务、水电费和其他水电费。为了保护其他债权人的合法权益，在这种情况下无须追缴。

（二）区分追缴主体

不同犯罪嫌疑人、被告人对造成损失的作用不同，承担的赔偿责任也不同，法院在判决时应确定每一个犯罪嫌疑人应当承担的经济损失范围。特别是要明确组织者、领导者应当承担连带赔偿责任，并且在赔偿责任范围内可以依法追缴犯罪嫌疑人、被告人的等值涉案财物。但对于不属于违法所得的其他等值财物，可以允许犯罪嫌疑人、被告人提出申请，以其他等值财物替代，以保障其他合法生产经营等活动的正常进行。犯罪嫌疑人应当对集资参与人的损失承担赔偿责任。非法集资的单位及其组织者、领导者应当对非法集资活动造成的全部损失承担连带赔偿责任；其他犯罪嫌疑人、被告人一般应在其实际获利范围内承担赔偿责任。追缴的违法所得不足以偿还集资参与人的，人民法院、人民检察院、公安机关可以查封、扣押、冻结犯罪嫌疑人、被告人的其他等值财物。财物价值不得超出其应当承担的赔偿责任范围，同时应为犯罪嫌疑人、被告人及其扶养的亲属保留必需的生活费用和物品。查封、扣押、冻结时应当注意减少对涉案单位正常办公、生产、经营等活动的影响，查封、扣押、冻结后犯罪嫌疑人、被告人可以提出以其他等值财物进行替代的申请。

在研究的过程中，我们提出按照公平原则和过错原则，充分运用刑事追诉政策，对涉案的相关群体区分责任程度，分别把握不同的追缴政策和追缴方式的意见。犯罪嫌疑人、被告人和其他参与非法集资活动的涉案单位和人员，应当按照其客观行为、主观过错等，对集资参与人的损失承担相应的赔偿责任。人民法院、人民检察院、公安机关在其承担的赔偿责任范围内进行依法追缴。在开展追缴工作时，应保护无过错人员和善意第三人的合法权益，对于无过错人员的合法所得和善意第三人的合法财物不得查封、扣押、冻结；已经查封、扣押、冻结的，应当及时解除、退还。比如：（1）非法集资的组织者和主要犯罪人员，应当对全部犯罪危害后果负责，除将涉案资产追缴外，对其非涉本案的其他财产，也应尽可能运用非刑罚处罚方法，劝其退赔、责令退赔或者强制退赔。（2）对非法集资犯罪的一般参与者，妥善把握刑事政策，灵活运用追诉或者不追诉对犯罪嫌疑人施加影响，尽可能将其涉本案的全部或大部收益追缴到案。(3) 对涉案的中介服务、软件设计、广告代言、销售代理所得以及网贷平台赞助、赠与等，除用于社会公益事业外，应当一律向相关人员追缴。但是，对公平交易的相对方，网贷平台经营过程中租赁房屋、购买设备、物资等以集资款支付的对价，因系公平交易，不应追缴。(4) 对前期获利的非法集资参与者，司法解释规定可以获利，但目前因为各种因素考量对这部分资金是否追缴，以及如何追缴的问题有待进一步研究。

对于刑事中的赔偿问题，根据加害者的过错及其对造成损失的作用，判断其应当承担的责任，这与民法中的归责原则相一致。据此，可以明确将赔偿责任范围内的财物作为追缴的对象，从而体现公平公正、区别对待的原则。犯罪嫌疑人、被告人和其他参与非法集资活动的涉案单位和人员，应当按照其客观行为、主观过错等，对集资参与人的损失承担相应的赔偿责任。法院、检察院、公安机关在其承担的赔偿责任范围内依法进行追缴。在开展追缴工作时，应保护无过错人员和善意第三人的合法权益，对于无过错人员的合法所得和善意第三人的合法财物不得查封、扣押、冻结；已经查封、扣押、冻结的，应当及时解除、退还。

在宽严相济刑事政策下处理涉及公众的非法集资案件时，有必要明确界定犯罪和刑罚的标准，区分经济纠纷和经济犯罪。例如，在市场经济活动中，如果将这些资金用于正常的生产和运营，并且可以及时结清这些资金，则可以免除刑事处罚，并且如果损害严重性较轻，则可以不将其视为犯罪。有必要遵循区别对待的原则，重点惩治组织，领导和管理人员，一般业务人员一般不包括在重点惩治范围内。实行认罪认罚从宽制度。积极配合侦查，真诚悔过，主动返还和赔偿的，可以依法从轻处罚，情节轻微，可以免予处罚。

(三) 建立多元化追缴方式，形成追赃挽损合力

在及时采取查封、扣押、冻结等传统强制措施的同时，要综合运用民事、行政、刑事等法律手段，形成网络借贷类非法集资追赃挽损的合力，

1. 及时采取查封、扣押、冻结等强制措施

在线贷款平台上非法集资案件中的犯罪嫌疑人通常具有高度的警惕和反侦查能力。一旦情况危险，他们很可能立即销毁证据并潜逃。一旦犯罪嫌疑人成功潜逃，追赃挽损很可能陷入僵局。如果案件事实不充分，证据不足，犯罪嫌疑人尚未逃离，则应采取谨慎措施对犯罪嫌疑人进行监控，同时密切注意资金的异常流动，并采取措施防止犯罪嫌疑人携带款物潜逃。如果确定了案件的基本情况并且有足够的犯罪证据，犯罪嫌疑人很可能潜逃并转移赃物，或者隐藏或销毁证据，对此应立即采取果断措施。对于逃跑的犯罪嫌疑人，应将追逃作为重中之重，采取边境管制、通缉、发协查通知等措施，并尽快将其逮捕。同

时，在处理案件的过程中，有必要梳理整个网上借贷平台的结构，找出平台的运作流程，有哪些职能部门，人员划分以及相应的职能，以及针对部门负责人何在线贷款平台的各个部门予以控制。案件一经调查，就应采取多种调查手段，找出网上贷款平台的资金流向，及时向社会公布，通知投资者去公安机关核对涉案金额。通过审讯犯罪嫌疑人，询问群众和知情人，调查犯罪嫌疑人和网上贷款平台银行账户，审计账目，核实凭证等方式，确定涉案资金流向。从资金流向开始，并"从点到面"检查资金的收集，流通和使用，并及时密封、扣押和冻结所涉及的资金，以防止犯罪嫌疑人转移，隐藏资金，或携款外逃。这给追缴涉案资金造成了困难。犯罪嫌疑人用已吸收的资金购置的房地产，机动车等物品，也应当及时查封。非法集资案件通常涉及大量财物，与案件有关的要迅速没收，没收和冻结与该案有关的赃款和赃物对有效查明案件和挽回投资者的经济损失具有重要意义。案件所涉平台的办公场所应当查封，可以确定所有人的，核实无误，登记后应当及时返还。人民检察院应当依法监督公安机关的查封、扣押、冻结措施，对不适当的查封、扣押、冻结行为，应当提出纠正意见。

2. 妥善处理民行交叉，提起民事诉讼

"先刑后民"是司法机关在处理刑事和民事交叉案件过程中优先处理刑事案件的原则。尽管理论界对是否应将"先刑后民"视为司法原则存在争议，但是到目前为止，还没有法律明确规定该原则，但实践界普遍同意这一原则。通过对《最高人民法院关于刑事裁判涉财产部分执行的若干规定》第 5 条内容的分析，在刑事返还程序中也实行了"先刑后民"的原则。刑事返还和退赔程序是民事返还程序的前置条件。只有在退赔程序结束并且损失无法弥补之后，受害人才能提起民事诉讼。就两者之间的关系而言，刑事返还是归还赃款和赃物的主要方式，而民事返还实际上只是一种补充。

良善的法律应平衡地保护各方的权益。民法是私法，侧重于保护私权，刑法是公法，侧重于保护刑法规定的合法利益。一般而言，我们将受刑法保护的合法利益作为优先的价值选择，即所谓的"先刑后民"。在现实社会的背景下，在市场经济条件下刑事优先和保护公民私权的内在逻辑有点不合时宜，特别是在处理涉及网上非法集资案件的财物时，因为集资犯罪侵害了投资者的资本利益，因此"在司法实践中，应该相对及时地考虑及时打击犯罪并及时充分保护当事方的合法利益，尤其是民事经济利益。而且，在集资欺诈案件中，集资参与者或第三方的需求往往是募集资金的追讨和返还，而对集资者的惩罚并不是其主要要求。考虑到这些因素，在实践中，我们应结合案情的具体情况，探讨"刑民并行"或"先民后刑"的解决方案。刑民交叉的问题并不一定要求两者之间的关系完全独立。两者之间的关系应该相互兼容和协调。同时，当非法所得的追回无法弥补受害者的经济损失时。在不违反国家法律法规的前提下，尽量向受害人倾斜返还非法所得，以减少受害人的经济损失。

目前，中国的追赃渠道比较简单，犯罪嫌疑人的非现金财产只能通过拍卖来实现。有时很难合理地反映出经营资产的价值。在调查处理时，对这些公司仍在正常运作，或受到司法控制之外拥有资产的公司，可以在政府主管部门的监督下协调受害者的退款事宜。在非法集资犯罪中，有必要坚持在刑事诉讼中集中退款，并确保对受害者权益的整体性解决。当赔偿的刑事追偿仍不能弥补受害人的利益时，允许受害人根据民事合同提起单独的民事诉讼，并对罪犯以外的其他主体的民事责任进行调查。当然，在执行阶段，我们必须做好将民事判决与刑事判决联系起来的工作，避免重复执行和遗漏执行，从而保护了受害者的利益和另一方的利益。

通常，在刑事返还的过程中，非法集资的参与者无须付出精力、时间和诉讼费用就可以实现自己的权利，这对于保护受害者的利益极为有利。但是，一方面，并非所有受害者都同意这一程序。另一方面，"先刑后民"的原则本身也有"先民后刑"或"民刑并行"的例外。作为例外，以下情况应允许非法集资的受害者直接提起民事赔偿诉讼：（1）赃款和赃物已被追回，但被告由于担心犯罪而逃离，因此很难要求被告承担刑事责任。由于中国法律规定刑事案件不能"缺席审判"，只能下令中止审判，因此，如果坚持"先刑后民"，将不可避免地延误受害者行使求偿权，甚至使得受害人的权利难以实现。（2）赃款和赃物已被追回，但被告无罪释放或检察院撤回起诉，被告死亡。此时，已被收回为"赃款"的财产也将转换成为被告的"合法财产"，追缴机构应将其归还。"被告"与"受害者"之间的原始关系被转变成纯粹的公民权利与义务关系。如果"被告"不要求退款，或者如果退款但追缴机构未退还，则应允许"受害者"行使民法代位权，并要求追缴机构退还。（3）如果有证据证明没有在刑事审判程序中进行追缴，例如，司法机构明确指出不会追缴，或者在刑事判决中未进行追缴，则受害者应被允许无条件提起民事诉讼。

3. 提起金融消费公益诉讼

2016年，最高人民法院《关于审理消费者民事公益诉讼案件法律适用若干问题的解释》为在金融消费者权益保护领域适用公益诉讼制度奠定了制度基础。作为金融消费者纠纷的直接利益相关者，金融消费者最好了解金融产品或服务如何损害其消费者权益，保护其合法权益的愿望也最为迫切。尽管现行法律规定了代表诉讼制度，但代表诉讼制度没有公共利益诉讼制度。因此，从保护金融消费者权益的角度出发，诉讼和其他职能应在保护金融消费者权益的公益诉讼中增加金融消费者作为原告。同时,有必要完善公共利益诉讼的保护机制,保护金融消费者的权益,并规定倒置举证责任,金融产品或服务提供者应当提供证据证明其金融产品或服务是合法且合规的,不会损害消费者的合法权益。要提高对省级以上消费者协会的公益诉讼经费的保障,可以考虑设立公益诉讼专项资金,或者由政府安排专项资金用于公益诉讼保护。给提起公益诉讼的合法原告一定数量的收入分配权,以保护其免受资金不足的困扰,或者作为对提起公益诉讼以维护社会福利并提高原告发起公益诉讼的热情的奖励。

(四)完善涉案财物处置机制,保障投资人的合法权益

当前司法实践中,关于涉案财物的处置在主体、程序、保管、效益、监督、返还等方面存在标准不统一、可操作性不强、效果不佳等问题,有待进一步规范。

1. 统一涉案财物的处置主体

在司法实践中,处置非法集资犯罪涉及的财产主要有两种方式。一是行政处置模式。根据2008年处理非法集资问题部际联席会议发布的《处置集资工作操作流程(试行)》的有关规定,各地区建立了"处非办",由来自公安,司法,工商部门组成,并对涉及财产处置的非法集资犯罪负全部责任;在某些地方的"处非办"也吸引了群众代表参加并监督案件的财产处置。"处非办"的具体工作分为四个步骤:公安机关对非法集资案件立案、查封、扣押和冻结非法集资的企业或个人银行账户、房地产、车辆、股票和其他财产;通过电视、报纸、广播、网站和其他媒体的公告,要求集资参加者持有自己的身份证和有关筹款合同,向"处非办"登记其债权和债务;"处非办"聘用或委托专业会计评估机构对案件涉及的财产进行审计评估,并出具审计报告和评估报告;公安机关将查封和扣押的财产移交给"处非办","处非办"委托拍卖代理机构拍卖,对集资参加者申报的金额按比例退还。二是司法处置模式。在非法集资的刑事案件结束后,与案件有关的财产被拍卖并通过司法执行程序出售。具体程序是:公安机关对非法集资案件立案、查封、扣押、冻结非法集资企业或个人的银行账户、房地产、车辆、股票和其他财产,并建立财产档案卡。附在案件档案上;档案在公安机关,检察院和法院之间逐步移送,在诉讼结束前依法处置易贬值财产;法院对应在案件审理期间返还的涉案财产列出清单,法院执行部门将按照法律程序进行拍卖、变卖,所得款项将按比例退还给出资人。以上两种模式都有各自的优点和缺点。行政处置模式可以充分发挥行政部门的资源优势,整合公安、司法、银行、税务、审计等部门的权力,并可以进行查询、冻结、扣押、评估等程序的运作。拍卖和追回非法集资犯罪相关财产更加方便有效。这种模式的缺点在于缺乏债权人的参与程序,案件涉及的财产没有明确的界定,

允许法院和检察院参加部际联席会议导致行政权，司法权和监督权的混淆。司法处置模式突出了司法系统的强制性和严肃性。它的缺点是：非法集资刑事案件涉及的人数众多，数额巨大，范围广泛。法院执行部门的权力和人力是有限的，并且很难完成所涉财产的处置。基于以上分析，建议建立一种主要由司法机关处理，以"处非办"为辅的非法集资犯罪财产处置模式。

2. 完善处置案件所涉财产的程序

为了处置涉及非法集资犯罪的财产，应将主导权授予法院。法院委托"处非办"成立资产清算组，对涉案财产进行清算，法院指导和监督清算过程和结果。按照这样的处理程序，可以收到实际效果，即实体法和程序法相匹配，并且考虑了过程价值和结果价值。

（1）组建资产清算组

公安机关调查非法集资后，如果发现涉案企业或个人资不抵债，可以向法院举报，委托"处非办"成立资产清算组。非法集资清算组属于"处非办"，其成员包括全部或部分"处非办"，以及一定比例的律师，会计师和筹款参与者的代表。清算组行使与资产管理人相似的功能和权力，参照《破产法》规定的清算程序，负责非法集资犯罪财产的保管、清理、估价和分配。清算组具有民事主体资格，可以依法开展必要的民事活动。

（2）明确公检法机关处置涉案财产的权限和程序

探索跨区域和跨部门的处置平台的建设。例如，上海的一些地区在公检法建立了统一的财产相关财产管理信息平台和保管中心，并探索了"书面移送，三方共同管理"财产相关财产管理模式。第一，公安机关应当收集有关案件财产所有权的证据。该案所涉财产的所有权与被告，集资参与者和第三方的切身利益有关。公安机关发现有关财产是以调查的企业或者个人名义存在的，应当依法予以查封和扣押。对于难以确定与案件有关联的财产，可以先予以查封和扣押，具体情况待确定所有权后做决定；可以证明不是非法集资或与案件无关的财产，应及时退还给权利人。第二，检察机关应当加强对涉案财产归属的证据的审查。在实践中，一些检察机关在审查和起诉过程中没有关注案件财产的所有权，没有将相关证据材料移交给公安机关，也没有及时退回公安机关补充调查，导致案件移交给法院之后缺乏证据。无法认定。有鉴于此，建议检察机关在审查和起诉的过程中，应着重研究案件所涉及的财产是否为赃物。经审查，案件证据属于应当追回的财产，证据不足的，应当自行调查补充，或者退回公安机关进一步收集证据；如果证据达到真实和充分的标准，则应向法院提起公诉；如果发现不应当是追缴的财物，应及时通知扣押机关解除扣押。第三，法院应当做好案件财产所有权的审查，认定和判决工作。法院应严格遵守《刑事诉讼法》和相关的司法解释，并专门针对案中财产的所有权进行法院调查。如果证据不完整，则需要公诉机关补充证据，必要时还需要"处非办"协调补充。在开庭审理期间，法院应充分听取公诉机关、被告、辩护人和利害关系方的意见，并查明赃物的下落以及扣押和冻结的财产的所有权。对于所有权不明确的财产，要求公诉机关证明财产的所有权；如果公诉机关无法提供证据，则需要补充证据。资产清算组可派代表参加法院听证会，并提交有助于确定所涉财产所有权的证据。法院应当记录本案涉及的查封、扣押和冻结财产的名称，数量，存放地点和处理方法（清单可后附）；判决生效后，应当及时移送执行部门。涉案财产应当依法追回。法院执行部门在评估，拍卖该物业时，应积极与资产清算组沟通，并共同委托拍卖公司。案件以外的人对案件涉及的财产提出异议时，必须进行审查，并根据审查结果中止执行或驳回异议；产权不清的，应当要求公安机关继续核查，或者将涉案财产清单移交募捐清算组进行协调和核查，并可以通知外人备案。反对执行异议的诉讼。法院执行部门应当将拍卖，出售的资金及时汇入资产清算组的专户，资产清算组负责资产的分配和归还。

（3）为容易折旧且难以保存的案件的财产制定紧急处置程序

建议在《关于办理非法集资刑事案件适用法律若干问题的意见》第5条中增加有关容易折旧，难以保存的财产紧急处置程序的规定。首先，列举容易折旧且难以保留的物品的类型，并设置底层条款，以便司法机构可以根据案件的具体情况确定哪些财产属于易于折旧且难以保留的物品。其次，在诉讼程序结束之前，资产清算组可以根据具体情况召集会议，对是否应将该财产列入易于折旧且难以保存的项目清单进行表决，然后将物品清单和拍卖申请提交法院裁定。最后，法院裁定驳回资产清算组的拍卖申请，或拍卖或出售易于折旧且难以保留的物品，并将所得款项汇入资产清算组的特别账户。

（4）制定相关的配置程序

首先，申报有关财产的程序。《企业破产法》第45条规定，债权申报的期限自法院宣布受理破产申请通知书之日起计算。参照这一规定，并考虑到非法集资的刑事案件涉及大量人员和复杂的取证工作，建议在这种情况下将此类索赔的申报期限定为6个月。逾期未申报者，不得参与处置本案财产相关诉讼。司法机关扣押的涉案财产为赃物的，集资人不得申请采取预防措施。其次，涉及财务和物流转移程序。经查证的涉及非法集资的犯罪案件中的财产，公安机关应当将案件涉及的财产清单，募集资金的详细情况和分配方案附于案件档案中。调查结束后移交给检察机关。检察机关确认无误后，提起公诉并将上述材料移送法院。如果发现查封、扣押和冻结的财产与案件无关，则通知公安机关3天内解除查封、扣押和冻结措施。案件宣告成立后，公安机关将涉案财产移送法院执行部门处理。再次，有关财产的分配程序。法院应当在判决书中明确涉案财产和参与财产分配的资金分配方案；依法处置涉案财产后，根据分配方案计算出每个被资助人的具体退款额，审查并公布分配表；最后，通知集资参与人获得应得的份额。

3. 加强涉案财物的资产化管理

从本质上讲，非法集资企业的所有财产都是由集资者的资金构成的，应归集资者所有，但目前的关系是"所有者的财产在管家的名下"。有财产处置权的是非法集资企业。但是只有政府和公安部门的权力才能及时有效地解决。这是集资者呼吁以各种方式干预公共当局的基本需求。

资产管理是一种面向市场的工具。具体思路是：在政府、公安机关和法院的支持下，集资人申请参照企业破产程序对担保公司进行重组。在政府登记的集资人共同发起成立资产管理公司，将非法集资企业及其关联企业名下的实物资产，股权和债务权转让给资产管理公司。非法集资企业及其关联企业承担担保义务并承担相应的法律责任，从而建立一个由集资者控制的公开透明的资产管理平台，使集资者可以自行决定如何处置（自我经营，聘请原非法集资企业人员或聘请专业资产管理公司进行处置和变现），政府、公安机关和法院在做好工作后，可以履行正常工作职责，公司经营稳定后，全面使用多种资产管理方法，例如再投资、风险代理、债务转移、司法债务追回、协商债务偿还、债务换债、债转股，在采取额外担保措施后减免债务、资产盘活，将财富管理变成一种投资，把出资人变成一个股东，并参加由出资人集体持有和处置非法集资公司的所有资产，是一种无奈但相对安全的选择。

4. 加大对涉案财物的监管力度

我国现行的涉案财物管理制度具有两个特点，办案部门自行分诉讼阶段管理涉案财物和属于案件证据的涉案财物按诉讼环节随案移送。同时也存在监督弱化，缺少有效的外部监督路径。针对侦查机关以任何理由提前处置涉案财物以及扩大适用提前处置涉案财物的范围等行为应严格予以禁止，并追究相关人员的责任。但从治标兼治本的角度出发，应创新科学的涉案财物管理办法，探索涉案财物集中管理部门，负责刑事涉案财物的集中保管、维护工作，保证涉案财物的基本安全，依法处置涉案财物。引入社会力量，建立"国家资管为主、社会托管为辅"的管理模式，通过吸收社会成熟的财物管理经验，以多元的方式对涉案财物进行分门分类的管理。同时建立跨部门的涉案财物信息管理平台，打通部门壁垒，实现涉案财物管理信息共享，使检察机关和依法享受知情权、监督权的单位和个人能够及时获取涉案财物的信息，核对涉案财物的数量和现状，为实现实质、有效的监督提供现实路径。

涉案财产的强制措施是刑事诉讼顺利进行和追回赃物的保障措施。根据《刑事诉讼法》的规定，如果在调查活动范围内超范围查封、扣押或冻结财产，应解除查封、扣押和冻结措施。如果有财产，当事方和辩护人，诉讼代理人和有关当事方如对有关司法机关的处理不服，有权向检察机关提出申诉。《刑事诉讼法》对涉及案件财产的强制措施实施的事后审查机制。近年来，检察机关在履行审查逮捕职能时试图减少行政色彩，通过更多的公开听证会形式。有关财产强制措施的审查是否也应采用公开听证会的方法值得讨论。在非法集资犯罪的情况下，在对涉及调查阶段的财产采取强制措施时，必须考虑到调查犯罪的必要性和司法效率。在紧急情况下，没有必要将听证复查方法应用于与财产相关的强制措施。案件所涉及财产的最终归属和处置必须由法院决定。作为案件涉及财产的临时强制措施，应由案件处理机构决定。在实施强制性措施之前设置的过于复杂和完整的听证复查措施不利于提高调查效率。可以根据《刑事诉讼法》建立事后监督复审程序，即案件办案机构对案件涉及的财产以及当事人、辩护人、诉讼代理人和利害关系人采取强制措施之后，当事人向检察机关申诉的，检察机关可以采用听证方式进行复核。

5. 明确涉案财物的返还条件

对于是否可以提前返还，争议较多，实务界提出"先私后公"——"先判后返"——"平等保护"——"解决刑民交叉"的处置路径设计。建议以集资参与人申请为启动提前返还程序的前提。同时，根据"三统两分"原则，应当明确只有主案办案地才能开展集中提前返还工作，防止其他地方擅自处置资产。因此，在法院判决前，集资参与人申请办案机关提前返还部分涉案财物的，主案办案地公安机关应当进行审查。经同级党委政府和处置非法集资职责部门同意，对符合下列情形的，公安机关可以将涉案财物按比例返还集资参与人：（1）犯罪事实和集资参与人损失查证属实；（2）集资参与人的数量、损失已经查清核实；（3）涉案财物权属关系明确，没有争议；（4）不损害其他集资参与人或者利害关系的利益；（5）不影响刑事诉讼正常进行。

（五）完善司法协作机制，加快案件办理进度

司法机关在办理网络借贷引发的犯罪案件时，应始终把追赃挽损作为处置工作的重中之重，由于涉案财物的发现查处涉及各个诉讼环节，因此，必须加强司法协作，加快案件办理进度，最大限度地、最及时有效地为集资参与人挽回损失。

1. 成立联合办案组

在地方党委和政府的领导下，成立专门的案件处理工作小组，负责立案侦查，监督审查和判决执行工作，以加强关于追回赃物和已追回财物赔偿的定期沟通，并进一步界定集资和被追回款项的范围、物品的事先处置程序以及平台

尚未到期债权的追偿，诸如期货索赔追回等问题。加大力度追查涉案财物，拓宽涉案财物的发现渠道，并与首先查获并保管涉案案件的涉案财物的地方的公安机关加强协调；通过各种方式进行详细调查，及时控制赃款和与非法集资有关的赃物，坚决追回高额返利，高薪，平台人员违法所得等不正当收益；积极促进案件资产的变现，鼓励集资活动的参与者或其他人举报犯罪嫌疑人的非法财产和个人财产，更多地收集犯罪分子的财产线索，最大限度地挽回受害者的经济损失。

2. 完善提前介入

提前介入强调的是介入的及时性，对于网络借贷类非法集资案件，检察机关提前介入宜早不宜迟，在批捕之前，根据案情的复杂程度、涉案金额大小，可以委派业务骨干或者员额检察官、办案组提前介入引导侦查，有利于侦查机关更全面、更准确、更及时地收集证据、固定赃款赃物。检察机关应主动加强与公安机关的沟通联系，消除"领导"思想，注重倾听侦查人员意见，由政法委牵头，畅通此类案件的信息共享渠道，在案件侦查立案阶段及时进行介入，听取侦查机关的汇报，分析公安机关的侦查取证计划，帮助他们明确调查方向，并在侦查结束前，举行案件讨论会议或组织案例现场分析会议，对现有证据发表意见，就收集和固定证据的合法性提出建议，明晰下一步的证据方向和标准，并参加现场调查，搜查。要提出指导性建议，还可以通过听取主要证人和受害者的陈述，以及讯问嫌疑人，从而提出合理可行的建议。对于提前进行介入的案件，应在随后的逮捕和起诉中开辟绿色通道，以优化处理程序，迅速处理，减少不必要的退查并提高早期干预的指导效果。还可以通过追诉和起诉，进一步加大追赃力度。下达追捕函和追诉函，加大对早前参与该案并获得较大利润的业务团队经理等的非法收益的追回，最大限度地挽回投资者的损失。

3. 加强案件程序的衔接

公安、检察、法院在保护受害人财产方面具有不同的职能和不同的分工。特别是在涉及民事和刑事交叉领域时，有必要加强联系和沟通，以使案件的调查与涉案财产调查同步进行，案件的调查与涉案财产的追缴同步进行。判决与处置涉案财产同步进行，从而增强了扩大线索范围和追查涉案赃款赃物的能力。在案子结案后的任何时候，如果发现罪犯有财产可以执行，则应主动积极追回该财产。同时，还需要在诉讼的每个阶段建立起相应的退赃退赔从宽等行之有效的措施，以鼓励犯罪分子及其亲属积极返还赃款和赃物，以最大限度地减少投资者的经济损失。

4. 建立跨区域合作机制

2014 年《关于办理非法集资刑事案件适用法律若干问题的意见》，规范了涉案财产的追回和处理。根据《关于办理非法集资刑事案件适用法律若干问题的意见》专门规定跨区域案件处理的，强调"对于分别处理的跨区域非法集资刑事案件，应当按照统一制定的计划处置有关财产。"但是，当前针对所涉财产的统一处理机制通常仅限于个别情况，尚未形成全国范围的规范化或制度化。2018年9月，公安部开通了"非法集资案件投资者信息登记平台"。该平台定期发布案例信息公告，投资者可以注册基本身份信息和投资信息。下一步可以建立"涉及财产信息的非法集资案件的信息注册平台"，该信息注册平台将由当地案件处理机构进行输入和注册，并与案件处理信息系统连接，以统一注册和处置每个非法集资案件涉及的财产，以最大限度地保护投资者的合法权益。建议建立一个金融数据研究与判断中心，将数据收集、监督、分析、预警和付款止损相结合。为建立信息共享系统提供了一种实用的方法。由于标准，接口和程序的不一致，在全国各个地区和部门之间已经形成了一些信息"孤岛"，彼此之间缺乏有效的协调，总体效率不高。应设计用于非法集资的高层信息共享机制，以实现各个地区的案件处理机构之间的信息共享，整合零散的外部证据并形成国家金融云证据。此外，司法部门应与其他有关部门充分合作，建立信息共享平台，扩大信息情报来源。及时将银行、电信、民航、交通等部门提供的信息转化为预警信息，并尽快发现网上贷款平台的非法集资行为。牵头，及时控制犯罪嫌疑人，冻结涉案资金，扣押涉案材料，最大限度地减少投资者的经济损失。例如，可以在公安部门和金融机构之间建立一个调查网络集资犯罪的绿色通道，这可以加快案件的侦破速度。为了提高办案效率，可允许公安机关对可疑账户进行冻结，账户个人信息查询，ATM取款信息查询和网络IP跟踪后，办理手续。对于一些可疑的银行账户和资金流不明的情况，金融机构可以直接向有关公安机关的专人汇报。

5. 完善境外追逃追赃机制

第一，应当加强对非法集资案件外逃现状和人员构成的分析。这不仅有助于全面、客观得分析嫌疑人逃匿境外的现状和特点，也有利于科学确定境外追逃工作的重点和基本策略。第二、尽快以司法解释的形式细化和明确外逃人员自首的特殊认定标准，发挥"劝返"的刑事政策功效，使我国司法机关和政府主管机关在开展"劝返"工作时更加有据可依，使向那些顾虑重重的外逃人员所作出的宽大性承诺更加具有可信性和有效性。第三、用好反洗钱情报和调查机制，从源头上打击和预防向境外非法转移资产活动，加强对商业银行等金融机构的反洗钱监管力度，加强反洗钱调查和相关国际合作。

第四编 证据证明机制

刑事推定规则在互联网金融犯罪案件中的运用

杜 邈[*]

内容摘要：互联网金融领域多发的犯罪主要包括非法吸收公众存款罪、集资诈骗罪等罪名，呈现犯罪手段隐蔽复杂、集资参与人数众多、资金往来密集等特点，在客观行为、主观罪过、集资参与人数和犯罪数额等方面存在较大的证明困难。刑事推定规则以法律规范为依据，以主客观事实为对象，以日常经验法则为原理，以"排除合理怀疑"为标准，发挥着降低举证负担、提高司法效率的重要功能。互联网金融犯罪案件的办理过程中，司法人员要在充分证明基础事实的前提下，运用逻辑和经验法则推出待证事实，并对犯罪嫌疑人、被告人提出的无罪辩解进行审查，在此基础上认定待证事实。

关键词：互联网金融 刑事推定 经验法则 排除合理怀疑

引 言

刑事推定规则是指司法人员根据法律规定或者经验法则，从已知的基础事实推断出未知的案件事实，并允许犯罪嫌疑人、被告人提出反驳的一种定罪证明机制。近年来，互联网金融领域多发的犯罪主要包括非法吸收公众存款罪、集资诈骗罪等罪名，呈现出犯罪手段隐蔽复杂、集资参与人数众多、资金往来密集等特点，对传统的证明方法带来了新的挑战。由于我国存在"无供不定

---

[*] 课题负责人：杜邈，北京市人民检察院第二分院第四检察部副主任、三级高级检察官。课题组成员：李伟，中央财经大学法学院副院长；沈杉杉，北京市人民检察院第二分院第四检察部检察官助理。

案"的司法传统,有的司法人员形成了依赖口供定案的习惯,如果仅仅以犯罪嫌疑人、被告人认罪作为定案的绝对证据,将会使一些反侦查意识较强甚至制造"反证"的犯罪分子逃避法律的制裁。案件办理过程中,应当充分发挥刑事推定规则的作用,准确认定案件事实,维护国家金融管理秩序和集资参与人的合法权益。

一、互联网金融犯罪案件的证明难点

(一)客观行为难以证明

互联网金融犯罪案件通常采取公司化运营方式,有的犯罪嫌疑人为了规避刑事追究,隐藏于幕后决策涉案公司业务、管理核心吸资团队、控制资金流向,出现涉案公司实际控制人与法定代表人不相符的情况。到案后,犯罪嫌疑人通常辩称没有实施管理或控制行为,将罪责推卸至其他人身上,其发挥何种作用、作用的大小难以查证。例如,在一起非法吸收公众存款案中,犯罪嫌疑人指使他人注册和运营涉案公司,到案后声称其仅向涉案公司介绍投资项目,不承认系涉案公司的实际控制人。该案中,由于部分同案犯在逃,如果片面采信犯罪嫌疑人的辩解,将会得出其并未发挥主要作用的结论。但是,该案存在大量的客观性证据,能够指向犯罪嫌疑人系涉案公司的实际控制人:(1)涉案公司起获的宣传资料显示,犯罪嫌疑人系该公司董事长,宣传材料上还有其本人的签名和照片,宣传资料内页有某非法集资项目的启动仪式照片,清晰地显示犯罪嫌疑人在主席台就坐并和多名投资人合影;(2)涉案公司下属子公司的工商登记资料显示,该公司的注册地与犯罪嫌疑人名下的公司地址同一,吸资团队的核心成员均系犯罪嫌疑人名下公司股东;(3)投资人处提取的电子合同显示,大量借款协议以犯罪嫌疑人名下公司为借款方或担保方;(4)部分投资人在资金链断裂时曾向涉案公司追索钱款,由犯罪嫌疑人出面向投资人承诺还款,并在欠条上签字。对上述客观性证据蕴含的信息进行分析,可以看出犯罪嫌疑人与涉案公司的经营活动存在密切联系,在非法集资犯罪中发挥了主要作用。

(二)主观罪过难以证明

互联网金融犯罪属于法定犯,犯罪分子的道德愧疚感较低,在缺乏有力证据的情况下,到案后通常不会承认自己明知违法性或具备非法占有目的。对公司业务具有决策权的犯罪嫌疑人难以否认非法集资行为,但会辩解不具备非法占有目的,导致集资诈骗罪的认定较为困难;中下层工作人员则辩称不明知参与非法集资行为等辩解,导致犯罪主观方面认定困难。在认定犯罪时,需要遵循主客观相统一的原则，认定行为人的主观心态应当以罪前、罪中、罪后的客观行为作为基础，不能仅凭犯罪嫌疑人、被告人的供述，而是综合全案证据进行综合判断。

1. 主观明知

我国刑法中的主观明知包括实际知道和应当知道，在应当知道这一用语中，人们要描述的是一种不同于确切知道的认识状态，这种认识状态应当定义为推定知道。[①] 换言之，应当知道是指根据一定的基础事实，认为行为人如果没有明确的反证，就认定其为明确知道的一种刑事推定。与传统的犯罪案件相比，P2P类非法集资犯罪案件对主观明知的证明提出了更高的要求，犯罪嫌疑人除了明知涉案公司系互联网金融平台之外，还要明知涉案公司存在"资金池"，或者涉及自融、发假标、线下实体宣传、为项目提供担保并承诺保本等违反禁止性规定的行为，因此判定公司非核心人员是否具有主观明知比较困难。如在技术部门负责页面设计的员工，由于不负责核心技术的开发和维护，难以确定其是否掌握出借人在平台充值时有无调用存管银行接口。对此，2019年最高人民法院、最高人民检察院、公安部《关于办理非法集资刑事案件若干问题的意见》规定，认定犯罪嫌疑人、被告人是否具有非法吸收公众存款的犯罪故意，应当依据犯罪嫌疑人、被告人的任职情况、职业经历、专业背景、培训经历、本人因同类行为受到行政处罚或者刑事追究情况以及吸收资金方式、宣传推广、合同资料、业务流程等证据，结合其供述，进行综合分析判断。例如，在一起非法吸收公众存款案件中，犯罪嫌疑人辩称其担任行政主管，对涉案公司实施非法集资活动的情况并不知情。通过工作地点的照片、会议记录、公司机构组织架构图等证据，能够证实犯罪嫌疑人在公司长期任职且参与核心业务的讨论；通过同案犯的供述以及证人证言等证据，证实犯罪嫌疑人之前有丰富的金融从业经验，对P2P业务较为了解，进而认定其具备非法吸收公众存款的犯罪故意。

2. 非法占有目的

在互联网金融犯罪案件中，集资参与人仅仅能够证实将钱款投入涉案公司的事实，不清楚资金的实际流向；财务人员通常只能指认部分资金的去向，难以反映涉案资金的全貌。在犯罪嫌疑人拒不供述的情况下，需要立足涉案公司和相关人员账户等客观性证据，对涉案公司的资金流向进行筛查、甄别，进而判断犯罪嫌疑人是否具备非法占有的目的。对此，2001年《全国法院审理金

[①] 皮勇、黄琰：《论刑法中的"应当知道"——兼论刑法边界的扩张》，载《法学评论》2012年第1期。

融犯罪案件工作座谈会纪要》规定，集资诈骗罪和非法吸收公众存款罪在客观上均表现为向社会公众非法募集资金，区别的关键在于行为人是否具有非法占有的目的。在处理具体案件时要注意以下两点：一是不能仅凭较大数额的非法集资款不能返还的结果，推定行为人具有非法占有的目的；二是行为人将大部分资金用于投资或生产经营活动，而将少量资金用于个人消费或挥霍的，不应仅以此便认定具有非法占有的目的。最高人民法院2010年《关于审理非法集资刑事案件具体应用法律若干问题的解释》规定，使用诈骗方法非法集资，具有8种情形之一的，可以认定为"以非法占有为目的"，如集资后不用于生产经营活动或者用于生产经营活动与筹集资金规模明显不成比例，致使集资款不能返还的。2017年最高人民检察院公诉厅《互联网金融犯罪会议纪要》对涉互联网集资诈骗罪中的非法占有目的的认定做了进一步的强调和完善，即要重点围绕融资项目的真实性、资金去向、归还能力等事实进行综合判断。2019年"两高一部"《关于办理非法集资刑事案件若干问题的意见》对集资诈骗罪"以非法占有为目的"的证据收集作出指引，包括"是否吸收资金后隐匿、销毁合同、协议、账目；是否传授或者接受规避法律、逃避监管的方法，等等"。例如，在一起集资诈骗案中，犯罪嫌疑人否认其具备非法占有目的，但从资金去向来看，集资款的金额为2亿余元，而实际上用于生产经营（购买其他公司的股权）仅占400万元左右，二者明显不成比例。同时，在案证据能够证实犯罪嫌疑人从涉案公司账户多次提出现金共计数千万元，拒不说明资金去向，逃避返还资金。犯罪嫌疑人还使用集资款前往澳门多次赌博，刷卡金额高达1000余万元。据此，足以认定犯罪嫌疑人主观上具有非法占有目的。

（三）集资参与人数和犯罪数额难以证明

随着信息技术的迅速发展，犯罪嫌疑人采取设立网站等手段进行非法集资，由于信息网络的广泛性、快捷性和不特定性，导致集资参与人遍布全国各地，难以对每名集资参与人逐一取证，核实资金往来的原因。如果采用逐一调查核实的方法，因耗时耗力而不具备可操作性，而且难以达到预期的效果。但是，该类案件具有利用信息网络实施的特点，从涉案服务器、扣押的电脑内能够提取到大量电子数据，包括集资参与人信息、集资数额、还本付息数额等内容，可以采取抽样证明的方式，以部分集资行为的真实性推定全部集资行为的真实性，从而认定集资参与人的人数和犯罪数额。有的案件中，从网络服务器起获的电子信息数量动辄数十万、上百万条，对于批量对象根本无法通过传统方法精确证明，现有技术亦无法做到重复信息、交叉信息的绝对排除，只能借助于抽样证明的方法。抽样证明是指司法人员依据科学的方法，从较大数量的涉案对象中提取具有代表性的一定量的对象作为样本证据，并据此证明全部对象属性的证明方法。2014"两高一部"《关于办理网络犯罪案件适用刑事诉讼程序若干问题的意见》规定,对针对或者组织、教唆、帮助不特定多数人实施的网络犯罪案件,确因客观条件限制无法逐一收集相关言词证据的,可以根据记录被害人数、被侵害的计算机信息系统数量、涉案资金数额等犯罪事实的电子数据、书证等证据材料,在慎重审查被告人及其辩护人所提辩解、辩护意见的基础上,综合全案证据材料,对相关犯罪事实作出认定。2014年"两高一部"《关于办理非法集资刑事案件适用法律若干问题的意见》规定,办理非法集资刑事案件中,确因客观条件的限制无法逐一收集集资参与人的言词证据的,可结合已收集的集资参与人的言词证据和依法收集并查证属实的书面合同、银行账户交易记录、会计凭证及会计账簿、资金收付凭证、审计报告、互联网电子数据等证据,综合认定非法集资对象的人数和吸收资金数额等犯罪事实。2017年最高人民检察院、公安部《关于公安机关办理经济犯罪案件的若干规定》第38条规定,公安机关办理非法集资、传销以及利用通讯工具、互联网等技术手段实施的经济犯罪案件,确因客观条件的限制无法逐一收集被害人陈述、证人证言等相关证据的,可以结合已收集的言词证据和依法收集并查证属实的物证、书证、视听资料、电子数据等实物证据,综合认定涉案人员人数和涉案资金数额等犯罪事实,做到证据确实、充分。上述规定为抽样证明提供了法律依据。例如,在一起非法吸收公众存款案件中,犯罪嫌疑人利用互联网金融公司运营的网络平台,采取向社会公众发布虚假借款项目、提供虚假房屋担保等手段,骗取被害人钱款。该案被害人数众多且分散于全国各地,如逐一向每名被害人进行取证,缺乏可操作性和必要性。为此,可以通过提取、固定电子数据和抽取部分被害人取证的"二元"方式,对该案的犯罪对象和犯罪数额进行抽样证明。先是对涉案服务器的电子数据进行固定后,通过与银行转账凭证、书面合同的比对,确认犯罪嫌疑人与集资参与人之间的经济往来情况。随后,随机挑选的十余名集资参与人证言和借款合同、还款计划表、出借人本金利息表证实,集资参与人在互联网金融平台看到虚假借款信息后提供借款的情况,从而认定全案的犯罪数额。

二、刑事推定规则的构造

(一) 推定的依据:法律规范

法定性是刑事推定规则的基本特征,即推定是通过刑事法律规范确定下来的司法证明方法,对案件事实的推定必须存在相应的法律依据。现代刑事诉讼法特别强调"重调查研究、不轻信口供",将口供拉下了"证据之王"的神坛,强化了物证、书证等间接证据的推定功能。早在1990年《最高人民法院研究室关于偷开汽车长期作为盗窃犯罪工具使用应如何处理问题的电话答复》，1992年《最高人民法院研究室关于遇害者不明的水上交通肇事案件应如何适用法律问题的电话答复》就曾涉及刑事推定问题，但上述文件仅仅明确刑事诉讼中可以适用推定方法，并未对推定的适用情形、方法和证明标准予以明确。① 我国《刑事诉讼法》第55条规定，没有被告人供述，证据确实、充分的，可以认定被告人有罪和处以刑罚，该规定可以作为刑事推定规则的明确法律依据。通常认为，推定分为法律推定和事实推定，为法律所确立的推定称为"法律推定"；尽管没有为法律所确立，却由法官作为经验法则和逻辑法则所运用的推定属于"事实推定"。② 在我国，所有的刑事推定规则均可以称为"法律允许的事实推定"，主要包括两类：（1）具体的推定规则。司法解释或规范性文件将推定的前提事实、结论事实及两者的因果关系予以明确，旨在解决司法实践中常见的疑难问题，在总结大量案件的基础上，对于司法机关能够形成共识、经验法则的可靠性较强、社会公众广泛认可的结论，以成文的形式固定下来，从而节约司法成本、提高司法效率，有利于惩治犯罪，如2010年最高人民法院《关于审理非法集资刑事案件具体应用法律若干问题的解释》规定了"非法占有目的"的推定情形。此外，最高人民法院、最高人民检察院各厅室、省级法院、检察院的名义制定的规范性文件，或者最高人民法院、最高人民检察院就某问题发布的座谈会纪要等非司法解释性质的规范性文件，在理论上可以提炼为"准法律推定"，如2001年最高人民法院《全国法院审理金融犯罪案件工作座谈会纪要》、2003年最高人民法院《全国法院审理经济犯罪案件工作座谈会纪要》等规范性文件。③（2）概括的推定规则。在法律、司法解释或规范性文件没有明确推定条款的情况下，实践中仍可以运用推定的方法认定案件事实，司法人员需要自行选择前提事实，并对前提事实与结论事实的因果关系进行分析论证。2010年"两高三部"《关于办理死刑案件审查判

---

① 1990年《最高人民法院研究室关于偷开汽车长期作为盗窃犯罪工具使用应如何处理问题的电话答复》，对于偷开汽车作为盗窃犯罪工具使用的，要结合案情进行全面分析，不宜仅仅根据使用偷开汽车的天数，来推定行为人对偷开的汽车是否以非法占有为目的。1992年《最高人民法院研究室关于遇害者不明的水上交通肇事案件应如何适用法律问题的电话答复》，在水上交通肇事案件中，如有遇害者下落不明的，不能推定其已经死亡，而应根据被告人的行为造成被害人下落不明的案件事实，依照刑法定罪处刑，民事诉讼应另行提起，并经过宣告失踪人死亡程序后，根据法律和事实处理赔偿等民事纠纷。
② 陈瑞华：《论刑事法中的推定》，载《法学》2015年第5期。
③ 褚福民：《准法律推定——事实推定与法律推定的中间领域》，载《当代法学》2011年第5期。

断证据若干问题的规定》第33条首次明确了间接证据的定案规则，上述规定被2012年最高人民法院《关于适用〈中华人民共和国刑事诉讼法〉的解释》第105条所继承，从"证据已经查证属实""证据之间相互印证，不存在无法排除的矛盾和无法解释的疑问""全案证据已经形成完整的证明体系""根据证据认定案件事实足以排除合理怀疑，结论具有唯一性""运用证据进行的推理符合逻辑和经验"五个方面进行把握，最终得出认定被告人有罪的结论，建立了体系化的事实推定规则。①

（二）推定的对象：主客观事实

从定罪的角度来看，案件事实是由一系列可以拆分的具体事实所组成的。实践中，存在争议的事实通常不是案件事实的全部，而是其中的某一具体事实要素。根据我国司法解释和规范性文件的规定，刑事推定的对象侧重于主观事实，如"主观明知""非法占有目的"等，在行为人否认的情况下，其内心的真实想法很难通过直接证据予以证明，只能坚持从客观到主观的原则，即先考察客观上是否存在事实、存在何种事实，再看犯罪嫌疑人主观上是否认识到上述事实，以及认识到何种程度。② 在世界范围内，对于主观事实的刑事推定已经成为通行的做法，如《联合国反腐败公约》第28条规定："作为犯罪要素的明知、故意或者目的，根据本公约确立的犯罪所需具备的明知、故意或者目的等要素，可以根据客观实际情况予以推定。"随着案件情况的日趋复杂，刑事推定的对象逐渐超出了主观事实的范畴，开始向客观事实进行延伸，包括客观行为之推定、物品性质之推定、危险状态之推定等。例如，2013年"两高一部"《关于办理醉酒驾驶机动车刑事案件适用法律若干问题的意见》，犯罪

---

① 2010年"两高三部"《关于办理死刑案件审查判断证据若干问题的规定》，该规定第33条首次明确了间接证据的定案规则，没有直接证据证明犯罪行为系被告人实施，但同时符合下列条件的可以认定被告人有罪：（一）据以定案的间接证据已经查证属实；（二）据以定案的间接证据之间相互印证，不存在无法排除的矛盾和无法解释的疑问；（三）据以定案的间接证据已经形成完整的证明体系；（四）依据间接证据认定的案件事实，结论是唯一的，足以排除一切合理怀疑；（五）运用间接证据进行的推理符合逻辑和经验判断……2012年最高人民法院《关于适用〈中华人民共和国刑事诉讼法〉的解释》第105条规定，没有直接证据，但间接证据同时符合下列条件的，可以认定被告人有罪：（一）证据已经查证属实；（二）证据之间相互印证，不存在无法排除的矛盾和无法解释的疑问；（三）全案证据已经形成完整的证明体系；（四）根据证据认定案件事实足以排除合理怀疑，结论具有唯一性；（五）运用证据进行的推理符合逻辑和经验。

② 参见王洪伟、傅华：《如何鉴别共同犯罪中具有矛盾的供述与辩解》，载《中国检察官（经典案例）》2010年第6期。

嫌疑人在公安机关依法检查时，为逃避法律追究，在呼气酒精含量检验或者抽取血样前又饮酒，经检验其血液酒精含量达到《关于办理醉酒驾驶机动车刑事案件适用法律若干问题的意见》第 1 条规定的醉酒标准的，应当认定为醉酒。

在民事诉讼和行政诉讼中，推定规则既可以是案件事实的认定规则，也可以是个体证据的采信规则。① 例如，2015 年《最高人民法院关于适用〈中华人民共和国民事诉讼法〉的解释》第 114 条规定，国家机关或者其他依法具有社会管理职能的组织，在其职权范围内制作的文书所记载的事项推定为真实，但有相反证据足以推翻的除外。然而，刑事诉讼中，推定只能作为案件事实的认定规则，不能作为个体证据的采信规则。刑事诉讼对于证据"准入"的要求更高，推定的前提是经过查证属实的个体证据，对证据"三性"本身不能适用推定。如果将推定规则视为证据采信规则，使"较大概率为真"的证据成为定案根据，很可能造成事实认定的错误。

（三）推定的原理：日常经验法则

推定的原理是日常生活中的经验法则，是指人们从生活经验中归纳获得的关于事物因果关系或属性状态的法则或知识，这种因果关系或属性状态经过了长期反复的社会生活实践检验，符合人类的认知规律和事物发展的自然规律，既不易定量，也无文本可遵循。2019 年修订的《人民检察院刑事诉讼规则》第 401 条规定了免证事实的范围，其中"为一般人共同知晓的常识性事实""法律规定的推定事实""自然规律或者定律"均涉及日常经验法则的内容。其特点包括："第一，经验则是根据已知事实来推导未知事实时能够作为前提的任何一般的知识、经验、常识、法则。第二，经验则应该是人们从个别经验的积累中抽象、归纳出来的知识或常识。第三，经验则往往不能采用全称判断的形式来陈述，而只是盖然性的命题。"② 推定要求司法人员根据不成文的日常经验法则，在基础事实和推定事实之间建立起某种常态联系，这决定了推定的过程具有开放性。司法人员适用推定规则的过程，就是对日常经验法则的筛

---

① 2001 年《最高人民法院关于民事诉讼证据的若干规定》第 9 条规定，下列事实，当事人无须举证证明：……（三）根据法律规定或者已知事实和日常生活经验法则，能推定出的另一事实。2002 年《最高人民法院关于行政诉讼证据若干问题的规定》第 68 条规定，下列事实法庭可以直接认定：（一）众所周知的事实；（二）自然规律及定理；（三）按法律规定推定的事实；（四）已经依法证明的事实；（五）根据日常生活经验法则推定的事实。

② 王亚新：《对抗与判定——日本民事诉讼的基本结构》，清华大学出版社 2002 年版，第 203 页。

选和运用的过程，本质上属于自由心证的范畴。推定的有效性是由经验法则的可靠性程度所决定的，由于日常经验法则涉及的领域广泛、内容丰富，取得和归纳经验法则的方法也有所不同，因此，不同的经验法则在可靠性程度上势必存在差异。特别是对于行为人表现"异常"的认定，属于社会常识判断的范畴，如果司法人员适用可靠性程度较低的经验法则推出结论，其合理性就容易受到质疑。此外，经验法则的可靠性很难存在统一、明确的判断标准，特别是日常经验法则中的人文经验更加难以把握。在面对相同或者相似的基础事实时，不同司法人员对于适用何种日常经验法则认识不一，这也是推定的难点所在。

经验法则分为日常经验法则和专业经验法则，推定的原理应当是日常经验法则而非专业经验法则。对于医学、科技等专业性领域的案件事实，需要具备特别知识或经验的人按照科学的程序操作得出结论，不能作出不利于被告人的推定。如对于犯罪嫌疑人、被告人未达到刑事责任年龄、不具有刑事责任能力、DNA同一认定等事实，不能按照日常经验法则进行推定，而需要通过专业性的鉴定意见等进行证明。

（四）推定的标准：排除合理怀疑

根据我国刑事诉讼法的规定，通过推定规则认定的定罪事实和从重处罚事实，必须达到证据确实、充分的证明标准。在证据理论中，对案件事实的证明方式可以分为严格证明和自由证明。严格证明是指在证明的根据及程序上都受到法律的严格限制，且应达到排除合理怀疑这一证明标准的证明；自由证明是指证明的根据、程序或标准不受上述严格限制的证明，法官可以采用更为宽泛的证据材料或采取灵活机动的方法来完成证明，也不必都达到排除合理怀疑的证明标准。① 作为我国法律体系中认定案件事实的重要方法，推定规则在民事诉讼、行政诉讼、行政执法领域均有所体现，主要包括：（1）行政执法领域。2018年施行的《道路交通事故处理程序规定》第61条规定，当事人有下列情形之一的，承担全部责任：①发生道路交通事故后逃逸的。②故意破坏、伪造现场、毁灭证据的。（2）民事诉讼领域。2003年《最高人民法院关于审理人身损害赔偿案件适用法律若干问题的解释》第5条规定，赔偿权利人起诉部分共同侵权人的，人民法院应当追加其他共同侵权人作为共同被告。赔偿权利人在诉讼中放弃对部分共同侵权人的诉讼请求的，其他共同侵权人对被放弃诉

---

① 严格证明与自由证明作为大陆法系国家证据法上的基本概念，最早由德国学者迪恩茨于1926年提出，之后由德国传至日本以及我国台湾地区，并在学说和判例中得以发展。参见闵春雷：《严格证明与自由证明新探》，载《中外法学》2010年第5期。

讼请求的被告应当承担的赔偿份额不承担连带责任。责任范围难以确定的，推定各共同侵权人承担同等责任。2015 年《最高人民法院关于审理环境民事公益诉讼案件适用法律若干问题的解释》第 13 条规定，原告请求被告提供其排放的主要污染物名称、排放方式、排放浓度和总量、超标排放情况以及防治污染设施的建设和运行情况等环境信息，法律、法规、规章规定被告应当持有或者有证据证明被告持有而拒不提供，如果原告主张相关事实不利于被告的，人民法院可以推定该主张成立。2018 年《电子商务法》规定，在电子商务中推定当事人具有相应的民事行为能力。（3）行政诉讼领域。2018 年《最高人民法院关于适用〈中华人民共和国行政诉讼法〉的解释》第 46 条规定，原告或者第三人确有证据证明被告持有的证据对原告或者第三人有利的，可以在开庭审理前书面申请人民法院责令行政机关提交。行政机关无正当理由拒不提交的，人民法院可以推定原告或者第三人基于该证据主张的事实成立。持有证据的当事人以妨碍对方当事人使用为目的，毁灭有关证据或者实施其他致使证据不能使用行为的，人民法院可以推定对方当事人基于该证据主张的事实成立。在上述情况下，对案件事实的推定达到"盖然性"的证明标准即可，并不需要达到"排除合理怀疑"的最严格证明标准。

刑事诉讼作为国家强制力的集中体现，会引发对犯罪人生命权、自由权、财产权或政治权利的限制甚至剥夺，无论是通过直接证据认定案件事实，还是通过间接证据推定案件事实，均需要达到最为严格的证明标准。换言之，推定规则是当无法收集证据直接证明被告人真实犯罪意图或行为时适用的补充性证明规则，这种推定是一种建立于"证据确实、充分"基础之上的有罪推定，以此区别于"事实不清、证据不足"的无罪推定，不得变异为简化调查取证、降低证明标准的借口。

三、刑事推定规则的运用

刑事推定规则要求司法人员在充分证明基础事实的前提下，运用逻辑和经验法则推出待证事实，并对犯罪嫌疑人、被告人提出的无罪辩解进行审查，在此基础上认定待证事实。推定的原理类似于"烘云托月"的绘画技法，立足于所描绘的对象与其周围事物的联系，通过对周围事物的点染、描绘来烘托所描绘的对象。其中，基础事实是推定的前提，待证事实是推定的对象，通过日常经验法则建立的证据体系是联结两者的桥梁。

（一）确保基础事实得到充分证明

间接证据是指不能单独证明案件主要事实，必须和其他证据联系在一起才能发挥证明作用的证据,在英美法系的证据理论通常被称为"情况证据"。①从证据的可靠性角度进行衡量,间接证据的证明力并不必然低于直接证据,两者的区分标准是证据与案件事实之间的关联程度,与实质真实性并无必然联系,根据间接证据确定有争议的案件事实,甚至仅仅是根据间接证据给被告人定罪,是经常发生的情况。②与直接证据相比,间接证据具有以下特点:一是补充性。运用间接证据证明案件事实具有"兜底"的特点,案件中如果存在犯罪嫌疑人、被告人的有罪供述等直接证据,一经查证属实,案件的主要事实便可以得到确认,并不需要依靠间接证据进行证明。二是推理性。运用间接证据定案必须经过推理的过程,任何一个单独的间接证据,都不能直接证实案件中的主要事实,不能认定犯罪嫌疑人有罪或无罪,只有把诸多的间接证据结合起来,运用逻辑推理的方法,最终排除各种合理怀疑,才能够得出确定、唯一的结论。三是聚合性。间接证据有相互依赖的特性,间接证据只能从侧面证明案件的局部情况或个别情节,不能直接证明案件的主要事实,它必须同其他证据结合起来才能证明案件事实。正如有观点指出:"间接证明就像由几股线拧成的粗绳,任何一股都不足以独自承受重量,但是把它们拧在一起,就足够结实了。"③

在互联网金融犯罪的办理过程中,要特别注重收集、审查和运用书证、物证、电子数据等间接证据,将工作重心由获取口供转向外围间接证据的收集,④将通过间接证据认定的基础事实,有机拼成一幅完整的、可以排除合理怀疑的"待证事实"图景。"推定"的本意是"根据已知的判断推出新判断",⑤这里的已知判断就是基础事实,新判断就是待证事实。对基础事实的认定应当把握以下方面:

---

① 间接证据又称"情况证据"。假设X是需要证明的事实。对此可以通过两种方式证明。你可以通过以其自己的感官感知到X的证人证明这一点,这样的证据有时叫作关于X的'直接'证据。如果你做不到这一点,你可以通过证人来证明X,该证人尽管没有感知到X,但是他确实直接感知到了事实Y和Z,据此可以推论出X。这样的证据叫作关于X的'情况'证据。参见[英]克里斯托弗·艾伦:《英国证据法实务指南》,王进喜译,中国法制出版社2012年版,第22页。
② 高忠智:《美国证据法新解》,法律出版社2004年版,第38页。
③ [英]理查德·梅:《刑事证据》,王丽、李贵方译,法律出版社2007年版,第5页。
④ 王昊之:《只有间接证据的零口供案件如何定案》,载《江苏法制报》2011年5月30日,第6版。
⑤ 中国社会科学院语言研究所词典编辑室编:《现代汉语词典》,商务印书馆2005年版,第1385页。

1. 尽可能地广泛收集间接证据，确保基础事实的数量

基础事实应当是复数而不是单数，通过单一基础事实会推导出多种结果，只能得出开放性的结论；通过多个基础事实的排列组合，才能推导出行为人实施犯罪的唯一结论，这就需要广泛了解与案件有关的各种信息，不仅包括犯罪过程中发生的情况，还包括犯罪前后发生的情况。实践中，间接证据的数量因案而异，对待证事实的证明力具有随机性和不确定性。但是，获取的间接证据数量越多，则作为推理基础的事实越多；间接证据的数量越少，则作为推理基础的事实越少。在收集言词类间接证据时，应注重把握证据的关联性，一些证人证言表面上与待证事实没有直接联系，但是能够成为认定基础事实的有力依据。例如，在一起非法集资案件中，证人证言和书证能够证明犯罪嫌疑人案发前已身负巨额债务，上述事实看似与非法集资行为缺乏关联性，实际上能够证明犯罪嫌疑人的经济实力，成为认定非法占有目的的有力证据。

2. 收集的间接证据应当查证属实，确保基础事实的质量

任何形式的推理都必须具备前提真实的条件，即作为推理前提的判断必须符合客观实际，否则就难免会发生推论上的错误。在推定规则的运用中，待证事实的可靠性不仅仅取决于推理的逻辑形式，更取决于基础事实的真实性，这要求有"确实、充分"的间接证据认定基础事实。在收集到大量间接证据之后，首先要对间接证据进行审查，确保用于定案的间接证据经查证属实；与案件事实存在客观联系，对证明案件事实有实际意义；取证过程和证据形式符合法律规定。在此基础之上，要通过扎实的间接证据认定基础事实，不能使基础事实本身存在无法排除的矛盾或者无法解释的疑问。在互联网金融犯罪中，"非法占有目的"的认定是一项重要的基础事实，如果证明该事实的间接证据存在疑问，就不能认定该基础事实。实践中，应当避免出现"双重推定"或"多重推定"的情形，在刑事司法过程中，针对某一犯罪事实的认定只能一次适用而不得连续两次（包括两次以上）适用推定技术，即在推定三段论中，构成推定小前提的基础事实本身不能经由推定获得。① 如果首先通过间接证据推出基础事实，再通过基础事实推出待证事实，由此得出的结论往往存在较大的开放空间，难以达到"排除合理怀疑"的证明标准。换言之，不宜将推定所得事实作为进一步推定的基础，以此避免结论与客观真相之间的距离无限扩大，造成事实认定的偏差。例如，在一起集资诈骗案件中，尽管银行账目显示部分集资款转入多个个人账户，存在消费挥霍的较大可能性，但是未经过相关

---

① 徐剑锋：《非法占有目的推定应把握两项禁止性规则》，载《人民检察》2015 年第 24 期。

人员的确认，在未查清钱款具体用途的情况下，仅凭上述证据不足以推定其具有非法占有目的。

（二）建立完整的证据体系

证据体系也称为"证据链条"，一般是指证据在查证属实的前提下，相互衔接和协调一致，证据之间相互印证，形成环环相扣的闭合锁链。[①] 在推定规则的运用中，证据链条是由两个或两个以上不同的证据链节（或证据）所组成的、通过链头的相互联结形成的联结点以及链头与链体的客观联系，用以证明案件事实的证据集合体。证据体系具有以下特征：

1. 顺序性

时间具有一维性和不可逆性，以犯罪发生的时空顺序为标准，可以建立起包括罪前、罪中、罪后等各个环节的证据链条。以集资诈骗罪中的非法占有目的为例，相关基础事实包括：（1）罪前表现。主要包括犯罪嫌疑人的从业状况、经济能力、借贷状况、公司的项目经营情况、违法犯罪记录等，通过梳理这些事实，可以对犯罪嫌疑人是否具有"非法占有目的"等事实进行判断。（2）罪中表现。主要包括犯罪嫌疑人设立"资金池"的状况、吸收资金的手段、消费记录、转账记录等，查明涉案钱款的来源和去向。（3）罪后表现。主要包括犯罪嫌疑人对涉案财物的处置情况、相关证据的销毁情况、"攻守同盟"的订立情况、案发后的逃匿情况等，查明犯罪嫌疑人是否具有偿还被害人钱款的意愿。在证据链条的建立过程中，应当根据案件发展的客观规律，对基础事实发生的先后顺序进行排列。

2. 同向性

证据链条是间接证据相互协调的排列组合，不应存在无法排除的疑问或无法解释的矛盾，这就意味着证据链条的各个环节，无论时间、空间，还是在证明方向上都完全一致，共同指向待证事实。推定规则同样要求证据之间相互印证，根据最高人民法院《关于适用〈中华人民共和国刑事诉讼法〉的解释》规定，运用间接证据定案需要做到"证据之间相互印证，不存在无法排除的矛盾和无法解释的疑问"。但是，与认罪案件不同，由于间接证据不能直接指向待证事实，这里的证据印证只能是证明方向上的印证，而不是证明内容上的印证，实践中也会出现间接证据之间存在关键性矛盾，无法建立起完整的证据链条的情况。因此，不认罪案件的证明模式可以称为"以印证为基础的证据

---

① 张军主编：《刑事证据规则理解与适用》，法律出版社2010年版，第254页。

推理模式"。①

3. 全面性

证据链条的全面性是指犯罪构成的每个要件事实都有证据证明,不存在某项主客观事实的缺失,对于彼此之间内容独立的间接证据,即使数量再多也因无法联结成一个整体,无法验证各自的真实性而难以起到证明作用。具体来说,如果在时间、地点、人物、事情、事物、原因、经过七个要素上,不能形成证据链条,就难以运用间接证据认定被告人有罪。因此,证据链条并不是这些证人证言、书证、物证、鉴定意见等证据的简单堆积,而要在犯罪构成的框架下进行梳理,连结成一条环环相扣、连贯一致、合乎逻辑的证据锁链。如果犯罪嫌疑人否认其具备非法占有目的,不能仅凭案发后的结果来倒推认定行为人当时的主观心态,还需要从犯罪嫌疑人的经济状况、借款理由、钱款的实际用途、案发后表现等方面收集和审查证据,综合判断其是否具备还款能力和还款意愿,最终认定是否具备非法占有目的。但是,证据链条要达到何种程度才属于"全面",是查明待证事实的每个环节,还是查明待证事实的主要环节即可,在司法实践中存在较大争议。例如,在一起集资诈骗案件中,行为人采取了"借新还旧"的集资手法,但利用时间差形成了大量的资金沉淀,将大量资金投入了营利性项目,此时要避免"唯后果论"的错误倾向,即只要导致高额负债无法归还,就不考虑资金的沉淀情况和实际用途,直接认定为具有非法占有目的。

4. 稳定性

组成证据链条的间接证据应当得到有效固定,而不能发生实质性变动,否则就会导致整个证据链条的断裂。由于证人证言等言词证据的稳定性较差,具有"易反复、易更改"等特征,需要通过物证、书证等客观性证据完成对言词证据的补强,增强证据链条的稳定性。在收集实物类证据时,应注重收集和固定说明物品来源、原始状态、外部特征的相关材料,并通过关联情景和情节进行"包围",加强对间接证据的固定。如果在收集间接证据时"就事论事",对证据的来源、去向、状态等关联性材料不注意收集和固定,容易导致证据证明力的丧失或减弱,难以推出待证事实。例如,在一起非法集资案件中,犯罪嫌疑人系涉案公司的实际控制人,从涉案公司起获的办公场所租赁合同上有本人的签名、指纹和手机号码,从其本人电子邮箱内提取到涉案公司的财务报表,从而成为认定其客观行为的有力证据。

---

① 纵博:《论认罪案件的证明模式》,载《四川师范大学学报(社会科学版)》2013年第5期。

(三) 审查犯罪嫌疑人、被告人提出的无罪辩解

在刑事证明过程中,依据间接证据所构成的证明体系进行逻辑推理,得出的定罪结论只能是唯一、确定的。然而,推定是根据通常情况的最大可能性所作的暂时性的假定,尽管基础事实是真实的,但据以推定的经验法则是盖然性的,故推定事实就有可能不是真实的。① 推定的基础是基础事实与待证事实的常态联系——经验法则,尽管经验法则被实践证明在绝大多数情况下是真实的,但也存在非常特殊的情况下产生例外的可能,存在一定的不周延性,所以必须允许犯罪嫌疑人、被告人提出反驳意见,否则很有可能导致错误定罪。换言之,经验法则的高度盖然性不能直接等同于"排除合理怀疑"。实践中,应把握以下方面:

1. 推定不会引发有罪举证责任的转移

对于被告人作无罪辩解的,是否会引发举证责任的转移,即由被告人证明自己无罪?根据我国刑事诉讼法规定,公诉案件中被告人有罪的举证责任由人民检察院承担,自诉案件中被告人有罪的举证责任由自诉人承担。控方举证的目的就是为了说服法庭认定被告人有罪,脱离了该目的的举证毫无诉讼意义。在英美法系的证据法理论体系中,刑事证明责任包括双层次的"提供证据责任"与"说服责任",② 从指控犯罪的诉讼目的来看,举证责任与说服责任应当是有机统一、不可分割的,举证责任是基础、说服责任是核心,不能将举证责任仅仅理解为"将证据提交法庭",还应包括"说服法庭采信证据"。

公诉案件中,检察机关比被告人和辩护人具有更强的收集证据能力,由检察机关承担被告人有罪的举证责任,既体现了程序公正,又有助于实现诉讼目的。控方提出事实主张的范围应当包括被告人实施了何种犯罪,犯的是一罪还是数罪,以及有无应当从重、从轻或减轻处罚的情节等,无论被告人提出何种无罪辩解,均应由控方承担证明被告人有罪的责任。尽管 2017 年"两高"《关于办理侵犯公民个人信息刑事案件适用法律若干问题的解释》第 11 条规定:"对批量公民个人信息的条数,根据查获的数量直接认定,但是有证据证明信息不真实或者重复的除外。"但该规定并不意味着举证责任的倒置,当辩方提出信息不真实或者重复的具体线索后,仍然由控方负责收集有罪证据并提交给法庭。由此可见,控方提出证据和说服法庭的目的就是证明被告人有罪,对于检察机关随案移送但不准备在法庭上出示的证据,如果被告人或辩护人认

---

① 赵钢、刘海峰:《试论证据法上的推定》,载《法律科学》1998 年第 1 期。

② JOHNE C. KLOTTER. Criminal Evidence [M]. 5th edition. New York: Anderson Publishing Co., 1992, pp. 34 – 35.

为该证据系无罪证据，应由辩护方进行举证，而不属于控方的举证范畴；对于被告人和辩护人自行收集的无罪证据，应由控方提出证据加以反驳，如果无法达到证据确实、充分的证明标准，被告人就可以获得有利判决。

2. 对无罪辩解持客观公正立场

犯罪嫌疑人、被告人的无罪辩解可能是虚假的，也可能是真实的。实践中，由于长期受有罪推定思想的禁锢，以及犯罪嫌疑人、被告人被羁押后，对其无罪的辩解缺乏举证能力等种种因素的影响，无罪辩解往往得不到重视，甚至一概被认为是畏罪狡辩，事实证明这种观念是危险而错误的。[①] 司法人员在确定推论是否成立时，应当对被告人提出的无罪辩解进行查证核实，将犯罪嫌疑人、被告人的行为作为中心，依据在案的间接证据进行综合判断和逻辑推理，只有在证明犯罪嫌疑人、被告人的反驳不成立的情况下，才能最终确认待证事实成立。

3. 对无罪辩解的合理性进行甄别

无罪辩解作为刑事诉讼法明确规定的证据类型之一，应当引起司法人员的高度重视，应当结合全案证据对犯罪嫌疑人、被告人提出的事实主张进行具体的分析。实践中，非法集资类案件常见的无罪辩解理由包括"没有实施集资行为""不明知涉案公司的非法集资活动""因经营不善导致资金链断裂"等，一些案件中，犯罪嫌疑人、被告人会提出"幽灵抗辩"等各种理由来增大控方举证的难度，试图通过控方举证不能而脱罪，如辩称将集资款转至某个公司的账户用于项目投资或者转至第三人的账户用于民间借贷等。犯罪嫌疑人、被告人在刑事诉讼中针对控方的有罪指控，为减轻或者免除其刑事责任而提出的似"幽灵"一般难以查证的辩解，这一现象则被称为"幽灵抗辩"。[②] 在上述情况下，是否会增加控方的举证工作量不能一概而论，应围绕"排除合理怀疑"的证明标准进行具体分析。（1）如果在案证据已经能够形成闭合的证据链条，无罪辩解明显与在案其他证据相互矛盾，或者明显不符合社会常理的，坚持原有的证据体系即可，不需要收集新的证据予以"证伪"。例如，在一起

[①] 贺恒扬：《故意杀人罪案件中的证据收集与审查》，载《人民检察》2007年第20期。

[②] "幽灵抗辩"的名称来源于我国台湾地区士林地检署所办理的一起走私香烟案。该案中，被告人到案后做无罪辩解，辩称是在海上遇上海盗，海盗将一千盒走私香烟丢到船上将其捕获鱼抢走。其称自己也是被害人，而非犯罪嫌疑人。我国台湾地区法官审查后认为被告人所提海盗具有存在可能性无法排除，作出无罪判决。自此判决作出后，检察官发现很多走私案件的被告人都提出了相似辩解，由于海盗真实身份无法查清如同幽灵般虚无缥缈存在，故将被告人此种答辩称为"幽灵抗辩"。参见吴巡龙：《刑事举证责任与幽灵抗辩》，载《月旦法学杂志》第133期。

集资诈骗案件中，犯罪嫌疑人提出其设立小额贷款公司，将大量集资款用于民间借贷营利，以此否认具备非法占有目的，经审查，犯罪嫌疑人的具体辩解理由前后不一，且无法提供贷款公司的员工的姓名、手机号等个人信息，甚至无法提出近两年发放大额贷款的对象和数额，明显不符合常理。（2）如果无罪辩解有明确、具体的取证线索，控方应进行相应的调查取证工作。如果被告人提出的辩解确有证据印证或合乎情理，足以推翻原有的证据体系的，不能认定其构成犯罪。相反，如果被告人提出的辩解与收集的证据相矛盾，其不能做出合理解释的，足以认定该辩解为虚假，不影响推定事实的成立。在疑难复杂的案件中，甚至要同时通过正反双向的证据固定方式，才能达到"排除合理怀疑"的证明标准，得出一个符合逻辑和经验判断、最大限度地接近事实真相的结论。例如，在一起集资诈骗案件中，犯罪嫌疑人提出将大量集资款转入一家粮油公司，用于收购该公司51%的股份，以此来否认其具备非法占有目的，经审查，该粮油公司账户确实转入2500余万元的钱款，但该笔钱款实际系"过桥资金"，很快即转回至资金提供方，与集资款并无关联性，不影响对非法占有目的的认定。

结　语

刑事推定规则立足于"排除合理怀疑"的证明标准，能够满足降低举证负担、提高司法效率的需要，有其存在的必然性与合理性。随着信息网络技术的快速发展，互联网金融领域犯罪的技术性强、资金量大、涉及面广，证明难度不断提升，给予刑事推定规则巨大的适用空间。司法实践中，司法人员应当注重对全案证据的综合分析，将认定基础事实、建立证据体系和审查无罪辩解的整个过程展现于外，以此来接受法庭和社会的检验，防止出现推定不当"泛化"或者"限缩"的情形，确保案件办理的质量和效果。

互联网金融犯罪大数据证据的定位与运用[*]

吴春妹 叶 萍 黄 成 张美惠[**]

内容摘要：目前涉众型互联网金融犯罪案件数量激增、涉及人员众多、取证难度大,以大数据证据作为此类案件证据体系中的重要一环,能够优化司法资源配置,提高办案效率。本课题结合司法实践中对大数据证据的探索运用,对其在指控和证明互联网金融犯罪中的作用进行分析,总结现阶段的运用场景和运用模式,提出在运用过程中发现的问题。从证据种类、证据效力、证明能力、追赃挽损、政策考量等多个维度构建大数据证据在互联网金融犯罪案件中的审查、运用规则。

关键词：互联网金融　大数据　大数据证据　非法集资类案件

新一轮信息技术革命与人类经济社会活动交织融合,引发了数据的爆炸式增长,大数据这一概念露出锋芒,在信息技术领域引领了一场划时代的变革。而在当今"互联网+"的时代背景下,金融与互联网技术相结合,使得依托互联网的金融犯罪案件传播速度更快、宣传范围更广、涉及资金更多、投资程序更简便、集资隐蔽性更强,给投资者的财产安全和国家的金融管理秩序带来的威胁也急剧增加。该类案件中,涉案犯罪嫌疑人众多,集资参与人涉及面广,涉案金额巨大,资金流向复杂,取证数量要求和取证难度也在不断提高。大数据证据因其海量性、多样性和全面性的特征,与互联网金融案件的上述特点正存在契合之处,因此,"互联网金融犯罪大数据证据的定位与运用"是当前司法办案现实呼唤研究的一个突出问题。

---

[*] 2019 年度最高人民检察院检察理论研究所互联网刑事法律研究中心 GJ2019HX04 课题。

[**] 吴春妹,北京市朝阳区人民检察院党组副书记、副检察长,二级高级检察官;叶萍,北京市朝阳区人民检察院第二检察部主任,四级高级检察官;黄成,北京市朝阳区人民检察院二级检察官;张美惠,北京市朝阳区人民检察院二级检察官。

一、大数据证据的概念

近年来,大数据技术已经成为国内外众多学者关注的焦点问题,但当前对大数据技术在司法领域的应用主要集中在大数据侦查和大数据司法两部分,一是强调利用大数据挖掘犯罪,以及预测尚未发生的犯罪,认为应当灵活运用大数据的关联分析技术,通过数据挖掘技术,在侦查初期就发现犯罪线索。① 二是强调运用大数据发现犯罪规律,有针对性地制定和调整侦查取证策略,实现打击和预防犯罪的双重效果。② 三是强调将大数据运用于司法办案系统的智能化、出庭示证的可视化和类案证据标准的统一化。③ 但对于大数据证据在刑事案件中如何定位,以及如何运用其在个案中指控和证明犯罪,还停留在讨论和探索层面,有学者指出应当突破列举式的证据制度,根据诉讼的新情况新变化,将大数据证据单列出来作为独立的证据种类;④ 有学者指出将大数据技术与现行法律规定的证据种类相关联,通过转化的形式使大数据证据能够以法定的证据形式应用于个案办理。⑤

在研究大数据证据的定位和运用之前,首先,应当明确大数据证据的内涵与外延。在司法办案实践中,大数据证据首先表现为侦查取证过程中面临的海量数据,如公安机关内部平台或共享平台存有的大量数据,银行等金融机构存储的大量资金账户交易明细等。其次,为分析和处理海量数据,以算法和程序为基础的相应分析技术应运而生,以实现对数据进行挖掘、碰撞和整合。最后,经过以上处理过程,最终会形成相应的可视化分析报告或结论,如车辆轨迹分析报告、资金分析报告等。上述海量数据、对海量数据的分析技术及分析形成的报告或结论都可以被纳入大数据证据的范畴。

---

① 王立楠、陈佳明:《大数据时代反贪信息化侦查模式的构建》,载《中国检察官》2015 年第 9 期。
② 李蕤:《大数据背景下侵财犯罪的发展演变与侦查策略探析——以北京市为样本》,载《中国人民公安大学学报》2014 年第 4 期。
③ 刘品新、陈丽:《数据化的统一证据标准》,载《国家检察官学院学报》2019 年第 2 期。
④ 何家弘、张建伟等:《大数据侦查给证据法带来的挑战》,载《人民检察》2018 年第 1 期。
⑤ 刘品新:《论大数据证据》,载《环球法律评论》2019 年第 1 期。

二、大数据证据应用于互联网金融犯罪案件的应然性及其定位

(一) 大数据证据应用的应然性

1. 大数据证据本身在数量和质量上的优越性

从海量电子数据的角度评价大数据证据,其本身就具有数量庞大、类型多样、内容客观等特点,通过灵活运用数据分析、处理技术,又能使上述海量数据形成相应的分析报告或结论,将数据背后的规律和特征以文本、图表及其他可视化形式直观、清晰地表现出来。从数量上看,大数据证据在作为数据本身时,因其来源广泛,数量也十分庞大,能够为后续的数据分析提供基础支撑;同时,数量的巨大也能够一定程度上弥补小部分数据不精确的不足之处;从质量上看,当把分析技术和分析形成的报告纳入大数据证据范畴后,实际上则是将客观的数据以符合《刑事诉讼法》规定的形式固定下来,使其能够起到直接指控和证明犯罪的作用。

2. 新型互联网金融犯罪案件办理的实际需要

涉众型互联网金融类犯罪属于典型的涉众型经济犯罪,刑法中涉及涉众型互联网金融类犯罪的罪名主要有非法吸收公众存款罪,集资诈骗罪,擅自发行股票、公司、企业债券罪,非法经营罪,欺诈发行股票、债券罪,诱骗投资者买卖证券、期货合约罪,吸收客户资金不入账罪,擅自设立金融机构罪,组织、领导传销活动罪等。当前,随着互联网金融的不断发展,随之而来的"创新型"互联网金融犯罪案件,特别是非法集资类案件在数量上日益增多,在犯罪手法上也不免存在诸多新型和隐蔽之处,呈现出花样翻新、依托网络、紧跟时代、面向国际等特点。这类大案的频出,严重扰乱了国家的金融秩序,影响了经济发展和社会稳定。[①] 同时,由于互联网本身具有开放性特点,此类案件普遍存在涉案公司、涉案犯罪嫌疑人、涉案集资参与人数量众多,涉案资金总体量庞大、账户数量多、流向复杂等特点,按照传统犯罪案件的侦查和办理思路,所需办案人员的数量和财物保障都将大为增加。而当前公安机关、检察机关和审判机关在办理非法集资类案件时,都面临着案多人少的巨大压力,如北京市某区检察院2018年全年办理非法集资类案件888件2000人,2019年仅上半年就办理了非法集资类案件631件2115人,可见案件量和涉案人数激增态势明显,且个案涉案金额呈现出逐年增长的趋势。特别是在涉P2P非法集资类案件集中爆雷后,投资金额动辄几千万、上亿甚至几十亿元,涉案投资

[①] 张玉鲲:《非法集资犯罪的理论与司法实践》,中国检察出版社2016年版,第1页。

人人数也有成千上万人。例如"金某某 P2P 平台"案中，未归还金额 24 亿余元，涉及投资人 6 万余人，涉及借款企业 100 余家。此类案件单个案件的涉案嫌疑人人数也多为数十人，例如"中融某某 P2P 平台"案中，公安机关一次刑事拘留 70 余人，提请批准逮捕 40 余人。同时，P2P 类案件还存在资金去向难以查清、追赃挽损困难的突出特点，此类案件涉案集资参与人账户、借款人账户成千上万个，核实借款人真伪、资金去向的工作较之普通非法集资类案件更为复杂和繁重。本轮司法改革以落实司法责任制和员额制为重点，对案件的质量和公正提出了很高的要求，刑事司法中对证据规格要求和证明标准的把握也越来越严格，一定程度上加大了惩治犯罪的难度；但以审判为中心和庭审实质化为核心，又一定程度上限制了司法办案人员数量的增加。因此，基于新型互联网金融犯罪案件办理的实际需要，及时、准确地运用大数据证据，优化司法资源配置，提高办案效率，不仅有利于准确及时地惩罚犯罪，更是落实司法改革的内在要求和有力支撑。

3. 互联网犯罪证明标准的特殊性

如前所述，互联网犯罪案件因其发生领域的开放性和涉及信息的庞杂性，如对其仍采传统案件的证明标准，存在实际操作上的难度。因此理论界和实务界对此都提出了相应的处理方式，如有的学者就提出了网络犯罪的底线证明标准，即按照法定的入罪和加重处罚两道"坎"，提供能用以定案的最基本的证据。要追究网络犯罪者的刑事责任，指控证据必须证明其已经触及法定的入罪门槛；而要追究网络犯罪者的加重刑事责任，指控证据还必须证明其已经触及法定的加重处罚门槛。具体来说，我国现行法律普遍采用数额作为入罪或加重处罚的标准。因此，办案人员就必须在证明作为底线的数额（如金额、人数等）指标方面，达到"案件事实清楚、证据确实充分"的要求；至于其在多大程度上超过了作为底线的数额指标，则只需要进行概要性的证明或展示。[①]因网络犯罪高发而不断更新的法律中也对此类案件设立了"综合评估认定""转移证明责任"等新的评价标准，如最高人民法院、最高人民检察院《关于利用网络云盘制作、复制、贩卖、传播淫秽电子信息牟利行为定罪量刑问题的批复》明确规定："鉴于网络云盘的特点，不应单纯考虑制作、复制、贩卖、传播淫秽电子信息的数量，还应充分考虑传播范围、违法所得、行为人一贯表现以及淫秽电子信息、传播对象是否涉及未成年人等情节，综合评估社会危害性，恰当裁量刑罚，确保罪责刑相适应。"最高人民法院、最高人民检察院《关于办理侵犯公民个人信息刑事案件适用法律若干问题的解释》第 11 条第 3

---

① 刘品新：《网络犯罪证明简化论》，载《中国刑事法杂志》2017 年第 6 期。

款规定:"对批量公民个人信息的条数,根据查获的数量直接认定,但是有证据证明信息不真实或者重复的除外。"等。

(二)大数据证据的定位

当前司法界对大数据和大数据技术的应用,大部分停留于挖掘线索、预测犯罪和类案规律分析等情报导侦层面,而缺少对大数据证据应用于个案指控和证明犯罪的相关研究,大数据证据在刑事诉讼法中的合法地位也需要进一步深入论证。但综合大数据本身的特点、现实互联网金融案件的办理需要和网络犯罪案件的证明标准不难看出,对大数据证据的精准定位应当是,通过机器算法对海量数据进行数据采集、数据挖掘、数据碰撞等技术性分析,根据个案的具体情况将上述分析结果加以人工转化为分析报告,使其作为在互联网金融犯罪个案中指控和证明犯罪的有力证据。

三、司法实践中大数据证据的运用现状及存在的问题

(一)传统司法实践中大数据证据的运用场景——以中国裁判文书网检索结果为视角

1. 在普通刑事案件中提供涉案人员行踪轨迹

在以往的刑事案件侦查过程中,大数据分析研判往往被用于分析犯罪嫌疑人及相关重点人员的行踪轨迹,进而协助侦查机关抓获犯罪嫌疑人,大数据分析的作用在判决书中则经常以到案经过、情况说明的方式予以确认。如江某某故意杀人一案判决书中认定:侦查机关出具的办案说明显示,2017年8月通过公安网人像比对技术,发现江某某的照片与李某某的户籍资料照片高度相似,经公安网大数据分析李某某曾经在海南省海口市出现过。后根据该线索侦查员在海口市某小区门口将江某某抓获归案。经讯问,江某某对其杀人事实供认不讳,并交代其在海口改名李某某的事实。[①] 又如陈某甲、陈某乙盗窃罪一审刑事判决书中认定:本案的侦破经过为通过大数据分析等技侦手段,确定被告人陈某乙手机运行轨迹与案发地在时间上、空间上相吻合,从其持有使用的手机号锁定被告人陈某乙并将其抓获。[②] 但从以上判决书的内容中也可以看出,在刑事犯罪侦查取证过程中,大数据分析手段大多类似于技术侦查手段而又轻缓于技术侦查手段,主要依托公安网数据和手机通信记录等内部信息进行分析,且出于侦查手段保密的需求,几乎不会将完整的分析过程呈现在书面文

---

① 江西省宜春市中级人民法院(2018)赣09刑初17号刑事判决书。
② 湖北省安陆市人民法院(2017)鄂0982刑初13号刑事判决书。

件中，更不会在判决书中向社会公众展示。

2. 在执行案件中分析被执行人履行能力

通过以"大数据分析"为关键词在中国裁判文书网进行检索，检索结果显示，江苏省无锡市惠山区人民法院和江苏省宜兴市人民法院的 36 份民事纠纷执行裁定书中均有此类表述："本院向申请执行人发出执行情况、风险告知书、大数据分析报告，将上述执行情况告知申请执行人，要求其向本院提供被执行人的财产线索。申请执行人明确表示被执行人无可供执行财产，向本院申请终结本案本次执行程序。"① 及"本院通过无锡法院被执行人履行能力大数据分析系统对被执行人进行了大数据分析，未能发现其名下有可供执行的财产。"② 这说明大数据分析技术已经应用于部分地区的法院执行工作，江苏省无锡市中级人民法院建立的"被执行人履行能力大数据分析系统"即是将大数据分析应用于执行工作的一例典型实践。根据无锡市中级人民法院的官方数据，截至 2018 年 9 月，该"被执行人履行能力大数据分析系统"已对 32541 个被执行人的信息进行大数据分析，对相关被执行人的财产及时采取查封、扣押等执行措施 45281 次，执结案件 21012 件。对被执行人采取罚款、拘传、拘留等强制措施人数增加 357%，移送和判处"拒执罪"的被执行人同比上升 150%，被执行人自觉履行率提高 45%。③

该"被执行人履行能力大数据分析系统"之所以能在"破解执行难"工作中起到显著的作用，主要是基于以下功能：在数据采集、筛选方面，该系统与多个政务、公共信息平台对接，采集、整理、归类产生的海量信息及人、财、物等碎片化信息④。在数据分析方面，该系统具有资产分析、资金流分析和轨迹分析等功能，通过查询银行存款、车辆情况及价值、房产情况及价值全面掌握被执行人的财产情况；通过分析重点账户之间形成的资金回路信息，确定被执行人是否存在通过他人账户故意转移资产、隐瞒财产的行为；通过查询并展示被执行人的出行轨迹，分析被执行人是否存在违法高消费行为等有能力而拒不履行的违法行为。在具体案件办理方面，该系统还具有关联案件分析功

---

① 江苏省无锡市惠山区人民法院（2017）苏 0206 执 1035 号执行裁定书。
② 江苏省宜兴市人民法院（2019）苏 0282 执 1333 号执行裁定书。
③ 《无锡法院建立"大数据分析系统"破解执行难》，全国法院切实解决执行难信息网，载 http：//jszx.court.gov.cn/main/ExecuteResearch/100055.jhtml，最后访问日期：2019 年 11 月 26 日。
④ 《"大数据"破解"执行难"——无锡法院"被执行人履行能力大数据分析系统"成效显现》，无锡长安网，http：//www.wxzf.org/news_show.aspx？id=62070，最后访问日期：2019 年 11 月 26 日。

能、告警管理功能和综合研判报告功能,能够自动收集被执行人在全省涉执行案件的总金额,综合分析被执行人的欠债情况;当同一被执行人案件在全市超过一定数量时,系统会自动告警提示,便于执行部门及时进行统一管理;并最终形成被执行人履行能力分析报告,供执行法官对案件进行研判。这一系统的监督管理功能也同样值得借鉴,其通过自动记录每个用户、每个IP地址的操作记录并形成完整的操作日志,可以监督执行法官、执行法院对系统的使用行为,确保公民信息数据的安全,防止相关功能的滥用和违规操作。[①]

(二)大数据证据在互联网金融犯罪案件中的运用现状——以某股权投资管理有限公司涉嫌非法吸收公众存款一案为视角

目前在办理互联网金融犯罪案件中,已经有部分地区的侦查机关通过前述使用机器算法和程序等手段,对案件中涉及海量工商登记、资金账户和手机存储文件数据进行采集和分析,并在技术人员和办案人员的配合下,形成相应分析报告的方式,为相关案件提供证据支持。

如北京市某区分局经济犯罪侦查支队通过政府采购的方式购买科技公司的服务,通过科技公司开发的资金流向追踪分析系统,使用银行交易明细等基础数据完成对资金流向的分析。主要工作流程为:第一,将基础数据导入系统,并进行数据清洗,统一格式,形成资金明细总表;第二,可通过筛选卡号、账号、户名、金额、时间、证件号码等,根据办案需要一键生成可视化资金流向图,协助办案人在侦查初期即掌握资金流向和控制资金的主要人员,及时确定侦查方向,及时开展追赃工作;第三,可在资金流向图中选择两个端点,根据办案需要生成任意两者间资金流向具体往来图;第四,通过系统模型分析,可即时发现未调单账户,即未调取交易明细的涉案重要账户,协助办案民警在侦查初期及时调取所需的数据;第五,通过系统模型分析,对大额交易行为、过渡账号、重点交易对手、主要获利对手、主要资金来源及去向一键生成分析报告,供分析研判使用。

在某股权投资管理有限公司涉嫌非法吸收公众存款一案的侦查工作中,侦查机关即综合运用公安部违法犯罪资金查控平台、反洗钱类罪分析研判平台、火眼金睛、公安云搜、天眼查等平台和工具为数据调取、数据清洗、数据分析提供支撑。涉案公司以投资文化传媒、养老、医疗等实体产业项目为名,承诺12%~18%的高额年息,面向全国20余个省市2万余人非法吸收资金,涉案

---

① 《无锡法院建立"大数据分析系统"破解执行难》,全国法院切实解决执行难信息网,载 http://jszx.court.gov.cn/main/ExecuteResearch/100055.jhtml,最后访问日期:2019年11月26日。

资金出入涉及全国38家公司和44个分支机构。此次资金分析工作根据案件的实际情况，确定了先通过线上和线下全方位调取银行账户交易数据确定非吸资金规模，再综合运用分析工具研判核算投资人还本付息、业务员返点提成、项目投资、运营成本和其他资金，从中发现非法占有资金情况，即"先算总账，再查去向"的研判思路，以涉案公司交叉持股情况、投资人数、吸收资金规模、资金去向等关键问题为导向，在分析后形成了资金分析报告供侦查机关、检察机关办理案件使用。

前期侦查机关调取的供研判分析的电子数据主要来源于：一是通过线上资金查控平台调取近200个涉案个人或单位名下400余个账户的交易明细；二是通过反洗钱查询平台，调取近9万条大额可疑交易情况；三是通过线下方式向中国建设银行、中国农业银行发起账户交易明细调取申请，调取的银行交易数据总计448万余条；四是调取涉案公司POS机交易流水共计13万余条；五是涉案公司提供的投资人名单，未兑付投资人资金汇总表，以及在实体投资项目中与投资项目方签订的合同、收据和转账凭证等材料；六是通过天眼查APP调取涉案公司及其关联公司的工商登记信息。

因核定投资人数和投资金额是认定非法集资类犯罪基本事实的关键，在资金分析报告中首先对投资人数和吸收资金的规模予以确定，首先，通过对涉案公司POS机刷卡金额在1000元以上的银行账户及在涉案公司起获的未兑付账户明细表数据进行汇总去重后，累积得出6万余张"疑似投资卡"。其次，汇总已报案投资人材料①及在涉案公司起获的未兑投资人信息表得出"疑似集资参与人名单"，将上述银行卡开户信息与该名单进行比对，能够确定其集资参与人身份的合计22377人。再次，根据上述人员信息模拟个案集资参与人的画像。如通过对本案的数据分析，得出集资参与人涉及全国近20个省、自治区、直辖市，北京地区投资人数占近50%，其中60岁以上投资人占51%等信息。最后，对上述确定集资参与人身份的人员向涉案公司吸收资金账户的资金汇入情况进行汇总，得出涉案吸收资金总额200亿余元的初步结论。

---

① "某分局涉众型经济案件报案平台"，投资人注册后通过上传身份证照片及正面免冠照片完成实名认证，即可在线上传报案材料，查询案件进度等，但出于对证据合法形式的考虑，投资人在线上报案后仍然需要现场或邮寄提交纸质版报案材料，等待专人审核通过后，方可完成报案。线上报案平台虽然不能完成证据收集的全部过程，但可以在以下两个方面起到作用：第一，形成电子版报案人名单及投资信息，便于在各个诉讼阶段流转使用；第二，因投资人实名认证，便于开展涉众信访稳控工作。

因区分非法吸收公众存款罪与集资诈骗罪的关键在于非法占有目的，而涉案资金的最终流向能够直接反映涉案公司吸收资金后的实际用途，从而能够在客观方面反映涉案人员对资金是否具有非法占有目的。为准确认定案件性质，在资金分析报告中，重点描述了通过对资金顺线追踪后得出的该公司资金流向情况，其中返本付息金额占近60%，发放业务员佣金占近10%，而实际投入项目的金额也只占资金总体量的12%，同时，通过对涉案公司实际控制人名下相关账户的穿透分析，发现其将大额资金用于购置房产，且将大额资金转入境外人员名下账户，该账户存在整额入账，快速分散出账，进出账在同一天完成，账户几乎不留余额，大量出账形式为间隔时间短至几分钟内的相同金额现金取款等特点，部分以转账形式的出账，对手账户也在当天或间隔短时间将资金通过第三方支付平台集中转出，上述行为模式高度疑似通过地下钱庄洗钱等非法手段向境外转移巨额资产，分析报告以此提示侦查机关需就洗钱行为进一步开展取证工作。同时，通过对涉案公司及其关联公司的股权结构进行分析，还发现涉案公司在全国各地设立了40余家分支机构用来吸收资金，目前仍存续的机构主要分布在北京，且涉案公司吸收的资金一部分流向由涉案公司实际控制人控股、参股的其他公司。以上分析结果都提示了办案机关，涉案公司可能存在涉嫌集资诈骗的犯罪事实。

（三）大数据证据实践运用中存在的问题

由以上实践经验可以看出，对于大数据证据的运用，一方面是通过资金穿透发现控制资金的主要人员和资金流向，从而及时确定侦查方向，及时开展追赃工作；另一方面是探索将资金穿透分析情况以报告等形式作为互联网金融犯罪案件庭审中的证据出示。目前对于情报导侦和犯罪预防工作，侦查机关已经形成了一定的工作机制，实践中也为及时追查资金去向、挽回集资参与人损失提供了大量的智力支持。但对于检察机关将大数据证据用于庭审示证，在证据效力和证明能力上仍存在一定的问题。

1. 大数据证据在证据法体系中的类型归属

大数据证据在庭审中能够作为证据展示和交换，前提是其应属于或可归于《刑事诉讼法》中的法定证据种类，并能够以直观可视化的形式呈现在控、辩、审三方面前。而在实践中，大数据证据本身尚不能作为现行法律规范下的合法证据形式。有的学者认为，列举式的证据法可以在司法中应用得非常清楚，但缺点也在于列举总有不周延之处，需要根据诉讼的新情况、新变化随时作出调整。① 在现行法律体系下，将大数据证据转化为何种法定证据形式也存在争议。

2. 原始数据来源的真实性如何保证

无论将数据本身还是将通过分析数据形成的结论性报告作为大数据证据，保证数据来源的合法性和数据本身的真实性都是使其符合法定证据要求的必要条件。但在实践中，由于大数据本身的海量特点，可能会存在数据质量和数据收集上的问题，如数据重复、数据缺失、采集手段违法、采集范围偏差等。能否确定数据的真实性，成为了大数据是否能够作为证据使用的根本前提和基础。

3. 数据清洗过程中如何保持数据的完整性

数据清洗是大数据证据分析的必经前置步骤，而无论是以系统自动还是人工手动的形式进行数据清洗，过程中都可能会出现数据混同、丢失、污染的风险。以资金查控分析系统为例，进行资金分析主要依托的是办案人从各银行线下调回的电子版银行交易明细，存在格式不一、部分数据缺失等问题，需要进行数据清洗统一格式，数据清洗以系统自动为主，在系统无法处理的情况下以人工手动为辅。为保证清洗的客观性，应当在清洗的过程中尽量剔除人工因素，同时通过有效的系统测试保证系统清洗的有效性，以使数据不丢失、不被污染、不影响后续分析的准确性。

4. 如何做到使机器算法分析数据的过程可信可认知

相比于在传统侦查模式下，侦查机关直接收集并提交物证、书证、言词证据，及通过勘验、鉴定等法定形式收集并提交电子证据、鉴定意见，大数据证据在以分析报告的形式出现时，往往是通过机器算法分析的方式形成，整个过程一般无法被人类的视觉等认知能力所感知，因此其可信性及与分析结果的相关性往往会受到质疑。机器算法是否真实可靠、算法语言与法律语言的分歧等问题也都会影响分析结果作为证据使用的合法性。

5. 如何论证大数据证据与案件待证事实的关联性

大数据的突出特点在于相关性，即"知道'是什么'就够了，没必要知道'为什么'"②。美国沃尔玛连锁超市最初将尿布和啤酒摆在一起销售时，并未探究出这一事实发生的原因，也只是基于对各门店的详细原始交易数据的收

---

① 何家弘、张建伟等：《大数据侦查给证据法带来的挑战》，载《人民检察》2018年第1期。

② [英]维克托·迈尔-舍恩伯格、肯尼斯·库克耶：《大数据时代：生活、工作与思维大变革》，盛杨燕、周涛译，浙江人民出版社2013年版，第89页。

集和分析得出人们喜欢同时购买这两样商品的结论。而司法证明的前提和基础就是因果关系，这可能是简单的相关性所无法满足的。只知道"是什么"不足以形成刑事诉讼中完整的证据链体系，对于无法解释因果关系的大数据分析结果，即使原始数据和分析过程都真实、合法。由于无法证明其与待证事实之间的因果关系，也应当认为其不具备关联性，不能作为有效的诉讼证据。

四、大数据证据在指控和证明互联网金融犯罪中的运用

（一）证据法视角下大数据证据的类型归属

根据大数据证据的不同呈现方式及其在指控和证明犯罪中发挥的不同作用，大数据证据可以纳入下列法定证据种类，也应当探索其作为独立证据种类的可行性。

1. 电子数据

根据最高人民法院、最高人民检察院、公安部《关于办理刑事案件收集提取和审查判断电子数据若干问题的规定》，电子数据是指以数字化形式存储、处理、传输的，能够证明案件事实的数据。在办理互联网金融犯罪案件的过程中，涉及大量从涉案公司电脑、涉案网络平台中调取的证据，甚至包括大量由银行出具的电子版银行交易记录，当海量证据中的一份或几份其本身可以作为定案依据时，应当认定其证据形式为电子数据，但当海量证据本身并不能单独作为定案的依据，而是需要通过技术分析手段转化为文本或表格等分析报告形式时，因修改后的刑事诉讼法对于证据概念采用材料说，放宽了对证据资格的限制，故将分析报告等结论性材料认定为书证较为适宜。

2. 书证

在当前的互联网金融犯罪案件，特别是非法集资类案件中，由于涉案资金体量庞大，且与案件定罪量刑的关系密切，因此司法会计鉴定机构出具的司法审计报告往往是庭审中指控和证明犯罪的重要证据。但实践中一直存在审计报告质量普遍不高、出具报告耗时过长[①]等问题，不仅影响办案效率，也时常无法实现良好的庭审效果。而目前通过资金查控系统自动生成，技术人员和办案人员人工优化完成的资金分析报告，在保证基础数据准确的前提下，已经能够取代审计人员和司法审计报告的作用，且司法审计相较于企业财务报表审计而言，涉及审计人员职业判断的事项较少，如果可以保证系统运行的有效性，其速度和准确度都将远超现有的审计人工工作。同时，随着简政放权、放管结

---

① 部分案件审计报告在法定审查起诉期限届满前仍无法出具。

合、优化服务政策的不断推进,今后司法局可能将不再对司法会计鉴定资质进行行政审批,审计报告也将不再具有鉴定意见的证据效力,仅作为书证使用。因此资金分析报告作为审计报告的替代,在实际作用和法律地位等方面均具有可行性。

3. 鉴定意见

因大数据证据的分析过程与鉴定意见的形成过程在科学性方面具有相似之处,在司法实践中对将大数据证据作为鉴定意见使用也有所尝试。如在贵阳市中级人民法院(2017)黔01刑终448号二审裁定书中,引述一审判决书认定的事实为"经贵州省公安司法鉴定中心鉴定,被告人所使用的'伪基站'设备检出IMSI号(手机号码对应的唯一编码)2629475个。经贵阳市公安局某分局公共信息网络安全监察大队利用'大数据分析平台软件'技术,获取到贵州省公安司法鉴定中心所提取的该'伪基站'设备内IMIS号中重复项为551896个,非重复IMIS号为2077579个"。同时在"本院认为"部分明确认定:"被告人致无重复IMIS号的2077579户手机用户中断手机信号。"这两份裁判文书都认可了将大数据分析技术和司法鉴定报告相结合使用,共同形成完整鉴定意见的证据形式。但现行法律体系对于鉴定意见在鉴定范围、鉴定主体和鉴定方法等方面的规定均较为严格,将大数据证据列入鉴定意见仍然面临于法无据的尴尬局面。

4. 大数据证据作为独立证据种类的可行性

每一次信息技术领域的大变革都会带来证据法理论与实践的新突破,相对于司法实践而言,立法本身就具有滞后性。在2012年电子数据被纳入新刑事诉讼法之前,许多电子数据形式的证据已经以当时法律框架内的合法形式出现在庭审过程中,并因此推动了立法进程。因此,在未来的证据法当中,大数据分析报告有必要单列出来作为独立的证据种类。① 随着大数据技术的成熟以及大数据分析结果在司法实践中发挥日益重要的作用,立法应当赋予其诉讼证据的地位。②

(二) 大数据证据的证据效力审查

1. 在收集过程中保证数据来源的合法性和内容的真实性——以区块链存证技术为构想

无论是否进行技术手段分析,数据收集都是侦查取证工作的第一关卡,侦

---

① 何家弘、张建伟等:《大数据侦查给证据法带来的挑战》,载《人民检察》2018年第1期。

② 钟明曦:《论刑事诉讼大数据证据的效力》,载《铁道警察学院学报》2018年第6期。

查机关对于海量数据的扣押、冻结和收集、提取均应严格按照相关的法律规定进行。如在电子数据的提取中,应当由2名以上侦查人员进行,取证方法符合相关技术标准,封存原始存储介质,采取计算已提取数据的完整性校验值的方式,以保护电子数据的完整性。①

由于电子证据普遍具有易消亡、易篡改、技术依赖性强等特点,传统的取证方式逐渐显露出成本高、效率低、采信困难等不足②。在"互联网+"的背景下对电子数据的收集和提取也不再仅限于传统的勘验、鉴定等侦查手段,区块链存证等前沿技术的运用不仅在理论研究和司法实践中不断探索,而且在法律规定中逐步落地。

区块链与生俱来的难以篡改、共享账本、分布式的特性,更易于监管介入,获得更加全面实时的监管数据,这意味着广泛应用区块链技术将能极大降低信息价值传输成本。区块链技术对社会生产力有着巨大的促进作用,应当高度重视区块链技术的创新与应用,根据我国区块链技术和应用发展情况,及时出台区块链技术和产业发展扶持政策。国务院发布的《"十三五"国家信息化规划》中明确提出需加强区块链等新技术的创新、试验和应用,以抢占新一代信息技术主导权。2017年10月,国务院在印发的《关于积极推进供应链创新与应用的指导意见》中也指出,研究利用区块链、人工智能等新兴技术,建立基于供应链的信用评价机制,提高质量安全追溯能力等。正如《中国区块链技术和应用发展白皮书2016》中所言,各级政府主管部门应当借鉴发达国家和地区的先进做法,结合我国区块链技术和应用的发展情况,及时出台区块链技术和产业发展扶持政策,重点支持关键技术攻关、重大示范工程、"双创"平台建设、系统解决方案研发和公共服务平台建设等。同时国内重点企业、科研、高校和用户单位应加强联合,加快共识机制、可编程合约、分布式存储、数字签名等核心关键技术攻关。区块链的核心技术尚存在优化和完善的空间,处理效率还难以达到现实中一些高频度应用环境的要求。目前主流的区块链技术平台均发源于国外,国内的区块链技术服务商要耐心地从底层开发做起,做到技术自主可控,争取引领全球区块链技术发展。拥有区块链应用场景的企业,要积极拥抱新事物,同时科学评估上链需求,不能为了区块链而区块链。知识产权产业媒体IPRdaily发布的"2017全球区块链企业专利排行榜"显示,中美巨头都在加码区块链技术布局,中国入榜的企业和机构占比49%,

---

① 最高人民法院、最高人民检察院、公安部《关于办理刑事案件收集提取和审查判断电子数据若干问题的规定》第7条相关规定。
② 资料来源:可信区块链推进计划,《区块链司法存证应用白皮书》编写委员会。

超过美国,其中阿里巴巴以49件排名第一,这些专利全部出自于蚂蚁金服技术实验室,主要负责研发底层前沿技术,其中区块链团队的技术方向主要是研发生产级基础设施底层技术,如共识机制、平台架构、隐私保护和智能合约等。以蚂蚁金服区块链为例,其应用的一个典型场景是商品正品溯源,瞄准进口奶粉等假货集中的领域,在2017年11月上线了区块链溯源产品,实现了澳洲、新西兰26大品牌奶粉的区块链溯源落地,如雅培、爱他美、惠氏、贝拉米等品牌全部上链,用户可以通过扫码获得每一罐奶粉的生产、海关质检、中国仓库存储等各种信息,这些信息都被记录在区块链上,有着公正、独立、不可抵赖的特性。这个应用即将应用到被假货问题困扰的茅台,最终有望复制到食品、奢侈品、艺术品等领域。腾讯则推出了自主研发的区块链底层技术,致力于构建区块链开放服务平台,用以解决商业企业间的信任问题。

2018年6月28日,杭州互联网法院受理的杭州华泰一媒文化传媒有限公司诉深圳市道同科技发展有限公司著作权纠纷一案一审宣判,这是全国首例以区块链技术进行存证的民事案件,并且以生效判决的形式确认了通过区块链技术进行存证的电子数据证据效力,被称为"互联网法院区块链存证第一案"。[①]无独有偶,北京市首例区块链存证案也于2018年9月25日在北京市东城区人民法院成功获判,法院判决认为,在中文在线数字出版集团股份有限公司诉北京京东叁佰陆拾度电子商务有限公司著作权纠纷一案中,中文在线公司提交的由第三方存证平台存证的电子数据在生成、储存方法以及保持内容完整性方法等方面较为可靠,对其真实性予以确认。[②]

2018年9月3日,最高人民法院在《最高人民法院关于互联网法院审理案件若干问题的规定》中,首次对以区块链技术进行存证的电子数据真实性作出司法解释。《最高人民法院关于互联网法院审理案件若干问题的规定》第11条明确规定,当事人提交的电子数据,通过电子签名、可信时间戳、哈希值校验、区块链等证据收集、固定和防篡改的技术手段或者通过电子取证存证平台认证,能够证明其真实性的,互联网法院应当确认。虽然该司法解释中明确规定涉及的案件范围仅包括涉互联网的民事、行政领域案件,但该规定的实施代表着区块链存证的法律效力在我国得到进一步确认。将区块链技术作为证据合法收集方式的规定对刑事诉讼中的证据认定仍有借鉴意义。

区块链存证的主要技术手段为,利用区块链技术来保全电子证据,将收集

---

① 参见杭州互联网法院(2018)浙0192民初81号民事判决书。
② 毛荣:《"区块链+电子证据保全"制度研究》,四川省社会科学院2019年硕士学位论文。

的电子数据、收集电子数据所产生的记录（操作日志）等统一计算唯一的哈希值后上传至区块链网络中进行固定保存，确保数据不被篡改，从而保证电子证据的真实性和完整性。区块链技术特有的不可篡改、不可抵赖、多方参与等特性，与电子数据存证的需求天然契合。区块链与电子数据存证的结合，可以降低电子数据存证的成本，方便电子数据的证据认定，提高司法存证领域的诉讼效率。[①] 可见在刑事诉讼中，特别是在互联网金融犯罪中引入区块链存证技术，不仅符合互联网金融犯罪中主要证据均存储于互联网的特点，而且可以在提高取证效率的同时，保证电子数据的真实性和完整性。但同时也应当看到，2019年1月2日公安部发布的《公安机关办理刑事案件电子数据取证规则》第24条仅规定了公安机关网络在线提取电子数据应当计算电子数据的完整性校验值；必要时，可以提取有关电子签名认证证书、数字签名、注册信息等关联性信息。但未明确规定公安机关在收集刑事电子数据时可以自行采用或者委托第三方存证机构使用区块链取证、固证技术，这说明在刑事诉讼领域应用区块链存证技术，仍需理念更新和法规、制度落地。

2. 运用多种手段保证机器分析处理数据程序的可信性

（1）对机器分析处理程序本身的再鉴定

由于机器分析处理数据程序的过程一般涉及独创性的算法和程序，开发者为了保护自身的知识产权和商业秘密，一般不愿将处理程序的源代码公开，也就无法通过传统的鉴定方式证明其运行的有效性。此时可以引入科技界测试软件系统时常用的"黑箱测试"，就是不打开黑箱，而是利用外部观测、试验，通过输入、输出信息，来研究黑箱的功能和特性，探索其构造和机理的科学方法。[②] 在司法实践中，也有运用"黑箱测试"检验数据分析系统可靠性的先例。如在某组织传销犯罪案件中，为借助某个大数据分析平台对后台数据库中海量的会员数据、资金数据等进行分析，通过模拟数据反复启动对该大数据分析平台的多轮黑箱测试，抽样验证过关后再用于检验鉴定，从而得出了传销犯罪的组织层级、成员关系等。[③]

（2）发挥控辩双方在法庭对抗中的充分论证作用

基于刑事案件天然的对抗色彩，被告人及其辩护人可以在法庭上对大数据证据的真实性、合法性和关联性等提出异议，其中当然也包括对机器分析处理数据程序提出异议，控辩双方可以充分利用专家证人在专业性上的帮助，将对

---

① 资料来源：可信区块链推进计划，《区块链司法存证应用白皮书》编写委员会。
② 葛祥国、肖桃华：《浅析黑箱理论》，载《中国教育技术装备》2011年第18期。
③ 刘品新：《论大数据证据》，载《环球法律评论》2019年第1期。

机器分析处理数据程序的分歧意见在庭审过程中得到充分展示和辩论。在对分析程序的控辩对抗中,也可以借鉴《最高人民法院关于互联网法院审理案件若干问题的规定》第11条的规定:当事人对电子数据真实性提出异议的,互联网法院应当结合质证情况,审查判断电子数据生成、收集、存储、传输过程的真实性。当事人可以申请具有专门知识的人就电子数据技术问题提出意见。

(3) 建立有迹可循的各环节追溯程序

在刑事诉讼法所规定的证据种类中,物证、书证需要提供或收集该证据的人员对其来源和内容进行可视化、可理解的说明;鉴定意见需要鉴定人员在鉴定意见书中写明委托事项、检材来源、鉴定方法、鉴定结论等内容,将鉴定的全过程以书面形式固定下来;勘验、检查笔录同样需要侦查人员将勘验、检查的全过程以记叙的方式固定在笔录中;这些法定客观证据展现在庭审过程中时,均需要有明确的证据来源和详细、完整的证据形成过程,才能被法庭采信为定案证据。因此,大数据证据在最终以分析报告等可视化形式展现给法庭时,在解决其基础数据的真实性、完整性问题后,也需要向法院说明形成分析报告的全过程,这就要求在形成最终报告的全过程中都要建立起有迹可循的记录和追溯程序。在收集基础数据的过程中,应当记录每一次的收集人和收集方法,如在线上调取银行交易明细时,留存经办侦查人员和银行工作人员的认证信息;在分析过程中的每一个环节,无论是机器算法的运行,还是人为因素的参与,都应当留存有明确的运行和参与痕迹。只有保证每一环节均可追溯,才能保证大数据证据在庭审过程中用于指控和证明犯罪的有效性,一旦证据出现问题,也可以根据追溯机制及时、准确地确定责任源头,追究相应责任。

(三) 大数据证据的证明能力审查

1. 通过量的累积,使弱相关性转化为强相关性

大数据证据受到的质疑,除前文所述的数据来源合法性、内容真实性和分析过程可信性外,主要集中于数据或数据形成的分析报告与待证事实之间的关联性。独立的数据可能与案件的待证事实之间仅存在弱的相关性,但大数据证据以其海量性的特点,可以通过量的累积,补强这一相关性。这在现行司法实践中也有依据,如最高人民法院、最高人民检察院、公安部《关于办理电信网络诈骗等刑事案件适用法律若干问题的意见》中规定:"办理电信网络诈骗案件,确因被害人人数众多等客观条件的限制,无法逐一收集被害人陈述的,可以结合已收集的被害人陈述,以及经查证属实的银行账户交易记录、第三方支付结算账户交易记录、通话记录、电子数据等证据,综合认定被害人人数及诈骗资金数额等犯罪事实。"又如在法某某诉江苏省某市市场监督管理局请求撤销该局出具的《投诉举报调查处理告知书》一案中,法院认为,根据本省

办案系统大数据分析，法某某在本省提起行政复议及诉讼的近200件行政案件，基本与其私益无关，行政复议及诉讼的目的也多为获取奖金，并非是为了维护公共利益及规范行政机关的执法行为。上诉人到处投诉举报、申请行政复议、提起行政诉讼，不仅增加了行政成本，更浪费了宝贵的司法资源，因此其起诉也不具有诉的正当利益①。这一判决虽然是行政领域的案件，但也能反映出在司法实践中，已经认可了数量的累计能够影响对性质的判断，对于证明标准相对较高的刑事案件具有借鉴意义。

2. 通过质的转换，使相关性转化为因果性

大数据证据的主要特点在于相关性，这与传统证据与待证事实之间的强因果性可能存在不同之处，但正如有的学者所言："如何从相关关系中推断出因果关系，才是大数据真正问题所在。"②应当将人类的认知与机器算法的分析过程相融合，使大数据证据的相关性转化为指控和证明犯罪过程中的因果性。如在互联网金融犯罪案件资金分析报告的生成过程中，鉴于审计人员具有专业资质，其出具的审计报告具有专业性，可以探索将资金分析查控系统的速度和精准度与审计人员的专业性相结合，同时解决资金分析报告的客观性和合法性两个问题。这一观点在现有的判例中也已经有所体现，如宁波市江北区人民法院（2017）浙0205刑初357号刑事判决书中认定的证据有宁波市社会保障管理局出具的报案书，其中描述"社会保险管理部门在日常工作过程中，通过医保大数据分析审查，发现被告人励某某等参保人员异常就医、违规配药的情况，有诈骗医疗保险金的嫌疑，遂向公安机关报案"。这事实上也是通过证据转化的形式肯定了医保大数据分析与诈骗行为案发之间的因果关系。

五、大数据在互联网金融案件风险预警和追赃挽损中的运用

（一）在涉P2P非法集资类案件案发前后及时预警风险和提供证据

自2017年2月银监会印发《网络借贷资金存管业务指引》以来，许多P2P平台与银行合作开通存管系统。根据《网络借贷资金存管业务指引》的要求，商业银行作为存管人接受委托人的委托，履行网络借贷资金存管专用账户的开立与销户、资金存管、资金清算、账务核对、提供信息报告等职责的业务。虽然存管人不对网络借贷交易行为提供保证或担保，不承担借贷违约责任。但仍负有为委托人开立网络借贷资金存管专用账户和自有资金账户，为出借人、借款人和担保人等在网络借贷资金存管专用账户下分别开立子账户，确

---

① 江苏省泰州市中级人民法院（2017）苏12行终249号行政裁定书。
② 姜奇平：《因果推断与大数据》，载《互联网周刊》2014年第18期。

保客户网络借贷资金和网络借贷信息中介机构自有资金分账管理，安全保管客户交易结算资金，按照出借人与借款人发出的指令或业务授权指令，办理网络借贷资金清算支付的义务。换言之，也就是存管银行要负起将平台资产和客户资产相分离的责任，这一责任不仅体现在形式上为平台和客户各自开立账户这种表面的分离，而是应当起到穿透式管理的作用，确保客户的资金不被挪用。

但当下P2P平台爆雷后，司法机关经常发现，平台虽然与存管银行签订了存管协议并建立了存管通道，也往往以资金已合规存管作为出罪的抗辩事由，但在审查资金流向后，发现存管银行往往存在履行职责不到位的现象，有些虽然依协议存管并为平台和客户各自开立账户，但平台对于客户的账户仍有实际控制和操作的权利；有些虽然由平台和客户各自控制自己名下的账户，但通过在银行为超级借款人开立账户等形式，将大量出借人的资金在超级借款人处实际汇集形成资金池。而存管银行对于此类行为往往不予监管，甚至在P2P平台案发后，存在对于侦查机关和司法机关依职权调取证据的行为表示后台数据已灭失等不予配合取证的情况。这也违反了《网络借贷资金存管业务指引》中对于存管银行的职责要求，即根据法律法规的规定和存管合同约定，定期提供网络借贷资金存管报告；妥善保管网络借贷资金存管业务相关的交易数据、账户信息、资金流水、存管报告等包括纸质或电子介质在内的相关数据信息和业务档案，相关资料应当自借贷合同到期后保存5年以上等。

由此可见，如存管银行能够严格按照《网络借贷资金存管业务指引》的要求，切实履行存管职责，不仅可以在案发前及时预警高风险平台，警示投资人，通报行政、司法机关，即使案发，也能在第一时间提供完整、准确的资金入账、出账交易明细，为准确认定平台责任，及时追赃挽损提供证据支持。

如在一起P2P平台（以下简称"W平台"）爆雷案件中，存管银行B银行就起到了事前预警、事中控制、事后举证的重要作用。B银行通过舆情监控监测到关于在B银行存管的W平台存在虚假标的负面舆情，即通过标的抽查、存管系统数据监控分析等方式对该平台进行日常风险排查，发现W平台发布的某房屋抵押贷款业务资产标的涉嫌虚假宣传和虚假标的：平台官网宣传称标的均在房屋管理局办理抵押登记，但抽查后发现均未办理抵押登记，而且官网披露的抵押房产非借款企业及其实际控制人所有，两者无任何关联。同时，W平台疑似采用超级借款人银行账户归集出借人资金和虚构借款人等方式，根据B银行存管系统记录的交易数据显示，通过W平台成功募集资金的借款项目中，存在多个实际集中收款超过1000万元的个人，也存在同一法定代表人通过名下多个企业进行借款的情形，甚至有大量不同的法定代表人姓名登记为同一身份证号码，有同一借款人归集资金和虚构借款人的嫌疑。B银行发现上述问题后,及时向网络借贷平台监管部门和金融监管部门递交风险提示,并在侦查机关的介入指导下,关闭存管系统中 W 平台的全部交易功能,同时,积极配合侦查机关对案件的调查取证工作,提供 W 平台存管的相关合作协议、业务信息及数据。

在这一案例中,B 银行通过汇总和分析 W 平台的互联网舆情、互联网公示信息等数据及在该行的资金存管数据,提前固定证据,起到事前预警平台爆雷风险,事中及时中止平台交易,事后为侦查机关提供证据支持,对通过 P2P 平台交易的资金安全起到全方位、穿透式的管理作用,今后监管部门也可以考虑在修订《网络借贷资金存管业务指引》时,将建立数据分析和风险预警系统纳入对存管银行的要求,进一步规范资金存管业务。

(二)在涉 P2P 非法集资类案件中助力向借款人追缴到期债权

目前在涉 P2P 网络借贷平台非法集资类案件中,存在平台资金链断裂、进入刑事程序后,借款人拒不还款恶意逃废债的突出问题,而 P2P 平台因未获得法定登记备案资质,其运营数据不能纳入信贷记录的金融监管框架,使得办案机关无法有效追赃挽损。在法院的办案实践中,要将上述借款人纳入失信人员名单,对其在 P2P 平台的借款予以追缴,借款事实必须先经生效判决予以认可。而此类案件在进入刑事程序后,其在法院受理或审理的民事部分一般会由法院裁定不予受理或裁定中止,而刑事判决中一般又着重于 P2P 平台吸收资金和出借人情况的相关事实,而未对借款人的借款事实予以明确的认定,因此,现尚无行之有效的方法将 P2P 平台借款人列为失信人,进而向其追缴投资款。

对于这一问题,可以探索通过对此类案件采取资金穿透等海量数据筛查、碰撞的分析形式,形成资金分析报告,在报告中明确 P2P 平台未还款借款人的具体情况,并在刑事判决中将该资金的分析报告以在案证据的形式予以固定,从而使该刑事判决作为将逃废债借款人纳入失信人名单的依据,以最大限度地追赃挽损,保障集资参与人的财产利益。

六、大数据证据运用过程中的政策考量

(一)在大数据证据的收集和调取过程中加强对个人信息的保护

大数据的广泛运用与个人信息、隐私的保护之间的矛盾和冲突一直是大数据分析技术面临的主要质疑,但二者之间的关系应当是辩证统一而并非对立。刑事司法领域并非个人信息保护的例外之域,这就要求司法机关在收集和使用大数据证据的同时,要坚持谦抑性和相对性的原则。大数据证据的侦查取证工

作涉及海量数据，其中可能存在大量与案件无关的信息内容，也应参照传统侦查模式下的相关性原则，在调取证据时应当以挖掘犯罪线索和证明待证事实的需要为导向，严格限制取证范围，不能超过合法目的收集和使用信息。在收集和提取大数据证据的过程中，对于公权力已经授权侦查机关依法使用的大数据信息或可以依法调取的大数据信息，如人口采集库信息、银行交易明细等，在收集和分析的过程中可以不经犯罪嫌疑人或其他涉案当事人同意。但在收集其他可能涉及公民个人信息，特别是隐私信息相关数据时，则应充分保障当事人的知情权。对于获取到的与案件有关的数据应采取妥善的保存手段，避免泄露或者非法使用。对于获取到的与案件无关的数据应当及时销毁，不宜销毁的也应当对其采用隐私保护技术。

对于负责收集、管理和储存数据及数据衍生的分析报告等涉及公民个人信息和公共信息的有权机关及个人，在经手数据的过程中有过失、故意泄露数据情形的，可能构成侵犯公民个人信息犯罪或涉及计算机信息系统、数据类犯罪，其中有国家工作人员身份的，也可能构成渎职类职务犯罪。对于通过收买经手数据的内部人员或与内部人员相勾结，非法获取数据，或者采用爬虫技术等技术手段未经授权非法获取数据的，也可能构成侵犯公民个人信息罪、非法获取计算机信息系统数据罪及非法侵入计算机信息系统罪。

（二）建立规范、有序的大数据共享、协助查询体制

2015 年国务院发布的《促进大数据发展行动纲要》中提出，要加快政府数据开放共享，推动资源整合，提升治理能力。其中就包括厘清各部门数据管理及共享的义务和权利，依托政府数据统一共享交换平台，大力推进信息系统跨部门、跨区域共享。近年来，公安机关与其他行政机关的数据库已经有大量对接，但仍存在因局限于机构利益和担心数据安全等问题，进而阻碍数据共享的情况。

同时，大数据证据的运用面临的另一个突出问题是司法办案过程中对电子化数据的强烈需求与相关机构对数据的开放程度和便利性严重不足之间的矛盾，如侦查机关在调取银行交易明细时，部分银行表示无法出具电子版交易记录，给随后的审计工作开展增加了巨大的人工录入工作量，也因此影响了出具审计意见的时间，以致延长办案周期，降低办案效率。在调取部分第三方支付交易记录时，也存在支付平台对不同地区的侦查机关要求提供的材料内容不一、出具查询结果的时间过长，查询和领取需要分两次跨地域现场办理等问题。

在当前数据应用乱象频出的现状下，对数据的保护固然重要，但也应当兼顾效率，在完善相关立法的前提下，建立有法可依的大数据共享、协助查询机

制。前述《纲要》也提出，要落实信息安全等级保护、风险评估等网络安全制度，建立健全大数据安全保障体系。在今后的相关法律规定中可以对大数据按照隐私程度和秘密程度分级，对不同等级的数据提出根据安全强度要求不同而设定的相应共享、协查要求。如对用户注册信息可以以形式稍为简单的办案单位介绍信和《调取证据通知书》予以协助调取，而要调取交易记录时，则可以要求办案单位在不违反办案保密纪律的前提下，在提供上述材料的同时，出具相应的《立案决定书》等案件材料，以在提高办案效率的同时，兼顾大数据信息调取的规范性。

七、小结

自十八届五中全会正式提出国家大数据发展战略，到党的十九大报告再次强调推动互联网、大数据、人工智能和实体经济深度融合，我国已全面进入大数据时代。而在当前涉众型互联网金融犯罪案件数量激增、涉及人员众多、取证难度大、办案人员少、资金追讨难、矛盾冲突多、波及范围广的严峻形势下，以大数据证据作为互联网金融案件的证据体系中的重要一环，能够优化司法资源配置，极大地提高办案效率，不仅在案发前能够起到风险预警的作用，还能在案发后助益侦查取证工作，落实追赃挽损工作，有利于切实维护人民群众合法财产权益，保障国家金融安全，更是在案多人少、捕诉一体的现实背景下，落实司法改革的内在要求和有力支撑。

在运用大数据证据的过程中，不仅应当在现有的法律规定、理论框架和司法实践中，从证据类型、证据效力、证明能力、政策考量等多个维度出发，建立现行制度下行之有效的一套大数据证据审查、运用体系，而且不应局限于现行的法律规定和理论框架提出相关构想，如大数据证据在证据法上作为独立的证据种类、以生效刑事判决中确认的大数据证据助力 P2P 平台追赃挽损、建立大数据证据的分级保护制度等，以期适时推动大数据证据相关立法的进一步完善。

行政司法机关调取互联网企业数据分类分级制度研究

贝金欣　胡　图　吴慧敏　王梦依[*]

内容摘要：行政司法机关调取互联网企业数据所面临安全保障与信息保护、企业利益与社会责任、制度不健全与风险不确定之间的冲突困境。为此，应当遵循利益衡量、比例原则和正当程序，制定完善相应法律制度，妥善平衡国家利益、公共利益和企业利益、个人利益，以最小的损害实现调取行为的目的。鉴于调取行为的多元性和复杂性，可以按照调取情形的紧迫程度、危险程度以及调取行为侵犯个人权利程度等指标，建立互联网企业响应等级体系，根据不同响应等级制定分类处理规则。原则上响应等级越高，调取程序越简化，数据范围弹性越大。在涉及重大生命安全和重大财产损失的紧急状态下，应当建立快速调取的程序。为了规范调取数据行为，还应当建立健全相应的配套机制。

关键词：互联网企业　调取数据　响应等级　分类处理

互联网在为人们生活提供便利的同时，也成为违法犯罪活动的平台，不仅滋生高科技犯罪，而且成为盗、抢、骗等传统犯罪活动的空间、媒介、途径和手段。[①]据统计，2018年，因网络犯罪导致每分钟的全球经济损失高达290万美元。[②]以公安部"净网2018"专项行动为例，在10个月的专项行动中，公

---

[*] 贝金欣，最高人民检察院第四检察厅主办检察官、三级高级检察官，清华大学法学院博士研究生；胡图，上海市宝山区人民检察院检察官助理；吴慧敏，最高人民检察院政治部干部，法学博士；王梦依，清华大学法学院硕士研究生。本文系2019年度最高人民检察院检察理论研究所互联网刑事法律研究中心课题结题报告，项目号：[GJ2019HX12]。

[①] 参见靳高风、守佳丽、林晞楠：《中国犯罪形势分析与预测（2018—2019）》，载《中国人民公安大学学报（社会科学版）》2019年第3期。

[②] 公安部第三研究所网络安全法律研究中心、百度：《2019年网络犯罪防范治理研究报告》，载 http://www.cbdio.com/BigData/2019-12/19/content_6153569.htm，最后访问日期：2019年12月22日。

安机关共侦破网络犯罪案件 57519 起,抓获犯罪嫌疑人 83668 名。① 这些通过互联网实施的违法犯罪,必然在互联网平台留下犯罪的时间、地点、手法、结果等数据痕迹。这些信息数据能否被司法机关获取,直接影响到司法机关阻止即将发生的犯罪和侦破实际发生犯罪的能力。然而,互联网企业对用户数据信息拥有广泛的收集权、占有权、支配权、收益权和处置权,数据控制权成为网络平台权利的重要形态。② 我们将数据交给网络服务提供商,创造了一个新的监控中介(Surveillance Intermediaries),让这些规模巨大的公司站在政府与我们的数据之间,来影响政府对数据的获取。③ 随之而来的问题是,行政司法机关在哪些条件以及何种程度上可以要求网络服务提供商披露客户的私人信息。个人数据信息保护与司法机关调取数据的需求之间存在的天然冲突汇聚在互联网企业的面前。

一、实践和理论困境

2018 年 8 月 24 日 14 时 50 分许,钟某某在浙江乐清从事滴滴顺风车业务时,通过持刀威胁、胶带捆绑的方式,对被害人赵某某实施抢劫、强奸,后将其杀害并抛尸,引发舆论哗然。④ 据最高人民法院大数据统计,虽然每年因乘坐网约车过程中发生的犯罪案件数量并不高,2017 年数量不足 20 件,司机每万人发案率为 0.048,低于传统出租车司机每万人发案率的 0.627。⑤ 但由于该案在公安机关调取数据过程中存在的问题,直接导致滴滴顺风车业务被下线整顿。据温州公安机关通报,民警在被害人朋友报案后多次与滴滴平台沟通调取顺风车主有关信息,滴滴平台以审核等原因为由没有在第一时间提供。⑥ 具体

---

① 参见《"净网 2018"专项行动侦破网络犯罪案件 5.7 万余起》,载 http://www.chinanews.com/gn/2019/03 - 07/8773667.shtml,最后访问日期:2019 年 12 月 18 日。

② 参见郭渐强、陈荣昌:《网络平台权力治理:法治困境与现实出路》,载《理论探索》2019 年第 4 期。

③ Alan Z. Rozenshtein, Surveillance Intermediaries, 70 Stanford Law Review 99, 105 (2018). pp. 112 - 114。

④ 参见《温州警方通报网约车司机杀人案 滴滴下线顺风车业务》,载 http://paper.chinaso.com/bkbl/detail/20180827/1000200033018061535351614894943167_1.html,最后访问日期:2019 年 12 月 22 日。

⑤ 参见《中国司法大数据研究院发布专题报告 揭示网约车与传统出租车犯罪情况》,载 https://www.chinacourt.org/article/detail/2018/09/id/3510006.shtml,最后访问日期:2019 年 12 月 22 日。

⑥ 从时间线来看,滴滴审核过程过长是否实质影响最佳救援时机,无法作出判断,该案例仅作为紧急状态下处理机制的样本进行研究。

时间线如下（见表1）:①

表1

时间	沟通过程	处理结果
24日14时	被害人向朋友发送"救命"信息后失联	
16时22分	被害人的永嘉朋友朱某某到永嘉县上塘派出所报案	民警随即通过公安信息平台查询赵某某轨迹，并通过自己手机拨打赵某某手机号码但显示已关机
16时41分	民警用朱某某手机与滴滴客服沟通，在表明警察身份后希望向滴滴客服了解更多关于赵某某所乘坐的顺风车车主及车辆的相关信息	滴滴客服回复称安全专家会介入，要求继续等回复
17时13分	民警再次提出要求了解该顺风车司机联系号码或车牌号码以便于联系，未果。（客服回复在先）	滴滴客服向该所民警反馈称赵某某在13时许预约了顺风车后已于14时10分许将订单取消，并未上车
17时30分	受害人家属向乐清虹桥派出所报警	
17时32分	报案人朱某某向民警反映情况称，其另一个朋友在微信上有收到赵某某发出的求救信息	民警即通过朱某某手机与赵某某家人取得联系，得知其家属已在乐清当地派出所报案。
17时36分	民警用接警电话与滴滴平台进行联系	平台客服称需3~4小时提供查询结果，民警表示情况紧急后，滴滴公司同意加急处理
17时49分		滴滴公司回电称需要提供介绍信以及两名民警的警官证等手续
18时04分	民警将上述信息通过邮件发送至滴滴公司	
18时13分		乐清警方收到滴滴公司发来的车牌及驾驶员信息
25日4时		公安机关抓获钟某某

此案之所以引起社会公众对滴滴平台的质疑，一方面是平台对驾驶员身份的审核存在漏洞，另一方面是公安机关调取相关数据的请求没有得到及时有效

---

① 参见《温州警方通报网约车司机杀人案 滴滴下线顺风车业务》，载http://paper.chinaso.com/bkbl/detail/20180827/1000200033018061535351614894943167_1.htm，最后访问日期：2019年12月22日。

的反馈。审视整个案件沟通和处理的过程,可以发现在调取数据程序的启动、调取数据的具体程序、调取数据的反馈机制等方面都存在值得反思之处,也暴露出互联网企业面对行政司法机关调取数据要求时所面临的多维度的利益冲突。

（一）安全保障与信息保护之间的冲突

当前,人们对于互联网和移动通讯技术的日益依赖,互联网、移动通讯这样的虚拟空间清晰地记载着人们行为的痕迹,从而使之成为可以高效利用的庞大数据库。① 为了保障公民的生命财产安全,行政司法机关向互联网企业调取数据已经成为常态。不同层级、不同领域的法律都规定了互联网企业提供相关信息数据的义务。如,在行政执法方面,省级以上人民政府部门可以在网络安全事件发生的风险增大时,要求有关部门、机构和人员及时收集、报告有关信息。② 互联网金融从业机构根据反洗钱等有关规定,需要向反洗钱中心报送大额交易和可疑交易报告。③ 在刑事侦查方面,法院、检察机关和公安机关向单位或者个人收集、调取证据,有《刑事诉讼法》的明确授权,如实提供证据是相关单位和个人的法定义务。④ 网络运营者也应当为公安机关、国家安全机关依法维护国家安全和侦查犯罪活动提供技术支持和协助。⑤ 诸如此类的规定,对行政司法机关调取互联网企业数据权力和互联网企业提供协助义务的明确规定,一般情形下都应当严格执行。但由于实践中具体情形复杂,法律规定不够细化,对于调取互联网企业数据的情形的判断,存在不少模糊地带。比如

---

① 汤强：《信息化背景下侦查权能的扩张与转型》,载《净月学刊》2014年第2期。

② 《网络安全法》第54条规定："网络安全事件发生的风险增大时,省级以上人民政府有关部门应当按照规定的权限和程序,并根据网络安全风险的特点和可能造成的危害,采取下列措施：（一）要求有关部门、机构和人员及时收集、报告有关信息,加强对网络安全风险的监测；……"

③ 《互联网金融从业机构反洗钱和反恐怖融资管理办法（试行）》第14条规定："从业机构应当执行大额交易和可疑交易报告制度,制定报告操作规程,对本机构的大额交易和可疑交易报告工作做出统一要求。金融机构、非银行支付机构以外的其他从业机构应当由总部或者总部指定的一个机构通过网络监测平台提交全公司的大额交易和可疑交易报告。"

④ 《刑事诉讼法》第54条规定："人民法院、人民检察院和公安机关有权向有关单位和个人收集、调取证据。有关单位和个人应当如实提供证据。……凡是伪造证据、隐匿证据或者毁灭证据的,无论属于何方,必须受法律追究。"

⑤ 《网络安全法》第28条规定："网络运营者应当为公安机关、国家安全机关依法维护国家安全和侦查犯罪的活动提供技术支持和协助。"

说，前述"网络安全事件的风险"是否处于增大状态，应当由谁判断，互联网企业是否可以进行审查并作出自由裁量？滴滴顺风车案中审核过程冗长，也反映了这方面的困境。

在法律规定部门之时，之所以会出现上述困境，与互联网企业同时承担严格的信息保密义务密切相关。如果互联网企业提供数据的行为构成非法，就需要承担信息保护不力的法律责任。信息保密义务来源于公民的通信自由和通信秘密受法律保护这一宪法权利，并在民法、行政法和刑法等各个部门法律体系中得到具体化。比如，《民法总则》顺应网络时代的发展趋势，第127条专门规定："法律对数据、网络虚拟财产的保护有规定的，依照其规定。"2019年12月公布的《民法典（草案）》第111条进一步发展了《民法总则》的规定，"自然人的个人信息受法律保护。任何组织或者个人需要获取他人个人信息的，应当依法取得并确保信息安全，不得非法收集、使用、加工、传输他人个人信息，不得非法买卖、提供或者公开他人个人信息。"另外，《网络安全法》已经明确规定网络运营者应当对其收集的用户信息严格保密，并建立健全用户信息保护制度，并就网络运营者收集、使用信息的行为提出了基本原则——应当遵循合法、正当、必要的原则。《刑法》还专门设立了侵犯公民个人信息罪，对侵犯公民个人信息的行为给予刑法保障。可见，互联网企业违反规定提供数据特别是个人信息，就会面临承担民事责任、行政责任甚至刑事责任的风险。

在现代国家治理语境下，公权力与私权利的平衡是核心课题。① 互联网企业究竟是否应当报送数据，该报送哪些数据，涉及国家利益、公共利益与企业利益、个人利益之间的平衡。② 上述规定体现了法律在信息保护和安全保障之间的平衡之道，但由于缺乏足够提供清晰的标准规范和程序规定，看似互联网企业"表里受敌"，实则是因为各方利益不能协调，各方权利、义务、责任不能对等，如何有效调取数据成为多元主体面临的共同困境。在欧洲人权法院审理的 K. U. Finland 案中，加害人在未告知年仅12岁的受害人的情况下，在某网站上虚构了该受害人的性交易广告。当时芬兰相关立法对服务商设定了保密条款，该条款虽在新法法案中予以了修改，但案发时该法案尚未生效。据此，涉案服务商拒绝向侦查人员提供加害人的相关注册信息。受害人在穷尽本国救济手段后，将案件提交给欧洲人权法院。虽然在芬兰国内对网站的提供数据的

---

① 裴炜：《犯罪侦查中网络服务提供商的信息披露义务——以比例原则为指导》，载《比较法研究》2016年第4期。
② 参见刘权：《论网络平台的数据报送义务》，载《当代法学》2019年第5期。

义务存在争议，欧洲人权法院认为芬兰相关立法违反了《欧洲人权公约》第8条对私人和家庭生活、家庭和通讯权利的保护，服务上基于隐私权保护所产生的保密义务不足以阻却侦查机关获取相关信息的要求。① 可见，在信息保护和安全保障之间如何平衡，仍需进一步细化现有的法律规定。

(二) 企业利益与社会责任之间的冲突

随着网络服务渗透到人们生活的方方面面，网络通信服务提供商掌握着海量的用户数据，俨然成为了执法机构和公民之间的一道屏障。② 有学者指出，"像脸书、谷歌和推特这样的公司现在承担着重大的责任，一方面是我们的隐私，另一方面是我们的安全。"③ 互联网企业应当在多大程度上承担起这样的社会责任？追逐利润是公司天生的使命，传统公司法建立起来的基本原则是，公司董事、高管在法律上仅对股东承担受信义务，仅对股东利益最大化负责，或者表述为了公司的最佳利益。④ 但巨型公司规模的不断扩大，不仅在经济上具有支配地位，而且通过对经济和社会的支配还获得了不相称的政治影响，因此，要求大型公众公司和企业家对社会整体承担责任的呼声越来越强烈。⑤ 我国《公司法》第5条规定，公司从事经营活动，应当承担社会责任。公司的社会责任有的通过法律予以明确规定，有的则属于公司自由裁量的范畴。公司为保障国家利益和公共利益，向行政司法机关提供数据信息，也是履行社会责任的体现。但是，履行社会责任在一定程度上会影响到公司自身的利益，这就需要把握好"度"的问题。由于法律规定的不清晰，容易加剧互联网企业社会责任与自身利益之间的冲突。

第一，对负面评价的担忧。数据信息与客户隐私直接相关，将客户隐私披露给他人，即使符合法律规定，但也容易引发客户反感。⑥ 2016年，美国苹果

---

① 裴炜：《犯罪侦查中网络服务提供商的信息披露义务——以比例原则为指导》，载《比较法研究》2016年第4期。

② Alan Z. Rozenshtein, Surveillance Intermediaries, 70 Stanford Law Review 99, 105 (2018). pp. 112 – 122.

③ Developments in the Law — More Data, More Problems, Chapter One: Cooperation or Resistance?: The Role of Tech Companies in Government Surveillance. 131 Harvard Law Review 1715, 1722 (2018).

④ 参见施天涛：《公司社会责任何以实施？——〈公司法〉第5条的理想与现实》，载《清华法学》2019年第5期。

⑤ 参见施天涛：《公司社会责任何以实施？——〈公司法〉第5条的理想与现实》，载《清华法学》2019年第5期。

⑥ 参见刘权：《论网络平台的数据报送义务》，载《当代法学》2019年第5期。

公司因拒绝配合联邦调查局破解一名枪击案嫌疑犯的手机密码而引发的诉讼引起了极大关注。美国苹果公司曾在法庭文书中承认，遵守法庭命令协助执行这个搜查令可能会"给苹果品牌带来极大的负面影响"①。同样是由于各个国家信息保护政策不同，执行一个国家的规定可能会导致企业在另一个国家的发展受到阻碍，遭受歧视性对待。② 如 2018 年，阿里巴巴蚂蚁金服出价 12 亿美元收购速汇金（MoneyGram），因没有得到美国一个审查外资收购的委员会的批准而失败，该交易遭到了美国议员的猛烈抨击，被指可能会让中国掌握美国的用户的个人数据。③

第二，增加企业的运营成本。随着网络违法犯罪活动的不断增长，司法机关调取数据的频次也在不断增加。根据微软发布的《执法机构请求报告》：2019 年 1 月至 6 月，微软收到全球申请调取用户信息的请求 24175 份，涉及的账号/用户 43727 个。其中，来自美国国内的请求有 4860 份，请求中涉及的账号/用户 14273 个。④ 据支付宝公司统计，2018 年提供查询次数为 64867 次，2019 年至今提供协查次数为 84444 次。其他知名互联网企业虽然没有披露每年接受调取证据申请的数量，但通过走访公安民警反馈的情况来看，向这些大型互联网企业调取相关信息数据普遍面临着程序复杂、周期较长等问题，由此可推测这一数量的庞大。政府司法机关向互联网企业调取提供信息数据常态化，必然需要占用互联网企业的人力、技术、场地等资源。淘宝、支付宝、腾讯等均成立了专门的部门负责处理相关的事宜，这部分业务对于企业而言，不会产生任何利润，但需要企业承担相应的人力和物力成本。据蚂蚁金服有关部门负责人反映，为提供信息数据刻录的光盘的价值就是一笔相当大的费用。

第三，数据信息扩散导致企业的经营风险。企业的数据信息具有巨大的经济价值，企业担忧司法机关将数据信息用于侦查犯罪以外的其他活动，将数据信息共享给其他机构，或者数据信息调取后因安全保障措施不力而泄露等，数据信息的扩散极易造成经营风险。

---

① Caren Morrison, Private Actors, Corporate Data and National Security: What Assistance Do Tech Companies Owe Law Enforcement? 26 Wm. & Mary Bill Rts. J. 407（2017）.

② 参见刘权：《论网络平台的数据报送义务》，载《当代法学》2019 年第 5 期。

③ 参见《欧盟史上最严数据法案对中国企业是把双刃剑》，载 http：//www.eeo.com.cn/2018/0610/330006.shtml，最后访问日期：2019 年 12 月 19 日。

④ Microsoft, Law Enforcement Requests Report, https：//www.microsoft.com/en-us/corporate-responsibility/law-enforcement-requests-report, Last accessed：2019 - 11 - 30.

(三) 制度不健全与风险不确定之间的冲突

虽然调取互联网企业数据成为我国执法司法中重要的取证方式，但是相关规定较为原则，没有针对不同情形对调取程序、调取范围等作出类型化的规定，难以应付实践中调取证据的复杂情形和诸多风险。以刑事侦查为例，刑事诉讼法和相关司法解释均对向单位和个人取证作了原则性规定，2019年1月下发的《公安机关办理刑事案件电子数据取证规则》规定了公安机关向有关单位和个人调取电子数据的具体程序，调取数据应当经办案部门负责人批准，开具《调取证据通知书》，注明需要调取电子数据的相关信息，通知电子数据持有人、网络服务提供者或者有关部门执行。这一规定主要适用于已经立案的刑事案件的侦查工作，若按照此规定，根本无法应付紧急状态下的取证需求。滴滴顺风车案件中对于滴滴平台的质疑，关键的原因在于对特殊紧急情形下行政司法机关调取数据的规则缺乏明确的规定，滴滴平台也没有建立相应的应急处置规则，客服人员仍然按照常规规程进行操作，导致审核过程过于冗长。在质疑互联网企业紧急状态下提供信息数据迟钝的同时，我们还不能忽视对于互联网企业的另一种担心，即如果报案是出于"恶作剧"或不正当目的，信息数据泄露的风险又由谁来承担？

因此，在制度不健全的情形下，互联网企业提供或不提供数据的行为，都可能造成次生危害等不确定的风险，进而引发对社会公众互联网企业的质疑，甚至引发诉讼。因此，无论是保守还是激进，都未必是最佳选择。这也是一些互联网企业在提供信息数据时保持相对谨慎的重要原因。同时，这些规定对于可调取的电子数据种类、范围也没有作出规定，仍然使互联网企业面临较大的不确定风险。

此外，在提供数据信息成为大型互联网企业日常工作的背景下，互联网企业自身在协助调取证据方面尚未形成成熟的规范，企业也没有行业统一的程序范本，能够提供哪些数据类型、提供数据的程序如何、紧急状况如何判断等问题都让企业无所适从。而且，互联网企业提供信息数据的规则也没有向社会公众公开，存在不健全、不透明的问题。由于互联网企业自身提供数据信息规则的不健全不透明，也更容易使企业的行为陷入舆论的旋涡。对比而言，美国的一些大型互联网企业苹果、谷歌、亚马逊等都向社会公布了向政府和司法机关提供数据的详细规定，这在一定程度上能够降低企业提供数据所面临的不确定风险。如苹果在官网上公布了《法律程序指南——适用于美国境内的政府和执法机构》，对美国政府及执法机构如何从苹果公司调取数据进行了详细规定。

安全保障与信息保护、企业利益与社会责任、制度不健全与风险不确定之间的冲突，无法完全避免，只能采取妥当的方式进行平衡，即充分考虑执法司法实践中的各种情形，对各方利益作出妥善的、细致的安排，完善相关的法律制度，作为行政司法机关和互联网企业执行根据。这是当前最为迫切的首要工作。但是，我们也不能寄希望于通过立法就能解决所有实践中的困境，在法律存有漏洞的情形下，需要按照立法目的作出填补。但无论是立法还是执法司法，都应当遵循同样的原则和同样的立法目的。

二、基本原则

博登海默指出："法律的基本作用之一，乃是使人类为数众多、种类纷繁、各不相同的行为与关系达致某种合理程度的秩序，并颁布一些适用于某些应予限制的行动或行为的行为规则或行为标准。"解决司法机关调取互联网企业数据面临的理论和实践上的三重困境，就需要通过立法予以规范。考虑到调取互联网企业数据行为牵涉利益甚广，为促使立法规范的秩序达致某种合理程度，就需要立法遵循利益衡量、比例原则和正当程序等基本原则。当然在适用法律存在分歧时，或法律存在漏洞时，也可以适用这些基本原则正确适用法律。

（一）利益衡量

法律是社会中各种利益冲突的表现，是人们对各种冲突的利益进行评价后制定出来的，实际上是利益的安排和平衡。[①] 司法机关调取互联网企业数据，涉及国家利益、公共利益、企业利益以及个人利益，这些利益不是平面展开的，而是具有一定的层次结构。案件所涉的利益可以区分为"当事人的具体利益""群体利益""制度利益"和"社会公共利益"四个层次，它们之间形成一种由具体到抽象的递进关系。[②] 法律对当事人利益之间的分配，最终都应当服务于社会公共利益，而法律所保障的社会公共利益，也应当是对各方当事人利益最妥当的安排。公共利益原则作为法治社会的根本理念，得到许多国家和地区立法例的支持，从宪法到部门法都确立了公共利益原则的地位，权利不再局限于个人利益，不再仅仅以个人利益作为最终依归，行使权利应以公共利益为指导原则，尊重社会公共利益，注重个人利益与公共利益的相互调和，并且期望超越个人利益，而以公共利益为重。[③] 个人信息不仅关涉个人利益，而且关涉他人和整个社会利益，个人信息具有公共性和社会性，个人信息的适用

[①] 转引自何勤华：《西方法律思想史》，复旦大学出版社2005年版，第255页。
[②] 梁上上：《利益衡量论》，法律出版社2013年版，第99页。
[③] 梁上上：《公共利益与利益衡量》，载《政法论坛》2016年第6期。

不应当完全由个人决定,也不能由掌握信息的互联网企业决定。① 从政府和司法机关调取互联网企业数据的情形来看,均具有明显的公共利益的特征,即出于防范、侦查和处置网络违法犯罪活动的需要。正如《网络安全法》第1条所规定的立法目的"为了保障网络安全、维护网络空间主权和国家安全、社会公共利益,保护公民、法人和其他组织的合法权益"。对于个人信息权的保护,需要让位于保护国家安全和社会公共利益的需要。这也正是前述欧洲人权法院审理的 K. U. Finland 案中所坚持的原则,即保护隐私不足以阻却侦查犯罪的要求。法律已经作出明确的规定的,立法者已经对各方利益安排通过法律的形式予以固定。但在法律未作出明确规定,或在法律存在漏洞的情形下,也应当根据利益衡量的基本原则执行法律或填补法律漏洞。

(二)比例原则

面对公权力与私权利之间的紧张关系,公共利益侵入私人空间必须保持适当的限度。行政法面临的一个核心问题,就是如何将国家权力的行使保持在适度、必要的限度之内,特别是在法律不得不给执法者留有相当的自由空间之时,如何才能保证裁量是适度的,不会为达到目的而不择手段,不会采取总成本高于总利益的行为。② 刑事诉讼法也是如此,我国《刑事诉讼法》的目的包括控制犯罪和保障人权两个方面,在实现惩罚犯罪、控制犯罪的过程中,不能侵犯他人的权利,否则其对社会秩序造成的破坏不亚于刑事犯罪对社会秩序造成的破坏。③ 因此,国家权利对公民权利的侵害必须保持适度、合比例、目的的正当性、手段的有效性和必要性,并进行利益上的总体斟酌,以符合"狭义上的比例原则"。④ 司法机关在调取互联网企业数据时,不同程度会侵犯互联网企业的利益与信息所涉个人的隐私等权益,不能无限度地任由司法机关无限制地调取数据。这就需要在实体和程序上均对司法机关的调取行为进行合比例的限制,对其必要性、合目的性及对隐私权的侵害最小化进行审查。在实体上,需要根据调取数据的目的限制司法机关调取信息的范围,保证所调取的数据均为侦查犯罪所需要,不得调取与侦查犯罪无关的数据;在程序上,需要从调取程序的启动、实施、运用等方面对涉及数据调取和运用问题作出全面系统的规范,实现通过程序为个人隐私和企业利益提供合理保障;此外,还需要考

---

① 高富平:《个人信息保护:从个人控制到社会控制》,载《法学研究》2018年第3期。
② 余凌云:《论行政法上的比例原则》,载《法学家》2002年第2期。
③ 宋英辉:《刑事诉讼原理导读》,中国检察出版社2008年版。
④ 范剑虹:《欧盟与德国的比例原则——内涵、渊源、适用与在中国的借鉴》,载《浙江大学学报(人文社会科学版)》2000年第5期。

虑如何减少数据调取给互联网企业带来的负担。可以通过为互联网企业提供合理补偿等方式来减轻数据调取所产生的负累,反过来促进数据调取的谨慎性,最终达到最小限度地侵犯互联网企业和公民个人的合法权益的目的。

(三) 正当程序

正当程序原则无疑是一项重要的宪法原则。正当的行政程序实质上是对个人自由提供的一种重要保障。[①] 通过程序制约国家刑罚权的滥用,体现了在刑事诉讼中对人权的尊重和保障,同时也是程序自身所具有价值的体现。[②] 在司法机关调取互联网企业数据时,平衡公共利益与个人利益、企业利益,并不存在非此即彼的分界线,经常会出现模糊地带。特别是在调取数据后无法侦破犯罪的情况下,公众更容易对调取行为的合法性产生质疑。在这种情况下,也需要借助公开透明、符合法治精神的正当程序,厘定合法调取与非法调取之间的界限,豁免司法机关或互联网企业的法律责任。因此,坚持正当程序原则,具有三个重要的价值:(1) 正当程序是限制国家公权力的有效保障,也是个人利益和企业利益的有效保障,可以防止司法机关调取证据时的恣意,明确合法调取与非法调取之间的界限;(2) 正当程序也可以保障互联网企业免受"不白之冤",在符合正当程序的前提下提供相关数据信息,不被追究因提供数据可能产生的其他法律责任;(3) 司法机关根据正当程序调取和使用数据应当受到保护。这一方面是指司法机关可以也应当根据正当程序来调取数据。对此,互联网企业应当配合;另一方面是指司法机关根据法律程序调取和使用了数据,即使最终没有达到破案等目的,其依法调取和使用数据的行为也不应受到责任追究。但是,需要指出的是,由于调取互联网企业数据的目的不同,调取也应当有所区分,这就需要对调取互联网企业数据行为进行类型化区分,进而制定符合调取目的需求的正当程序规则,不能过度强调程序的正当性而阻碍调取数据目的的实现。

综上,行政司法机关出于维护公共利益的需要调取互联网企业的数据,从本质上符合法律正义的要求,个人利益和企业利益均因服从公共利益的需要,不得随意拒绝司法机关的要求。但同时,互联网企业在应对调取请求时,主要存在两个方面的疑虑,即调取程序和调取范围,这两者直接决定了调取行为的反馈速度和实际效果,影响最终调取目的的实现。制定调取规则,应当在实现公共利益目标的同时,最大限度地保障个人利益与公民利益。鉴于调取情形和

---

① 周佑勇:《行政法的正当程序原则》,载《中国社会科学》2004年第4期,第120页。
② 程卫东、李洪江:《正当程序的简易化与简易程序的正当化》,载《法学研究》1998年第2期,第103页。

调取对象的复杂性,可以通过类型化的思考,对调取行为进行分级,对不同级别的调取行为分类处理。

三、调取行为的响应等级体系

行政司法机关面对的违法犯罪情形千差万别,对司法机关调取证据的要求各不相同。比如,在滴滴顺风车案中,司法机关需要第一时间掌握犯罪嫌疑人和被害人的行踪信息,及时制止正在发生的违法犯罪;在电信诈骗和洗钱等案件中,行政司法机关需要互联网企业跟踪异常交易信息随时报告行政司法机关;在调查、侦查普通行政违法或刑事犯罪案件中,司法机关需要互联网企业提供其所掌握的相关涉案信息。不同类型的案件,基于不同类型的调取情形、调取对象实施的调取数据的行为,对公共利益、企业利益与个人利益的影响不同。根据调取情形和调取对象具体类型,可以通过建立互联网企业的响应等级,作为分类处理的标准。响应等级越高,对互联网企业提供数据的各方面的要求就越高,反之就越低。

本文的核心问题是要解决行政司法机关在何种情形下,对哪些范围内的信息数据,采取怎样的程序进行调取。那么制定和完善相关规范制度的基础就要从深层次的本质上厘清这三者之间的关系,确立衡量和评价每项指标的标准。通过分析行政司法机关调取互联网企业信息数据的现有相关法律法规或许可以得到启示,因此将现有法律法规的情形、主体、程序和内容进行梳理如下(见表2)。

表 2

法律法规	情形	取证主体	提供主体	程序	内容
《宪法》第40条	国家安全或者追查刑事犯罪	公安机关或者检察机关	任何组织和公民	依照法律规定的程序	通信
《国家安全法》第77条	国家安全	国家安全机关、公安机关和有关军事机关	任何组织和公民		必要的支持和协助
《网络安全法》第28条	国家安全和侦查犯罪	公安机关、国家安全机关	网络运营者		提供技术支持和协助
《网络安全法》第54条	网络安全事件发生的风险增大时	省级以上人民政府有关部门	有关部门、机构和人员	按照规定的权限和程序	有关信息

续表

法律法规	情形	取证主体	提供主体	程序	内容
《电子商务法》第25条		有关主管部门	电子商务经营者	依照法律、行政法规的规定	有关电子商务数据信息
《反恐怖主义法》第18条	依法进行防范、调查恐怖活动	公安机关、国家安全机关	电信业务经营者、互联网服务提供者		提供技术接口和解密等技术支持和协助
《反恐怖主义法》第19条	防止含有恐怖主义、极端主义内容的信息传播	公安机关或者有关部门	电信业务经营者、互联网服务提供者	依照法律、行政法规规定	停止传输、保存记录、删除并报告信息
《刑事诉讼法》第54条	刑事诉讼中	人民法院、人民检察院和公安机关	有关单位和个人		物证、书证、视听资料、电子数据等证据材料
《电信条例》第66条	国家安全或者追查刑事犯罪	公安机关、国家安全机关或者人民检察院	电信用户	依照法律规定的程序	电信内容
《互联网信息服务管理办法》第14条		从事新闻、出版以及电子公告等服务项目的互联网信息服务提供者	电信用户	依法查询	信息内容及其发布时间、互联网地址或者域名；互联网接入服务提供者应当记录上网用户的上网时间、用户账号、互联网地址或者域名、主叫电话号码等信息

续表

法律法规	情形	取证主体	提供主体	程序	内容
《互联网金融从业机构反洗钱和反恐怖融资管理办法（试行）》第14条		反洗钱中心	互联网金融从业机构	根据反洗钱等有关规定	大额交易和可疑交易
《关于办理刑事案件收集提取和审查判断电子数据若干问题的规定》第3条		人民法院、人民检察院和公安机关	有关单位和个人	依法	收集、调取电子数据
《公安机关办理刑事案件电子数据取证规则》第1条	办理刑事案件	公安机关		遵守法定程序，遵循有关技术标准，全面、客观、及时	电子数据

由现有法律规定可见：第一，在调取情形方面，考虑的主要因素是紧急程度和重要程度。具体而言，行政司法机关需要调取互联网企业信息数据主要是在维护国家安全和追查违法犯罪的情况下，特殊的是出现紧急事件或者针对重要领域的情形。即法律法规对紧急危险情况和重大风险领域需要进行特别规制。第二，在调取对象方面，应将有用程度和私密程度进行衡量，确定调取的必要性，因为条文对调取对象的表述基本上都要求是"必要的""有关的"信息数据。第三，在调取程序方面，需要兼顾打击犯罪效率和保障人权自由。调取信息数据既要全面、客观、及时，又应遵守法定程序和有关技术标准。基于上述考量因素和标准，可对调取情形、调取对象和调取程序进行更加具体的分类分级。

（一）调取情形的类型化

从调取情形看，需要考察调查行为的紧急程度和重要危险程度两个指标。

第一，紧急程度。在调取数据时，违法犯罪的具体状态不同，大致可以区分为可能发生的危险、正在发生的危险和已经发生的危险。面对不同的危险，行政司法机关调取数据的目的和采取的措施也就不同：对可能发生的危险，以监测预警和防范为主；对正在发生的危险，应及时采取措施制止；对已经发生的危险，以事后调查或侦查为主。以紧急程度为标准，在行政调查或刑事侦查中，违法犯罪的危险状态尚未解除，还有继续发生违法犯罪可能的情形下，其紧迫程度接近于紧急状态，如公安机关对命案进行立案侦查，但凶手在逃，仍有继续作案的可能，显然高于犯罪嫌疑人已经被抓获的刑事侦查工作。在滴滴顺风车案中，公安机关需要解决的就是正在发生的危险，制止危险就要求互联网企业尽快反馈信息以帮助公安机关锁定犯罪地点，为制止犯罪赢得最佳时机。

第二，重要程度。重要程度表现在两方面：一是违法犯罪的具体类型。不同的违法犯罪类型，法益的重要程度存在显著差别，在具体案件中，需要根据违法犯罪的主体、手段和侵害客体，实质地判断违法犯罪的危害程度，确定调取情形的重要等级。如滴滴顺风车案中个人生命健康遭受重大侵害的危险，属于最高等级程度；集体或者个人财产面临遭受重大损失的危险，则属其次。二是影响范围。涉及的人员、区域范围越广，重要程度就越高。各个国家都把恐怖活动作为最高风险等级进行防范和处置，而针对特殊对象的一般性的违法犯罪活动，则危险程度相对较低。

参照紧急程度和重要程度两项指标可以将调取（提供）数据的情形分为以下四种类型，如图1所示：

第一，紧急重大事件。所谓紧急重大事件是指国家安全、公共安全或者对公民的生命安全即将或者正在遭受严重侵害时，以及国家和公民的财产即将或者正在遭受特别重大损失时。这种情形下，互联网企业是否提供处置紧急事件的相关数据，直接关系到上述利益能否得到及时有效的保障。如滴滴顺风车案件中的情形，就属于公民生命安全正在遭受严重侵害的紧急重大事件。在发生紧急重大事件时，基于利益衡量的紧急避险或者义务冲突的原理，因为在重要法益受到紧迫危险或者现实侵害的情况下，对这些重要法益的保护优于对隐私权的保护，互联网企业应当及时协助进行减损和救助，履行互联网信息数据的披露义务，不应当以隐私权为由加以拒绝。日本也曾经有这样的案例，1964年的一天，某人在自杀前以告知亲属即将自杀为内容发电报。邮局职员知情后，立即与上司商谈，问是否要通知警察。但上司认为，根据《日本国宪法》和《公众电气通信法》应保守通信秘密，于是没有采取任何措施。约两小时后，发电报人跳下电车、自杀身亡。真相大白后，舆论哗然，邮局遭受社会普遍谴责。在此时存在义务冲突的情况下，应当首先保护生命法益。

第二，重要领域的监测和防控，例如，涉及国家安全、公共安全、经济金融等重要领域。恐怖主义犯罪、有组织犯罪等严重犯罪在互联网的催化之下其造成的后果往往是难以想象的，为了防范特殊领域的重大风险，应当要求企业针对这些领域负有更加严格的互联网信息数据的披露义务，如承担主动报送可疑信息的义务。例如，互联网金融从业机构根据反洗钱法的要求，需要执行大额交易和可疑交易报告制度，通过网络监测平台提交全公司的大额交易和可疑交易报告。

第三,侦查即将或者正在发生的行政违法或者轻微犯罪。在查处行政违法和刑事案件的过程中,行政司法机关要求提供有关违法犯罪的数据,实际上源于行政司法机关收集、调取证据的一般性规定,不仅是互联网企业,任何单位和人发现违法犯罪线索后都应当依法主动如实提供。例如,在电信诈骗领域,公安部刑侦局会同阿里巴巴等互联网企业推出"钱盾反诈机器人",全面提升反诈劝阻效率。

第四,常规报送。常规报送一般是基于法律的明确规定或者行政司法机关与企业之间的约定等,即只要符合相应的情形,企业就应及时主动报送相关数据,行政司法机关为日常监管需要对企业日常收集存储的基础性互联网数据信息进行收集。对于常规报送,应当从严制定规则,优先保护个人隐私。例如,浙江省高级人民法院与阿里巴巴数据平台合作,联手打造"智慧法院",通过该项合作,浙江法院和蚂蚁金服平台的芝麻信用对接,利用在蚂蚁金服平台上沉淀大量用户的消费数据,逐步实现法院关于涉诉人员资产信息的在线查询、冻结等。①

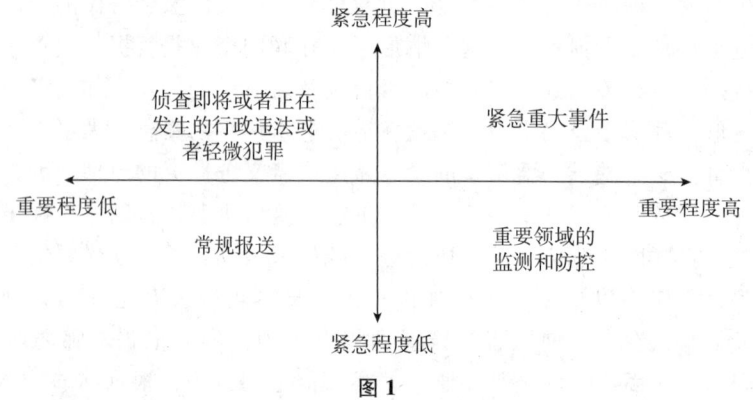

图 1

(二)调取对象的类型化

公民个人信息的类型十分丰富,包括姓名、身份证件号码、通信通讯联系方式、住址、账号密码、财产状况、行踪轨迹等。这些公民个人信息均可以以特定的数据形式存储于互联网企业的服务器上,具有不同的表现形式。一些国家或地区在立法中对互联网信息作了分类处理。

---

① 余建华、孟焕良:《浙江高院联手阿里巴巴打造"智慧法院"》,载《人民法院报》2015年11月25日,第1版。

美国《存储通信法案》将电子记录分为三类：（1）基本的用户和会话信息，具体包括：姓名；地址；本地和长途电话记录或会话次数和时长的记录；服务时长（包括起始日期）和使用的服务种类；电话或设备号码或者其他用户号码或身份，包括任何临时分配的网络地址；支付的方式和来源（包括任何信用卡或者银行账号）。① （2）记录或者其他关于用户或者订阅者的信息，即订阅者或者用户关于此类服务的记录或者其他信息（不包括通信的内容）。② （3）内容和"电子储存"，即有线、口头或者电子通讯的内容包括任何该交流的实质、主旨大意或者含义的信息。③

欧盟电子证据调取规则将数据分为用户数据（subscriber data）、接入数据（access data）、交互数据（transactional data）和内容数据（content data），前三种通常被合并称为非内容数据。（1）用户数据是指能够识别用户或顾客的数据，如姓名、生日、通讯地址、账单和支付数据、电话号码或邮件地址；（2）接入数据是指用户接入某服务器的数据。虽然这些数据不能识别出用户，但对于识别用户至关重要，如登录和登出服务器的时间、服务提供商分配的IP地址；（3）交互数据是指关于提供的服务数据，如对话的来源和去向、设备位置、时间、时长、大小、路径、格式、数据传递协议和压缩方式；（4）内容信息是指除非内容数据以外，任何以电子形式保存的数据，如文字、语音、视频、图片、音乐。④

根据网络犯罪公约委员会（The Cybercrime Convention Committee）的调查报告，该委员会的云证据小组（The Cloud Evidence Group）通过对侦查涉及计算机犯罪所需数据类型的调查研究，指出刑事司法机关在调查中通常需要三种类型的数据：（1）用户信息（subscriber information），即除交互数据、内容数据以外，服务商以计算机数据或其他形式掌握的关于用户的任何信息。具体包括：使用的交互服务类型、适用的对应技术条款和服务时段；根据服务协定或安排获取的用户身份、通讯或居住地址、电话或其他联系号码、账单或支付信息；其他根据服务协定或安排获取的有关交互设备安装地址的信息。⑤ 如通过

---

① 18 U.S.C. § 2703（c）（2）.
② 18 U.S.C. § 2703（c）（1）.
③ 18 U.S.C. § 2510（8）.
④ Frequently Asked Questions：New EU rules to obtain electronic evidence，https：//ec.europa.eu/commission/presscorner/detail/en/MEMO_18_3345，Last accessed：2019-11-30.
⑤ Convention on Cybercrime，https：//www.coe.int/en/web/conventions/full-list/-/conventions/rms/0900001680081561，Last accessed：2019-11-30.

特定的 IP 地址来识别用户,或特定用户使用的 IP 地址信息。① (2) 通讯数据 (traffic data), 即计算机系统在交互过程中生成的计算机数据,包括通讯的起止地、路径、时间、数据、大小、时长或类型。② 如计算机操作系统、其他软件、计算机间通讯的使用日志,尤其是消息的起止地址。③ (3) 内容数据 (content data), 即交互过程中的交互内容,如交互的意思或要旨、交互过程中传递的除交互数据以外的消息或信息。④ 如邮件、图片、电影、音乐、文档等。以内容是否已存在作为区分,内容数据又可以分为两类,一是已储存的内容,即已储存在计算机系统中的数据;二是未发生的内容,即需要通过实时调取的还没有发生的数据。

借鉴上述分类,可以将行政司法机关调取的数据分为五个类型:(1) 公开数据;(2) 用户信息数据;(3) 通讯数据(欧盟立法中的接入数据也可以归入此类);(4) 已经发生的内容数据;(5) 实时监控的内容数据。其中用户信息数据对公民个人权利的侵犯程度最低,通常信息数据的价值和有用程度也最低;而实时监控的内容数据对公民个人侵犯程度最高,通常信息数据的价值和有用程度也最高。根据联合国毒品和犯罪问题办公室一项关于网络犯罪的问卷调查,多个国家或地区对实时调取通讯数据和内容数据进行区别规定,作出区别的依据主要是对个人私人生活的影响程度。⑤ 在我国,对公民网络数据的实时监控,应当归入技术侦查的范畴,技术侦查措施的实施,较一般侦查措施

---

① Criminal justice access to electronic evidence in the cloud: Recommendations for consideration by the T-CY (Final report of the T-CY Cloud Evidence Group), https://rm.coe.int/CoERMPublicCommonSearchServices/DisplayDCTMContent? documentId = 09000016806a495e, Last accessed: 2019 - 11 - 30.

② Convention on Cybercrime, https://www.coe.int/en/web/conventions/full-list/-/conventions/rms/0900001680081561, Last accessed: 2019 - 11 - 30.

③ Criminal justice access to electronic evidence in the cloud: Recommendations for consideration by the T-CY (Final report of the T-CY Cloud Evidence Group), https://rm.coe.int/CoERMPublicCommonSearchServices/DisplayDCTMContent? documentId = 09000016806a495e, Last accessed: 2019 - 11 - 30.

④ 布达佩斯网络犯罪公约没有对内容数据进行定义,但是在网络犯罪布达佩斯公约解释报告作了说明。Explanatory Report to the Convention on Cybercrime, https://rm.coe.int/16800cce5b, Last accessed: 2019 - 11 - 30.

⑤ Comprehensive Study on Cybercrime, https://www.unodc.org/documents/organized-crime/cybercrime/CYBERCRIME_STUDY_210213.pdf, Last accessed: 2019 - 11 - 30.

要求更为严格。①

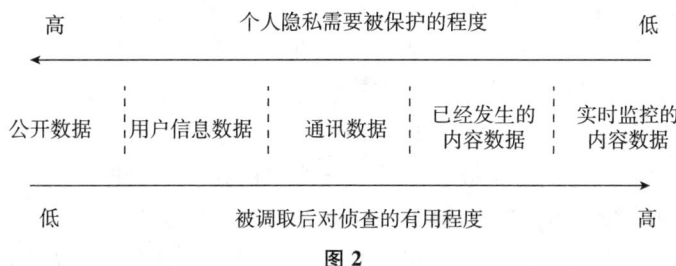

图 2

（三）调取行为的响应等级

由上述关于调取情形和调取对象的分析分类可以发现，通常情况下调取情形、调取对象和调取程序之间存在这样的关联：紧急程度和重要程度越高的调取情形，保护个人隐私的必要性越低，需要调取较高价值和有用程度的信息数据，因此能够调取的对象范围越广，而且越强调打击效率而非保障隐私，所以调取程序也越灵活。反之，紧急程度和重要程度越低的调取情形，保护个人隐私的必要性越高，需要调取较低价值和有用程度的信息数据，因此能够调取的对象范围越小，而且越强调保护隐私而非打击效率，所以越应当严格遵循正当的调取程序。

由此，可以确定调取行为的响应等级为：（1）调取行为的响应等级最高的是紧急重大事件，此时不需要过度保护个人隐私，调取对象的范围无须严格限制，并且为了及时有效地解决紧急重大事件，调取信息数据的程序也应简易灵活。当国家社会的公共安全以及公民的生命健康等重要法益正在面临紧迫危险或者现实侵害时，不言而喻其应当属于最高等级，互联网企业对行政司法机关调取数据的需求必须给予最充分、最及时的保障。（2）调取行为的响应等级次高的是重要领域的监测防控和侦查即将或者正在发生的行政违法或者轻微犯罪，此时可以考虑针对公开数据、用户信息数据以及通讯数据等非内容数据采取普通程序，针对内容数据设置适当的审查程序。（3）调取行为的响应等

---

① 《刑事诉讼法》第150条规定：公安机关在立案后，对于危害国家安全犯罪、恐怖活动犯罪、黑社会性质的组织犯罪、重大毒品犯罪或者其他严重危害社会的犯罪案件，根据侦查犯罪的需要，经过严格的批准手续，可以采取技术侦查措施。人民检察院在立案后，对于利用职权实施的严重侵犯公民人身权利的重大犯罪案件，根据侦查犯罪的需要，经过严格的批准手续，可以采取技术侦查措施，按照规定交有关机关执行。追捕被通缉或者批准、决定逮捕的在逃的犯罪嫌疑人、被告人，经过批准，可以采取追捕所必需的技术侦查措施。

级最低的是常规报送,此时调取对象原则上应当限定为公开数据、用户信息数据以及通讯数据等非内容数据,并且司法行政机关需要严格遵循正当程序,以充分保护个人隐私权,针对内容数据设置更为严格的审查程序。

具体而言,可以将响应等级由高至低分为一级至五级,其中一级最强调打击效率,审查程序最灵活;五级最强调隐私保护,审查程序最严格。原则上,响应等级越高,程序就越简化,调取数据范围的弹性也就越大;行政司法机关的自由裁量权越大。响应等级越低,则必须严格依照法律规定的程序和范围调取数据,行政司法机关的自由裁量权越小。根据各调取类型、调取对象对应的响应等级如下(见表3):

表3　　　　　　　　　　　　　　　　　　　单位:级

对象	情形			
	紧急重大事件	重要领域的监测和防控	侦查即将或者正在发生的行政违法或者轻微犯罪	常规报送
实时监控的内容数据	1	3	3	3
已经发生的内容数据	1	3	3	3
通讯数据	1	2	2	4
用户信息数据	1	2	2	4
公开数据	1	2	2	4

四、分类处理机制的建构

在不同的响应等级下,调取数据行为对各方面利益的影响程度不同。作为对各方利益作出安排的法律,应当根据响应的等级,建立分类处理的规则,以实现最佳的利益平衡状态。原则上,行政司法机关和互联网企业应当遵循通用的基本的程序,调取数据行为的基本规则。大部分情形下,行政司法机关应当按照基本规则开展调取数据工作,互联网企业按照法律规定履行提供数据的责任。在此基础上,法律可以根据调取行为的响应等级,对调取程序进行更为细致的划分,在响应等级在基本规则之上作弹性处理,适当简化或者严格调取程序。从立法的角度而言,行政法和刑事诉讼法等法律法规都应当进一步细化不同类型调取行为的调取程序。在法律规定不明确时,行政司法机关和互联网企业可以根据上述原则作适当的自由裁量。

(一) 调取数据的基本规则

1. 行政司法机关调取数据程序的启动

调取互联网企业数据,本质上是一种行政执法权或者司法权的行使,应当获得法律的授权。只有法律规定的执法司法主体才有权调取互联网企业数据。

(1) 法定主体。调取人员应当向互联网企业提供证明法定身份的证件和信息,调取人员的资格和数量应当符合相关法律的规定。互联网企业与司法行政机关应当通过技术手段建立快速核实身份信息的技术机制。在紧急状态下,调取人员可以通过提供来电号码、视频认证等方式初步证明身份,互联网企业应简化审核要求,并获得责任豁免。

(2) 披露调取目的。行政司法机关向互联网企业调取数据时,应当申明调取数据的目的,确保互联网企业知道调取数据的用途,并确定相应的响应等级。

(3) 调取数据的法律文书。向互联网企业调取数据,一般情况下应当根据法律规定出具相应的法律文书,这在境内外均是通行的规则。在美国,根据《存储通信法案》,政府需要通过令状强制公司披露数据,包括传票、传票加事先通知订阅者或者用户、法庭命令、搜查令。只有在两种情况下,政府可以不需要传票就强制公司披露信息:第一,在调查电信营销诈骗(Telemarketing fraud)时,执法机构可以提交一份书面请求要求服务提供商提供参与电话营销的人或者客户的姓名、地址和营业地址。[①] 第二,政府在获得用户或者订阅者同意的情况下,可以强制网络服务提供商披露关于用户的非内容信息。[②] 互联网企业也严格依照法律规定提供数据,如,苹果公司对于政府和执法机构申请披露的信息,会根据法律的要求提供,对于调取内容数据的请求,除了法律规定的例外,苹果公司只会提供依据合理根据而签发的搜查令中要求的内容。谷歌规定,政府需要通过法律程序用传票、法庭命令或搜查令来要求谷歌披露用户信息。以谷歌邮箱为例,政府使用传票可以获取用户的注册信息;使用法庭命令可以调取非内容信息和其他可以通过传票调取的信息;使用搜查令可以调取邮件内容还有可以通过传票和法庭命令调取的信息。新欧盟电子证据调取规则根据不同类型的数据信息设置了不同的调取规则。具体为:(1) 法官能够直接调取用户数据、接入数据、交互数据、内容数据四类数据;(2) 检察官能够直接调取用户数据、接入数据,调取交互数据、内容数据需要经法官批

---

① 18 U.S.C. § 2703 (c) (1) (D).

② 18 U.S.C. § 2703 (c) (1) (C).

准；(3) 警察调取四类数据均需要经过检察官或法官批准。① 2016 年，网络犯罪公约委员会云证据小组对 33 个国家或地区进行调查：大多数被调查的国家或地区，调取用户信息的条件与调取通讯数据的条件相同或相似。其中，超过一半被调查的国家或地区，调取用户信息需要司法授权，剩下的国家或地区，需要由检察官或者高级别执法官员制发命令；剩下的被调查的国家或地区，调取用户信息的要求低于通讯数据，只需要警察或者检察官制发命令。② 虽然各个国家司法制度不同，但是在调取数据法律文书方面的要求具有相似性，就我国的刑事侦查而言，公安部制定的《公安机关办理刑事案件电子数据取证规则》对调取电子数据也规定了较为严格的启动程序要求：公安机关向有关单位和个人调取电子数据，应当经办案部门负责人批准，开具《调取证据通知书》，注明需要调取电子数据的相关信息，通知电子数据持有人、网络服务提供者或者有关部门执行。

总体上，调取数据程序的启动，应当符合法律、司法解释或规范性文件对公安机关搜查、查封、扣押、冻结等的有关规定，即采用内部行政审批程序，对调取目的、数据信息范围、去向进行审查，签发调取证据通知书等。尤其应当根据需要对调取数据的类型进行区别，对调取内容信息设置更严苛的审批程序，包括但不限于对调取动议进行实体审查、提高审批层级等，实现对数据信息调取的程序分级。如，美国亚马逊公司公布的规则中，明确区分内容信息和非内容信息。③ 亚马逊只在对方能够提供有效和有约束力的传票时才披露非内容信息。在提供搜查令的情况下，亚马逊可以提供内容信息和非内容信息。④ 我国在立法上对这方面的规定还需要进一步细化。

---

① Frequently Asked Questions: New EU rules to obtain electronic evidence, https://ec.europa.eu/commission/presscorner/detail/en/MEMO_18_3345, Last accessed: 2019-11-30.

② Criminal justice access toelectronic evidence in the cloud: Recommendations for consideration by the T-CY (Final report of the T-CY Cloud Evidence Group), https://rm.coe.int/CoERMPublicCommonSearchServices/DisplayDCTMContent?documentId=09000016806a495e, Last accessed: 2019-11-30.

③ 内容信息是指储存在用户账户里的数据文件的内容，仅凭传票是不能够调取内容信息的。非内容信息是指订阅用户信息，例如姓名、地址、电子邮件地址、账单信息、账户创建日期、特定购买记录和服务使用信息。

④ Amazon. Amazon Law Enforcement Guidelines. https://d0.awsstatic.com/certifications/Amazon_LawEnforcement_Guidelines.pdf. Last accessed: 2019-11-28.

2. 互联网企业提供数据行为的程序

调取数据的过程也必须依据法定程序进行，以确保调取数据的客观性、真实性和完整性，这是电子数据特有的特征。在刑事侦查中，《公安机关办理刑事案件电子数据取证规则》对此已经作了非常细致的规定，被调取单位、个人应当在通知书回执上签名或者盖章，并附完整性校验值等保护电子数据完整性方法的说明，被调取单位、个人拒绝盖章、签名或者附说明的，公安机关应当注明。必要时，应当采用录音或者录像等方式固定证据内容及取证过程。

为了确保调取目的和手段的正当性，一般情形下应当赋予互联网企业适当的审查权，以防止行政司法机关在调取数据时的恣意。苹果公司公布的《法律程序指南——适用于美国境内的政府和执法机构》指出，对于政府和执法机构申请披露的信息，苹果公司会根据法律的要求提供。对于调取内容数据的请求，除了法律规定的例外，苹果公司只会提供依据合理根据而签发的搜查令中要求的内容。为了实现上述目标，苹果公司会对披露数据的申请进行审查，如果公司认为某些请求没有合法的依据亦或是不清楚、不适当或者过于宽泛，可能会提出质疑或者予以拒绝。① 在一些情形下，我国的互联网企业也根据自身的情况拒绝行政司法机关调取。比如，2017 年 5 月 8 日，腾讯公司回复一法院的《调查函回函》称，"由于微信聊天记录采用'点对点'和'加密'技术进行传输，我方未保存聊天记录，其仅保存在用户自己的手机或电脑等个人终端设备上，仅用户自己可以查看，我方既无法也无权利查看，因此无法协助提供"。②

需要特别强调的是，对个人权益侵犯程度最高的是实时监控措施，包括实时收集通讯数据、实时监听内容数据。鉴于实时监听内容数据是对个人权利的严重侵犯，司法机关对内容数据采取实时监听措施应当受到更为严格的限制，适用关于技术侦查的规定，限定在重大犯罪中，并需经过严格的批准手续。

（二）紧急重大事件（一级响应）下的调取数据规则

在所有调取行为中，紧急状态是需要特别关注的特别情形。对紧急状态下

---

① Apple. Legal Process Guidelines Government & Law Enforcement within the United States. https：//www. apple. com/legal/privacy/law-enforcement-guidelines-us. pdf . Last accessed：2019 - 11 - 28.

② 但是也有企业称无法对一些内容进行拦截窃听，如苹果称 iMessage、Facetime 等通讯内容是在两端解密，苹果无法破译设备间传输的数据，无法拦截窃听 iMessage、Facetime 通讯，没有通讯日志记录等，参见 https：//www. apple. com/legal/privacy/law-enforcement-guidelines-emeia. pdf，最后访问日期：2019 年 12 月 18 日。

的调取数据行为，应当给予行政司法机关更大的自由裁量权。（1）在启动程序方面，应当简化行政司法机关的内部审批程序，赋予办案人员更多的自主权。网络犯罪公约委员会云证据小组在对紧急情况下调取数据的情况调查中发现，在国内层面，13个国家或地区（13%）在紧急情况下可以不经司法授权调取数据，其中，7个可以调取包括内容数据在内的全部数据、5个可以调取非内容数据、1个只能调取用户信息。① 可见，大多数国家或地区都简化了紧急状态下的启动程序并最大限度地保证调取数据的范围。因此，在合理怀疑符合紧急状态的危险正在发生的情形下，执法司法人员只要向互联网企业提供证明身份信息和调取目的最基本的证据，比如，公安民警通过警用电话或者其他通讯手段向互联网企业提出调取数据的请求，即符合启动调取程序的标准，不需要经过部门负责人的层层审批，以最大限度地提高调取数据的效率。（2）在调取程序方面，互联网企业应当减少内部审核程序，将制止正在发生的危险放在首要位置，接线人员基于正当理由就可以做出决定，在必要的情况下，互联网企业可以主动提供相应的数据信息。在这种情形下，为了保障生命财产安全，一切与制止危险相关的数据都应当毫无保留地提供。

值得探讨的是，在紧急状态下是否应当赋予企业自由裁量权？美国《电子通信隐私法》对紧急状态下的数据提供义务作出了特别规定，一些互联网企业也据此作出了相应规定，但是最终是否披露的决定权仍然赋予给了互联网企业自身。如，苹果公司《法律程序指南——适用于美国境内的政府和执法机构》规定，如果苹果公司善意地相信即将发生危害他人生命或者可能对他人造成严重身体伤害的紧急情况，需要不加拖延地立即披露信息，那么公司可以根据法律自愿向联邦、州或地方政府披露包括通信内容和用户记录在内的信息。② 亚马逊公司规定，如果涉及威胁公共安全或者伤害他人的紧急情况时，亚马逊有权立即回应警方紧急调取信息的请求。③ 谷歌认为，在涉及绑架或炸弹威胁等紧急事件的情况下，紧急要求必须包含对紧急事件的描述，并应详细

---

① Emergency requests for the immediate disclosure of data stored in another jurisdiction through mutual legal assistance channels or through direct requests to service providers (Compilation of replies to the questionnaire), https：//rm. coe. int/CoERMPublicCommonSearchServices/DisplayDCTMContent? documentId =0900001680651a6f, Last accessed：2019 -11 -28.

② Apple. Legal Process Guidelines Government & Law Enforcement within the United States. https：//www. apple. com/legal/privacy/law-enforcement-guidelines-us. pdf. Last accessed：2019 -11 -28.

③ Amazon. Amazon Law Enforcement Guidelines. https：//d0. awsstatic. com/certifications/Amazon_LawEnforcement_Guidelines. pdf. Last accessed：2019 -11 -28.

说明所要求披露的信息可能对避免伤害起到什么作用。针对此类要求，谷歌仅提供认为有助于避免伤害的信息。① 微软、推特、雅虎为确有必要用于防止对个人有死亡或严重身体伤害的风险。是否披露由服务提供商自行决定。② 美国公司的这些做法，倾向于保障与个人信息相关的权益，但对于制止正在发生的重大危险存在不足，很有可能因互联网企业的错误判断或者决策迟疑贻误最佳的处置时机。笔者认为，在紧急状态下，只要执法司法人员表明合法身份并提出事件处于紧急状态的理由，互联网企业便负有迅速提供数据的强制义务，不应赋予企业自由裁量权。对于可能出现的差错，只要互联网企业依正当程序合理地相信执法司法人员提供的信息，就可以免除责任。为了防止执法司法人员的恣意和互联网企业接线人员的误判，可以通过技术手段来解决身份认证上的难题，并通过事后审查的方式，对故意提供虚假信息的执法司法人员以及报案人员依法追究其相应的责任。

（三）其他响应等级的处理原则

紧急状态属于最高响应等级，应当以最简化的调取程序和审核机制确保公共利益得到最及时最有效的保障。对其他响应等级的调取行为，则应当在基本规则的基础上，对调取主体内部审批和互联网企业内部审核两个方面的程序作出弹性规定。在前述的法律规定中，有的已经对调取、程序等作出规定，有的则仍需进一步明确具体操作规则。总体上，对常规报送，应当严格限定调取的法定范围，不得要求报送与调取行为目的无关的任何数据；对于行政调查和刑事侦查行为，重点应当放在调取程序的严格规范上，并适当限定调取的范围，确保调取行为的合法性和调取结果的真实性。对于互联网企业在紧急状态之外的其他主动报送和信息合作行为，应当严格限制提供数据的范围，强化互联网企业的内部审核机制，并获得信息相关人员的知情同意，在必要时应当对信息作匿名或脱敏处理。

五、规范调取行为的配套机制

面对复杂多变的现实生活，法律规定总不可能面面俱到，对调取行为的分级在很大程度上仍然依赖于相关人员的自由裁量，无论是行政司法机关还是互联网企业都可能存在恣意的情形。我们既不能因噎废食，过度强调对某一方面

---

① https://support.google.com/transparencyreport/answer/7381738.

② Criminal justice access to data in the cloud: Cooperation with "foreign" service providers (Background paper), https://rm.coe.int/CoERMPublicCommonSearchServices/DisplayDCTMContent?documentId=090000168064b77d, Last accessed: 2019-11-28.

利益的保护,而导致其他利益特别是公共利益受损;又要把"权力关进笼子里",有针对性地制定配套机制,规范调取行为,特别是防止自由裁量中的恣意。

(一) 健全并公开互联网企业内部程序

对互联网企业而言,依据正当程序报送数据,既可以有效保护个人数据从而减少来自用户的指控,又可以有效阻挡政府不正当的数据报送请求从而保障自身权益;对政府而言,依正当程序请求报送数据并处理数据,既可以及时获取企业的数据从而有效促进公共利益,又可以最大限度地减少数据安全隐患。因而,数据报送义务履行程序应当规范化。企业应当不断制定数据报送实施细则,确立严格的数据报送程序,并完善数据对外披露规则。[①] 这一点,美国互联网公司的做法值得借鉴。具体包括:建立统一的调取请求接收程序,明确调取人调取数据应具备的主体资质、请求文书、法律文书等。构建数据分级调取机制,对调取的目的及调取数据的类别、范围、去向进行实质审查,并审查是否有对应审批级别的法律文书。根据企业的实际情况,建立专门的数据协查部门或指派专人负责协助司法机关调取数据,并对协助成本计算方式作出规定。上述规则应当向社会公开,这既是对互联网企业自身利益的保护,同时也是对互联网企业客户知情权的保障。同时,除涉及保密之外,互联网企业向行政司法机关提供数据,应当在一定期限内告知互联网企业客户,保障客户的知情权和申请救济的权利。比如,谷歌、微软、推特、雅虎在紧急情况下提供用户的数据信息后,将立即或在 90 日内通知用户。[②]

(二) 监督、追责和救济机制

为防止权力(利)滥用,应当建立相应的监督和追责机制,尤其是对紧急状态下的调取行为,由于在前段对调取程序和调取范围都给予最低的审查标准,因此有必要加强该情形下对调取行为的事后审查和监督,防止因程序简化造成滥用,不当地侵害企业和个人的权益。对滥用数据信息的执法司法人员,无正当理由拒不配合协助调取的互联网企业,谎报警情恶意调取数据的利害关系人,应当建立严格的问责机制。在刑事侦查中,可以从规范调取数据的目的入手,完善电子证据非法证据排除规则,对于调取数据过程中存在严重违法行为,作为非法证据予以排除,从而倒逼司法人员强化调取互联网企业数据的正

[①] 参见刘权:《论网络平台的数据报送义务》,载《当代法学》2019 年第 5 期。

[②] Criminal justice access to data in the cloud: Cooperation with "foreign" service providers (Background paper), https://rm.coe.int/CoERMPublicCommonSearchServices/DisplayDCTMContent?documentId=090000168064b77d, Last accessed: 2019 - 11 - 28.

当程序意识。监督和追责除了由行政司法机关自行启动外,还应当赋予利害关系人和互联网企业申请救济权,建立救济审查机制,纠正调取数据过程中的不当行为,修复不当行为造成的利益失衡。

(三) 探索合理补偿机制

对于互联网企业而言,除了可能受到泄露信息的指控和负面评价外,为提供数据所支出的人力物力成本也是影响企业利益的因素之一。以美国为例,一般情况下,个人和企业不能够因为遵守联邦法律程序而获得补偿,除非有特别的联邦法令授权。① 但《存储通信法案》规定,政府在依据该法案获取通信信息时,可以为披露信息的个人或者企业提供补偿。但对费用的补偿也有严格的限制,第一,这个费用必须是必要合理的,主要是指查找、组织、复制或者其他提供这些信息所直接产生的费用;第二,只有政府在真正获得信息的情况下才需要支付补偿。② 费用的多少由政府和个人或者企业协商确定,如果协商不成,则由法院决定。如果企业的要价显然过高,政府可以要求其出示花费记录。③ 但一些互联网公司也作出了免费提供服务的例外规定,如脸书规定,如果相关信息请求是为了调查对儿童、脸书及其用户可能造成伤害的情况,或者属于紧急请求,则可能会免除这些费用。④ 根据我国刑事诉讼法的规定,任何单位和个人都有协助提供证据的义务,只有在证人出庭作证时才需要提供相应的补偿。因此,国家是否应当对协助提供证据的互联网企业给予补偿,仍然是一个理论上需要探讨的问题。数据权益已经成为互联网企业的重要利益来源,互联网企业应当根据其能力承担起相应的社会责任,特别是在承担法定职责时,具有强制性。但在立法上,可以考虑对企业提供取证协助的物质成本支出,提供适当的补偿,以减轻企业的压力,提高配合的积极性。考虑在调取数据时给予互联网企业合理补偿,这样可以减轻企业负担,也可以促进司法机关调取数据的慎重性。在非法定义务的调取或提供信息领域,一些地方行政机关探索通过数据权益交换来实现对互联网企业的补偿,如,2016 年河北省公安厅交通警察管理局与阿里巴巴集团签署了战略合作协议,在协议框架下,河北

---

① Hurtado v. United States, 410 U. S. 578, 589 (1973).

② H. Marshall Jarrett, Michael W. Baili. Searching and Seizing Computers and Obtaining Electronic Evidence in Criminal Investigations. Office of Legal Education Executive Office for United States Attorneys. 2009. p. 142. https://www.justice.gov/sites/default/files/criminal-ccips/legacy/2015/01/14/ssmanual2009.pdf. Last accessed: 2019 – 11 – 30.

③ 18 U. S. C. Chapter 121 §§ 2701 – 2712.

④ https://www.facebook.com/safety/groups/law/guidelines/, Last accessed: 2019 – 11 – 30.

省高速交警总队与阿里巴巴控股子公司高德公司开展了具体合作,高速交警总队向高德公司实时报送河北省内高速公路维修、拥堵、封闭及通行信息,高德公司则向高速交警总队提供基于高德地图的河北省内高速道路数据信息更新服务。①

(四)完善调取互联网数据的技术措施

从公安机关调取证据的实践来看,虽然调取的数据已经进入了互联网时代,但相关的数据仍然要转化成传统的书证形式作为证据使用。但我们也应注意到,一些地方已经在进行网络数据电子化的尝试,通过刻录光盘等形式予以固定。实际上依托现代技术手段,无论是身份识别、请求传输、数据反馈完全通过网络技术来实现,特别是随着人工智能、区块链技术的发展,调取数据和反馈数据的自动化以及数据的完整性、真实性都有可能得到进一步保障。在互联网金融风险专项整治中,有关部门要求所有互联网金融平台实时接入国家的监测平台,实现对互联网金融活动的实时监控。在电信诈骗专项整治中,对异常交易信息的监控和处置也都可以通过计算机自动完成。这都是调取互联网企业数据的现实应用场景。笔者认为,行政司法机关应当加强与互联网企业的技术合作,通过技术手段实现身份的快速验证、数据的及时调取以及调取行为的全程留痕,甚至还可能通过人工智能实现自动分级分类处理,这将大大减少调取行为的恣意,降低调取证据的时间成本和人力物力成本。当然,需要注意的是,在调取程序和调取范围上,仍然应当坚持法定原则,不断完善分级分类处理的规则。

(五)数据信息安全保障

对行政司法机关调取的信息数据,如何进行保管和使用,确保用于正当目的,也是互联网企业在提供数据时担心的问题。一旦这些数据被认为泄露或非法获取,用于非法目的,必将严重侵害信息相关人员的合法权益。实践中一些互联网企业自身因技术等问题遭遇数据非法泄露事件,无一不引起社会恐慌。因此,必须健全调取数据的安全保障机制。刑事诉讼法对技术侦查所获取信息的管理作出了严格的保密规定:侦查人员对采取技术侦查措施过程中知悉的国家秘密、商业秘密和个人隐私,应当保密;对采取技术侦查措施获取的与案件无关的材料,必须及时销毁。采取技术侦查措施获取的材料,只能用于对犯罪的侦查、起诉和审判,不得用于其他用途。这对于建立互联网信息数据安全保障制度具有借鉴意义。司法机关应当承担数据安全保障责任,承担严格的保密

---

① 刘全胜、王萌、马静:《破解公安机关获取企业数据难题的对策研究》,载《河北公安警察职业学院学报》2019年第1期。

义务，不得随意改变数据信息调取的初始目的。对于通过网络途径获取的电子数据的保管，应当建立标准化的安全保障措施，避免数据信息被窃取。在技术成熟时，可以探索建立电子数据的溯源跟踪机制，对电子数据的流转、使用过程全程留痕，以保证权责一致以及操作过程的可追溯性。对于因行政司法机关的过错造成数据信息泄露，给相关主体造成损失的，应当承担相应的补偿责任。

六、余论

人类社会全面进入互联网时代，网络信息数据成为一种重要的资源。随着行政司法机关调取互联网企业数据成为常态，立法者有义务及时作出回应，相关法律制度的建构刻不容缓。但需要强调的是，无论是立法还是司法，必须遵循同一标准，对国家利益、公共利益和企业利益、个人利益作出妥善安排。在立法尚未作出安排时，行政司法机关和互联网企业可以运用利益衡量、比例原则、正当程序等方式，填补法律漏洞，以实现公平正义的目标。

此外，我们还要看到，当前数据的价值正在得到前所未有的重视和肯定。随着云计算、人工智能、大数据等技术的发展，人们可以分析更多的数据，有时候甚至可以处理和某个特别现象相关的所有数据，它为人类生活创造了前所未有的可量化的维护。① 大数据技术已经成为各领域竞相追逐的对象，司法领域也是如此。近年来，大数据侦查已经作为一种新的侦查模式被提了出来，各级公安机关已开始有意识地运用大数据推动犯罪侦查和控制。② 所谓大数据侦查，核心是通过计算机技术对存储于网络与计算机系统中的海量数据进行收集、共享、清洗、比对和挖掘，从而发现犯罪线索、证据信息或者犯罪嫌疑人的侦查措施与方法。③ 但大数据侦查中数据的获取、使用仍然面临与个人隐私保护、互联网企业利益等冲突问题，甚至这种冲突会因大数据侦查的具体方式不同而更加剧烈。有的学者指出，大数据技术在让侦查机关办案如虎添翼的同时，也带来了公民基本权利被侵害的巨大风险，从长远来看，大数据侦查的法律规则尚需要体系性的深入考量和精密设计。④ 这是我们必须面对的问题。

---

① ［英］维克托·迈尔－舍恩伯格、肯尼斯·库克耶：《大数据时代》，盛杨燕、周涛译，浙江人民出版社2013年版，第17页。

② 何军：《大数据侦查与侦查模式变革》，载《中国人民公安大学学报（社会科学版）》2015年第1期。

③ 程雷：《大数据侦查的法律控制》，载《中国社会科学》2018年第11期。

④ 胡铭、龚中航：《大数据侦查的基本定位与法律规制》，载《浙江社会科学》2019年第12期。

附件

美国数据分类调取制度之借鉴

摘　要： 网络服务的迅速发展使得电子数据调取成为了司法活动的重要一环，这其中存在很多的法律理论和实践问题需要研究。鉴于我国数据调取的法律法规仍亟待完善，本文以美国为蓝本对数据调取的法律问题进行了研究，希望从美国调取数据的法律规定、企业政策和政府与企业的关系等问题出发为我国制定完善数据调取的规则提供参考。在我国，可以借鉴美国根据数据的隐私性强弱和隐私权合理预期的标准对数据进行分类调取。我国要制定合理的数据调取规则，规范调取程序，限定调取范围，明确紧急情况下的数据调取问题。在处理执法机构与企业的关系时，要考虑数据调取给企业带来的负担，适当给予经济补偿或者使用其他激励手段，以实现数据调取中双方的良性互动。

关键词： 数据调取　数据分类　隐私权　调取程序

引　言

随着互联网与社会生活的紧密结合，数据调取在司法活动中变得越来越重要。一方面，执法部门希望获取数据信息以打击犯罪；另一方面，用户隐私需要得到保护。在网络发展中，网络通信服务提供商成为了执法机构和公民之间的一道屏障，他们掌握着海量的用户数据。[①] 正如有学者所说的：我们通过将数据交给网络服务提供商，创造了一个新的监控中介（Surveillance Intermediaries），让这些规模巨大的公司站在政府与我们的数据之间，来影响政府对数据的获取。[②] 企业的裁量权意味着他们作为中间环节能够"至少在一定程度决定政府获取我们个人关系、职业交往、出行模式、经济情况和更多信息的权力。他们也影响政府阻止恐怖袭击、侦破谋杀案和找回丢失儿童的能力。简而言之，像脸书、谷歌和推特这样的公司现在承担着重大的责任，一边是我们的

[①] Alan Z. Rozenshtein, Surveillance Intermediaries, 70 Stanford Law Review 99, 105 (2018). pp. 112 – 122.

[②] Alan Z. Rozenshtein, Surveillance Intermediaries, 70 Stanford Law Review 99, 105 (2018). pp. 112 – 114.

隐私，另一边是我们的安全"。①

研究数据调取问题对于司法实践有着重要的意义。鉴于美国的互联网发展成熟且提供的网络服务在全球占有主导地位，本文将以美国为蓝本研究其调取数据的相关法律、企业的规定和企业与执法机构的关系，以期为完善我国的数据规则提供借鉴。本文分为四个部分：第一部分将简要介绍美国数据调取的法律规定和理论基础，包括数据分类、分类依据、调取程序和隐私权保护理论。第二部分将以美国三个网络服务提供商——谷歌、苹果、亚马逊——为例，介绍互联网企业关于配合政府执法机构调取数据的规定。第三部分将分析在调取数据中美国政府和企业的关系、存在的问题及其原因。第四部分将介绍我国数据管理的相关规定和美国数据调取制度对于我国的启示。

一、美国数据调取的法律与法理

美国是互联网发展的领军国家，其关于数据调取的法律规则和理论探讨也较为成熟。

（一）美国保护数据隐私的主要法律

美国的《电子通信隐私法》（*The Electronic Communications Privacy Act*）和《有线电子通信存储法案》（*The Stored Wire Electronic Communications Act*）通常被合称为美国1986《电子通信隐私法》（*The Electronic Communications Privacy Act of* 1986）。《电子通信隐私法》规定：当有线、口头和电子通信在被制造、传输和储存在电脑中时受到法律的保护。《存储通信法案》（*The Stored Communications Act*）被作为第二章包含在美国《电子通信隐私法》中。有时美国《存储通信法案》也被称为美国《电子通信隐私法》。② 它适用于电子邮件、电话对话和以电子形式储存的数据。③

《存储通信法案》为使用网络服务的用户构建了隐私权保护的法律体系。法案根据涉及的隐私利益的重要性对数据信息提供不同程度的保护。该法案主

---

① HLR Student Writing Panel. Developments in the Law — More Data, More Problems, Chapter One: Cooperation or Resistance?: The Role of Tech Companies in Government Surveillance. 131 Harvard Law Review 1715, 1722 (2018).

② H. Marshall Jarrett, Michael W. Baili. Searching and Seizing Computers and Obtaining Electronic Evidence in Criminal Investigations. Office of Legal Education Executive Office for United States Attorneys. pp. 115 – 116. "The SCA is sometimes referred to as the Electronic Communications Privacy Act. The SCA was included as Title II of the Electronic Communications Privacy Act of 1986 ("ECPA"), but ECPA itself also included amendments to the Wiretap Act and created the Pen Register and Trap and Trace Devices statute addressed in Chapter 4. S."

③ Electronic Communications Privacy Act of 1986 (ECPA), 18 U.S.C. § § 2510 – 2523.

要由三个部分组成：第一，§2703条构建了刑事程序中的相关规定，明确了联邦和州的执法官员在强制网络服务提供商披露存储的通信时必须遵守的法律程序。第二，§2702条规制了网络服务提供商自愿向政府和非政府实体披露用户通信交流和记录。第三，§2701条禁止对特定存储通信交流的非法获取，任何人如果访问、改变或者阻止授权的访问将会面临刑事处罚。[1]

如果执法机构想要获取数据，就需要遵守相应的法律程序。第一，它们需要区分网络服务提供者的类型。明确其提供的是电子通信服务、远程计算服务或者其他服务。第二，它们必须确定想要获取的信息类型。如：内容信息、非内容信息或者其他。第三，它们需要考虑是强制企业披露还是接受企业的自愿披露。如果它们要强制企业披露信息，需要获得传票、法庭命令或者搜查令；如果它们想要接受企业自愿披露的信息，也需要考虑法律是否允许其接受。[2]

（二）存储数据的分类

《存储通信法案》将电子记录分为三类：基本的用户和会话信息，非内容数据，内容数据。其对于电子存储的内容数据的法律定义是："任何临时性、过渡性存储的、伴随着电子传输的、有线或者电子通信；为了备份保护这样的通信而使用电子通信服务储存这些通信。"[3] 2004年，美国第九巡回法院的判决拓宽了范围，法院认为：无论邮件信息是否之前被访问过，它都在电子存储中。第九巡回法院并不反对先前被访问过的邮件不属于临时的、过渡性的存储信息，但是它坚持认为这属于定义中的备份的范围，因为这样的信息"具有给用户作为备份的功能"[4]。尽管对此还存在争议，但是联邦法院系统需要适用第九巡回法院的判决意见。在地方，仍旧使用狭窄的定义。[5]

---

[1] Orin S. Kerr. A User's Guide to the Stored Communications Act, and a Legislator's Guide to Amending It. George Washington Law Review. Vol. 72, 2004. pp. 1 – 5.

[2] H. Marshall Jarrett, Michael W. Baili. Searching and Seizing Computers and Obtaining Electronic Evidence in Criminal Investigations. Office of Legal Education Executive Office for United States Attorneys. p. 116.

[3] 18U. S. C. § 2510 (17).

[4] Theofel v. Farey-Jones, 359 F. 3d 1066 (9th Cir. 2004).

[5] H. Marshall Jarrett, Michael W. Baili. Searching and Seizing Computers and Obtaining Electronic Evidence in Criminal Investigations. Office of Legal Education Executive Office for United States Attorneys. pp. 124 – 125.

表 1　电子记录的分类

基本的用户和会话信息	记录或者其他关于用户或订阅者的信息	内容
A. 姓名；B. 地址；C. 本地和长途电话记录或会话次数和时长的记录；D. 服务时长（包括起始日期）和使用的服务种类；E. 电话或设备号码，或者其他用户号码或身份，包括任何临时分配的网络地址；F. 支付的方式和来源（包括任何信用卡或者银行账号）①	订阅者或者用户关于此类服务的记录或者其他信息（不包括通信的内容）②	有线、口头或者电子通讯的内容，包括任何该交流的实质、主旨大意或者含义的信息③

（三）数据调取程序

根据《存储通信法案》，政府可以使用以下令状强制公司披露数据信息：（1）传票；（2）传票加事先通知订阅者或者用户；（3）法庭命令；（4）法庭命令加事先通知订阅者或者用户；（5）搜查令。在两种情况下，政府可以不需要传票就强制公司披露信息：第一，在调查电信营销诈骗时，执法机构可以提交一份书面请求要求服务提供商提供参与电话营销的人或者客户的姓名、地址和营业地址。④ 第二，政府在获得了用户或者订阅者同意的情况下，可以强制网络服务提供商披露用户的非内容信息。⑤

表 2　数据信息的披露⑥

信息披露	是否允许自愿披露		如何强制披露	
基本的用户、会话和账单信息	否，除非可以适用§2702（c）规定的例外	是	传票；2703（d）命令；搜查令	传票；2703（d）命令；搜查令

---

① 18 U. S. C. § 2703（c）(2).
② 18U. S. C. §2703（c）(1).
③ 18U. S. C. §2510（8）.
④ 18 U. S. C. § 2703（c）(1)（D）.
⑤ 18 U. S. C. § 2703（c）(1)（C）.
⑥ H. Marshall Jarrett，Michael W. Baili. Searching and Seizing Computers and Obtaining Electronic Evidence in Criminal Investigations. Office of Legal Education Executive Office for United States Attorneys. 2009. p. 138.

续表

信息披露	是否允许自愿披露		如何强制披露	
其他交易和账户记录	否，除非可以适用§2702（c）规定的例外	是	2703（d）命令；搜查令	2703（d）命令；搜查令
检索通信（Retrieved Communications）和其他存储文件的内容	否，除非可以适用§2702（b）规定的例外	是	传票加通知；2703（d）命令；搜查令	传票；美国《存储通信法案》不适用①
未检索获取的通信（Unretrieved Communications），包括电子邮件和语音留言（被电子存储超过180天）	否，除非可以适用§2702（b）规定的例外	是	传票加通知；2703（d）命令加通知；搜查令	传票加通知；2703（d）命令加通知；搜查令
未检索获取的通信（Unretrieved communications），包括电子邮件和语音留言（被电子存储超过180天）	否，除非可以适用§2702（b）规定的例外	是	搜查令	搜查令

（四）政府是否提供补偿

在美国，通常来说个人和企业不能够因为遵守联邦法律程序而获得补偿，除非有特别的联邦法令授权。② 然而，在很多情况下，《存储通信法案》要求政府在依据它获取通信信息时为披露信息的个人或者企业提供补偿。这个费用必须是必要合理的，是由查找、组织、复制或者其他提供这些信息所直接产生的费用。它只要求政府在真正获得了信息的情况下支付补偿。因此，政府不需要就信息提供者根据法律保存信息而付费，除非政府后来获取了保存的信息。③ 费用的多少由政府和个人或者企业协商确定，如果协商不成，则由法院决定。如果企业的要价明显过高，政府可以要求其出示花费记录。④

（五）数据隐私保护的理论

美国宪法第四修正案及相关案例规定了保护隐私权需要考虑对方在特定情

---

① Theofel v. Farey-Jones, 359 F. 3d 1066 (9th Cir. 2004).

② Hurtado v. United States, 410 U. S. 578, 589 (1973).

③ H. Marshall Jarrett, Michael W. Baili. Searching and Seizing Computers and Obtaining Electronic Evidence in Criminal Investigations. Office of Legal Education Executive Office for United States Attorneys. 2009. p. 142. https：//www. justice. gov/sites/default/files/criminal-ccips/legacy/2015/01/14/ssmanual2009. pdf. Last accessed：2019 - 11 - 30.

④ 18 U. S. C. Chapter 121 §§ 2701 - 2712.

况下是否具有合理的隐私预期（Reasonable Expectation of Privacy）。在凯茨（Katz）案中，哈南大法官（Justice Harlan）对此作出了的著名论断，他认为该规则有两个方面的要求："第一，一个人必须显示出有实际的（主观的）隐私预期；第二，他的预期是能够被社会认可为'合理的'。"① 这就是隐私权保护中的合理预期规则。但这个规则也有例外，那就是第三方规则。

第三方规则（The Third-party Doctrine）是美国宪法第四修正案的一项例外，它限制了第四修正案隐私保护的范围。史密斯诉马里兰案（Smith v. Maryland）是第三方规则的标志性判例：某人一旦将信息透露给第三方，自愿地与一个接收者分享信息，那么此人就失去了对该信息隐私性的任何合理预期。也就是说如果一个人明知且自愿地将信息透露给了第三人，就失去了对隐私权的合理预期。② 尽管争议不断，但史密斯案目前仍旧有效。③ 在这个语境下，"第三方"包括任何根据法律建立的非政府的组织或者实体。因此，有人认为美国宪法第四修正案不认为被私有企业持有的个人数据受到隐私权的保护，因为用户已经将信息给了第三方。如果这样解读，那么几乎所有的电子通信记录、网页浏览记录或者云数据都属于该例外。④ 由于第四修正案和马里兰案都出现在信息化时代之前，那时的法律已经难以适应当前对隐私保护的需求了。这也是美国通过《电子通信隐私法》等法律的原因。但在法律缝隙之间，仍有很多网上交流由第四修正案规制，落入第三方规则。

二、美国部分企业关于调取数据的规定

在数据调取中，网络服务提供商是一个重要主体。随着司法协助请求数量的不断增加，美国的互联网巨头也纷纷制定规则来应对数据调取的请求。本研究选取了苹果、谷歌和亚马逊公司来介绍美国网络服务提供商关于数据调取的规定。

（一）苹果公司

美国苹果公司（Apple）的官网上公布了《法律程序指南——适用于美国境内的政府和执法机构》，对美国政府及执法机构如何从苹果公司调取数据进

---

① Katz v. United States, 389 U. S. 347 (1967).
② Smith v. Maryland, 442 U. S. 735 (1979).
③ Brian Mund, Social Media Searches and the Reasonable Expectation of Privacy, 19 Yale J. L. & Tech (2018). Available at: https://digitalcommons.law.yale.edu/yjolt/vol19/iss1/5. Last accessed: 2019 – 11 – 28.
④ Michael W. Price. Rethinking Privacy: Fourth Amendment "Papers" and the Third-Party Doctrine. Journal of National Security Law & Policy. Vol. 8: 247. 2016. pp. 264 – 265.

行了详细规定。

第一,对于政府和执法机构申请披露的信息,苹果公司会根据法律的要求提供。对于调取内容数据的请求,除了法律规定的例外,苹果公司只会提供依据合理根据而签发的搜查令中要求的内容。第二,苹果公司会对披露数据的申请进行审查,如果公司认为某些请求没有合法的依据亦或是不清楚、不适当或者过于宽泛,可能会提出质疑或者予以拒绝。第三,苹果公司通常需要申请方提供法庭指令、传票、搜查令或类似法律文件。第四,根据美国《电子通信隐私法》,如果苹果公司善意地相信即将发生危害他人生命或者可能对他人造成严重身体伤害的紧急情况,需要不加拖延地立即披露信息,那么公司可以根据法律自愿向联邦、州或地方政府披露包括通信内容和用户记录在内的信息。①

（二）谷歌公司

谷歌公司（Google）也对执法机构调取用户信息的程序等问题进行了规定。

第一,美国执法机构从谷歌调取的信息主要是由谷歌所提供的服务类型决定的。谷歌提供的服务主要有：谷歌邮箱（Gmail）,油管（YouTube）,谷歌语音（Google Voice）和博客（Blogger）。第二,政府需要通过法律程序用传票、法庭命令或搜查令来要求谷歌披露用户信息。以谷歌邮箱为例,政府使用传票可以获取用户的注册信息,如：姓名、创建账户信息、关联电子邮件地址、电话、登录的 IP 地址和时间戳信息；使用法庭命令可以调取非内容信息和其他可以通过传票调取的信息；使用搜查令可以调取邮件内容还有可以通过传票和法庭命令调取的信息。第三,执法机构在紧急情况下可以不使用令状而获得谷歌披露的信息。如果谷歌相信向政府披露信息对于阻止他人死亡或者严重身体伤害是必要的,谷歌可能会向政府披露信息。但是,政府在没有令状的情况下不得强制要求谷歌披露信息。② 从谷歌的规定中可以看出：一是隐私性越强的信息,越需要提供法律程序更为严格的令状。二是最严格的令状可以调取其他令状可以调取的信息。

---

① Apple. Legal Process Guidelines Government & Law Enforcement within the United States. https：//www. apple. com/legal/privacy/law-enforcement-guidelines-us. pdf. Last accessed：2019 - 11 - 28.

② Google. Legal Process for user data requests FAQs. https：//stanford. edu/ ~ jmayer/law696/week7/Google% 20Law% 20Enforcement% 20Guidelines. pdf. Last accessed：2019 - 11 - 28.

(三) 亚马逊公司

亚马逊公司是美国最具影响力的电商之一。亚马逊针对政府披露信息的请求制定了相关规定。

第一,亚马逊区分内容信息和非内容信息。内容信息是指储存在用户账户里的数据文件的内容,仅凭传票是不能够调取内容信息的。非内容信息是指订阅用户信息,例如姓名、地址、电子邮件地址、账单信息、账户创建日期、特定购买记录和服务使用信息。亚马逊只在对方能够提供有效和有约束力的传票时才披露非内容信息。在提供搜查令的情况下,亚马逊可以提供内容信息和非内容信息。第二,如果涉及威胁公共安全或者伤害他人的紧急情况时,亚马逊有权利立即回应警方紧急调取信息的请求。[1]

从上述三个公司的规定可以看出:第一,网络服务提供商在配合提供信息时区分数据的类型,对隐私性强的内容信息提供的保护也更强。第二,公司保留了在紧急情况下自愿披露信息的权利。

三、调取数据中政府和企业的关系

随着数据调取需求的不断增加,政府与企业的交往也更为频繁。根据微软发布的《执法机构请求报告》:2019年1月至6月,微软收到全球申请调取用户信息的请求24175份,涉及的账号/用户43727个。其中,来自美国国内的请求有4860份,请求中涉及的账号/用户14273个。微软披露信息的情况:内容信息14.61%、非内容信息54.94%、没有找到相关数据17.33%、拒绝披露的有13.13%。来自美国执法机构请求调取储存在美国境外数据的有126份。[2]可以看出,政府向企业调取数据的需求量很大,研究数据调取中政府与企业的关系非常重要。

(一) 政府与企业关系的发展

近年来,美国网络通信服务提供商与政府因调取用户数据而产生的诉讼备受关注。2016年,美国苹果公司因拒绝配合联邦调查局破解一名枪击案嫌疑犯的手机密码而引发的诉讼引起了极大的关注。苹果曾在法庭文书中承认,遵守法庭命令协助执行这个搜查令可能会"极大地给苹果品牌带来负面的影

---

[1] Amazon. Amazon Law Enforcement Guidelines. https：//d0. awsstatic. com/certifications/Amazon_LawEnforcement_Guidelines. pdf . Last accessed：2019 – 11 – 28.

[2] Microsoft. Law Enforcement Requests Report. https：//www. microsoft. com/en-us/corporate-responsibility/law-enforcement-requests-report. Last accessed：2019 – 11 – 30.

响"①。虽然此案最终因政府通过其他手段破解了手机而告终，但是政府与企业之间的争议却仍旧存在。网络通信服务提供商从与政府积极合作到对簿公堂，如今甚至开发了他们自己也无法破解的程序用以保护用户数据。似乎在数据调取中政府与企业的关系更多是博弈。

网络服务提供商处于政府和个人用户之间，有的人认为他们在数据调取上掌握了太大的权力。的确，网络服务提供商就数据信息与政府产生的冲突确实为执法带来了一定阻碍。但是，由企业作为中间环节实际上对个人和政府也有诸多益处。第一，它拥有巨大的数据资源，能够作为个人隐私和政府权力中间的一道屏障，有利于抵御政府某些不合理的调取请求。第二，企业相比起个人而言在诉讼中处于更好的位置。这是因为个人用户很难了解政府调取个人数据的情况，而企业有更多的信息和资源来与政府进行诉讼。第三，他们有更多的资源可以投入政策研究和修改之中。② 第四，对于政府来说，能够向数量不大的具有良好组织结构的公司来调取数据是很有利的。相比起向分散的个人调取数据来说，政府向企业调取数据能够省时省力，节省司法资源。③

（二）影响政府与企业关系的因素

政府与网络服务提供商争议的核心就在于保护用户隐私，对企业来说，要获得长远的利益就必须不仅考虑政府的需求也要考虑个人用户的隐私需求。④ 企业注重保护用户的隐私会为其带来更多的客户。

尽管企业都有保护用户数据隐私的需要，但是他们对于政府数据调取的回应却各不相同。有的企业愿意配合执法，有的不愿意配合；有的企业有时候愿意配合，有时候不愿意配合。因此有研究者提出影响企业配合执法机构调取数据的决定性因素有：一是现有事件。有的企业会根据发生的事件，特别是公众

---

① Caren Morrison, Private Actors, Corporate Data and National Security: What Assistance Do Tech Companies Owe Law Enforcement?, 26 Wm. & Mary Bill Rts. J. 407 (2017).

② HLR Student Writing Panel. Developments in the Law — More Data, More Problems, Chapter One: Cooperation or Resistance?: The Role of Tech Companies in Government Surveillance. 131 Harvard Law Review 1715, 1722 (2018). pp. 1730 – 1739.

③ HLR Student Writing Panel. Developments in the Law — More Data, More Problems, Chapter One: Cooperation or Resistance?: The Role of Tech Companies in Government Surveillance. 131 Harvard Law Review 1715, 1722 (2018). p. 1740.

④ Reema Shah. Law Enforcement and Data Privacy: A Forward-Looking Approach. The Yale Law Journal. Vol. 125. No. 2, 2015: 326 – 559. p. 544. https://www.yalelawjournal.org/comment/law-enforcement-and-data-privacy-a-forward-looking-approach. Last accessed: 2019 – 11 – 30.

对企业的批评来调整行为。而有些事件只会影响部分企业,所以只有被影响的企业会根据批评进行调整,其他企业则不会。二是技术结构。不同的企业有不同的信息技术结构,这也会影响到他们对执法部门的回应。例如,微软大量地使用"云"服务,它的数据中心遍布全球,微软通常将用户的数据储存在离他最近的一个数据中心。因此,在政府要求调取美国境外的数据时,微软通常会以数据储存在海外为由进行拒绝。而谷歌和脸书的技术结构则不同于微软,因此,它们对政府调取数据的反应也可能不同。三是企业往往会努力建立起一个品牌形象,让自身的商业模式与众不同。如果政府调取数据的要求会损害企业的商业形象,那么企业可能会更倾向于拒绝政府的要求。例如,苹果手机的一个核心特点就是:它的保护功能是如此强大,苹果公司自身都难以获取用户的数据。所以苹果非常在意对用户隐私的保护。而有些公司就是以分析用户数据来盈利的,商业模式的不同会影响到它对数据调取的态度。四是有的公司会根据不同的客户群体的利益作出不同的反应。例如,谷歌有很多的付费企业客户,他们对于这部分人的利益需求非常看重,会影响他们作出是否配合执法机构的决定。而脸书、推特等几乎都是个人用户,他们对执法机构调取数据会有不同的考虑。①

四、美国数据调取制度对我国的启示

我国互联网发展迅速,对用户数据调取问题的研究也非常迫切。目前,我国法律对于数据的管理和调取有一些的规定,但存在大量的空白,无法应对互联网时代的要求。在数据调取问题的研究上可以参考美国的相关规定,平衡打击犯罪和保护隐私间的关系。同时,注重理顺政府与公司的关系,构建良好的合作关系。

(一)我国数据调取的法律规定

第一,为了避免因重要数据储存在境外而可能导致的风险,《中华人民共和国网络安全法》第 37 条规定:对于关键信息基础设施在我国境内运营中收集和产生的个人信息和重要数据需要储存在境内。② 对违反法律规定在境外储存相关数据或者向境外提供相关数据的将予以处罚。③ 第二,政府可以依据法

---

① HLR Student Writing Panel. Developments in the Law — More Data, More Problems, Chapter One: Cooperation or Resistance?: The Role of Tech Companies in Government Surveillance. 131 Harvard Law Review 1715, 1722 (2018). pp. 1733 – 1735.

② 《中华人民共和国网络安全法》第 37 条。

③ 《中华人民共和国网络安全法》第 66 条。

律要求运营者提供相关数据。① 第三，在刑事案件中警方可以根据法律规定获取数据。《公安机关办理刑事案件电子数据取证规则》第41条规定："公安机关向有关单位和个人调取电子数据，应当经办案部门负责人批准，开具《调取证据通知书》，注明需要调取电子数据的相关信息，通知电子数据持有人、网络服务提供者或者有关部门执行。被调取单位、个人应当在通知书回执上签名或者盖章，并附完整性校验值等保护电子数据完整性方法的说明，被调取单位、个人拒绝盖章、签名或者附说明的，公安机关应当注明。必要时，应当采用录音或者录像等方式固定证据内容及取证过程。公安机关应当协助因客观条件限制无法保护电子数据完整性的被调取单位、个人进行电子数据完整性的保护。"《公安机关办理刑事案件程序规定》第62条："公安机关向有关单位和个人调取证据，应当经办案部门负责人批准，开具调取证据通知书。被调取单位、个人应当在通知书上盖章或者签名，拒绝盖章或者签名的，公安机关应当注明。必要时，应当采用录音或者录像等方式固定证据内容及取证过程。"

（二）数据的分类调取的理论适用

从美国数据调取的经验中可以看到，调取用户数据中争议的焦点在于保护用户隐私和维护社会安全之间的矛盾。我国在数据的分类调取中也需要考虑这个问题。

第一，调取时需要考虑数据隐私性的强弱和用户对数据是否存在"隐私的合理预期"。美国对于隐私性强的内容数据的保护强于对非内容数据的保护。例如，电子邮箱地址通常是向很多人公开的，它的隐私属性弱于用户账号中的邮件内容。我国《宪法》规定了公民享有通信自由和通信秘密，以信件为例，我们很容易理解信封上的收寄件人信息与信件内容的隐私性是不一样的。同样，我国公众应该也能够认同电子邮箱地址与邮件内容的隐私性是不同的。因此以隐私性的强弱作为数据分类的一个维度是符合公众认知的。另外，要考虑用户对数据隐私的期待是否合理。如果用户自愿地选择公开发表在互联网上的信息，即使再私密，也不能说其存在对于隐私的合理预期，因为他已经自愿地将信息公之于众了。但用户通过使用网络服务将数据提供给企业，并不代表其完全放弃隐私权。此外，网络服务商通常都有隐私条款，承诺了要为用户保密。因此，用户对数据是存在一定合理预期的，需要对其进行合理保护。

第二，法律应当对调取数据的情形加以区分。在美国，如果出现可能危及他人生命安全等紧急情况，执法机构无须令状就可以接受企业的自愿披露。这是价值衡量的结果。在我国的数据调取立法中，也应该考虑规定在可能危及他

---

① 《数据安全管理办法（征求意见稿）》第2条和第36条。

人生命安全等情况下，企业有义务迅速提供数据。在美国，如果没有令状，那么执法机构无权强制调取数据。但是这样赋予给企业的裁量权过大，不利于紧急情况下保护公民的生命安全等重大利益。因此，建议我国规定在紧急情况下执法机构可以强制调取数据。至于部分人担心的可能出现侵犯他人隐私、谎报警情等问题，则可以通过规范信息的调取程序及事后惩罚来救济。如果数据是由警方掌握和使用，通常不会出现威胁到用户安全和隐私的情况。如果警方滥用信息，可以根据警方的管理规定对行为进行惩罚。如果其他人通过虚假报警等手段骗取了用户的数据，也可以通过警方跟进信息使用情况和施加事后惩罚的方式来处理。所以，在可能危及他人生命安全等紧急情况下，可以规定服务提供商应先将数据提供给警方。

（三）构建数据调取中良好的合作关系

我国在制定数据调取规则时应当考虑到公司和用户的需求，解决一些他们最关心的问题。同时，也要积极寻求企业和用户的支持，努力实现数据调取中的共赢。

第一，政府可以通过用户事先选择让渡权利来满足部分执法需求。尽管用户隐私受到保护，但这并不排除用户会选择在紧急情况下放弃部分权利。因此，我们可以让用户事先选择是否同意在特定情况下放弃部分数据隐私，允许执法机构调取数据。可以在用户协议中加入一些内容，如：在他人认为用户生命受到威胁的情况下，是否允许企业向警方提供数据，哪些主体可以获取数据，等等。通过预先给予用户选择权可以部分解决用户隐私与安全保障之间的冲突。当然，除了法律明确规定的可以强制调取的数据之外，企业不能够通过设置用户协议等方式来变相剥夺用户的选择权。

第二，政府应当合理确定调取范围并考虑给予适当补偿。互联网公司面临大量的调取数据的请求，给其造成了沉重的负担，而过重的数据提供义务可能会导致网络通信业务的外流，从长期来说并不利于我国的执法。[①] 因此，政府要确定合理的调取范围，对可以不调取的数据不要随意调取。此外，也可以考虑在调取数据时给予公司合理的补偿。这样既可以减轻企业负担，也可以促进政府调取数据的慎重性。

第三，政府可以通过关注企业需求来促进政企合作。数据调取对于企业来说更多的是责任，这样企业难免态度消极。首先，政府可以考虑给一些企业配合执法达到了良好社会效果的案例进行正面宣传。例如，苹果公司就通过曾通

---

① Caren Morrison, Private Actors, Corporate Data and National Security: What Assistance Do Tech Companies Owe Law Enforcement?, 26 Wm. &Mary Bill Rts. J. 407 (2017).

过提供数据帮助警方调查抢劫，寻找丢失的儿童或者阻止自杀。① 如果能够对企业配合执法的事迹进行一定的正面宣传，可能会帮助提升企业形象。其次，可以把握重要社会事件来推进政企合作。如美国在"9·11"事件爆发后，就有更多的公司愿意配合甚至主动向政府提供数据来反恐。我国涉及网络通信服务提供商的案件时有发生，在出现这类案件时，企业往往有改进经营管理的需求，如政府在此时打开沟通合作的大门，可以帮助双方建立良好的合作关系，实现数据调取合作的优化。

结　语

互联网发展日新月异，政府对于数据调取的规制也要赶上发展的步伐。美国根据隐私性的强弱对数据进行了分类，制定了不同的调取程序，构建了以隐私权的合理预期为核心的数据保护体系，这对我国数据的保护也具有重要的借鉴意义。在我国规制数据调取时，应当对数据进行分类，给予用户隐私以合理保护。同时，要考虑政府调取数据的合理性，注重与网络通信服务提供商形成良性互动，共同促进执法效果提升和对用户隐私保护的升级。

---

① Apple. Apple's Commitment to Customer Privacy. https：//www.apple.com/legal/privacy/law-enforcement-guidelines-us.pdf. Last accessed：2019-11-28.